“十三五”国家重点图书出版规划项目
湖北省学术著作出版专项资金资助项目

易学源流举要

唐明邦　王继红　著

长江出版传媒 | 湖北教育出版社

（鄂）新登字 02 号

图书在版编目（CIP）数据

易学源流举要/唐明邦，王继红著.—武汉：湖北教育出版社，2019.1

ISBN 978-7-5564-2626-3

Ⅰ.①易…

Ⅱ.①唐…②王…

Ⅲ.①《周易》-研究

Ⅳ.①B221.5

中国版本图书馆 CIP 数据核字（2018）第 249632 号

易学源流举要　YIXUE YUANLIU JUYAO

出 品 人	方　平	策　　划	李作君
责任编辑	裴晓雷	责任校对	李　镧
装帧设计	牛　红	责任督印	张遇春

出版发行	长江出版传媒	430070	武汉市雄楚大道 268 号
	湖北教育出版社	430070	武汉市雄楚大道 268 号
经　　销	新　华　书　店		
网　　址	http://www.hbedup.com		
印　　刷	武汉中远印务有限公司		
地　　址	武汉市黄陂区横店街货场路粮库院内		
开　　本	720mm×1000mm　1/16		
印　　张	24.25		
字　　数	308 千字		
版　　次	2019 年 1 月第 1 版		
印　　次	2019 年 1 月第 1 次印刷		
书　　号	ISBN 978-7-5564-2626-3		
定　　价	98.00 元		

序

唐明邦先生是我的老师。唐师数十年如一日，潜心研究中国哲学史，并从事中国哲学史的教学工作，主讲中国哲学史、中国辩证法史、中国哲学文献、易学源流举要、道教文化研究等课程,是著名的中国哲学史家。唐师出版学术著作十多种，发表学术论文二百余篇，在海内外有很高的知名度。唐师的主要著作有《当代易学与时代精神》《邵雍评传》《李时珍评传》《本草纲目导读》《论道崇真集》《周易通雅》等；主编有《周易评注》《周易纵横录》《中国古代哲学名著选读》《中国近代启蒙思潮》等；参加撰写的著作有《易学与管理》《易学基础教程》《中国哲学史》《中国辩证法史稿》《中国哲学史纲要》《楚国历史文化辞典》等。

《易学源流举要》这部书，是以唐师在1988年至1996年期间给中国哲学博士研究生讲课的讲稿为基础编撰而成。唐师是著名的金嗓子，上课时声若洪钟，声震教学楼。他重视本科生、硕士生、博士生的教学工作，深受同学们爱戴。他教书育人，对学生关怀备至。我本人1984年硕士毕业留校，后又在职攻读博士学位，师从萧萐父、李德永、唐明邦三先生，1992年获武汉大学哲学博士学位。我是这门课程的学生之一，时隔近三十年，再次学习唐师的大作，不禁感慨万千。

此书将易学史分为“周易古经”“易传”“易学”三大部分。指出《易经》乃占筮之书，编成于殷周之际，为上古巫史文化的遗存，但也蕴含哲学思想萌芽。《易经》结构特殊，体系井然，由符号系统和文字系统两大部分有机组合而成，在世界文化史上绝无仅有。《易传》是在《易经》这部“占筮之书”问世之后，经过后人长期研究，到战国中后期才写成的第一部易学专著。《易传》尽管是阐发《易经》的哲学论著，却同《易经》思想有很大历史差异，其中许多思想并非《易经》所固有，是借《易经》的思想框架，发挥作者自己的世界观和思维方法。

关于《易传》的内涵，唐师认为，《易传》建立了“天地絪缊，万物化醇”的宇宙发展观，将自然和社会不断变化发展，视为普遍规律，要求人们的思想和行为应当同这一普遍规律相适应。其次，《易传》提出了可贵的“刚柔相推，变在其中”的变化内因论。事物运动变化的原因，不是某种超自然的神灵主宰，而是事物内部固有的一阴一阳两种对立力量作用的结果。再次，《易传》明确地论述了“革故鼎新”的矛盾转化思想。事物内部矛盾着的双方，既统一又斗争，是可以相互转化的。最后，《易传》还阐述了天地人“三才”统一原理，构成天人之际三纲领，这种天人一体的宏观宇宙哲学，在世界思想史上具有极大的创造性。

唐师还指出，“易学”是历代学者对《周易》一书所作的种种解释，这些解释千差万别。三千年的易学发展史，大体上可分为先秦易学、两汉易学、晋唐易学、宋明易学、清代易学几个历史时期。“五四”以后，学者们打破汉代以来“以传解经”的传统研究方法，恢复《易经》和《易传》的本来面目，开创《周易》研究新局面。同时，不少现代自然科学家加入易学研究行列，力图将《周易》象数同现代科学相结合，形成异军突起的科学易学派。

在《易学源流举要》一书之中，“易学”部分全程贯彻“藤瓜并举”的原则，对各个时代最有代表性的易学人物和著作予以评析，涵盖了易学史上的主要学派，能极大地方便学易者“举一反三”，掌握要领。

唐师指出，《周易》思想，博大精深，其探赜索隐、极深研几的哲学智慧，自强不息、厚德载物的民族精神，天下为公、万国咸宁的大同理想，贫贱不移、威武不屈的独立人格，都值得我们认真学习、实践。作为“六经之首”的《周易》，是古代士人研习哲理的良好教科书，教育培养了一代又一代哲人，在中华民族理论思维发展史上，做出了不可磨灭的贡献。一部文化典籍、哲学著作，历三千年而不衰，历代注疏角度各异、迭起新意、久而弥新，这种现象在世界文化史上非常罕见。

唐师1954年入北京大学哲学系学习，亲炙冯友兰、张岱年、任继愈、黄子通、周辅成、朱伯崑等前辈。1958年到武汉大学哲学系任教，1991年退休，2018年5月以九十四岁高龄仙逝，在珞珈山上辛勤耕耘了一个甲子。

唐师以道家与《周易》的智慧修养身心，一生坚持不争、谦下、低调，淡泊名利，培养了很多学生，学生们都很尊重他。他悉心扶掖本科生、研究生、青年教师、国内外进修生、访问学者等，桃李满天下。他晚年一再申言，要“重振国学，复兴儒学，弘扬易学，光大祖国传统文化，中西融合，古今贯通，建设中华民族共有精神家园，全面建设社会主义和谐社会”。

非常感谢王继红女士和湖北教育出版社的诸位同仁，经过他们的整理，这部《易学源流举要》讲稿得以出版，足以增芳易苑、嘉惠后学。

是为序。

郭齐勇

2018 年 11 月 22 日

目　录

绪　论：中国传统文化的活水源头

一、《周易》的产生，是一个奇迹

《汉书·艺文志》称《周易》是“人更三圣，世历三古”的杰作。传说上古伏羲氏画出八卦，尚无文字；中古文王和周公重卦系辞而演为六十四卦，并加上卦爻辞，是为《易经》；近古孔子阐发卦爻辞义理，写成“十翼”，是为《易传》。《周易》由一部占筮之书，演变成哲学典籍，经历了数百年之久，其酝酿成型而丰富完善的过程，为任何其他古代典籍所不可比拟。

早在西汉时期，《周易》就被列入学官，被视为“六经之首”。同《诗》《书》《礼》《乐》《春秋》诸经不同，它不只提供某一方面的文化知识，还为锻炼理论思维能力提供教材，为一切学术研究者所重视。魏晋时期，“玄学”盛行，《周易》又驾乎《老子》《庄子》之上，成为“三玄之冠”。《周易》为提高中华民族的抽象思维能力，发挥过重大影响。三千年来，研究《周易》，揭示其象数奥秘，阐发其精深义理者，代不乏人，各有著述，形成了一门独立发展的学科——“易学”。易学史上，学派甚夥，《四库全书》将其概括为“二派六宗”。迨及近代，不少中外科学家将《周易》象数同现代自然科学相结合，在传统的象数派和义理派之外，科学易学派异军突起，此派发展迅猛，方兴未艾。

《周易》为人们提供了一幅特殊的宇宙演化图式，即所谓“《易》

有太极，是生两仪，两仪生四象，四象生八卦”。[①] 以太极为原初的这一宇宙演化理论，力求探索宇宙的起始及其演化过程，立论恢宏，思虑玄妙，基本上奠定了东方哲学思维模式的基础，影响极为深远。

《周易》哲学的另一特点，在于建立了“三才”统一的宇宙论，主张“立天之道，曰阴与阳；立地之道，曰柔与刚；立人之道，曰仁与义”。[②] 三才之道的统一，涵盖了宇宙之阴阳消长，万物之刚柔变化，人生之道德准则，致广大而尽精微，极高明而道中庸。三千年来，《易》乃大道之源，已成为中华民族的共识，并已日益得到国际易学同仁的认同。

二、《易经》的结构及其文化内涵

《周易》一书分《易经》《易传》两大部分。《易经》乃占筮之书，编成于殷周之际，为上古巫史文化的遗存；《易传》乃战国中后期作品，为自成体系的哲学著作，反映新兴封建阶级的世界观。

《周易》结构特殊，体系井然，由符号系统和文字系统两大部分有机组合而成，如此体例的哲学著作，世界文化史上实属罕见。

《周易》的符号系统，由八经卦（三画卦）和六十四别卦（六画卦）组成。八卦和六十四卦的卦象都由阴（--）、阳（—）两个符号依不同次序组合。八卦乾、坤、坎、离、震、巽、艮、兑，代表天、地、水、火、雷、风、山、泽八种物质性的东西，远古之人认为这是构成宇宙万物的八种基本物质要素。

六十四卦，每卦六爻，分别由两经卦构成。六十四卦有一定先后次序，卦序中包含着深刻哲理，其中否泰，剥复，损益，鼎革，既济、

①《周易·系辞上》。
②《周易·说卦》。

未济等卦，从卦名即可看出有着对立统一关系。每卦六爻，又组成一个独立的系统结构，内部存在着贞悔、三才、比应、承乘、互体、旁通等关系。

《周易》的文字系统，包括六十四节卦辞，三百八十四节爻辞。其文字内容多从上古占筮所得的繇辞筛选而来，还有一些属于古代的民歌、民谣、哲理格言等。

卦辞断一卦之吉凶，爻辞断一爻之休咎。符号系统和文字系统显然各有特点。符号系统的特点，在于使思想规范化、系统化，乃至图式化。

三、《易传》对《易经》思想的重大发展

《易传》是阐发《易经》思想的论著，古称“十翼”，它是研究《易经》的十篇辅助资料，是在《易经》这部“占筮之书”问世之后，经过后人长期研究，到战国中后期才写成的第一部易学专著。古人认为它是孔子一人所作，近代学者考证，它绝非一人所写，而各篇写作时间也先后不一。不过，这十篇论述易理的文章，观点大体一致，在思想史上自成体系，反映的是战国中后期新兴封建阶级积极进取的思想面貌。

《易传》尽管是阐发《易经》的哲学论著，却同《易经》思想有很大历史差异，其中许多思想并非《易经》所固有，无非是借《易经》的思想框架，发挥作者自己的世界观和思维方法。

《易传》思想体系中，关于“形而上者谓之道，形而下者谓之器”的原理，关于河图、洛书之说，关于太极两仪的理论，关于大衍之数和天地之数的说法，以至关于四营十八变的占筮方法等，在《易经》经文中都找不到根据。

《易传》对《易经》的重大发展，在于它将一部占筮之书，改造成为理论性很强的哲学著作，如果没有这个改造和发展，《易经》

在中国思想史、文化史上的地位和作用将会大为改观，远不会有后来这么高的学术价值。《易传》在哲学史上的价值，在于它营造了一个比较精致的客观唯心主义宇宙观，更可贵的是其中包含了相当丰富的朴素辩证法思想。它的唯心主义思想为历代唯心主义者所继承和发展，其朴素辩证法思想对后代辩证法思想家的理论建设有着极为深远的影响。

首先，《易传》建立了“天地絪缊，万物化醇”的宇宙发展观。它肯定天地万物不断推移变化，人类社会的物质文明和精神文明都是不断进化发展的。《易传》将自然和社会不断变化发展，视为普遍规律，要求人们的思想和行为应当同这一普遍规律相适应。它说：“《易》之为书也不可远，为道也屡迁。变动不居，周流六虚，上下无常，刚柔相易，不可为典要，唯变所适。”①

其次，《易传》提出了可贵的“刚柔相推，变在其中”的变化内因论。《易传》认为事物运动变化的原因，不是某种超自然的神灵主宰，而是事物内部固有的一阴一阳两种对立力量作用的结果。

再次，《易传》明确地论述了“革故鼎新”的矛盾转化思想。《易传》认为事物内部矛盾着的双方，既有着统一性，也存在斗争性，矛盾的双方是可以相互转化的，犹如“日中则昃，月盈则食”。事物的转化，不只是循环往复，而且有“革故鼎新”的前进运动。

《易传》阐述的天地人“三才”统一原理，为历代思想家所重视，成为一脉相承的东方思维模式。它指出：“立天之道，曰阴与阳；立地之道，曰柔与刚；立人之道，曰仁与义。”天道、地道、人道相统一，构成天人之际三纲领，包含了宇宙演化、社会发展、人际关系的广泛思想内容。这种天人一体的宏观宇宙哲学，在世界思想史上具有极大优越性。

---

①《周易·系辞下》。

四、易学及其发展历史

《周易》问世后，最早见于《左传》记载，在鲁庄公二十二年，即公元前672年。近三千年来，研究《周易》者代不乏人，为阐述易理而留下的易学著作，不下三千种，形成独立发展的易学史。所谓“易学”就是历代学者对《周易》一书所作的种种解释。这些千差万别的解释，形成了一套同中有异、异中有同的理论体系。

近三千年的易学发展史，大体上可分为六个各有特色的历史时期。

先秦易学。在言、动、象、占充分发展的基础上，逐步理论化，终于以《易传》为代表，发展《周易》哲理，奠定易学发展的理论基础。

两汉易学。成为经学的分支，以象数推演为特色，卦气、纳甲、爻辰名目繁多，开辟了《周易》象数学传统。

晋唐易学。受魏晋玄学影响，以王弼易学为代表，扫象言理，将易理玄学化，开《周易》义理派之先河。

宋明易学。以程朱易学为代表，沿义理派发展，将易学伦理化，成为宋明理学的核心内容。同时兴起以邵雍为代表的先天象数学派，将河图、洛书引入易学，使《周易》日益神秘化，以致其末流同江湖术数混杂。

清代易学。王夫之等易学大师，将象数与义理结合，做出重大贡献。后来受汉学影响，着重清理中断多年的汉易，力图回到汉易传统。

“五四”以后，学者们在新的科学方法指引下，打破汉代以来“以传解经”的传统研究方法，恢复《易经》和《易传》的本来面目，开创《周易》研究新局面。当前的《周易》研究，在义理、象数两方面都各有深入。同时不少现代自然科学家加入易学研究行列，力图将《周易》象数同现代科学相结合，形成异军突起的科学易学派。

人们常说，“诗无达诂”。从易学史看来，也可说“《易》无达诂”。

不同时代的易学，受其时代学术文化氛围的影响，无不打上时代烙印。同一时期的易学流派，除主流外，亦存支流，不可一概而论。

值得深思的是，一部文化典籍、哲学著作，为什么能历三千年而不衰，并且迭起新意，久而弥新？这种现象，在世界文化史上不可多得。这是中华民族智慧的特殊产物，世界学术界日益重视它，不是没有理由的。

作为“六经之首”的《周易》，是古代士人研习哲理的良好教科书，教育培养了一代又一代哲人，在中华民族理论思维发展史上，做出了不可磨灭的贡献。

突出的主体意识，此其一。“天行健，君子以自强不息。”“地势坤，君子以厚德载物。”《周易·象传》提倡的刚健自强，早已成为中华民族的共识。自强不息精神，激励着历代政治家、思想家、科学家发愤图强，勇于探索，敢于标新立异，发扬“舍我其谁”的主人翁意识，在社会面临狂风巨浪之时，勉作中流砥柱，挽狂澜于既倒。历代无数爱国民族英雄，大无畏的政治革新家，探索宇宙奥秘的科学家，他们身上无不凝聚着这种“自强不息”精神。

强烈的忧患意识，此其二。《周易·系辞下》云：“作《易》者，其有忧患乎？”又云：“《易》之兴也，其当殷之末世、周之盛德邪？当文王与纣之事邪？是故其辞危。危者使平，易者使倾。”中国流行的许多格言，如“生于忧患而死于安乐”“多难兴邦”“艰难困苦，玉汝于成”，都是关于忧患意识的重要性的论述。具有忧患意识的人，都是忠贞不渝的爱国主义者，他们那忧国忧民的崇高思想，鼓舞着一代代人的刚健自强的奋发精神，为民族的兴旺、国家的富强做出光辉贡献。惟其如此，中华民族虽迭经忧患，而依然屹立于世界的东方。

坚定的革新意识，此其三。《周易》主张“革故鼎新”，宣扬“汤武革命，顺乎天而应乎人”。革新进取思想贯穿《周易》全书。历代政治家、科学家在革新进取精神激励下，破除迷信，解放思想，推动社会进步和科技革新。

国有国魂，民族有民族魂，魂是一个国家、民族最高精神的集中表现。国魂或民族魂是千百年来一脉相承的优秀思想传统的结晶，是一个国家、民族强大凝聚力的象征。在我国，孔子的“仁”，老子的“道”，墨子的“兼爱”，都不足以当国魂之美名。我们的国魂，充分显示在上述《周易》思想精华中，其基本思想为历代进步思想家所继承和发扬，深入人心。

五、《周易》——打开宇宙迷宫之门的一把金钥匙

我国历代科学家，为探索宇宙和生命的奥秘而呕心沥血。他们对科学技术的发展做出了永垂史册的贡献。17世纪前，我国科学技术一直居于世界科技发展的前列。不言而喻，科学家们在探索宇宙和生命奥秘时，掌握着锐利的思想武器。要打开神秘的科学殿堂，手中若无一把金钥匙，那是不可能的。著名科学家爱因斯坦为中国人在科学上的卓越创造力感到十分惊奇，他曾经说过这样一段话：“西方科学的发展是以两个伟大的成就为基础，那就是：古希腊哲学家发明形式逻辑体系（在欧几里德几何学中），以及通过系统的实验发现有可能找出因果关系（在文艺复兴时期）。在我看来，中国的贤哲没有走上这两步，那是用不着惊奇的。令人惊奇的倒是这些发现[在中国]全都做出来了。”[1]爱因斯坦的惊奇，引人深思。中国古代科学家深入宇宙迷宫，取得了举世公认的科学技术成就，他们究竟掌握了什么神奇的思维方法和科学方法？

古代科学家的思维方法和科学方法，同他们所受的优秀文化教养分不开。这种教养是多方面的。而易学思想的熏陶，可以说是其主要方面。在古代，《周易》作为“六经之首”，人人必读。诸经之中，

①许良英，范岱年编译：《爱因斯坦文集》第一卷，商务印书馆，1976年，第574页。

唯独它对于锻炼人们的理论思维能力起着特有的重要作用。

首先，《周易》哲学为科学家们提供了先进的思维方法。它帮助科学家建立大化流行、生生不息的宇宙发展观；建立万物变化日新、物极必反的矛盾转化思想；建立仰观俯察、穷理尽性的认识论原则；建立人能“赞天地之化育”的主体能动性思想。《周易》阐述的“一阴一阳之谓道”“刚柔相推而生变化”的宇宙观，较之西方中世纪的科学家们的宇宙观，具有优越性。《周易》尤其蕴涵着丰富的朴素辩证法思想。古代科学家虽未掌握完备的形式逻辑，却十分熟悉以《周易》为代表的古代辩证逻辑，这对于他们打开宇宙迷宫，无异于一把金钥匙，有了它，许多科学难题便迎刃而解。

其次，《周易》象数为科学家们提供了有益的思维模式。象数思维法是《周易》特有的思维方法。它借助《周易》的卦象和爻象，进行形象思维，取象比类，触类旁通，以推动理性思维的发展。人们在思维过程中，把握思维客体，加工思维内容，形成理性认识，都通过易学象数的推衍程式。易学象数思维方法，在中华民族幼年时期开始形成，几千年来不断充实发展。它经受住了时间的考验，对古代科学家有着持久的魅力。

在“《周易》热”蓬勃发展的今天，可以预期古老的中华易图所蕴涵的整体观念、系统原理、序列思想、相对原理、对称图式、互补原则、模糊原理、均衡思想、周期循环思想、太极观念等，定能给予世界科学家以更多的新的启示。若果真如此，则不唯人类科学发展之福，亦乃中华民族优秀文化之光。

易学思想体系及其价值取向同当今物质文明和精神文明建设的关系，终会得到科学回答。随着现代科学研究方法的发展，在交叉综合研究中，知识结构的互补作用的发挥，《周易》思想体系的科学价值，将日益得到认同。处于中西文化不断交流融会的今天，《周易》发挥着中西文化的一个结合点的作用，这是值得庆幸的。

第一章 《周易》古经之部

第一节 《易经》的基本特征

《易经》是我国最古老的文化典籍之一，向来被列为“五经”之首。三千多年来，它在中国文化史上一直放射着智慧的光芒，在东方各国有着广泛影响，在西方世界也日益受到重视。《易经》是一本什么样的书？它有哪些基本特征？研究它有何现实意义？对这些问题的解答有待进一步地深入研究。

一、《周易》乃东方文化之奇葩

一部古代文化典籍有如此持久的魅力，在世界文化史上是罕见的。其神奇魅力来自以下诸方面。

1.《周易》是世界文化史上一部结构奇特的“天书”

《易经》的结构相当特殊，由奇特的符号系统和晦涩的文字系统两大部分组合而成。这种体例的哲学著作，世界文化史上实属罕见。

《易经》的符号系统，由阴爻（--）和阳爻（—）两个基本符号依不同次序组合而成。

八卦（经卦）由三个爻组成，名称是乾（☰）、坎（☵）、艮（☶）、震（☳）、巽（☴）、离（☲）、坤（☷）、兑（☱），分别代表天（乾）、地（坤）、雷（震）、风（巽）、水（坎）、火（离）、山（艮）、泽（兑）。古人认为这是构成宇宙万物的八种基本物质要素。

六十四卦（别卦）由六个爻组成，也就是由两个经卦重合而成。六十四卦各自成为独立的系统结构，六爻之间存在贞悔、三才、比应、承乘、互体、旁通等关系，是一精密的网络结构。

《易经》的文字系统，包括六十四卦的卦辞和三百八十四爻的爻辞，其文字内部多从上古占筮所得的繇辞中筛选而来，还有一些属古代民歌民谣、哲理格言。古人用卦辞断一卦的吉凶，用爻辞断一爻的休咎，卦、爻辞中，包含取象之词、叙事之词、断占之词等不同组成部分。

符号系统和文字系统各有其特点。符号系统的特点，在于使思想规范化、系统化、图示化。它有很大局限性，类似一些“空套子”，如不辅以卦、爻辞，难以表述明确的思想。文字系统的特点，是文句简朴古奥，多数人识其字而难明其义，望而生畏，难以卒读。古奥词句反映的思想文化内涵甚为玄妙，同远古占卜方式相联系，令人觉得神秘莫测，只可随人拟议。

2.《易经》产生的历史，充满着神话般的传说

这部典籍的编撰过程，《汉书·艺文志》说是“人更三圣，世历三古”。传说上古的伏羲氏，看到黄河的“龙马负图”，始画八卦。到中古时期，周文王加以重叠，组成六十四卦，并为每卦系上卦辞和爻辞，又说爻辞是文王的儿子周公所系。传至近古，孔子读《易》，“韦编三绝”，为阐发其哲理而写成“十翼”，是为《易传》。从此上古的一部占筮之书，演变成为哲学经典。由伏羲始画八卦，到经与传结合的《周易》，前后经历了三千多年。

3.《易经》为东方文化之奇葩，尤以其玄妙的义理在世界文化史上独树一帜

《易经》描绘了一幅奇特的宇宙演化图式，谓“《易》有太极，是生两仪，两仪生四象，四象生八卦，八卦定吉凶，吉凶生大业”，[①]这一宇宙演化论，立论恢宏，思虑玄妙，基本上奠定了东方哲学思维模式的基础，影响极为深远。《易经》建立天地人“三才”统一的宇宙观，主张三才之道的统一，涵盖了宇宙的阴阳消长，万物的刚柔变化，人生的道德准则，致广大而尽精微，极高明而道中庸。三千多年来，“《易》乃大道之源”，这已成为中华民族的共识，并已得到国际的认同。

二、《易经》——精湛的“宇宙代数学”

《易经》蕴涵着丰富的朴素辩证法思想。黑格尔作过这样的评价：“中国人也曾注意到抽象的思想和纯粹的范畴。古代的《易经》（论原则的书）是这类思想的基础。《易经》包含着中国人的智慧，〔是有绝对权威的〕。”[②]《易经》的朴素辩证法思想，受到中国历代思想家的高度重视，成为锻炼人们的理性思维能力的优秀教科书。西汉时期，《易经》成为“三玄”（《易》《老》《庄》）之冠，它为提高中华民族的抽象思维能力，发挥了重要作用。冯友兰先生指出：《易经》讲大化“流行”，讲阴阳“对待”，若再加上“发展”原则，就是“比较完整的辩证的宇宙代数学”。《易经》的辩证法思想相当丰富深刻，包含着“天地絪缊，万物化醇”的宇宙发展观，“刚柔相推，变在其中”的变化内因论，“革故鼎新”“物极则反”的矛盾转化思想，以及“保合太和乃利贞”的中和思想等。两千多年来，研究《易经》、阐发其精深义理、揭示其象数奥秘者，代不乏人，著述不下三千种，形成独立发展的学科——“易学”。许多著名哲学家，大多发展《易经》思想原则，营建自己的哲学理论体系，张载、王夫之、

---

① 《周易·系辞上》。

② 〔德〕黑格尔著，贺麟、王太庆译：《哲学史讲演录》第一卷，商务印书馆，1983年，第120页。

方以智是卓越的代表。

三、《易经》——古代经邦济世的宝典

中国封建时期，《易经》一直被列为五经、九经、十三经之首，作为官方颁布的法定教材而广泛流传，求知者人人必读。封建统治者看重《易经》，主要是推崇其中经邦济世的政治、伦理思想。古代政治家、军事家、经济学家，君主与大臣与学者，无不认真研读它，从中汲取治理国家、安定社会、发展经济、建设国防、提高社会道德水平的思想原则。

《易经》作为一部哲学典籍，有一个重大特点，即具有鲜明的实用性。《易经》哲学将“正德、利用、厚生”奉为价值取向标准，要求哲学思想能够维护国家的统一，增进民族的团结，推进经济的发展，促成社会的进步。《易经》中不少社会政治观点，至今有着现实意义。

《易传》从加强中央集权制的政治目的出发，提出“建万国、亲诸侯”的主张；《文言》宣扬“万国咸宁”的政治理想，要求中央同诸侯国之间始终保持安定和睦的政治关系；为了保卫宗庙社稷，《象传》提出了“设险以守其国”的国防建设思想。

《易经》的社会政治思想，坚持“崇德广业”的原则，要求以高尚道德原则指导政治，推行“仁政”；主张“君子体仁，足以长人”，认为缺乏仁爱之心的人，不足以担任人民官长。“长人”者还要善于“理财”，整理财政，广辟财源，管理好财物，量入为出，节约开支。“节以制度，不伤财，不害民。”①

《易经》坚持“民为邦本”的民本主义思想。执政者要爱护人民，使之过上安居乐业的生活。《系辞》说：“安土敦乎仁，故能爱。”执政者充满爱心，使社会安定和睦。民本思想还要求执政者能“与民

①《周易·象·节》。

同患”，和百姓同甘共苦，深体民瘼，洞察时艰，外患当头，能与人民共赴国难，而不是置人民于水深火热之中而不顾。

《易经》强调治理社会必须“隆礼重法”。《易传》主张“非礼弗履”。[①]人们的行为要受礼的约束，不可越礼。“父父，子子，兄兄，弟弟，夫夫，妇妇而家道正，正家而天下定矣。”[②]除了重礼，还要重法。《象传》提出“明罚敕法”的主张。刑罚要明，法令要清楚，使人人遵守，“刑罚清而民服”，才能“遏恶扬善”。礼治精神与法制精神相结合，是古代安定社会行之有效的政治原则。

《易经》所阐扬的“自强不息”的奋发精神，“惧以终始”的忧患意识，“革故鼎新”的创新思想，“厚下安宅”的社会管理原则，教育了一代又一代具有雄才大略的政治家、社会革新家。《易经》中许多经邦济世的哲理格言，至今值得深入体会。

四、《易经》在传统文化中的突出地位

《易经》在传统文化中的地位，是历史地形成的。三千年来，平均每年有一种注释、阐发、评议《易经》的著作问世，这是非常奇特的文化现象。为什么《易经》研究历久不衰？《四库全书总目提要》对此有过评论：“易道广大，无所不包。旁及天文、地理、乐律、兵法、韵学、算术，以逮方外之炉火，皆可援《易》以为说；而好异者又援以入《易》，故易说愈繁。”当前《易经》研究所涉及的领域有文字学、考古学、哲学、政治、宗教、人伦、历史、文学、美学以及自然科学中的天文、数学、物理、生物，还有医学、气功、武术等。《易经》为古代文化中的传统思维模式与思想原则奠定了基础。它既包含“观乎天文以察时变”、为工具理性所掌握的自然知识，又含有“观乎人

① 《周易·象·大壮》。
② 《周易·象·家人》。

文以化成天下”、为价值理性所追求的人文理想。《易经》阐扬的“保合太和”理想原则，成为中国传统文化的基调。《易经》对中国文学艺术影响深远，它为中国美学建立了理论基础，其取象思维原则，对古代诗歌的比兴创作方法启迪极大。其“意”与“象”结合的思维模式，孕育了中国画的创作方法，美术家多认为“太极图乃书画秘诀”。舞蹈家则认为八卦是认识宇宙的构架，同时也是审美标准的符号。《易经》的阴阳协调也是审美标准的符号，对民间舞蹈影响极深。《易经》的阴阳协调原理，影响了中国建筑艺术、工艺技术，同西方艺术大异其趣。《易经》是融象数与义理于一体的独特思想体系，具有创造性、灵活性，富有开拓未来的精神，故不只是中国传统文化的珍贵遗产，也堪称全人类文化宝库中的一颗璀璨的明珠。

五、《周易》的价值为何受到人为扭曲

《易经》最早是一部占卜之书。自孔子作《易传》，对它加以哲学诠释，经同传合在一起，则已扬弃了它的占筮功能，而成为政治、哲学经典。所以有人认为《易传》有两套语言：一是解释宇宙衍化法则和人类社会的起源及发展规律的，一是解释卦象、爻象及占筮方法的。不过《易传》所讲的这套占筮语言，也浸透着深刻哲理，故研究《易经》者对这两个方面都会涉及。《周易》这种一身二任的状况，在战国以后就已分离了。《易经》的占筮作用，为学者们所轻视，却被一些数术家引以同调。数术是古老的民间文化形态，包含看相、算命、占卜、风水、奇门遁甲、六壬等方术，现在通称神秘文化。数术在二十四史中多有记载，《四库全书》子部有著录。历来学术界对数术有争议，见仁见智，评价不一。不少人认为数术是《易经》的应用，这种说法并不确切。数术是长期流传于民间的神秘文化系统，不同的数术同《周易》的关系也很不相同，大都是一种外在关系。总的看来，数术只是借用了《易经》的哲理。首先，《易经》的天人统一思想，被歪曲地

利用去说明数术中的神秘的天人感应思想；其次，易学中的河图、洛书、太极图、先天八卦、后天八卦等象数图式，被借用去作为诱导非理性的直觉思维的形式；再次，《易经》中的天道、阴阳、八卦、六十四卦、卦气、纳甲等概念和术语，也被借用去作为建立数术思想体系的术语。因此，我们认为《易经》之所以能够被数术所利用，是由它的符号系统的特点决定的，同时也有着深层的社会历史原因。其根本原因恰恰是《周易》本身就是原始科学与神物迷信相结合的产物。我们的任务是将二者加以剥离，去其糟粕，取其精华，古为今用。学者们研究《周易》，涉及数术，目的在去伪存真，从文化发生学角度，追溯古代巫史文化的发生发展，而不是舍本逐末。有的人抱着正确目的研究数术，是把占筮看作同“常态因果关系预测”不同的一种“非常态因果关系预测”，力图探索原始的预测方法是否能为科学预测方法的建立提供某些借鉴或补充，也是探讨如何将《周易》用于决策科学的一种尝试。但数术长期在社会上流传，未免泥沙俱下，真伪难分。有些人打着《易经》旗号，美其名为《易经》应用，实际上只不过是包装自己，在他们心目中，《周易》仅仅是一本占卜书。这些人对《周易》的政治思想、哲学思想、象数思维方法的基本内容并不了解。长此以来，使《周易》多方面的文化价值，它在传统文化中的重要地位，受到了极大地人为的扭曲，应当予以澄清。《易经》被列为“五经”之首，《易》乃大道之源，它在中华传统文化中的地位，是歪曲不了的；少数人为了掩饰自己散布封建迷信、欺骗群众的目的，肆意歪曲它，只能暴露他们对中华文化的优良传统的无知，终会落得弄巧成拙的结局。

《易经》的思想文化内容异常丰富。无可讳言，它显然是精华与糟粕交杂的。它即提倡崇德广业，“经邦济世”；又主张“神道设教”，宣扬神秘主义。因此我们应该在马克思主义的指导下，花大力气做好细心剥离工作，取其精华，弃其糟粕，进行多学科、多侧面交叉综合研究，批判地继承这一份珍贵的文化遗产，防止或抵制对待传统文化的民族虚无主义。我们有责任对《易经》研究予以正确导向，使之走上健康发展的轨道。应当科学地、全面地阐明《易经》的思想精华，使其与现代社会需要结合起来，本着“古为今用”的方针，为我国社会主义现代化事业提供有益的借鉴。

第二节 《易经》卦爻辞中的辩证思维萌芽

《周易》是我国古代遗存的一部珍贵历史文献。几千年来，它对古代哲学、史学、文学、宗教、民俗以及天文、历法、数学、医学等人文社会科学和自然科学，都有一定影响。西汉以来，历代封建统治者把它奉为经典，列为研究古代思想文化的必读书，在文化教育史上起过重要作用。今天看来，它的确是一件文化珍品，有着多方面的研究价值。

《周易》历来被称作占筮之书，被罩上了种种神秘色彩。历代解释《周易》的著作，数以千计，言人人殊。“五四”以后，以郭沫若同志为代表的哲学、史学工作者，在马克思主义指导下，对《周易》进行了别开生面的研究。经过前辈的共同努力，详加考订、疏证，逐步拨开《周易》的神学迷雾，露出其古代文化思想著作的本来面目。中华人民共和国成立以来，《周易》研究工作一步步深入，关于八卦起源、《周易》产生的历史环境、《周易》在我国思想文化史上的地位和作用以及它在国外的影响等问题，都有了深入探讨，各有新的弋获。

对《周易》的研究，不同的学者从来就是采用不同的方法，注重不同的侧面。把《周易》分成《易经》和《周易大传》两大部分分别加以研究，肯定二者虽有思想渊源关系，却是不同历史时代的产物，这一原则，已为学术界所公认。这是把《周易》研究放在科学基础上的一个重要前提，克服了长期以来经传不分所造成的困惑。

本节仅对《易经》卦爻辞中的思想作些探讨。《易经》一书，是以六十四卦构造而成的占筮思想体系。由于史巫在编纂《易经》的时候，不只取材于累积的卜筮资料，也大量取材于日常生活经验和生产知识。这一部分卦爻辞，无疑具有一定合理成分。对于这些卦爻辞，我们可以而且应当遵循历史与逻辑相统一的原则，把它放到所由产生的历史条件下去加以分析。在进行这一工作时，我们必须坚持正确的方法论原则。首先，防止把古代思想现代化，力戒把卦爻辞所没有的思想强加于它；或者把属于萌芽状态的东西任意拔高，把幼苗夸张为大树。其次，我们不应拒绝对古代思想资料作应有的理论分析，以揭示其固有的含义；同时，也不能由于我们不赞成以传解经，就拒绝把《易传》和历代思想家在解经过程中的合理思想展示出来，以资借鉴。

一、对偶卦组卦象中显示的对立统一思想

《周易》是占筮之书，却包含了丰富的哲学思想。其哲学思想不只反映于卦辞、爻辞，卦象、卦名中也有反映。八卦和六十四卦的结构所蕴含的哲理，是中华民族最古老的辩证思维的萌芽。特别突出的是，古人观察分析事物时具有较鲜明的对立统一思想。

八卦的卦象、卦名中包含的对立统一思想，表现了古代的朴素唯物主义的宇宙观。宇宙由八种基本物质要素所构成，八种基本要素是两两对立的矛盾统一体。

乾与坤，从卦象上看，是纯阳（☰）与纯阴（☷）的对立统一。六十四卦都由乾坤二卦派生。六十四卦不是以乾为首，应是首建乾坤。乾与坤永远不可分离，不可有乾而无坤，亦不可有坤而无乾。乾坤二卦所代表的物象是，乾为天，坤为地；乾为父，坤为母。乾主刚，坤主柔。在动物，乾为马，坤为牛。其卦德，乾为健，坤为顺。它们无不是对立统一的范畴。这可说是中华民族固有的思维模式。

坎与离，卦象是阴阳阴（☵）同阳阴阳（☲）的对立统一。坎离二卦所代表的物象，坎为水，离为火。水与火，表现为极端对立，即常说的水火不相容；可是在日常生活中，水火从来不可或离，有水而

无火，有火而缺水，人与万物都无法生存，二者表现了固有的统一性。对乾坤父母而言，坎为中男，离为中女。其所代表的物象，在动物，坎象猪，离象飞鸟。坎为月，象北方阴寒；离为日，象南方燥热。坎象水流趋于低下，离象火腾趋向上升。坎象冷淡，离象热情。在意象上，坎离无不对立统一。

震与巽，卦象是一阳二阴（☳）同一阴二阳（☴）的对立统一。其基本物象是，震为雷，巽为风。对乾坤父母而言，震为长男，巽为长女。其卦德，震为勇猛奋进，巽为轻浮动摇。在动物，震象龙、马，巽象鸡、鹳。其对立统一的意象也是明显的。

艮与兑，卦象是二阴一阳（☶）同二阳一阴（☱）的对立统一。其基本物象是，艮为山，兑为泽。对乾坤父母而言，艮为少男，兑为少女。在动物，艮为狗，兑为羊。其卦之德性，艮为静止、稳重，兑为喜悦、润泽。

由此可见，八卦构成天地、水火、山泽、风雷四个对偶卦组，无论在卦象、基本物象、卦德及其他意象等方面都表现了两两对立统一的特性。由八卦组合而成六十四卦，用以表现无限丰富多彩的世界万物，其中的对偶卦组，更加强化对立统一观念。

六十四卦构成三十二个对偶卦组。乾坤、坎离、艮兑、震巽，其对立统一关系，从卦象上一望而知，已如上述。此外，否泰、剥复、损益、鼎革、既济、未济等卦组的卦象、卦名的对立统一关系都是显而易见的。这些卦名所包含的概念，已成为人们观察、分析问题的固定思维模式，渗透到日常思维活动之中。

否与泰，其卦象是天地否（䷋），地天泰（䷊）。否卦三阳在上，三阴居下，阳气上升，阴气下降，从卦象看，二者不相交合，故谓之否。泰卦三阳在下，三阴在上，阳欲升，阴欲降，一升一降，显示阴阳相互交合，二气通畅，故谓之泰。《彖传》指出：否，“大往小来，则是天地不交而万物不通也，上下不交而天下无邦也。……小人道长，君子道消也。”泰，“小往大来，吉亨，则是天地交而万物通也，上下交而其志同也。……君子道长，小人道消也。”《序卦传》论述否泰转化时指出：“泰者，通也。物不可以终通，故受之以否。”否泰总是相互转化的，否极泰来，成了人们的口头禅。

剥与复，其卦象是山地剥（䷖），地雷复（䷗），均是五阴一阳之卦。就阴阳之消长立论，剥卦之象表示阴气日长，阳气日消，面临一阳将尽，故谓之剥；复卦之象表示阳气始长，阴气始消，显示一阳来复，故谓之复。剥乃阴长阳蚀，复乃阴消阳生，卦象与卦名都显示对立统一原理。《序卦传》说：“剥者，剥也。物不可以终尽，剥，穷上反下，故受之以复。”剥卦显示阳刚穷尽之象，但穷于上必反于下，故阳刚复归。“穷上反下”思想，包含在剥复二卦卦象中。这是古人对物极必反思想的光辉论定。

损与益，其卦象为山泽损（䷨），风雷益（䷩），两种卦象恰好颠倒，二阳三阴一阳倒为一阳三阴二阳。山下有泽，谓之损，因泽水蚀山，或山土填泽，二者交相蚀，均有损之意。烈风迅雷相搏击，其势益猛，故为益。《序卦传》云：“损而不已必益”，“益而不已必决”。损为益之始，益为损之几，所以《杂卦传》谓：“损益，盛衰之始也。”

革与鼎，其卦象为泽火革（䷰），火风鼎（䷱）。卦象亦相为颠倒，革倒立成鼎，鼎倒立成革。泽中本有水，今水涸草枯，以至于可举火，乃巨大变革之象。巽为风、（木）、上有火，乃炊鼎之象。或谓鼎卦形象鼎，初六象鼎足，九二、九三、九四象鼎腹，六五象两耳，上九象鼎铉。《杂卦传》解释鼎革二卦对立统一的含义说：“革，去故也；鼎，取新也。”高亨先生解释说：“革是去其故旧。鼎是煮生成熟，取得新食。”① 故鼎与革的对立统一，犹如革新与守旧、新生事物与陈旧事物的对立统一。

既济与未济，其卦象是水火既济（䷾）、火水未济（䷿），二卦之卦象正相颠倒。水在上，火在下，犹釜中盛水，釜底有火，水火交合，

---

① 高亨：《周易大传今注》，齐鲁书社，1979年，第659页。

可烹煮诸物，故为既济。火在上，水在下，二者不相交，于事无补，故为未济。六十四卦次序，未济列于既济之后，含有深刻哲理。《序卦传》指出："物不可穷也，故受之以未济，终焉。"表明宇宙是无穷的，万物不可穷尽，旧的问题解决了，新的问题又将出现，旧事物的完结，即新事物的开始。《易经》的思想结构，予人们的思维方法以深刻启示。

总之，八卦和六十四卦，无论卦象还是所代表的物象以至所蕴含的意象，都强烈地体现了朴素的对立统一思想。对立统一思想在我国思想史上源远流长，其源泉正是古老的《易经》。

二、关于事物变化发展的思想

《易经》的作者，根据人类长期同自然作斗争的经验，逐步形成宇宙万物不断变化、绝非一成不变的观念。他们首先观察到日中则昃，月盈则亏，寒暑有消长，四季在更迭，草木有荣枯，人禽有生死；进一步，从自然变化中，朦胧地认识到万物变化带有规律性，从而形成了朴素的变化观。万物变化发展的思想，可说是古人最早具有的辩证思维萌芽。《易经》中关于这方面的思想资料相当丰富。

豫卦六二爻辞："介于石，不终日。"介，同砎，是坚硬的意思。爻辞说，坚如磐石的东西，难免被毁灭，不可久长。它启示占者：当事物坚固的时候，善自警惕，想到永远坚固之物是没有的；当前的坚固、稳定是暂时的。要居安思危，不可因今日的坚固而忘了可转化为不坚固。王夫之解释说："介于石，静之笃也；不终日，动之捷也。"[①]"静之笃"，指事物的常住性；"动之捷"，指事物的变化性。"介于石，不终日"，是古人观察万物变化而概括出来的深刻哲理，言简意赅，发人深思。

坤卦初六爻辞："履霜，坚冰至。"古人认为，霜乃阴气所凝。

① 王夫之：《周易内传·系辞下》。

阴气初凝为霜，阴气盛则水成冰。《礼记·月令》："季秋之月，霜始降；季冬之月，冰方盛。""履霜，坚冰至"，说明足踏薄霜，当思冰天雪地的严冬不久会来到。正如朱熹所解释："阴始生于下，其端甚微；而其势必盛，故其象如履霜则知坚冰之将至也。"[①]这节资料还表明：事物的变化有一个由渐到著、由微而盛的量的积累过程。《周易大传·文言》深刻地阐发这一思想，指出："积善之家，必有余庆；积不善之家，必有余殃。臣弑其君，子弑其父，非一朝一夕之故，其所由来者渐矣。"俗话说："冰冻三尺，非一日之寒。"严重问题的发生，绝非偶然。对于萌发中的弊端，当防微杜渐。王夫之申述这一思想说："坚冰之至，霜所必致。……阴兴必盛，自然之数也。故一生一杀，不以损天地之仁；一治一乱，不以伤天地之义。特当其时，履其境，不容不戒。"[②]

鼎卦九四爻辞："鼎折足，覆公餗，其形渥。"青铜器时代的鼎，三足而立，陈之公室，以烹鲜味，何等庄严、稳重。然而竟有折足之时，覆公之餗（粥），其形极渥，可想而知。这是古代偶尔发生的一件小事，经巫史记录在册，就予占者以新的启示。说明稳重之器，有所不牢固；庄严之物，竟然会现丑。以之比喻人事，意尤深远。王弼阐述其理："渥，沾濡之貌。既覆公餗，体为渥沾。知小谋大，不堪其任，受其至辱，灾及其身。故曰：'其形渥，凶也。'"[③]此爻辞启发占者遇事不可只考虑一种可能性而忽视另一种可能性。当事情看起来很稳妥的时候，要注意防止"鼎折足"现象发生，不要粗心大意，以为一切都十分稳妥可靠。

渐卦六二爻辞："鸿渐于磐，饮食衎衎。吉。"渐卦九三爻辞："鸿渐于陆，夫征不复，妇孕不育。凶。"这两节资料，借鸿鸟活动反常

---

① 朱熹：《周易本义·坤初六》。
② 王夫之：《周易内传·坤初六》。
③ 王弼：《周易注·鼎九四》。

引来不良后果，比喻人们在采取某种行动之前，当考虑行为是否恰当。

鸿是水鸟，渐（进）于磐，即接近水边土堆，尚未远离正常活动范围，故“饮食衎衎”，欢快自得。一旦离开水域，进入陆地（渐于陆），违反生活常规，后果很不利。犹之丈夫出征不复回，妇女当孕不生育一样可悲。水鸟违反常规，后果可悲，人们的行动越出常轨，难免有不测之灾。喻意自然，读来令人深思。

渐卦六爻的爻辞，描述了鸿渐于干（初六），鸿渐于磐（六二），鸿渐于陆（九三），鸿渐于木（六四），鸿渐于陵（九五），鸿渐于（陆）[陂]（上九）的过程。即从水边（干），到水边土堆（磐），再到陆地，飞上树木，远至高陵，最后到了离人近的陂塘（陂），说明水鸟活动区域的变化，带来不同后果，起初是“饮食衎衎”，最后则被人弋获，“其羽可以为仪”（渐上九），落得可悲下场。这同乾卦的六节爻辞描写“龙”的活动过程很相似。由潜龙（初九），见龙在田（九二）或跃在渊（九四），飞龙在天（九五），最后得到亢龙有悔（上九）的可悲结局。这两组爻辞都借动物活动的变化，启示人们考虑事物发展的不同结果。形象之中，寓有哲理。

显而易见，关于事物变化发展的观念，是《易经》中重要的哲学意识萌芽。后来，人们习惯地认为《易经》一书讲的是变易的道理，这种看法是有根据的。

三、事物总会向反面转化的思想

任何事物，由于内部对立面的斗争，在发展过程中，总会向相反方向转化。这是唯物辩证法对事物发展的普遍规律的揭示。古代的巫史当然不可能有如此深刻的认识，但是，作为客观事物发展的普遍法则，总会或隐或显地表现出来。古人基于对事物变化的深入观察，于此不能毫无感触。也就是说，认识发展的高级阶段才能科学证实的东西，起初总会以萌芽形态被揣测到，因为主观辩证法总是自觉不自觉地反映客观辩证法。《易经》中有不少资料可以说明这一点。

泰卦九三爻辞："无平不陂，无往不复。"平必有陂（倾斜），往必有复（回归），是人们日常生活中容易观察到的现象。古之巫史将此常见现象概括为"无平不陂，无往不复"的哲理格言，使平常的事实化为普遍的真理，至今读之，仍令人心服。这是人类从长期认识中总结出的关于事物无不向反面转化的可贵思想，如果我们忽视其中科学思想的萌芽，把这一思想简单地归入形而上学循环论，未免苛求于古人。

否卦九五爻辞："其亡其亡。系于苞桑。"此爻辞告诫人们，时刻警惕国家危亡，乃可如系苞桑，维持久长。《周易正义》写道："苞，本也。凡物系于桑之苞本，则牢固也。若能'其亡其亡'以自戒慎，则有'系于苞桑'之固，无倾危也。"（否九五）"其亡其亡"，言其可变；"系于苞桑"，言变可防。《易经》作者以诗一般的语言，申述了一条可贵的哲理。《周易大传·系辞下》阐发这一思想，指出："君子安而不忘危，存而不忘亡，治而不忘乱，是以身安而国家可保也。"这一阐述深得此爻精义。王夫之更以周公辅成王其初遭毁谤的事迹印证此哲理，他说：周公"虽居尊位，权势不归，危疑交起，有'其亡其亡'之象焉"。由于他善于"正己择交，不改其常度"，终于"止流言之祸而靖国家"。周公之所以"静镇以消世运之险阻"，"用此道也"。[①]

旅卦上九爻辞："鸟焚其巢，旅人先笑后号咷，丧牛于易。"讲的是一个历史故事。殷先祖王亥客居易国，意气骄淫，为易君所杀，焚其住所，夺其牛羊。作《易》者，以"先笑后号咷"来概述王亥的遭遇，寓有"乐极生悲"的深刻哲理，说明日常生活中，得与失，乐与悲，可以相互转化。王弼曾申述这一转化的必然性："客而得上位，

① 王夫之：《周易内传·否九五》。

故先笑也。以旅而处于上极，众之所嫉也。以不亲之身，而当嫉害之地，必凶之道也。故曰‘后号咷’。”[1]“先笑后号咷”无时不有，无处不有，个人经历亦属屡见。这些寻常无奇的话，寓意丰富，概括广泛，令人读之触目惊心，说明悲欢可转化，人们应警惕今日之欢乐可能会导致明日之悲怆，不可得意忘形。

益卦上九爻辞：“莫益之，或击之。”损卦上九爻辞：“弗损，益之。”两节爻辞，讲的都是损益关系。社会交往中，人们常碰见于己有损、有益之事，于己有损、有益之人。在阶级社会里，或损或益，是每个人遇事都要计较的。两节爻辞示占者对损益的两种态度，一是莫益之，或击之；一是弗损，益之。两种态度，均以权衡个人利害得失为宗旨，它浸透着利己主义思想。王弼解释“莫益之，或击之”的原因在于“求益无已，心无恒者也；无厌之求，人弗与也。独唱莫和，是偏辞也。人道恶盈，怨者非一，故曰或击之也”。[2]这就是常说的“满招损”。

但是，爻辞也说明了欲益反损或欲损反益的可能性，从而把人们对问题的思考推进一步。《淮南子·人间训》借孔子之言发表了这种议论：“孔子读《易》至《损》《益》，未尝不愤然而叹曰：益损者，其王者之事与？事或欲以利之，适足以害之；或欲害之，乃反以利之。利害之反，祸福之门户，不可不察也。”古人学习《易经》中的卦爻辞，以锻炼自己的哲学思维，于此又是一例。

乾卦九五爻辞：“飞龙在天，利见大人。”乾卦上九爻辞：“亢龙，有悔。”“龙”是人们想象中既能潜于深渊、又能现于田间、还可飞于天上的动物。《易经》用龙之或潜或见，喻贤人君子之出处、进退。亢龙有悔的思想则异常深刻，说明事物发展总有一个限度，过亢（高）则会走向反面。包含着“物极必反”的哲理。《周易大传·文言》阐述这一思想说：“亢之为言也，知进而不知退，知存而不知亡，知得

① 王弼：《周易注·旅上九》。
② 王弼：《周易注·益上九》。

而不知丧。”《周易集解》引用干宝关于武力征伐当适可而止的思想阐发“亢龙有悔”的道理说：“天之鼓物，寒暑相报；圣人治世，威德相济。武功既成，义在止戈；盈而不反，必陷于悔。”①生活经历不同的人，从同一节爻辞中可能获取不同的启示，这是古人学习《易经》的一个重要特点。

师卦六五爻辞：“长子帅师，弟子舆尸。”师卦六三爻辞：“师或舆尸。”阶级社会常有战争。有战争则胜败无常，或凯旋归来，或舆尸而还，两种可能性都是存在的。对国君来说，命将出征，不可不慎重考虑将兵者是否得人。王夫之发挥这一思想，指出：“侥幸而胜者有矣，师败将殪，舆尸以归，亦其恒也。视敌何如耳。……才弱志强，行险妄动，故其象占如此。命将者其可轻任之乎！”②这里预示占者在出师之前，应反复考虑胜败转化的两种前途，特别是“舆尸”这种最坏的可能性，激发占者慎重行师，慎重命将，以立于不败之地。

四、对具体情况作具体分析的思想

古人从生产斗争和阶级斗争中积累了无数经验，逐步认识到，人们对周围发生的事变，应从具体情况出发，进行具体分析，力戒刻板硬套或主观臆断。《易经》卦爻辞中保留大量思想资料，教人看问题不能只重形式，忽略内容；只看现象，不看本质；只顾眼前，不顾未来，蕴涵着丰富的朴素辩证法思想因素。

既济卦九五爻辞：“东邻杀牛，不如西邻之禴祭，实受其福。”杀牛祭神，当然比只供饭菜的禴祭要隆重，为什么反不如后者“实受其福”？这是具体分析的结果。《易经》写作时代，“东邻”指殷纣王统治地区，“西邻”指周文王统治地区。纣王暴虐，残酷剥削人民，

---

① 李鼎祚：《周易集解·乾上九》。

② 王夫之：《周易内传·师六三》。

祭祀愈隆重，民众愈遭殃；西邻贫弱，爱惜民力，祭祀从简，民众“实受其福”。这说明统治者的措施引起民心向背。要重实际效果，不图表面形式。王弼阐述这一含义说：“祭祀之盛，莫盛修德。故沼沚之毛，蘋蘩之菜，可羞于鬼神。故黍稷非馨，明德惟馨。是以东邻杀牛，不如西邻之禴祭，实受其福。”①

否卦六二爻辞：“包承，小人吉，大人否。”承同脀，祭神的熟肉。包，指用茅包肉。古代祭神典礼，等级森严，贵族才有权用鼎盛牺牲而祭，贫贱者只能以茅包肉而祭。因此，同是包脀，对于不同身份的人，具有不同的意义。贫贱的“小人”，身份低下，本无以鼎献祭之权，以茅包脀，不过仍旧贯；富贵“大人”，如果也包脀而祭，那就表明他们以鼎献祭的高贵身份业已丧失，落到可悲境地。所以同为包脀，小人则吉，大人则否。现象相同，实质不同，是具体分析的结论。

节卦初九爻辞：“不出户庭，无咎。”节卦九三爻辞：“不出门庭，凶。”两节爻辞，示占者考虑出处、进退，必须审时度势，当隐则隐，当出则出，应把握时机，当机立断。不出门（户）庭这样一个行动，为什么时而“无咎”，时而“凶”？关键在于各人情况不同，时机不同。它启示占者在决定出处之前不可不三思而行，要反复权衡行为引起的后果。

噬嗑卦初九爻辞：“屦校灭趾，无咎。”噬嗑卦上九爻辞：“何校灭耳，凶。”两节爻辞同是描写古代刑徒的情况。“屦校灭趾”指犯小罪受薄刑，即王弼所谓：“过轻戮薄，故屦校灭趾，桎其行也，足惩而已，故不重也。……小惩大诫，乃得其福，故无咎也。”“何（荷）校灭耳”指重罪重刑，械其颈而灭其耳。王弼说这是“处罚之极，恶积不改者也”。②两者结合，说明一个人犯轻罪而不改，必至罪大恶极，难免灭身之刑。《周易·系辞下》对此作了透彻阐述：“善不积不足以成名，恶不积不足以灭身。小人以小善为无益而弗为也，以小恶为无伤而弗去也，

---

① 王弼：《周易注·既济九五》。
② 王弼：《周易注·噬嗑》。

故恶积而不可掩，罪大而不可解。”小罪薄惩同重罪灭身，两相比较，使人不难得出应有的教训。

显然，《易经》作为占筮之书，本是以刻板的言词示人吉凶，属典型的唯心主义形而上学思想。但历代学《易》者往往利用这些呆板言词，加以适当发挥，剥取其中诱发辩证思维的合理内核，以为修己治人的龟鉴。

五、发挥主观能动性，促成事物变化的思想

占筮本是一种古老的迷信活动，它让占者把卦爻辞看作神灵的启示，只可服从，不可违抗，彻底否定了人的主观能动作用。然而，事情并不尽然。《易经》中有不少卦爻辞的内容，实质上又给占者留有发挥主观能动性的余地。预示着占者面临险恶处境时，仍可通过主观努力，争取好的前途。这一部分卦爻辞的内容，按其实质说来同占卜术的本意相径庭。更有甚者，占者对于所筮得的预示吉凶的卦爻辞，从来不是绝对信从，如其与占者意愿不符，并不就此罢休，有的可以重新占筮，故《易经》中有“初筮告，再三渎，渎则不告”[①]的记载；如遇龟从筮不从，则舍筮占而取龟卜，故有“筮短龟长”之说，[②]表明占者有一定的选择机会。

乾卦九三爻辞:“君子终日乾乾，夕惕若，厉，无咎。”这是告诉占者，终日进取不懈，夜里仍警惕自勉，虽遭危难（厉），亦可无忧。“厉”是不利的处境，“无咎”是平安的结局。好的结局，靠日乾夕惕的主观努力取得。《周易·文言》指出：“君子进德修业，……知至至之，可与几也；知终终之，可与存义也。是故君子居上位而不骄，在下位而不忧，故乾乾，因其时而惕，虽危无咎矣。”这种依靠主观努力、

① 《周易·蒙》。
② 《左传·僖公四年》。

化险为夷的思想，是与天命论相反的。孔子讲“获罪于天，无所祷也”；庄子讲“知其无可奈何而安之若素”，同“厉，无咎”思想大异其趣。此爻辞鼓舞占者不屈从于险恶处境，而注重奋发有为。张载发挥这一思想，指出：“乾九三，修辞立诚，非继日待旦如周公，不足以终其业。……此君子所以立多凶多惧之地，乾乾德业，不少懈于趋时也。”[①]

大壮卦上六爻辞：“羝羊触藩，不能退，不能遂，无攸利。艰则吉。”爻辞形象地描述了一件趣事。雄壮的牡羊，不自量力，一头撞到坚固的篱笆上，角被卡住了，陷入进退两难的困境。正如张载解释的：“不详事宜，用壮而触，故进退不能。”[②]由于沉着坚韧，终于获得解脱，故曰“艰则吉”。爻辞给占者的启示是，困境是暂时的，“无攸利”向“艰则吉”转化的可能性是存在的，坚韧不拔，沉着应付，则“天无绝人之路”，有利时机终会到来。它给占者以精神安慰和鼓舞。

师卦初六爻辞：“师出以律，否臧，凶。”爻辞表明，军队出征是吉还是凶，以军纪的善与不善为转移。想打胜仗，军队就要纪律严明，不可扰民。否则，强军也会打败仗。正如王夫之阐述的：“师一出而即当以律，乃可胜而不可败。……反以律为不善，而恣其野掠，其败必矣。”[③]然而，军纪的善与不善，以统帅执法是否严明为转移。故曹操以身作则，割发自髡以贯彻“马踏青苗者斩”的军令；诸葛亮不徇私情，马谡违犯军纪，仍挥泪斩之。可见“师出以律”对后世有良好影响，它强调了通过主观努力强化军纪对胜败的重要性。

纵观世界文化史，任何历史悠久、文明昌盛的民族，必有其发达的哲学思维。而每个民族发达的哲学思维，又绝非一朝一夕凭空造就，必有其远古的萌芽期和漫长的发展史。

具有5000年文明史的中华民族，其思想起源可追溯到远古的年代。

---

① 张载：《横渠易说·乾》。
② 张载：《横渠易说·大壮》。
③ 王夫之：《周易内传·师初六》。

经过漫长岁月的发展，乃有春秋战国时期璀璨的文化。夏殷时期的文物，近来考古发掘蔚为大观，可惜历史文献颇感缺乏。因此，反映殷末周初文化思想的历史文献《易经》《书经》《山海经》等，显得特别可贵。

《易经》，虽为占卜之书，史官和卜官在编辑《易经》过程中，除取材于长期累积的卜辞外，同时也从社会生活经验、生产知识以及民歌民谣中汲取大量资料。因此，殷末周初不少可贵的哲学、历史、文学、宗教、民俗等文化思想史料幸而得以保存。

《易经》中的思想资料足以说明，我们中华民族的科学思维的萌芽，早在3000年前已十分丰富，它比古希腊留下的哲人赫拉克利特的思想资料，不但毫不逊色，而且更为丰富。《易经》之所以蕴涵着古代朴素辩证法思想萌芽，现在看来，毫不奇怪，它无非概括了古人长期积累的自然知识和社会知识中的某些合理成分。这些知识，经过史巫的概括，文句古朴，语法简练，很少有矫揉造作的痕迹。只要我们以马克思主义为指导，透过《易经》占卜思想体系的外壳，并且不要因为它是“占筮之书”就采取任意贬抑的民族虚无主义态度，严格遵循历史与逻辑一致的方法论原则，把其中所保存的思想资料与其所由产生的历史环境加以考察，就不难发现其中蕴涵的、至今闪射着耀眼光辉的朴素辩证法思想的萌芽。我们中华民族具有如此古老而瑰丽的文化遗产，怎不值得自豪！

第三节 《易经》卦爻辞中的哲理故事

《易经》一书，是以六十四卦三百八十四爻构成的占筮基本体系，是上古时期巫史文化的总汇。由于古人在编撰《易经》的时候，不仅取材于积累的卜筮资料，也大量取材于日常生活经验和生产知识。这些卦爻辞，无疑具有一定合理思想成分，并包含了上古时期先贤的哲理思想萌芽，足供后人深入阐发。下面选取几条卦爻辞中的故事，阐发它所蕴含的哲理智慧。

豫卦六二爻辞："介于石，不终日。"介，通矿，坚硬的意思。介于石，即坚如磐石。不终日，即不长久。爻辞说，坚如磐石的东西，随时在发生变化，不一定能长久。它启示占者：当事物坚固的时候，应当警惕，想到永远坚固之物是没有的，当前的坚固、稳定是暂时的。要居安思危。明末清初大易学家王夫之解释说："介于石，静之笃也；不终日，动之捷也。"①"静之笃"，指事物的常住性；"动之捷"，指事物的变化性。"介于石，不终日"是古人观察万物变化而概括出来的深刻哲理，言简意赅，发人深思。古人从自然变化中，朦胧地认识到万物变化带有规律性，从而形成了朴素的变化观。万物变化的思想，可说是古人最早具有的辩证思想萌芽。王夫之的阐发，更为透彻。

旅卦上九爻辞："鸟焚其巢，旅人先笑后号咷，丧牛于易。"这是讲的一个历史故事：殷先祖王亥客居易国，易国君开始对他很客气，以礼相待，而他客居他乡却意气骄横，生活淫荡，终被易君所杀，焚其住所，夺其牛羊。作《易》者，以"先笑后号咷"来概括王亥的遭遇，寓有"乐极生悲"的深刻哲理，说明日常生活中得与失、乐与悲，可以相互转化，正如《老子》所说："祸兮福所倚，福兮祸所伏也。"易学家王弼曾申述王亥祸福转化的必然性，"客而得上位，故先笑也。以旅而处于上极，众之所嫉也。以不亲之身，而当嫉害之地，必祸之道也。故曰'后号咷'"。②先笑而后号咷或先号咷而后笑，无所不有，无处不在，寓意丰富，概括广泛，读之令人触目惊心，说明悲欢可转换，人们应警惕，今日之欢乐可能导致明日之悲怆，不可得意忘形。同时，在遇到可悲之事时则应沉着应付，以待情况的好转，不可自暴自弃，一蹶不振。这个历史故事告诉我们一个哲理，那就是任何事物，由于内部矛盾的斗争，在发展过程中，总会向相反方向转化。

---

① 王夫之：《周易内传·系辞下》。

② 王弼：《周易注·旅上九》。

孔子对困卦卦辞的妙解。“困，亨贞，大人吉，无咎”。孔子当年带领弟子周游列国，宣传他“以德治国”推行仁政的政治思想。当时列国君主一心以力争霸，没人采纳他的政见，甚至不愿接待他，他同弟子被困于陈蔡之间，绝粮七日。弟子们受饿不堪，孔子却弦歌不绝。弟子不解，就去问孔子：“我们受此大困，为何您还在弹唱？”孔子就用困卦卦辞教育他们。

他说道：“我听古人说，‘人君不困不成王，列士不困不成行。’”说明困苦具有两面性，可以使人颓唐伤志，也可激励有志者更加上进，克服困难，终成大业。孔子当即列举了历史上的几个著名人物作典范。他说：“昔者，汤困于吕，文王困于羑里，秦穆公困于殽，齐桓困于长勺，勾践困于会稽……《易》曰：‘困，亨贞，大人吉，无咎。’”[①]后来，孟子对此作了更加透彻的阐发：“天将降大任于斯人也，必先苦其心志，劳其筋骨，饿其体肤，空乏其身，行拂乱其所为，所以动心忍性，增益其所不能。”[②]人的一生，困苦的遭遇总是难免的，特别是当今经济全球化的时代，瞬息万变，随时会受到预想不及的挑战，乃至倾家荡产。应作多方面准备，乐观应对突来的困境。应当坚信苦难与成功是相互转化的，应做最大的努力，争取最好的结局。

小畜卦卦辞、小过卦六五爻爻辞：“密云不雨，自我西郊。”密云来自西郊，即浓云由西向东浮动，是不会有雨的。这是古人根据中国地理环境总结出来的气象变化规律。谚云：“云向东，一场空。”至今犹验。《农政全书·占候》也记载了按云行方向占晴雨的农谚：“云行东，雨无踪，车马通；云行西，马溅泥，水没犁；云行南，雨潺潺，水涨潭；云向北，雨便足，好晒谷。”说明我国大陆气候云行方向同雨量的必然联系。它教人面对浓云密布现象要做具体分析，不可见到云就是雨。对气候如此，人事现象亦然。见了风就是雨，主观武断的

---

① 《说苑·杂谈》。
② 《孟子·告子下》。

人是可悲的。古人从生产中积累无数次成功的经验和失败的教训，逐步认识到，人们对周围发生的事变，应从具体情况出发，进行具体分析，力戒刻板硬套或主观臆断。

未济卦辞："小狐汔济，濡其尾，无攸利。"此卦辞描述了这样一个故事：小狐果敢地渡河，快到彼岸了，多毛的尾巴却被水沾湿，体重增加，力不能支，渡河遭到失败。正如易学家王弼所说："小狐虽能渡而无余力，将济而濡其尾，力竭于斯，不能终济。"①卦辞揭示了动机和效果往往有矛盾，善始者未必善终。《史记》记载了楚国曾派春申君前去劝阻正要兴师伐楚的秦昭王的故事。春申君对秦昭王道：秦伐楚，后方空虚，韩魏会乘虚而入；秦兵不会游水，而要抢渡多重江河；北兵不服南方水土，病者必多。最后春申君对昭王说："王若负人徒之众，恃兵势之强，乘灭魏之威，而欲以力臣天下之主，臣恐有其后患也。《诗》曰'靡不有初，鲜克有终'，《易》曰'狐涉水，濡其尾'，此言始之易，终之难也。"②秦昭王听了春申君勿忘"毁楚而强韩魏"的劝告，深思"小狐汔济"的启示，终于召回秦兵，遣使与楚修好。卦辞简单的情节予人以深刻启示，对于那些头脑发热、胆大妄为的人，无疑可起到镇静剂的作用。此故事同时也明示了，当面临对方欲对我造成险恶处境时，仍可通过陈诉对方的种种不利条件，使之克制自己，而争取好的前途。

坤卦初六爻辞："履霜，坚冰至。"履：踩踏；坚冰：厚实坚硬的冰。脚踏薄霜，当预知严寒将至。阴气初凝为霜，阴气盛则成冰。《礼记·月令》："季秋之月……霜始降；季冬之月……冰方盛。"正如朱熹所解释："阴始生于下，其端甚微，而其势必盛。"③易学家王夫之申述说："坚冰之至，霜所必致……阴兴必盛，自然之数也……特当其时，履其境，

① 王弼：《周易注·未济》。
② 《史记·春申君列传》。
③ 朱熹：《周易本义·坤初六》。

不容不戒。”这说明了这样一个哲理：事物的变化有一个由渐到著、由微而盛的量的积累过程。严重问题的发生，绝非偶然，对于萌芽中的弊端，当防微杜渐。

乾卦上九爻辞：“亢龙，有悔。”亢：过甚，极度，此处形容龙飞到极高的程度。悔：悔恨。龙飞过高，阳极生阴，物极必反，故有悔。《周易·文言》阐述亢的义理说：“亢之为言也，知进而不知退，知存而不知亡，知得而不知丧。”《周易集解》引用干宝关于武力征伐当适可而止的思想阐述“亢龙有悔”说：“天之鼓物，寒暑相报；圣人治世，威德相济，武功既成，义在止戈；盈而不反，必陷于悔。”

《易经》用龙之或潜或见，喻贤人君子之出处、进退。亢龙有悔的思想则异常深刻，说明事物发展总有一个限度，过亢（高）则会走向反面，包含着“物极必反、盛极必衰”“跳得高，跌得惨”的哲理。

否卦六二爻辞：“包承，小人吉，大人否，亨。”包：以茅包肉；承：祭神的熟肉。古代祭神典礼，等级森严。王公贵族有权有势，用鼎盛牺牲而祭，贫贱者只能以茅包肉而祭，因此，同样以承祭神，对于不同身份的人，意义不同。贫贱“小人”，身份低下，本无以鼎献祭之权，以茅包承，不过旧贯；富贵“大人”，如果也包承而祭，那就表明他们以鼎献祭的特权已丧失，落到可悲境地。此爻辞阐述了一个具体问题具体分析的哲理。现象相同，实质不同，形式相同，内容不同，蕴涵着朴素辩证法思想。

否卦上九爻辞：“倾否，先否后喜。”倾：倾倒。倾否：倾倒否运，即化否为泰，令人欢喜。“否”转化为“泰”，关键在通过人的主观努力倾止否运。从政治上看，所谓“倾否”，就是摧毁腐朽统治，建立新的政权。《周易正义》解释说：“否道未倾之时，是先否之道；否道已倾之后，其事得通，故曰后有喜也。”倾否得喜的现象，在社会历史上不乏先例。王夫之借此爻辞发表了十分进步的政治议论：“势极于不可止，必大交而后有所定……否之已极，消之不得也，倾之而后喜。”倾覆旧政权，破坏旧事物，应作如是观。此爻辞最具有革命思想。

谦卦辞："亨，君子有终。"谦，卦名，下艮，上坤，上有平原大地，下有高高的山，象征"谦卑"。《序卦》曰："有大者，不可以盈，故受之以谦。"可见，"谦"乃盈的对立面。"亨"指谦虚待物，必至亨通。"君子有终"：《周易要义》曰："小人行谦，则不能长久，唯君子有终也。"即君子行此德，必有好结果。《荀子·宥坐》写道："孔子观于鲁桓公之庙，有欹器焉……孔子曰：'吾尝闻宥坐之器者，虚则欹，中则正，满则覆。'孔子顾谓弟子曰：'注水焉。'弟子挹水而注之。中而正，满而覆，虚而欹。孔子喟然而叹曰：'吁！恶有满而不覆者哉！'"欹器满则覆，比喻人自满则招受失败。"谦受益，满招损"乃哲理名言。

归妹卦六五爻辞："帝乙归妹，其君之袂不如其娣之袂良。"帝乙，殷纣王之父。归，指女子出嫁。妹，女子、后生之谓，犹言"少女"。归妹，即嫁出少女。君，《正字通》夫称妇曰君，指为正室。袂，衣袖，借代衣饰。娣，古代以妹陪姐同嫁一夫，称妹曰娣，犹侧室。此文即为帝乙嫁出少女，正室的衣饰，却不如侧室的衣饰美好。

此爻辞讲的是上古时期王朝的婚嫁故事。商王文丁杀了周族首领季历以后，商周关系恶化。季历之子姬昌（即周文王）继位后，积极蓄聚兵力，准备为父报仇。此时，位于商王朝东南的夷方也先后同盂方、林方等部落叛乱，反对商朝。帝乙为了避免东西两方同时受敌，也为了修好因其父文丁杀季历而紧张的商周间的臣服关系，决定将两个胞妹一同嫁与姬昌，采用和亲的办法来缓和商周矛盾，稳定全局，希望商周两大国之间彼此亲善相处。这则故事，显示了"将欲取之，必先予之"的策略。

《易经》的卦爻辞，包含了丰富的哲理，是中华民族朴素的辩证思维萌芽。生活经历不同的人，可从不同卦爻辞中获得不同的哲理启示。

以上几则《易经》卦爻辞的哲理故事，反映了关于事物变化发展的思想，关于事物总会向反面转化的思想，关于具体问题具体分析的思想，关于发挥主观能动性促成事物发展变化的思想。这几则故事蕴涵的朴素辩证法思想萌芽，至今仍闪烁着耀眼的光辉。《易经》中的思想资料足以说明，中华民族的哲学思维、哲学智慧早在3000年前已十分丰富。我们中华民族具有如此古老而瑰丽的文化遗产，怎不令我们自豪和自信呢！

第四节 《易经》中的象数思维特征

《周易》是由象数符号系统和文字系统结合而成的古老的思想体系，数千年来产生了不下3000种阐发这一思想体系的易学著作，形成一脉相承、独具特色的易学思想传统，其中最引人注目的是象数思维模式。

所谓象数思维模式，是借助于《周易》的卦象和爻象进行形象思维、取象比类、触类旁通以发展理性思维的一种思维方式。用这种思维方式进行思维，在把握思维客体、加工思维内容、形成理性认识的思维过程中，都要通过易学象数的推衍程式。这种思维方式，实际上为人们规定了思维的出发点，确定了思维的角度，安排了思维的顺序。象数思维模式就是假借象数进行思考的一种思维方式，也可谓之通过象数加工思维内容的特殊思维方法。

易学象数思维模式，在中华民族的幼年时期开始形成，几千年来不断充实。它经受了时间的考验，久而弥新。它对我国古代科学的思维方法有着持久的魅力，在我国传统思维方法中占突出的地位，在人类认识发展史上也有着卓越贡献。在世界文化史上，可以说没有别的民族的思维方式有着如此鲜明的特点。《周易》的研究，在当前几乎形成了世界性热潮，很大程度上由于这一套奇异的思维模式令人神往，它无疑是中国文化走向世界的契机之一。

《周易》象数思维模式的具体内容和表现形式，笔者在其他文章中有过较详细的描述，这里着重论述象数思维的基本特征、致思准则、合理内核以及它的突出优点。象数思维模式在我国认识史上的价值，学术界长期存在争议，本节力图从正面论述自己的观点。有人主张用封闭性、保守性、单向性、经验性来论定我国传统思维方式的特征，对于这些观点，笔者不敢苟同。如果从整体思维、形象思维、综合思维等角度来概括我国传统思维方法的特点，也许更加符合历史实际。夸大传统思维方式的落后性，忽视传统思维方式的优越性方面，本身就不是一种可取的思维方法。

一、“取象比类”——象数思维的基本特征

象数思维，顾名思义是一种唯象思维方式，在其思维过程中，离不开卦象和爻象。

远古之人，知识有限，不能离象言理。取象比类是古老的论理方法。八卦之卦，即八种象，所谓“卦者，挂也”。挂上一种直观的象，以引起人们的联想与想象，便于论理。

古人认为卦象是从天文、地理等物象中概括出来的。《易传》说：“仰则观象于天，俯则观法于地，观鸟兽之文与地之宜，近取诸身，远取诸物，于是始作八卦。”八卦一经设定，就有着以简御繁的特殊思维效用，《易传》称之为“其称名也小，其取类也大”。[①]取象的目的在比类。取象是选择个别事物作典型，比类则是根据个别事物中的共相加以演绎。取象比类，是由归纳到演绎、由个别到一般的思维方法，既不同于单纯的归纳法，也不同于单纯的演绎法，它不属于形式逻辑的思想体系，而是一种辩证逻辑思想体系，是归纳同演绎的综合运用。

取象比类，从思维借助于卦象这一点看来，富有形象思维的特点；从取象的目的在比类而言，它有着逻辑思维的特性。因此，以取象比类为特征的象数思维方法，是形象思维同逻辑思维相互诱导的特殊思

---

①《周易·系辞下》。

维方法。

《周易》中的众多事例，都充分揭示了这种思维方法的基本特征。

《易传》中的《象传》，有大象、小象。大象是专门解释六十四卦的卦象的。王夫之指出："大象则纯乎学易之理，而不与于筮。"[①]正确地指明《大象》全在借卦象谈哲理，与占筮无关。《大象》全面分析了古代取象比类的思维方法，表明这种思维方法自战国时期以来已形成传统。王夫之指出，《大象》包含的哲理，乃是"静存动察，修己治人，拨乱反正之道"。[②]这说明取象比类的思想内容不是日常琐事，而是关乎治国平天下的伟业。王夫之的论点是十分中肯的。

《周易》屯（䷂）卦，卦象为上坎下震，坎象水（云），震象雷。故《大象》曰："云雷，屯。君子以经纶。""云雷"是取其象，"经纶"天下是比类的结论。朱熹解释说，云雷交结，正是君子大有作为之时。王夫之对此卦取象比类的分析比朱子更深刻，他说："云上而凝，雷动而奋。……经纶者，君子开物创治之大业也。不凝如云，不足以行；不奋如雷，不足以断。未为之先，无绸缪深厚之心，方为之际，无震迅发起之气，无以取不秩不序之天下，分合而使之就理。"[③]这是说，君子见此卦象，当以"绸缪深厚之心"，慎重抉择；"震迅发起之气"，果敢行动，取代"不秩不序之天下"，而成就"开物创治之大业"。这完全是由简单的卦象演绎成一篇鼓励人们大有作为的政治哲学。

明夷（䷣）卦，上坤下离，坤象地，离象日。取象为地下有日。《大象》曰："明（日）入地中，明夷。君子以莅众，用晦而明。""明入地中"是取象，"莅众，用晦"是比类的论断。王夫之解释其中大义云："明庶政，则法山下之火（贲卦之象）；莅众，则法地中之日（明夷之象）。求治之小心，君人之大德，各有所当也。建极于上，则法日之升于地（晋卦之象）……道盛而民可由，德至而

①② 王夫之：《周易大象解·序》。
③ 王夫之：《周易大象解·屯》。

民不可知，抑各有所当也。”①这是说，山下有火，则草木百物洞悉无余，明庶政应从贲卦取象；日入地中，虽有光明而不显露，人君施治于民，当持此种“用晦而明”的态度，尽管这难免有些假装糊涂，却比显示自己明察秋毫者易于得到群众的拥护，正所谓“水至清则无鱼，人至察则无徒”。能做到“德至而民不知”，这才是理想的君主。黄宗羲将自己的政治哲学著作命名为“明夷待访录”，其取象比类的深意，是贤明居下，暂宜韬晦，以待明君造访。

损（䷨）卦，上艮下兑，艮象山，兑象泽。《大象》曰：“山下有泽，损。君子以惩忿窒欲。”山下有泽，何以比类“惩忿窒欲”呢？对此，王夫之有详细解释：“刚过则忿，柔过则欲。兑下二阳之狠，以六三之柔释之，惩忿之象也；艮下二阴之柔，以上九之刚静以止之，窒欲之象也。皆以损情之有余，而使之平也。”这是说，损者“损有余之情”，目的在求得平和之情以符合人道。符合人道者则不用有损，所以王夫之又说：“若道则不可得而损也。乐而不以为淫，怒而不以为戾，和平欣畅之心，大勇浩然之气，非欲非忿，而欲损之，释氏所为，戕性残形以趋涅槃；老子所为，致柔守雌以保婴儿，皆不知损而戕道以戕性矣。”②这里纯就卦象论事，没有结合“山下有泽”的物象。“山下有泽”倒是“满招损”的取象。

《荀子》曾经从物象（欹器）出发，阐发“满招损”的哲理。《荀子·宥坐》写道：“孔子观于鲁桓公之庙，有欹器焉……孔子曰：‘吾尝闻宥坐之器者，虚则欹，中则正，满则覆。’孔子顾谓弟子曰：‘注水焉。’弟子挹水而注之。中而正，满而覆，虚而欹。孔子喟然而叹曰：‘吁！恶有满而不覆者哉！’”欹器满则覆，是取其物象，比喻人自满则遭受失败，这是比类思维方法的妙用。谦受益、满招损的哲理，通过物象作了生动的说明，同取卦象比类事物有异曲同工之妙。

---

① 王夫之：《周易大象解·明夷》。
② 王夫之：《周易大象解·损》。

取物象比类，是《周易》取卦象比类思想方法的泛化，这种泛化现象，类似《诗》之比兴，在我国古代哲理诗中，运用十分普遍。

公元826年，唐代诗人刘禹锡奉召回京，途经扬州，与诗人白居易初次相晤，对永贞革新失败后20多年的贬黜生涯和当前的遭遇感慨万端，写出著名诗句“沉舟侧畔千帆过，病树前头万木春”，[①]借沉舟侧畔千帆竞渡的盛况和病树前面万木争荣的美境，比喻历史不断前进、新生力量将把腐朽势力抛弃，抒发作者对光明前景的乐观情绪。千帆与沉舟、万木与病树的鲜明物象对比，将所要比类的新生势力和没落势力描写得非常得体。公元833年，刘禹锡在答白居易的另一首诗里，用“芳林新叶催陈叶，流水前波让后波”的诗句，表达了同样的乐观心态。古今诗人、词人留下不少富有哲理的诗词名篇，其中“取象比类”的思维方法带有共通性，《周易》象数思维模式的影响是显而易见的。《周易》哲理中的形象思维方法同文学艺术创作中的形象思维方法虽不是一回事，却有着许多相通之处。

取象比类的象数思维方式被泛化后，渗透到日常生活中。我们的许多社会术语具有取象比类特点。当我们总结一段时期的工作或生产时，如果成绩不是直线上升，显得时起时伏，在两个高潮之间存在着低潮，我们就用“马鞍形”作比喻；当一个阶段的任务完成后紧接着扩大规模进入下一阶段，工作显得紧凑有序不断扩展时，我们用“波浪式”来作比喻；完成某项中心任务不得不同时采用两种有效的方式方法时，就称之为“两条腿走路”；要提醒某些领导者对于同时进行的各项任务必须统筹兼顾，不可顾此失彼，就比喻为“要善于弹钢琴”。这都是借用日常生活中众所周知的形象来比喻某些深刻的道理，深入浅出，雅俗共赏，言词简练而意义隽永。这可谓《周易》象数思维模式的妙用。《周易》卦爻辞中有不少命题，如“介于石，

---

① 刘禹锡：《酬乐天扬州初逢席上见赠》。

不终日”①“履霜，坚冰至”②“其亡，其亡，系于苞桑”③“小狐汔济，濡其尾”④等，都是取物象进行比类的典型。古代诗人接受易学教育，对这类典型词句异常熟悉，在文艺创作中加以创造性运用是十分自然的。

二、阴阳互补、刚柔调和——象数思维的致思准则

易学哲学的自然观，肯定宇宙万物都由阴阳二气所构成。天、地、人三才，无不是一阴一阳的对立统一。天道、地道、人道，即是对立双方消长演变的规律性。“立天之道，曰阴与阳；立地之道，曰柔与刚；立人之道，曰仁与义。”⑤阴阳、柔刚、仁义，相反相成，对称互补，构成统一和谐的宇宙万物和社会人际关系。一部《周易》就是对这种对称、互补、和谐关系的探讨。

八卦之中，乾（☰）与坤（☷），是三阳同三阴的对称和谐；坎（☵）与离（☲），是二阴一阳同二阳一阴的对称和谐；震（☳）与艮（☶）对称和谐；巽（☴）与兑（☱）对称和谐。八卦构成四对矛盾和谐统一体。将这四对卦象排列在一个圆周上，可以构成先天八卦或后天八卦。两种排列方式，在学术上各有价值，区别在于八卦所代表的方位不同。先天八卦（伏羲八卦），是离东、坎西、乾南、坤北、震东北、兑东南、巽西南、艮西北。后天八卦（文王八卦），是震东、兑西、离南、坎北、巽东南、艮东北、坤西南、乾西北。八卦所取方位虽有不同，而其东西、南北二卦之间的对称和谐原则却是一致的。

六十四卦之间的对称和谐关系也很突出。乾（䷀）与坤（䷁）、

---

①《周易·豫六二》。
②《周易·坤初六》。
③《周易·否九五》。
④《周易·未济》。
⑤《周易·说卦传》。

否（䷋）与泰（䷊）、剥（䷖）与复（䷗）、损（䷨）与益（䷩）、鼎（䷱）与革（䷰）、坎（䷜）与离（䷝）、谦（䷎）与豫（䷏）、既济（䷾）与未济（䷿）等等，从卦象上看，是阴阳对称的；从卦名含义上看，是对立统一的。二者相反相成，构成矛盾双方，形成固定的思维模式。这些对立统一的卦象，为取象比类的思维方法提供了有益的启示。

八卦和六十四卦的对称、互补、和谐原则，后来发展为太极图。

太极图中的阴阳两仪，中间呈现S形曲线，表示阴阳消长、刚柔互补、稳定和谐的分界线。

由于太极、两仪、四象、八卦、六十四卦中包含的阴阳消长、对称和谐原则具有普遍性，形成中华民族象数思维中的致思准则。这种准则不只表现在哲学上，并渗透在科学、技术及日常生活中。

科学中的表现，可以中医学理论为典型。中医治病的基本原则是“阴病治阳，阳病治阴”，[①] 治病的目的在调整已受破坏的生理机能，使之重新回到阴阳和平状态。“调气之方，必别阴阳……微者调之，其次平之，盛者夺之、汗之、下之”，“谨察阴阳所在而调之，以平为期”。[②] 总之，中医坚持阴阳调和观点，认为“内外调和，邪气不能害”，[③]“阴阳离决，精气乃灭”，[④] 中医学可谓阴阳调和医学。

阴阳相反相成的致思原则，在中医药剂学中的运用更为普遍。中医“逆治”原则，治寒以热，治热以寒，取其相反相济的中和之效。相恶、相畏之药用于同一方，反生奇效。“牛黄恶龙骨，而龙骨得牛黄更良；黄蓍畏防风，而黄蓍得防风其功愈大。”[⑤] 补药之中兼用泻药，更妙不可言。“医中之圣”李时珍揭示其中妙理说：“古人用补药，必兼泻邪；邪去则补药得力。一辟一阖，此乃玄妙。后世不知此理，

①②③④《素问·生气通天论》。
⑤ 方以智：《物理小识·药性总论》。

专一于补，所以久服必至偏胜之害也。”[①]一补一泻，一辟一阖，相反相成，阴阳调和，百病可祛。中医遗方之妙，蕴含着阴阳相济的致思哲理。

技术上的应用，可以建筑为例。北京故宫建筑设计的基本指导思想，就是处处讲究阴阳对称协调。从天安门到神武门，整个庞大建筑群，以中轴为基准，前后、左右处处注意对称。以太和、中和、保和三大殿为中心，乾清、坤宁二宫为后卫，文华、武英二殿为侧翼，无论形象和名称，都体现对称协调原则，御花园中的山、水、木、石、亭阁之间也无不注意安排得对称协调。

阴阳对称、刚柔相济的思维准则亦体现于古代政治原则中。封建统治者的统治术，有一条基本准则：阳德、阴刑，刑德并用，宽猛相济。孔子曾经说过：“政宽则民慢，慢则纠之以猛；猛则民残，残则施之以宽。宽以济猛，猛以济宽，政是以和。”[②]《诗经》曾歌颂理想中的和谐政治局面：“不竞不絿，不刚不柔，布政优优，百禄是遒。”[③]故孔子征引此诗以证明宽猛相济的政治效果。

这种对立统一的和谐原则，几千年来贯彻在我国以宗法血缘关系为纽带的家族生活中，讲究所谓父爱子孝、兄友弟恭、夫唱妇随等家庭和睦的信条，其思想渊源，无不打上易学中阴阳和谐、刚柔相济的致思准则的烙印。

注重刚柔调和，追求不同性质的事物的融洽，这不能不是象数思维的特征。在西方文化思想中，似乎更注重立异，讲究超越；存在某种思想体系，就力求以更新的思想体系去取代它。中国文化思想中受经学方法的影响，更多地注重求同，讲究融合，对于已存在的思想体系，总力求将其纳入新的思想体系之中，在包容之中求超越。易学传统的

① 李时珍：《本草纲目·泽泻》。
② 《左传·昭公二十年》。
③ 《诗经·商颂·长发》。

思维模式，是从调和中求发展、在包容中求创新的典型。

三、整体思维——象数思维的合理内核

易学将人体看作小宇宙，人与自然结合构成大宇宙。无论小宇宙和大宇宙，都是一个有机统一的整体。象数思维的内核就是引导人们随时把宇宙万物看作一个整体，由此出发去观察分析宇宙万物的运动、变化和发展，认为宇宙之间没有绝对孤立的事物，事物之间无不存在相互依存、相互制约的关系。

《周易》把六十四别卦视为一个个整体，每卦六爻之间存在着相互制约关系，任意变动其中一爻，阴爻变阳爻，或阳爻变阴爻，都会造成内部诸关系的改变。以归妹（䷵）卦为例：

贞悔二体关系的变化——每一别卦由贞悔（内外）二体所组成。归妹乃贞兑（☱）、悔震（☳）。若贞悔二体之中任何一爻有变，即不再是贞兑或悔震，归妹卦亦不复存在。

三才结构的变化——六爻代表天、地、人三才。初、二两爻为地位；三、四两爻为人位；五、上两爻为天位。归妹之地位为二阳，人位为下阳上阴，天位为二阴。如其中任变一爻，则此种结构将受破坏。

比应关系的变化——二体之中，天、地、人三才每相感应，初与四比，二与五比，三与上比。相比之际，阴比阴，阳比阳，谓之无应；阴比阳，阳比阴，谓之相应或有应。归妹六爻任变其一，则比应关系改观。

承乘关系的变化——六爻之中，下爻对上爻而言谓之承，上爻对下爻而言谓之乘。归妹六爻，初与二为阳承阳；三与四为阴承阳，阳乘阴；五与上为阴承阴。任变一爻则其中承乘结构改观。

中和关系的变化——六爻之中，初、三、五为阳位，二、四、上为阴位。阳爻居阳位，阴爻居阴位，谓之得位或正位；阳居阴位，阴居阳位，谓之失位。二为下体之中，五为上体之中。二爻为阴，五爻为阳，则既正位，又有应，称为中和，属卦爻组合的最佳状态。归妹

九二与六五，阴阳虽有应，但却失位，不存在最佳状态。

互体结构的改变——六爻之中，二、三、四爻构成一经卦，称为下互体或内互体，因其以下卦或内卦为主，又因其包含第二爻，故又称二互体。三、四、五爻构成一经卦，称为上互体或外互体，因其以外卦或上卦为主，又因其包含第五爻，又称五互体。六十四别卦中，任何一卦都包含两个互体，加上原来的上体和下体，共有四个经卦。归妹的四经卦是：内卦兑、外卦震、内互离、外互坎。兑震离坎四经卦，正是《说卦》中所讲的震东、兑西、离南、坎北四正卦，代表四方，同时代表春震、夏离、秋兑、冬坎四时。四正卦显示传统思维中时间和空间的结合，归妹又是长男与少女结合。故《易传》曰："归妹，天地之大义也。"若归妹之六爻任变其一，则此种互体关系改观。

旁通、飞伏关系的变化——别卦每卦本是六爻，按阴中有阳、阳中有阴、阴阳相即不相离的原则，共为十二爻，显者六爻，隐者六爻。显而可见者为"飞"，隐而不见者为"伏"。阳飞则阴伏，阴飞则阳伏。归妹卦"飞"者六爻为初九、九二、六三、九四、六五、上六；"伏"者六爻则与之相反，为初六，六二，九三、六四、九五、上九，此乃上巽下艮之渐（䷴）卦。渐卦与归妹卦的关系是，归妹各爻为渐之飞，渐各爻为归妹之伏。渐与归妹这种六爻隐显互含关系谓之渐与归妹互为旁通卦。六十四别卦各有自己的旁通卦。归妹六爻中任变一爻，则其旁通卦亦变。

综上所述，六十四卦各自为一整体网络结构，任意变动其中的一爻，则引起一系列相关性变化，即贞悔关系变、三才关系变、比应关系变、承乘关系变、中和关系变、互体关系变、旁通关系变。牵一发而动全身，这就是《周易》象数中的整体关系。象数思维的合理内核正在于通过象数推衍程序，强化整体观念，使人们每遇一件事物，必须从各种不同角度考虑它与其他事物之间的诸种相互制约的关系，要深思熟虑，慎重抉择，不可鲁莽从事。

在我国古代有不少重大技术工程，其主持者大多运用易学象数思维原则进行技术措施的可行性分析。就解决中国长期水患的治黄工程而言，它涉及许多重大技术措施，必须采取黄河、淮河、运河三大方面统筹兼顾的原则，实行全面治理。抓住水流与泥沙这一对主要矛盾，上游、下游兼顾，修筑河堤、疏浚河道、堵塞决口等多种方法并行。治理黄河、安定淮河、保证运河漕运畅通，构成三位一体的整体工程，相互配合，才能取得综合治理的最佳效果。某一局部技术措施失当，都会影响全局。无论是明代治黄专家潘季驯，还是清代治黄专家靳辅、陈潢，都是这样思考问题的。他们在治河过程中之所以能全面考虑、妥善处理疏浚河床与筑堤束水攻沙的关系，以清水（淮水）释浊水（黄河水）、清浊相济以清刷浊的关系，治黄与保运相辅相成的关系，修筑堤防与守卫河堤全面兼顾的关系等，都是对易学象数思维中整体思维法则的创造性运用。

中医学中整体思维方法的运用也十分突出。在辨证论治过程中，视人体小宇宙同自然大宇宙为一整体。根据脏象，结合时令、地域、人体素质及病史进行阴阳、表里、寒热、虚实“八纲”分析，得出病症结论；针对时令不同，老少之别，脏腑虚实，因人而异，采取不同治疗方案；遣药处方时，考虑到脏腑功能，多少盛衰，时空条件，贵贱之别，决定药物的君臣佐使的配伍。根据生理、病理、药理，结合自然、社会条件，综合考察，决不“一药治百病”。这都与象数思维中整体思维方法相一致。

整体思维中包含着突出的原始系统论思想，这是十分可贵的。注重整体，并不妨碍讲求开放。中医学、治黄工程都是将整体看作一个开放的而不是封闭的体系。整体同开放，是对立的统一。从开放中求得整体机制的平衡与发展，是整体思维的精髓。

四、强调序列，注重节律——象数思维的突出优点

古代人从长期生产实践中认识到，宇宙万物的运动变化都有其规

律。《彖传》讲“日中则昃，月盈则食。天地盈虚，与时消息”，[①]强调“天地节而四时成”。[②]汉代象数学家为了形象地描述四季阴阳寒暑变化的周期性，提出卦气说、纳甲说、爻辰说等象数思维模式，借易学象数模拟自然变化的节律、星移斗转的周期。这种象数思维方法尽管相当牵强，但从认识论上看，却有一定优越性。

就爻辰说作粗浅分析。它将一年十二月、一日十二时同二十八宿结合，再同乾坤二卦的十二爻位相配，构成十二爻位、十二辰、二十八宿之间固定的对应关系，用以描述自然变化的周期。排成圆形，构成爻辰图，其对应关系如下：

爻位	坤六四	乾初九	坤六三	乾上九	坤六二	乾九五	坤初六	乾九四	坤上六	乾九三	坤六五	乾九二
十二辰	丑	子	亥	戌	酉	申	未	午	巳	辰	卯	寅
二十八宿	斗牛女	虚·危	室·壁	奎娄胃	昴·毕	觜·参	井·鬼	柳星张	翼·轸	角·亢	氐房心	尾·箕

爻辰图将人们日常生活中接触的一些科学知识组成一个整体。

古人用十二地支记录昼夜时间的推移，一昼夜分十二辰，十二辰各有“初”“正”二时，共二十四个时辰，相当于今天一日二十四小时，说明古今记时单位名称不同，使用的方法是相通的，同样方便。

十二辰排成圆图，子、午为经，卯、酉为纬。春秋二季，日出卯入酉，午为正午，子为半夜，形成人们固定的时辰观念。卯、午、酉、子四时，又可代表东南西北四方，因其正是太阳四时所居方位。卯时日东升，酉时日西沉，午时日正南，子时日正北。为了便于掌握一年四季每月太阳出没的时刻，古人以爻辰为基础，加上天干与八卦，编成口诀：“正九出乙入庚方，二八出兔（卯）入鸡（酉）场。三七发甲入辛地，

① 《周易·彖·丰》。
② 《周易·彖·节》。

四六出寅入戌藏。五月生艮（丙）归乾（壬）上，仲冬出巽（辛）入坤（癸）方。惟有十月与十二，出辰入申仔细详。”[①]

爻辰图将十二辰同二十八宿配合，在天文学上颇有意义。四方配二十八宿，每方七宿，即天文学上的“四象”。东方苍龙，角、亢、氐、房、心、尾、箕；北方玄武，斗、牛、女、虚、危、室、壁；西方白虎，奎、娄、胃、昴、毕、觜、参；南方朱雀，井、鬼、柳、星、张、翼、轸。十二地支配二十八宿，即显示时间季节，又显示空间方位。

十二辰同星宿相配合，将时辰观念化为十二星次的空间观念，有着深刻的道理。中国古天文学将天球分成十二橘瓣状天区，便于观察日、月、五星及其他天象在恒星间的位置。爻辰图为中国天文学沿用赤道式座标系统、以北斗的斗柄在初昏时的指向来定季节的方法提供了方便，它渊源于《尚书·尧典》所载的古老方法：“日中星鸟，以殷仲春。”“日永星火，以正仲夏。”“宵中星虚，以殷仲秋。”“日短星昴，以正仲冬。”在古老的农业国度，这种观星授时方法世代相传是不足为怪的，配以爻辰，使之更易掌握。

爻辰说的局限性，在于它给人一种假象，仿佛日月五星的出没可以由《周易》爻象推算而得，增加了易学象数的神秘性，这妨碍人们对天文现象作精细的实际观测。但人们由此而得到启示，由四时变化的节律推而广之，注意观察人和万物发育变化的节律与周期。

易学家利用乾卦的元、亨、利、贞四德表述一切动植物发育的节律，指出“元者万物之始，亨者万物之长，利者万物之遂，贞者万物之成”[②]。生、长、收、藏四阶段节律观，成为农业生产过程的一般常识。运用这一节律观指导农业生产，人们就会认真考虑在农作物生长的不同阶段，应当施用不同的肥料，采取不同的管理措施。

医学家利用这种节律观念，观察研究人体生理发育的节律，指出

① 《奇门遁甲大全》。
② 程颐：《周易程氏传·乾》。

男人和女人发育节律有差异。女子发育以七年为期，男子发育以八年为期。关于男子发育的节律，《黄帝内经·素问·上古天真论》写道："丈夫八岁，肾气实，发长，齿更。二八，肾气盛，天癸至，精气溢写，阴阳和，故能有子。三八，肾气平均，筋骨劲强，故真牙生而长极。四八，筋骨隆盛，肌肉满壮。五八，肾气衰，发堕齿槁。六八，阳气衰竭于上，面焦，发鬓颁白。七八，肝气衰，筋不能动，天癸竭，精少，肾藏衰，形体皆极。八八则齿发去，……身体重，行步不正，而无子耳。"这是2000多年前医学家们对人体生理发育过程及其节律的观察，至今对医学、养生学仍有参考价值。

《黄帝内经》更重视人体生物钟运动的周期，指出营气和卫气周于身，有自身的节律。《灵枢·卫气行》所描述的卫气运行节律，同爻辰说一致，指出："岁有十二月，日有十二辰，子午为经，卯酉为纬。周天二十八宿，而一面七星，四七二十八星。房昴为纬，虚张为经。是故房至毕为阳，昴至心为阴。阳主昼，阴主夜。故卫气之行，一日一夜五十周于身。昼行于阳，二十五周；夜行于阴，二十五周，周于五藏。"中医施行针灸治疗，同掌握营气和卫气运行的周期有密切关系，成为后世推行"子午流注""灵龟八法"（奇经纳卦法）讲求"逢时"的科学根据。

中国人自古以来重视观察、研究、掌握自然界，大自天体、小至草木的运动变化过程的周期。《吕氏春秋·圜道》对此有过科学概括："日夜一周，圜道也。月躔二十八宿，轸与角属，圜道也。精行四时，一上一下各与遇，圜道也。物动则萌，萌而生，生而长，长而大，大而成，成乃衰，衰乃杀，杀乃藏，圜道也。云气西行，云云然，冬夏不辍；水泉东流，日夜不休；上不竭，下不满；小为大，重为轻，圜道也。"过去认为讲周期循环就是形而上学循环论，这种观点是不足取的。其实，忽视自然界万物运动变化的周期循环原则，要想适应生态平衡、保障人类生存是不可能的，违背自然变化的循环周期，无不受到自然法则的惩罚。

讲循环的周期性、节律的有序性，还要防止否定偶然性、灵活性。王夫之曾经严厉地批评汉代象数学家夸大节律、周期而忽视自然变化的偶然性的倾向。他说：象数家们“列次序，列方位，方而矩之，圆而规之，整齐排比，举一隅则三隅尽见，截然四块八段以为《易》”，[①]不免流为小人之术数，而背离“不可为典要，唯变所适”的易学原则。王夫之的批评不是没有道理的。自然变化，有常有变，有必然有偶然，讲求节律、周期，是就大常而言，节律与周期在实现过程中，不会没有变态与例外。关于这一点，王夫之提出“执常以迎变”的主张，注意有序的必然性，同时留心无序的偶然性，做到二者的辩证统一。

五、结语

易学传统中的象数思维方法源于远古的神学，与占卜相联系，后来从神学中分化出来，成为古人用以锻炼理性思维能力行之有效的方法。它同西方形式逻辑思维方法不同，不只提供一种思维形式，同时还诱导思维内容，是思维内容与思维形式结合的一种奇特方式。

象数思维方法，有利于总结人类的实践经验，便于归纳现象，作出结论，进行演绎。它是归纳与演绎法的结合，其特点还在于既非单纯讲综合，亦非单纯讲分析，是分析与综合的统一。这种特殊思维方法，数千年来一脉相承，于科学思维的发展起了重要作用。

易学象数思维方法是中华民族理性思维的产物、古代先哲智慧的结晶，但在理性思维中包含着不少非理性思维的因素。“取象比类”，具有直观思维的成分，寓理性思维于形象思维之中，或将形象思维作为通向理性思维的桥梁。庄子和王弼曾经提出“得意忘象”的主张，就是要求不拘泥于卦象。卦象只不过像一种酵母，用它可酿成理性思维的旨酒。

---

① 王夫之：《周易内传·系辞上》。

象数思维方法存在着机械论、循环论、直观主义、超逻辑思维等方面的局限性，不利于人们进行精密的逻辑思维，这是毋庸讳言的。它注重从整体上、宏观上把握事物运动变化的内在矛盾。它注重发展的节律和周期，追求事物之间稳定的和谐统一。这是象数思维方法的巨大优点。故易学同科学有着密切关系。黑格尔说：“《易经》包含着中国人的智慧。”冯友兰则称：“《周易》哲学为宇宙代数学。”这些称誉都是中肯的、可取的。

唐君毅讲过，一个民族要自立于世界民族之林，必须在思想上“能有所守”，“能守而后存在不亡”，意思是不要失去民族自豪感。中华民族的传统文化在世界文化史上长期独放异彩，有许多珍贵品。我们绝不可妄自菲薄，认为我国的思维传统只有封闭性、保守性，而忽视它固有的自强不息的革新进取精神，这是同我国当今的改革开放精神是不相融洽的。我们的任务是，对传统文化进行再认识，站在现代科学水平上，吸取世界文化之精华，结合民族文化的优秀传统，改造发展传统思维方法，建立有中国特色、中国气派的现代思维方式，对世界文化的发展做出贡献。

第五节　孔子与《易经》《易传》

孔子为千古哲人，《周易》为千古奇书。二者关系如何？向来引人注目。《周易》是否作于孔子前？孔子是否读过《周易》？《易传》同孔子有何关系？此等问题，越到近代争论越多，言人人殊。近代争论，由“古史辨派”开其端，当时盛行的观点有：“孔子对于《易经》也并未有‘韦编三绝’的精深研究，那孔子作‘十翼’的话自然无根据了。”[1]以往争论过的问题，到今天有一些已经统一了认识，有一些还将继续

① 《古史辨》第3册，上海古籍出版社，1982年，第90页。

争论。今天，孔子在世界文化史上享有盛誉，《周易》已成为东西方学术研究的热门之一。将以往关于孔子与《周易》的关系的争论略加回顾，不是没有意义的。本节就孔子是否研究过《周易》、他对于以《周易》进行占卜有何见解、他引用过哪些《周易》思想教育弟子、他是否是《易传》的作者等问题，略抒管见。

一、孔子学《易》，韦编三绝

曾经有人否认司马迁关于孔子研读《周易》的记载，认为孔子时代未必有《周易》这本书，不然《论语》中为何没有提到它。郭沫若认为，《周易》是战国时候才编纂成的，说孔子曾经读到它，那是无稽之谈。

《周礼》明白记载，西周时期，朝廷设有太卜，其职责是掌管用“三《易》”进行占卜的方法，三《易》指《连山》《归藏》和《周易》，可见《周易》早已存在。《左传》庄公二十二年（前672）记载：“周史有以《周易》见陈侯者，陈侯使筮之。”这是《左传》关于《周易》的最早记载，它早于孔子诞生一百多年。说《周易》编纂于孔子之后，显然不符合历史实际。

认为《论语》没有提到过《周易》的人，首先是否认《论语》中的这一记载：“子曰：‘加我数年，五十以学《易》，可以无大过矣。’”其根据是《鲁论》上“易”字作“亦”。一字之别，就把《史记》中关于孔子学《易》的记载全盘否定，这种对待思想史的方法是不敢苟同的。司马迁去古未远，两代人任太史，具有参阅大量古代文献资料的方便。他在《史记》中对孔子读《易》作了记载，写道：“孔子晚而喜《易》。……读《易》韦编三绝，曰：‘假我数年，若是，我于《易》则彬彬矣。’”司马迁写《史记》，号称实录，言必有征，“韦编三绝”之说，绝非向壁虚构。《抱朴子内篇·祛惑》进一步铺张其说：“有古强者云，孔子尝劝我读《易》，云：‘此良书也。丘窃好之，韦编三绝，铁挝三折。’今乃大悟。”是所根据者，亦或古代文录，虽不足凭，但亦不可置若罔闻。孔子作出“五十以学《易》可以无大过”的论断，今天看来，并非夸张其词。《周易》卦爻辞包括了古代大量社会实践经验和生活经验，且以象数符号系统和语言文字系统紧密结合的方式写成，对于锻炼人们的理论思维能力特别有益，在世界文化史上是罕见的著作，缺乏社会生活经验的人是不易掌握其要旨的。孔子游说诸侯，欲以治国平天下，其生活经验丰富；晚年教育弟子，以《易》作为教材之一，故于此书的价值体会良深，作出这种概括，是十分中肯的。“五十以学《易》可以无大过”，无疑是孔子学《易》的深刻体会。

二、孔子贬抑占《易》，独尊《易》理

无可讳言，《周易》确是古代三种占卜书之一。占卜在原始社会即已开始，相当长的历史时期没有也不可能有占卜之书。《周易》是根据大量的古代占卜资料，加上丰富的自然知识、社会知识和民歌民谣、哲理格言综合编纂而成，它最初的用途只在占筮。古人重视它，亦在于此。《左传》《国语》保存了不少用《周易》进行占筮的资料，真实可信。以《易》为占，当时遍于齐、鲁、秦、晋、陈、卫诸国，足见相当普遍。据记载，孔子也曾用《周易》占筮。在古代，科学文化不发达，决疑、预测手段不多，上自帝王，下及士大夫，常借《周易》占卜决疑，原是无可厚非的。它无非为决疑者更多地提供一种抉择的可能性，未可全以迷信视之。孔子时代较之远古，文化发达，科学进步，抉择的方式大有进步，以占《易》决疑、预测的方法已相形见绌，孔子加以贬抑，也是自然的。他说“（君子）不占而已矣”，反对再将《周易》用于占筮。他教弟子学《易》，不是教他们掌握如何占筮的方法，而是学习其中丰富的社会政治思想和哲理，用以指导自己的社会实践和道德修养。

孔子主张君子学《易》而“不占”，在当时具有重大的学术意义，

表明孔子教《易》的目的，独在发挥其义理，注重的是书中的社会政治经验与哲理格言。《周易》的这种研究方向，当然并非自孔子开始，《左传》中已有六节资料，记载古人早已单纯引用《周易》思想作为评断是非、决疑预测的根据。《左传》宣公六年（前603）王子伯廖引用《周易》丰卦的爻辞分析郑公子曼满必将遭祸。当时孔子尚未诞生。《左传》宣公十二年，晋国知庄子曾引用《周易》师卦爻辞说明彘子违反军纪，必定大祸临头。此外，《左传》襄公二十八年，昭公元年、二十九年、三十二年都记载有单纯引用《周易》思想分析问题而未事先用《周易》进行占卜的事实。

孔子重学《易》、不重占《易》的思想导向，对后代学《易》者大有影响。荀子继承孔子，主张“善为《易》者不占”。[①] 他们启发后之学《易》者将注意力集中于发展《易》理。故后之儒者所作“十翼”，多在政治思想和哲学上发展《周易》。战国时期，《周易》遂从占卜之书演变为哲学著作。再将《周易》视作占卜之书，渐为学者所不取。从这方面看，孔子对《周易》思想的发展做出了重大贡献。

三、孔子引申《易》理启迪后学

孔子晚年从事教育活动，成为伟大的教育家，所用教材“六艺”，即《诗》《书》《礼》《乐》《易》《春秋》。《周易》可说是孔子利用的唯一哲学教材。

否认孔子学《易》、教《易》的人，主要论据是《论语》中没有孔子教《易》的内容。孔子时代，中国典籍决不只《诗》《书》《礼》《乐》几种，肯定还有一些别的书，《论语》均未提到。孔子教学内容，礼乐之外，还有射、御、书、数，不能说这些方面全无教材。所用教材未必孔子自己编写。他主张“述而不作”，可见他往往利用原有教材。

① 《荀子·大略》。

这些教材非孔子亲自编写、整理，其弟子也未必一一记录。《易》和《春秋》是孔子所重视的，都未见诸《论语》，不能说孔子同二书无关。

现存秦汉时期的文献，关于孔子引申《易》理教育弟子或同弟子讨论《易》理的记载不少，这些资料未必全属后人伪造。若是伪造，那时去古未远，学者极易识破，当有批评、厘正，不致流传至今。

我们不妨简述几节孔子讲《易》的事，究竟是真是伪，供读者鉴别。

1.提倡有恒

在《论语》中，孔子直接引用《周易》恒九三爻辞阐述有恒的重要性。他说："南人有言曰：人而无恒，不可以作巫医。善乎！不恒其德，或承之羞。"① 这节爻辞，按其本意在提倡"恒其德"，即一个人要有坚定不移的道德操守。孔子虽然以此论述有恒的重要性，同时也强调"恒其德"的重要。在《论语》中，他就教人不可丧失节操。他说："三军可夺帅也，匹夫不可夺志也。"② "不可夺志"正是"恒其德"的恰当解释。

2.提倡谦恭

《韩诗外传》写道："孔子曰：'《易》先同人，后大有，承之以谦，不亦可乎？'"韩婴对孔子重谦的思想作了透彻的阐发，指出："德行宽容而守之以恭者荣，土地广大而守之以俭者安，位尊禄重而守之以卑者贵，人众兵强而守之以畏者胜。"③ 这同孔子的弟子称赞他坚持"温良恭俭让"④ 的为政原则是完全一致的。

3.注重损益转化之理

《淮南子》载："孔子读《易》至损益，未尝不愤然而叹曰：'益损者，其王者之事与？事或欲以利之，适足以害之；或欲害之，

---

①《论语·子路》。
②《论语·子罕》。
③《韩诗外传》卷八。
④《论语·为政》。

乃反以利之。利害之反，祸福之门户，不可不察也。’”[1]同一思想资料亦见于《说苑》：“孔子读《易》，至于损益，则喟然而叹。子夏避席而问曰：‘夫子何为叹？’孔子曰：‘夫自损者益，自益者缺。吾是以叹也。’”[2]“欲以利之，适足以害之；或欲害之，乃反以利之。”对损益转化之理讲得深刻、透彻。这同《荀子·宥坐》中论述孔子观欹器而发表的“谦受益，满招损”的思想如出一辙。

损与益具有二重性，犹如坏事与好事具有二重性一样。坏事会带来损失，令人痛心，如能认真吸取教训，痛定思痛，避免重蹈覆辙，坏事就会变为好事；好事会促成事物发展，令人高兴，但若被胜利冲昏头脑，失于检点，好事可能成为思想包袱，就会变为坏事。自损之人，头脑清醒，谦恭自抑，与人为善，会得道多助，实为自益；自益之人，把功劳归于自己，盛气凌人，人必敬而远之，岂不自损！孔子读《易》至损益，喟然而叹，义理良深。

荀子深明其义，申论道：“孔子曰：‘聪明圣知，守之以愚；功被天下，守之以让；勇力抚世，守之以怯；富有四海，守之以谦，此所谓挹而损之道也。’”[3]孔子注重损益，提倡谦恭，同《易传》思想一脉相承。

4.注重困亨之道

《周易》之困卦卦辞曰：“困，亨贞，大人吉，无咎。”遇困而三赞，一亨，二吉，三无咎，引人深思。孔子深通其理，作了透彻阐发。有这样一个故事：“孔子遭难陈蔡之境，绝粮，弟子皆有饥色，孔子歌两柱之间。”子路不悦，批评孔子此时不当歌。孔子向他讲了困亨之道：“吾闻人君不困不成王，列士不困不成行。”他列举一些历史人物始遇困而终得亨的事例证明自己的观点。他说：“昔者，汤困于吕，文王困于羑里，秦穆公困于殽，齐桓困于长勺，勾践困于会稽……

---

①《淮南子·人间训》。

②《说苑·敬慎》。

③《荀子·宥坐》。

《易》曰：‘困，亨贞，大人吉，无咎。’”①后来孟子阐发得更鲜明，指出：“天将降大任于斯人也，必先苦其心志，劳其筋骨，饿其体肤，空乏其身，行拂乱其所为，所以动心忍性，增益其所不能。”②“艰难困苦，玉汝于成”。遇暂时困难而丧失信心、自暴自弃、萎靡不振的人，不明困亨之理，是不会成就大业的。

四、孔子思想衍入“十翼”

司马迁最早肯定《易传》为孔子所作。《史记·孔子世家》明确记载：“孔子晚而喜《易》，序《彖》《系》《象》《说卦》《文言》。”十翼之中，只未列《序卦》《杂卦》二篇。《汉书》的作者明确论定，《周易》之作，“人更三圣，世历三古”。③三圣的具体所指尽管不同，孔子为三圣之一是没有疑问的。疑问产生于宋以后。欧阳修《易童子问》最初怀疑《系辞》以下为孔子所作。明清以来，朴学家们考证十翼均非孔子所作，似成定论。但这一问题并不能以此作结。肯定十翼非一时一人所作则可，论定十翼与孔子毫不相干则未免过于简单化。匡亚明《孔子评传》认为，《易传》中不少思想与孔子思想“一脉相承”，《史记》谓孔子“序《彖》《系》《象》《说卦》《文言》”这句话，“不能全信”，但也不是“凭空虚构”。这一看法颇为公允。

重读《论语》和《易传》，不难发现，孔子思想同《易传》思想，在不少问题上的确息息相通。略陈数例，以见一斑。

五、提倡封建纲常以巩固政治

孔子提倡巩固“君君、臣臣、父父、子子”的社会等级秩序，以

---

①《说苑·杂言》。
②《孟子·告子下》。
③《汉书·艺文志》。

维护安定的社会政治局面；反对“君不君、臣不臣、父不父、子不子”[①]的纲纪败坏现象，抨击“陪臣执国命”[②]的混乱政治局面。

《周易·象·家人》主张：“父父、子子、兄兄、弟弟、夫夫、妇妇而家道正，正家而天下定矣。”“家齐而后国治”也是《大学》的中心思想，出于孔子之门。显然，它同《易传》一样，都是对孔子思想的阐发。

孔子力图维护严格的封建等级制，强调尊卑上下有礼有序，主张以孝弟为本，使人民“不好犯上”，不致“作乱”，[③]以巩固封建宗法等级制。《易传》同样主张“辨上下，定民志”。[④]“辨上下”之所以能“定民志”，正在于它维持贵贱、尊卑、君子、小人的社会等级秩序。

孔子创导德治，坚持“道之以德，齐之以礼”。他说：“为政以德，譬如北辰居其所而众星拱之。”更主张“仁者爱人”，“泛爱众而亲民”，目的在尽量缓和统治者和被统治者之间的矛盾。孔子主张对人民要宽大为怀，反对“居上不宽”的统治作风。他认为治理社会，“不患寡而患不均，不患贫而患不安”。在统治者对待人民的态度方面，《易传》提倡“容民畜众”，[⑤]主张“裒多益寡，称物平施”，[⑥]对民众要持宽容态度，争取人民的信任；对财物要注意均等，不可过分剥削，造成财富不均。总之，要“节以制度，不伤财，不害民”，[⑦]如此才能上下相安，否则“上下不交而天下无邦”，[⑧]结局将是危险的。

---

①《论语·颜渊》。
②《论语·季氏》。
③《论语·学而》。
④《周易·象·履》。
⑤《周易·象·师》。
⑥《周易·象·谦》。
⑦《周易·彖·节》。
⑧《周易·彖·否》。

六、提倡“神道设教”以安定人心

孔子是忧国忧民的思想家。在礼崩乐坏的社会危机面前，他极力主张通过“神道设教”以安定人心。

孔子主张“畏天命”，认为“务民之义，敬鬼神而远之”，崇奉祖先和神，“慎终追远”，以求“民德归厚”。他说：“祭如在，祭神如神在。”“礼与其奢也宁俭，丧与其易也宁戚。”这些思想都是力图贯彻“神道设教”精神，假天神之力以安定民心，从而安定社会。

与孔子思想一脉相承，《易传》认为“圣人以神道设教而天下服”，[①]王者当“作乐崇德”，“殷荐之上帝，以配祖考”。[②]《易传》与孔子不同，并不是提倡消极地“畏天命”，而是要求人们积极地发挥主观能动作用，“遏恶扬善，顺天休命”，[③]其目的十分明确，即认为只有如此，统治阶级才能“出可以守宗庙社稷，以为祭主”[④]，掌握统治社稷的权力。

强调个人道德修养。对于个人思想道德修养，孔子一贯十分注重，《论语》中这方面内容所占篇幅最多。孔子认为，做人要做正派君子，一言一行要为社会树榜样；治理社会必须教化“小人”，圣人的思想品德是教化“小人”的典范，君子就是“敬德修业”的典型人物。

孔子主张君子必须自强自重，奋发进取。他自己以身作则，“发愤忘食，乐以忘忧，不知老之将至”。他主张思想修养必须坚持不懈，严格要求自己，时刻反省自励。曾子概述孔子思想修养准则说：“吾日三省吾身：为人谋而不忠乎？与朋友交而不信乎？传不习乎？”《易传》主张“天行健，君子以自强不息”，[⑤]强调“进德修业，忠信所以敬德

---

①《周易·彖·观》。
②《周易·象·豫》。
③《周易·象·大有》。
④《周易·彖·震》。
⑤《周易·象·乾》。

也；修辞立其诚，所以居业也”。[1]这些主张同孔子的观点何等相似。

孔子反对非礼之举，一言一行要符合封建政治准则。他说：“非礼勿视，非礼勿听，非礼勿言，非礼勿动。”“见其过而内自讼。”“过则勿惮改。”“君子之过，如日月之食焉，过也人皆见之，更也人皆仰之。”《易传》同样主张“君子以非礼弗履”，[2]要求做到“见善则迁，知过则改”。

孔子认为做人的最高准则是“仁”。他说：“人而不仁，如礼何？人而不仁，如乐何？”[3]个人修养的根本原则是“克己复礼为仁”。孔子说：“唯仁者能好人，能恶人。”又说：“志士仁人，无求生以害仁，有杀身以成仁。”《易传》发展孔子这一思想，既强调仁，又强调义，认为“立人之道曰仁与义”，[4]主张效法先王，“正位凝命”，[5]时刻“恐惧修省”，[6]检点自己的言行，以防有违仁义之道，“敬德修业”要像孔子所说的那样，时刻“战战兢兢，如临深渊，如履薄冰”，不可疏忽大意，有半点苟且之心。

孔子认为无论处于治世还是处于乱世，都要保持节操。这是对个人修养的最大考验。他主张：“邦有道则仕，邦无道则可卷而怀之。”又说：“邦有道则见，无道则隐。邦有道，贫且贱焉耻也；邦无道，富且贵焉耻也。”这就是说，政治开明之时，就当努力工作，立功立业；政治昏暗之时，就应及早退避，不可同流合污。这一思想在《易传》中也有充分体现。《易传》主张君子“独立不惧，遁世无闷”。若居否塞之世，“君子以俭德避难，不可荣以禄”。[7]否塞之世而享有荣禄者，

---

①《周易·文言·乾》。
②《周易·象·大壮》。
③《论语·八佾》。
④《周易·说卦》。
⑤《周易·象·鼎》。
⑥《周易·象·震》。
⑦《周易·象·否》。

难保不同流合污，玷辱名节。

七、结束语

不难看出，《易传》十篇虽未必出于孔子手笔，其中显然渗透着孔子及其后学者的儒家思想，这是不可否认的。司马迁肯定“孔子晚而喜《易》，序《彖》《系》《象》《说卦》《文言》”，绝非无稽之言。

经过战国时期一批儒者对《周易》的诠释，周易的性质显然起了重大变化，由占筮之书演化为政治哲学理论著作，后来列为“五经之首”，俨然成为儒学正宗。实际上，《周易》古经乃中国古代巫史文化的遗存，同道家思想更加接近。后来道家发展其阴阳八卦思想，利用象数思维模式，在古代科学技术上做出的成绩比儒家更突出。儒家利用《周易》思想资料，主要是发展其政治伦理思想，使之成为政治伦理经典。

孔子对《周易》思想的发展，贡献是伟大的。他力图使《周易》摆脱占卜神学思想的束缚而独立成为一种政治哲学理论著作，开辟了以后数千年《易》学研究的新方向。《周易》无可否认是儒学思想渊源之一。

今天研究孔子，不可不研究《周易》；研究《周易》更有利于认识孔子思想的影响。孔子所代表的儒学，《周易》所代表的《易》学，既有同中之异，又存在异中之同，二者结合，适成为中华传统文化之主流，不可割裂，也不能割裂。加深对孔子思想的研究，必然推动《周易》思想研究的深入。这就可以看出，海外学人对新儒学推崇备至，同时《周易》研究的热潮也随之兴起，二者绝非偶然巧合。许多人把《周易》思想看作代表儒学思想的一个重要方面，这是无可否认的。不过，将《周易》思想纯粹归结为儒家思想，在中国思想史上是不大符合历史实际的。《周易》在中国文化史上的主要作用，在于它为中国古代科学思想家提供了一套易学象数思维模式，自然哲学是其主要内容之一，与儒学大异。它导致古代科学家们在探讨宇宙和人身秘密的过程中，掌握了一种与儒学不同的思维方法，从而成为中国古代科学家们打开科学之门的一把“金钥匙”。中国古代科学家们正是充分利用了《周易》所提供的“宇宙代数学”，从而在科学技术上有所发现，有所发明。由于孔子“不语怪力乱神”，把探讨宇宙和人身奥秘的科学技术斥之为“鄙事”，将有志于学稼、学圃的学生斥之为“小人”，影响所及，不利于后代科学技术的发展，同时也不利于《周易》思想的发展。探讨孔子与《周易》的关系，更有利于对儒学和《易》学的社会历史价值作出全面的公允的评价。

第二章 《易传》之部

第一节 《易传》的朴素辩证法思想

《易传》是阐发《易经》哲理的一部论著，古称“十翼”，即《易经》的十篇辅助文献。它是《易经》这部古代的“卜筮之书”问世后，经过春秋、战国数百年的研究而积累起来的第一批学术思想成果。《易传》非一人一时所作，这是当前学术界所公认的结论。这十篇阐述易理的文章，在先秦思想典籍中自成体系，大体上反映了战国中后期新兴封建地主阶级的世界观。它在我国古代理性思维发展中起了积极地作用。

《易传》名义上是解释《易经》思想的，实际上，两者反映的是不同历史时代、不同阶级的世界观。《易传》赋予《易经》以许多非固有的思想，如所谓河图洛书之说、太极观念、大衍之数等；但它却借用《易经》的占筮思想构架，营造了一个新的思想体系，阐述了所谓“形而上者谓之道，形而下者谓之器”的道器理论，“刚柔相推而生变化”的“细缊化生”学说，“雷风相薄，水火相射”的矛盾思想等。《易传》思想体系包含了相当丰富的朴素辩证法思想，为许多辩证法思想家所重视。本节仅就《易传》中的朴素辩证法思想作些粗浅的分析。

一、“天地絪缊，万物化醇”的宇宙发展观

《易传》所反映的世界观属于新兴封建地主阶级，是适应社会历史变化、推动社会发展的。《易传》思想的基本特点在于肯定世界可变，历史在变，制度可革。

从自然界来说，昼夜在更迭，寒暑在变化，这是原始人类就观察到的现象。《易传》的作者把远古以来的朴素认识凝炼为天地万物推移变化的思想，指出：“日往则月来，月往则日来，日月相推则明生焉。寒往则暑来，暑往则寒来，寒暑相推而岁成焉。”①从而肯定了推移变化是宇宙万物中亘古不易的法则。《易传》进而提出一个万物化生的公式：“天地絪缊，万物化醇；男女构精，万物化生。”②它把男女构精而繁殖生育后代的现象，普遍化为宇宙万物繁衍的一般法则，而把“天地絪缊”、浑然一体看作“万物化生”之前的原始状态。

《易经》从万物不断衍生的自然史观出发，逻辑地引申出一幅不断演化的人类史的图景。它写道：“有天地然后有万物，有万物然后有男女，有男女然后有夫妇，有夫妇然后有父子，有父子然后有君臣，有君臣然后有上下，有上下然后礼义有所错。”③这里用“分而为二”的思想方法看待自然与社会，对自然史和社会史作了不很科学的直观的描述，不过，其中也包含着一个可取的基本思想，即先有天地万物等自然界，然后才出现夫妇、父子、君臣等社会现象，随着君臣、上下的等级分野，才产生礼义法度。

《易传》更可取的地方，在于它坚持进化史观，生动而具体地剖析了人类社会物质文明和精神文明进化发展的大体轮廓。它指出：“上古穴居而野处，后世圣人易之以宫室；上栋下宇，以待风雨。”“上

---

①② 《周易·系辞下》。

③ 《周易·序卦传》。

古结绳而治，后世圣人易之以书契；百官以治，万民以察。”“古之葬者，厚衣之以薪，葬之中野，不封不树，丧期无数；后世圣人易之以棺椁。”[①]它从人类的居住条件、文化条件、丧葬礼俗诸方面，揭示了社会生活进化发展的图景，这种描述虽很粗疏，却基本上符合人类历史发展的规律。

《易传》把自然社会不断变化发展视为普通规律，肯定人们的日常行为和思想应当适应这一普遍规律。它认为《易经》一书就是为引导人们的思想适应宇宙变化的普遍规律而写的。“《易》之为书也不可远，为道也屡迁，变动不居，周流六虚，上下无常，刚柔相易，不可为典要，唯变所适”[②]。这里强调的是：人们要支配自然、主宰人事，就当认真学习易理，“极深研几”，“穷神知化”，尽量使主观认识适应客观事物变化发展的法则。作为上升时期的封建地主阶级思想家，在《易传》中阐述这样的理论观点，无疑有着历史的进步意义。

二、“刚柔相推，变在其中”的变化内因论

承认宇宙万物在不断变化发展，这并不是《易传》独到的理论贡献。大体说来，肯定万物皆变，大化“日新”，在古代思想家中是比较普遍的。古代朴素辩证法思想同形而上学思想的根本分歧，还在于如何看待事物变化发展的原因。肯定万物的变化是在于超自然力量的主宰，还是在于万物内部的动因，这是分歧的焦点。《易传》所肯定的是后者。

《易传》坚持“一阴一阳之谓道”“阴阳不测之谓神”的朴素辩证法思想，用以解释宇宙万物变化发展的始因。它写道：“一阴一阳之谓道……盛德大业至矣哉。富有之谓大业，日新之谓盛德，生生之谓易。”[③]这里明确地肯定事物之中一阴一阳两种力量或因素既统一又

---

①②③《周易·系辞下》。

对立乃是事物变化“日新”“生生”不已的内在原因。在古代，这是一个异常光辉的思想。

《易传》把事物内部一阴一阳的对立双方的基本属性规定为一柔一刚。阴的属性为柔，阳的属性为刚。刚柔两种势力或因素的相互作用，就叫“刚柔相推”。一切事物的变化是其自身刚柔相推的结果。“刚柔相推而生变化……变化者，进退之象也。刚柔者，昼夜之象也。六爻之动，三极之道也。”[①]它把刚柔势力的对立统一比拟作白昼和黑夜的此消彼长；把变化的基本内容看作新事物的“进”旧事物的“退”；把“动”而不息看作天地人（三极）的共同准则。“刚柔相推而生变化”这种朴素辩证法观点，比老子所讲的“柔弱胜刚强”的思想深刻得多。它是在坚持事物变化的根源在其内在矛盾性的前提下，建立起辩证发展的宇宙观，把先秦哲学思想推向新的发展水平。“刚柔相推，变在其中矣”，[②]《易传》提出的这一精当的哲学命题，有力地批判了形而上学神秘主义的外因论。

《易传》虽然强调“刚柔相推”或“刚柔相摩”，[③]它更强调阴阳、刚柔的相交感。一切变易在于阴阳的交易；离开阴阳交易，变易就无从发生。“交易”才是“天地之大义”。《易传》借《易经》中归妹卦的卦象来阐释这一原理说：“归妹，天地之大义也。天地不交，而万物不兴”[④]。归妹的卦象是下兑上震，兑象少女，震象长男，男女交媾，蕃育后代，犹之阴阳交感，衍生万物。“天地不交”，万物就无从产生。所以交感是宇宙万物兴旺发达的普遍准则，故称为“天地之大义”。反之，阴阳不交，就意味着天地闭塞，万物停止发展，会造成种种不幸。《易传》利用《易经》中否卦的卦象来阐发这一原理。它写道：“否，大往小来。”“则是天地不交而万物不通也，上下不交而天下无邦也。内阴而外阳，内柔而外刚，内小人而外

①②③《周易·系辞下》。
④《周易·彖·归妹》。

君子，小人道长，君子道消也。”[①]否卦的卦象是下坤上乾，即下阴上阳，阴性下沉，阳性上升，二者相背而驰，故无相交相感之机。这虽是《易传》作者从抽象的八卦符号推衍而来的结论，但在自然和社会现实生活中，却能找到其具体表现。在自然界，阴阳调和，二者交融，就使万物生长，百草畅茂。长期阴雨或持续干旱，阴阳失调，森林及农作物不可能茂盛。引申到社会问题，刚柔不相济，上下不协和，社会就会陷入紊乱。《易传》强调矛盾双方的相交相感，强调矛盾的统一性，称之为“天地之大义”，不是毫无意义的。

《易传》既注重阴阳刚柔的相推相摩，又注重二者的相交相感，这就具体地阐明了对立面的相互作用，对于造化万物，促进万物繁荣生长，具有极其重要的意义，实际上是把对立统一法则看作自然、社会普遍的重要法则。它利用《易经》睽卦的卦象阐释这一思想。“天地睽而其事同也，男女睽而其志通也，万物睽而其事类也。睽之时用大矣哉。”[②]这是说，天和地本自悬殊，二者统一则万物生长（“事同”）；男和女刚柔相异，结为夫妇则成家立业（“志通”）；万物之间千差万别，相互制约则共同蕃衍（“事类”）。《易传》把事物相反相成的道理讲得明明白白，引导人们注重相睽相通的原则，充分认识其重要意义，善于利用这一原则去驾驭事物的变化。

《易传》得出一个颠扑不破的结论：“乾坤其《易》之蕴耶！乾坤成列，而《易》立乎其中矣。乾坤毁则无以见易，易不可见，则乾坤（天地）或几乎息矣。”[③]它清楚地告诉人们：抓住矛盾双方（乾坤）的对立统一，就掌握了一切事物运动变化的奥秘。没有乾坤双方的对立统一，就没有事物的运动变化；没有变易，万物将无从发展，世界也就会停止它的生命。这正是上升时期的封建地主阶级积极进取、不

---

①《周易·彖·否》。
②《周易·彖·睽》。
③《周易·系辞上》。

回避矛盾、不掩饰矛盾、竭力揭示矛盾、推动矛盾发展的生气勃勃的思想面貌的体现。

三、“穷上反下”“革故，鼎新”的矛盾转化思想

《易传》的作者看到了事物之中对立面的统一，同时也看到了对立面的斗争。通过风雷、水火、山泽等自然现象的相互关系，《易传》充分揭示了对立双方的两重特性。

一方面，《易传》指出：“水火相逮，雷风不相悖，山泽通气，然后能变化，既成万物。”[①]这是说，表面看来，水与火是不相容的，实际上水火却常常并存（“相逮”，即相及）；雷与风是冲突得很剧烈的，却往往同时发作而不相排斥；山与泽一上一下相互对立，却永远相互贯通。这些自然现象的相反相成，然后能促成万物的变化发展。这明显地强调、揭示了矛盾的统一性。

另一方面，《易传》又指出：“雷风相薄，水火（不）相射。”这就强调并揭示了风雷、水火矛盾双方的斗争性。风雷相迫，激烈而不可解；水火相敌，必一方消灭另一方而后止。

总而言之，水与火既“相逮”又“相射”，风与雷既“相薄”又“不相悖”，揭示了对立的双方既统一又斗争、既联合又排斥的二重性。在此基本前提下，《易传》着重观察分析了事物发展中“物极必反”的矛盾转化现象。

《易传》揭示了事物在发展过程中会向自己相反的方向转化的规律，人们的思想应当适应这一客观法则。它说：“日中则昃，月盈则食，天地盈虚，与时消息，而况于人乎，况于鬼神乎？”[②]从人们见惯不惊的日月运行现象说起，“中”转化为“昃”（斜），“盈”转化为“食”

---

①《周易·说卦》。
②《周易·彖·丰》。

（亏）；推而广之，以见天地（万物）的盈虚消长，直到人事鬼神的变化。就人事变化而言，史墨早已指出“君臣无常位”；就鬼神变化而言，他指出“社稷无常奉”。生活在史墨之后数百年的《易传》作者，把一切人事、鬼神的变化概括为“天地盈虚，与时消息”的原则，这是毫不奇怪的。《易传》作者充分观察分析了剥与复的转化、否与泰的转化、损与益的转化、鼎与革的转化等。矛盾双方的相互转化，成为《易传》所论述的一个普遍法则。《易传》在分析剥与复的互相转化时，概括出“穷上反下”的哲学命题。它说：“剥者，剥也。物不可终（尽）剥，穷上反下，故受之以复。”① 从《易经》中的卦象看，剥卦是上坤下艮，一阳爻居五阴爻之上；复卦是下震上坤，一阳爻居五阴爻之下。“穷上反下”乃指阳爻由剥的上位，反居复的初位了，这是“物极必反”的形象表述。“穷上反下”这一哲学思想，曾经被东汉末年黄巾农民大起义奉为思想旗帜，“苍天已死，黄天当立”的战斗口号，就是以之为根据的。“极于下者当反上”② 的思想，在黄巾起义政治思想纲领《太平经》中有着生动的阐述。

《易传》认为，事物的相互转化并不是一种循环往复过程，而是“去故取新”的前进运动。它利用鼎革的相互转化来发挥这一思想：“革物者莫若鼎，故受之以鼎。”③ 又说：“革，去故也；鼎，取新也。”④“革故鼎新”思想，是封建地主阶级崭新的世界观，它要破除陈旧的奴隶制度，而创立新的封建制度，在历史上是十分进步的。

《易传》作者根据“物极必反”的原理，告诫人们凡事不可过分。指出：“损而不已必益”，“益而不已必决”。⑤《文言传》释“亢龙有悔”十分透彻。“亢之为言也，知进而不知退，知存而不知亡，知得而不知丧。”“亢龙有悔，穷之灾也。”这就是说，进与退，得与

---

①③⑤《周易·序卦》。
②《太平经》第42卷。
④《周易·杂卦》。

丧，存与亡，都是可以相互转化的，不能只看到一时的进、得、存，还要时刻警惕走到它们的反面——退、丧、亡。做事走向极端（穷），就会带来“亢龙有悔”的悲惨结局。

因此，《易传》强调人们在事物相互转化的情况下，当未雨绸缪，防患于未然。它借《易经》既济卦的卦象阐述这一思想。“水在火上，既济。君子以思患而预防之。”[①] 既济的卦象是下离上坎，即火在下，水在上，呈以水救火的形象。或者是水猛而火微，火很快就被水浇灭；或者是火烈而水少，水很快被火烧干。因此，人们处于矛盾双方猛烈冲突的情况下，善于“思患而预防之”，引导事物向有利的方面转化。《易传》的这类合理思想，闪耀着朴素辩证法思想的光辉，对于锻炼人们的理论思维能力，有着积极的作用。

四、崇尚“中正”，注重“太和”的中和之道

尽管《易传》肯定事物的矛盾双方可以相互转化，但认为最佳局面是“保合太和”，阴阳双方和谐统一，事物在稳定和平环境里发展。

《易传》通过卦爻辞中当位、得中的吉凶判断，揭示其中的“中和”思想。阳爻居中，谓之刚得中。渐、讼、师、比、困诸卦都有刚得中的卦爻辞。渐卦卦辞云：“渐，女归吉，利贞。”《彖》曰：“渐之（者）进也。女归吉也。进得位，往有功也。进以正，可以正邦也，其位刚得中也。”九五乃阳爻居中，为渐卦的主爻，故为“刚得中”。讼卦卦辞云：“有孚，窒惕，中吉……利见大人。”《彖》曰：“讼有孚，窒惕中吉，刚来而得中也……利见大人，尚中正也。”“尚中正”可说是《易经》的基本指导思想。阴爻居中者，谓之柔得中。小过、未济、同人、睽、鼎等卦都有柔得中的卦爻辞。未济卦卦辞云：“亨。小狐汔济，濡其尾，无攸利。”《彖》曰：“未济亨，柔得中也。小

①《周易·象·既济》。

狐汔济，未出中也。濡其尾，无攸利，不续终也。虽不当位，刚柔应也。”未济六五柔得中，九二刚得中，虽不当位，却刚柔相应。因其“不当位”，故无攸利；因其“刚应柔”，故亨。阳爻居阳位，阴爻居阴位，谓之正位。居中、正位，是为“中正”，乃最佳局面。九五为上卦之中正，六二为下卦之中正。得九五之中正者，有巽、比、需、随、姤、井、讼等卦。巽九五，《象》曰：“九五之吉，位正中也。”需九五，《象》曰：“酒食贞吉，以中正也。”得六二之中正者，有晋、离、益等卦。晋六二，《象》曰：“受兹介福，以中正也。”

同正位、得中相反，阳居阴位，阴居阳位，都“位不当”而不吉利。《象传》揭示了各种“位不当”的凶险断语。阳爻居阴位者，如晋九四，《象》曰：“鼫鼠，贞厉，位不当也”；萃九四，《象》曰：“大吉，无咎，位不当也。”这是说，本当“大吉”，结果归于“无咎”，是由于阳居阴位，位不当。阴爻居阳位而位不当者，有未济、兑、中孚、豫、履、噬嗑等卦。如未济六三，《象》曰：“未济，征凶，位不当也”；履六三，《象》曰：“咥人之凶，位不当也。”

《易传》根据以上分析，得出如下具有规律性的结论：“二多誉，四多惧”；“三多凶，五多功”。[①] 这一规律，使“正位”“得中”的中和观更加突出。

“尚中正”这一《易经》的基本思想，也是《易传》阐发“保合太和”、中和之道的思想根据。《易传》坚持的中和之道，表现在自然观、社会观、伦理观诸方面，对维护封建统治起了重要作用，予中国思想文化以深远影响。

关于中和之道的自然观。《易传》认为阴阳和合，刚柔相济，宇宙万物乃充满生机，顺畅发展。“子曰：乾坤，其《易》之门邪？乾，阳物也；坤，阴物也。阴阳合德而刚柔有体，以体天地之撰，以通神

① 《周易·系辞下》。

明之德。”[①]《彖传》指出：“大哉乾元，万物资始”；“至哉坤元，万物资生”，说明万物的生存离不开乾坤，阴阳调合统一，万物才能生长发育。因此乾卦《彖传》指出：“乾道变化，各正性命，保合太和，乃利贞。”这是说，天道的运动变化，赋予万物以生命和不同特征；万物保持阴阳调和的“太和”状态，才有利于发展和巩固。阴阳失去调和，阴柔过甚或阳刚过亢，都会导致事物的不利结局。坤上六云：“龙战于野，其血玄黄。”《象传》解释道：“龙战于野，其道穷也。”说明阴柔达到极点，同阳刚的和谐状态受到破坏，双方进行严重的抗争而其血玄黄。《易传》指出，自然变化的特性在于阴阳协调，刚柔相济，人们的思想、行为，必须适应这一原则，信守中和之德。《文言·乾》指出：“夫大人者，与天地合其德，与日月合其明，与四时合其序，与鬼神合其吉凶。先天而天弗违，后天而奉天时。”即人的行为须同天地、日月、四时、鬼神（阴阳之变化）的客观规律相契合，保持天人之间的高度和谐统一。

关于中和之道的社会观。《易传》认为：社会的稳定发展，有赖于“和平”的环境。咸卦《彖传》指出：“咸，感也……天地感而万物化生；圣人感人心而天下和平。”和平局面由圣人感人心而造成。圣人感人心，不靠乖戾之心，而靠中和之德，使用民力，要有节制，以和为贵。节卦《彖传》主张：“当位以节，中正以通。天地节而四时成。节以制度，不伤财，不害民。”不违农时，量入为出，不伤财，不害民，正是封建社会小农经济得以发展所需的社会条件。制定政策要胸怀宽广，具有“同人于野”的博大精神。《彖传》曰：“同人于野，亨……文明以健，中正而应，君子，正也。唯君子为能通天下之志。”如何才能“通天下之志”？靠坚持中和原则，调和矛盾，消除对立。若缺乏“同人于野”的精神，只“同人于宗”，就会导致一心为小宗族打算。

---

①《周易·系辞下》。

《象传》说："同人于宗，吝道也。"王弼说此乃"用心褊狭，鄙吝之道"。制定政策、策略，尤当坚持中和原则，不可独断专行。观卦《象传》云："风行地上，观。先王以省方观民设教。"观卦上巽下坤，巽为风，坤为地，如风行于地，万物莫不被其吹拂。先王取此法相，省察多方民情，"中正以观天下"，然后普施教化。

关于中和之道的伦理观。寓中和之道于处世接物的人伦之中，《易传》要求人们做个"谦谦君子"，不夸耀自己，不伤害他人；与人相处，保持和气，遇事调和。《文言》指出："君子学以聚之，问以辩之，宽以居之，仁以行之"；"居上位而不骄，居下位而不忧"。居宽、行仁、不骄、不忧，正是"谦谦君子"的写照。谦卦《象传》解释谦和美德说："地中有山，谦。君子以裒多益寡，称物平施。"谦卑自持，称物平施，目的在于调和矛盾，改善人际关系，争取民心，维持"天下和平"的局面。

《易传》中和思想的形成绝非偶然，是有其深厚的社会根源的。中国是一个相当封闭的内陆国家，在古代，国外的风云变化，对它的影响不直接、不显著，易于闭关自守；中国一向"以农立国"，总希望风调雨顺，和平安定，以利于农业生产稳定发展；中国又是一个宗法思想特别浓厚的国度，尽管等级森严，却覆盖着温情脉脉的面纱。这些社会历史原因，都是中和思想发展的社会土壤。讲中和，就要严防矛盾激化，力求社会安定。《彖传·家人》说得明白："家人，女正位乎内，男正位乎外。男女正，天地之大义也。家人有严君焉，父母之谓也；父父子子，兄兄弟弟，夫夫妇妇，而家道正。正家，而天下定矣。"家庭是社会的细胞，家庭成员各安其位，则家道正。家家户户和睦相处，则平安无事，天下太平。《易传》的中和思想反映了统治者观察问题的立场，其目的在于调和统治者同被统治者的矛盾，稳定社会秩序。《彖传·兑》道破其中底蕴："兑，说也。刚中而柔外，说以利贞，是以顺乎天而应乎人。说以先民，民忘其劳；说以犯难，民忘其死。说之大，民劝矣哉。"要民众服劳役，犯死难，这是民众所不乐意的；只要抱着"刚中而柔外"的态度，先以好言劝导，加之物质鼓励，可使民众甘心从事而忘其劳苦，甘犯死难，中和之道的大用正在于此。

中和思想的历史作用应作具体分析。它同许多剥削阶级的思想一样，具有二重性。一方面，它孕育了中华文化的宽容性格和包涵机制。在战国时代的百家争鸣中，不同思想既相互辩驳，又相互吸收，汉以后出现儒表法里、儒道互补、儒佛道三教合流等思想文化现象，这种“和而不同”精神，使中华文化在吞吐百家的宏伟气派下，历经数千年而卓然独立，不曾发生断裂，对中华民族凝聚力的形成起了重要作用。另一方面，中和思想含有折中调和、无原则宽容、逆来顺受、忍辱退让、因循守旧等消极因素，在民族传统意识中积淀了与当前开拓进取的革新精神不相容的方面，应当加以改造。

五、“见几而作”“与时偕行”的能动性思想

《易传》是古代的一部政治代数学。它总结自然、社会发展的某些一般法则，提出一整套处世接物的哲理，用以指导人们的社会政治实践活动。它认识到人在自然、社会的变化面前不是无可作为的，人应当发挥作为改造自然、社会的主体的能动作用，要在客观事物的变化面前“见几而作”，掌握主动权。

首先，要注意时机的变化，“动静不失其时”。《易传》说：“艮，止也。时止则止，时行则行。动静不失其时，其道光明。艮其止，止其所也。”[①]艮卦之象是艮下艮上，象二山相重，显示稳重不动，巍然静立，比喻人们做事要异常稳重。但稳重（静）与急进（动）是相互转化的，动静总要不失其时，前途才会“光明”。还要注意是否“止其所”，即注意场合。人们处世接物，一不失其“时”（时间），二不失其“所”（地点），就会立于不败之地。

①《周易·彖·艮》。

《易传》特别强调“见几而作”，即要求人们处世待人要善于观察动向，看准兆头，把握最有利的时机，采取行动。《易传》写道：

> 知几，其神乎。……几者，动之微，吉〔凶〕之先见者也。君子见几而作，不俟终日。《易》曰：“介于石，不终日，贞吉。”介如石焉，宁用终日，断可识矣。君子知微知彰，知柔知刚，万物之望。①

这一段异常精辟的论述，阐明了深刻的哲理。第一，要“知几”，善于看出事物变化的新的兆头，也就是人们常说的要观风向于青萍之末，不要乱子已碰到鼻子尖下还茫然无知；第二，要“见几而作”，马上采取果敢行动，切不可优柔寡断，贻误时机，要知道机不可失，时不再来；第三，不可安于现状，以为一切稳妥，“介（坚）如石焉”，要知再坚固的东西也难免毁灭。因此，只有那些看出微末的苗头就能预料其未来严重后果、断然采取措施以防患于未然的人，才能成为“万物之望”的主宰者。

其次，“见几而作”当以顺应时代潮流为标准。《易传》认为，“见几而作”，决不是莽闯蛮干，而是要“顺乎天而应乎人”，即顺应自然的变化和社会历史的发展。它利用《易经》革卦，阐述了精湛的见解：

> 革，水火相息。……革而当，其悔乃亡。天地革而四时成，汤、武革命，顺乎天而应乎人。革之时，大矣哉。②

革卦之象是离下兑上，即火在下，泽（水）在上，故称为“水火相息（灭）”。《易传》把革旧布新看作是一场水火不相容的生死斗争，这是很有见地的。同时，正因为革是生死存亡之争，故必十分谨慎，要知

---

①《周易·系辞下》。

②《周易·彖·革》。

“革而当”，“悔乃亡”；否则，革而不当，必有后患。当与不当以什么为判断的标准呢？《易传》明确提出：一要“顺乎天”，即符合自然发展趋势；二要“应乎人”，适应历史发展潮流。四时的变化是“顺乎天”的表现；汤、武革夏、殷之命，是顺应历史潮流的典范。早在两千年前，《易传》的作者阐述这一精辟的“革命”主张，是难能可贵的，这充分表明了新兴地主阶级是有着鲜明的革新进取精神的。

再次，《易传》认为，要使人们的行为“顺乎天而应乎人”，人们的思想必须善于“辨物居方”“与时偕行”，即随着客观形势的变化，采取妥善的行为。“辨物居方”的原则是《象传》提出来的：“火在水上，未济。君子以慎辨物居方。”[①]“辨物”就是估量形势，“居方”即择取应有的立场。《史记》记载了楚国春申君利用未济卦辞，说服秦昭王“辨物居方”的历史事例。秦昭王在打败魏国之后，挥师南下，与楚作战。春申君劝阻道：

> 王若负人徒之众，仗兵革之强，乘毁魏之威，而欲以力臣天下之主，臣恐其有后患也。《诗》曰：“靡不有初，鲜克有终。”《易》曰：“狐涉水，濡其尾。”此言始之易，终之难也。……今王妒楚之不毁也，而忘毁楚之强韩魏也，臣为王虑而不取也。[②]

未济卦辞原作“小狐汔济，濡其尾，无攸利”，是说小狐狸错误地估量环境形势，以为枯涸之水容易渡过，莽撞渡河的结果，河水湿透多毛的狐尾，重量增加，狐身下沉，未能渡河。善始未得善终。秦昭王听了春申君的劝说，停止攻楚，反与楚“约为与国”。这说明《易传》不只鼓励人们发挥主观能动作用，促成事物的变化；同时提醒人们不要盲目行动，提倡“与时偕行”。这一思想为历代政

① 《周易·象·未济》。
② 《史记·春申君列传》。

治家、思想家所重视。

六、《易传》的形而上学归宿

封建地主阶级当其上升时期，为了夺取政权、摧毁奴隶主统治，积极鼓吹汤武“革命”，主张“革故鼎新”，强调“与时偕行”“唯变所适”，其世界观充满着朴素辩证法思想。一旦夺得政权，它就幻想永远保持既得利益，万世一系统治人民，不再主张变革，而强调维护等级森严的统治秩序。《易传》主张：“天尊地卑，乾坤定矣。卑高以陈，贵贱位矣。……方以类聚，物以群分，吉凶生矣。”[①] 这就是说政治地位的尊卑、贵贱之别，如天地悬隔，永远如此，是天然合理的。一切封建等级秩序是异常合理、无可更改的。

封建地主阶级当其处于奴隶主阶级压迫之下的时候，曾经主张“穷则变”，要求通过“革命”行为，改变自己的政治地位。一旦目的达到，其思想就随之改变，主张“通则久”，长期稳固自己的统治。《易传》写道：“《易》，穷则变，变则通，通则久。”[②] 难怪秦王嬴政取得全国政权后自称“始皇”，企图使政权“二世、三世、至于万世，传之无穷”。[③] 这是封建地主阶级的世界观由朴素辩证思想转向形而上学思想的典型表现。

封建地主阶级当其取得政权之前，需要攻击奴隶主阶级的思想统治，为自己的政治斗争制造舆论。这时它主张百家争鸣，让各家各派自由发表社会政治主张。一旦在政治上居于统治地位，它就要求进行思想统治，建立封建统治思想。《易传》主张“天下同归而殊途，一致而百虑”。[④] 这里所强调的不是“殊途”而是“同归”，不是“百虑”而是“一致”。正因为如此，李斯主张禁止百家争鸣而以法为教、“以

---

①《周易·系辞上》。
②④《周易·系辞下》。
③《史记·秦始皇本纪》。

吏为师”。[1]董仲舒则建议汉武帝“罢黜百家，独尊儒术”。[2]

《易传》在揭示了许多可贵的朴素辩证法思想之后，不得不以形而上学为其思想归宿，这完全是它所代表的封建地主阶级世界观的阶级局限性所决定的。不过，《易传》这一哲学著作在中国哲学思想发展史上所起的主要的积极作用，是其朴素辩证法思想方面。历代不同阵营的哲学家、思想家都从《易传》吸取有益的思想营养，用以培植自己的朴素辩证思想，对中国辩证法思想史的发展做出了自己的贡献。

第二节 《大象传》论“内圣外王”思想

《大象传》，属于《易传》的一部分，是专门阐述六十四卦的卦象，是以其卦之上体与下体的物象关系，观象悟理，从中得到某种启示，领悟出政治、社会、伦理、个人修养等方面的一般原理，作为施政、处世、言行的基本准则。这些基本准则，渗透着儒家“修身、齐家、治国、平天下”，内圣外王的思想。在儒家的思想中，内圣和外王是相互统一的。内圣是基础，外王是准则，只有内心的不断修养，才能成为“仁人”“君子”，才能从内心达到圣人的修养，也只有在内圣的基础之上，才能够安邦治国，才能外化达到王道政治的目的。内圣外王思想，历代明君贤相、志士仁人奉为经典，并从中汲取修身齐家安邦治国的指导原则。举其要领，略加论述。

一、关于“内圣”之修持要领

没有道德修养作指导的政治，乃是霸道和暴政，这样的政治是不得人心的，也是难以长久的。关于内圣修持功夫，《易传·大象传》

---

① 《史记·秦始皇本纪》。
② 董仲舒：《举贤良对策三》。

多有阐述。

1.学圣贤，修善德

大畜卦大象曰:“天在山中,大畜。君子以多识前言往行,以畜其德。”大畜，上艮下乾，故有“天在山中”之象。天在山中，俗称“洞天”，其空间大可蓄物，故卦名“大畜”。君子观此象，当多学前人的言论和经验，参习贤人之道德情操，以培养自己的优良品德。

《易传》成书于战国时期,在此之前墨、法、兵、儒、道家等已形成,已有诸子百家之优秀著作供人学习参考，也有许多修身、齐家、治国、平天下之典范人物供人效仿。孔子曾向老子问道，《系辞传》里的“天人统一”学说，“太极观”等，都受道家思想之影响。所以儒家主张像大畜卦象一样，虚怀若谷，多学贤言圣行，“为往圣继绝学”，以培养自己的德行，增长自己的才能。

2.坚守民族精神

乾卦卦象：“天行健，君子以自强不息。”坤卦卦象：“地势坤，君子以厚德载物。”乾为天，天性刚，主动，故“天行健”，天体运行刚健有力，周而复始，永无止息。君子观天象而效法之，当发愤自强，奋斗不息。坤为地，地性柔，主静。君子观地象，效法其包容生长万物的伟大气派，敦厚美德，涵养其一视同仁的包容精神。

我中华民族五千年来，饱经沧桑，不畏艰苦，不怕挫折，自力更生，奋发进取，刚健笃实做人，埋头苦干创业，卓然独立于世界民族之林，正是由于有“自强不息”精神的鼓舞。同时，我国是一个幅员辽阔、民族众多的泱泱大国，数千年来，各兄弟民族和谐相处，团结一致，具有举世无匹的深厚的民族凝聚力，正是“厚德载物”的宽宏精神的有力见证。乾卦文言曰：“学以聚之，问以辩之，宽以居之，仁以行之。”这是说要有大地那样的气派，广博深厚地积聚学问知识，宽宏处世，仁慈待人。“厚德载物”同“自强不息”，前者为待人之本，后者为自律之纲，都是中华民族传统精神的概括。这种精神是从每个人的修养中积累起来的。“自强不息”“厚德载物”成为中华民族精神的集中表现。

民国时期，梁启超在清华大学任教时，曾给当时的清华学子作了《论君子》的演讲，他在演讲中希望清华学子都能继承中华传统美德，并引用了《易经》上的“自强不息”“厚德载物”等话语来激励清华学子。此后，清华人便把“自强不息，厚德载物”八个大字作为清华校规，后来定为清华大学校训。

“自强不息，厚德载物”作为我国传统文化的重要内涵，体现了一种健全的人格。它集刚健和柔顺两种不同的特质于一身，标志着人格发展上的一种全面性。追求人格塑造上的全面性，既勇于竞争又善于合作，既出类拔萃又守于纯朴，既疾恶如仇又与人为善，既长于用脑又精于动手，既仗义执言又埋头苦干。在“自强不息，厚德载物”的教导下，努力把自己塑造成人民的骄子，祖国的栋梁。

3.树立独立人格

大过卦大象曰：“泽灭木，大过。君子以独立不惧，遁世无闷。”大过，上兑下巽，木在水下，故泽灭木（船）乃船沉水底之象，君子当此舟破人亡之危急时刻，应持两种立场：一是“独立不惧”，即卓然挺身而出，坚持原则，拨乱反正，保持独立人格，“富贵不能淫，贫贱不能移，威武不能屈”；二是激流勇退，隐居避世，明哲保身而不同流合污，决不出卖灵魂以苟全性命。修身重在政治上坚持原则立场，保持独立人格。

这种“独立不惧，遁世无闷”的人格修养，影响了中华文化几千年，也成为中华民族高尚的民族精神之一，使中华民族在世界民族之林成为一个具有优秀品质的优秀民族。

在中国文化史上，孔子最早对人的个体价值和人格尊严作了明确肯定，他说：“三军可夺帅也，匹夫不可夺志也。”他主张，为了捍卫人格尊严和独立意志，为了实现崇高的人生理想，甚至可以无畏地献出自己宝贵的生命，“志士仁人，无求生以害仁，有杀身以成仁”。

孔子的这些可贵的思想对后世影响极大。宋代著名民族英雄文天祥，在他那首传世名诗《正气歌》中，满怀激情地写出了中华民族的千古人格绝唱，气势磅礴，凛烈万古存。其中列举了秦汉张良、西汉苏武、三国诸葛亮等人可歌可泣的动人事迹，赞扬了他们顶天立地的高尚人格和浩然正气。中华儿女正是凭着这种“凛烈万古存”的浩然正气而创造了举世惊羡的伟大成就。

时势有穷通，君子之行迹因时而进退。用行舍藏，进退合宜，是一种至高的智慧和境界。孔子身处世衰道微，礼坏乐崩之时代，虽欲得君行道，重建周礼，但政治上终未能得志，于是退而从教，创建了影响世界几千年的儒学。历史上有许多遭遇非常境遇的君子，在穷塞之境中表现出乐天达观、“遁世无闷”的精神。此等仁人君子独立自由的人格特质，影响深远。

4.抱定牺牲精神

困卦大象曰：“泽无水，困。君子以致命遂志。”“泽无水”，即大泽枯涸之象，君子观此象，遇此困境，宁可舍弃生命，也要实现崇高志向。古今不少仁人志士，杀身成仁，舍生取义，甘洒热血写春秋，“我以我血荐轩辕”，为了民族的解放、国家的独立，奋斗终生，鞠躬尽瘁，正是这种“致命遂志”精神的光辉体现。

修身的结果要体现于实践中，看能否克服万难去实现自己的伟大抱负。“砍头不要紧，只要主义真，杀了夏明翰，还有后来人。”革命烈士夏明翰面对敌人的屠刀视死如归，是无数夏明翰式的共产党员用血肉之躯把我们多难的民族拖出了地狱；无数优秀中华学子，身在异国他乡刻苦钻研，为国争气，学成之后不为国外荣华富贵所动，毅然回国投身祖国的建设事业。

5.弘扬和同思想

睽卦大象曰：“上火下泽，睽。君子以同而异。”睽，上离下兑，有“上火下泽”之象。火自上炎，水（泽）自下流，二者相背离，故为睽。火与水均有生物之功能，君子观此象，当思万物虽异，莫不存在异中之同，同中存异。既同且异，正如天和地本自悬殊，二者统一则万物生长，万物之间千差万别，则相互制约共同蕃衍。

和而不同，阐明了矛盾双方既对立又统一的重要法则，把事物相辅相成的道理讲得明明白白，引导人们注重相睽相通的原则，充分认识其重要意义，善于利用这一法则去驾驭事物的变化。

和而不同思想，在现代社会实践中创造性的发展，莫如“求同存异”原则的提出和运用。求同，就是寻找共同点，共同的思想、共同的利益，这是不同力量之间能够和谐共处合作共事的基础。存异，就是保留不同意见、不同主张、不同利益，不求同一、不求齐一，这是不同力量达到和谐的必要条件。求同存异，既建立不同力量之间的合作关系，又保证了不同方面的不同利益、不同要求，从而也就保证了各方面合理的关系，达到了和谐共赢。所以，求同存异正是体现了和而不同，是和而不同的运用和发展。

《大象传》关于个人修身进德的至理名言还有很多，不少名言足以成为国人树立高尚人格的座右铭，以上可见一斑。今天，当认真研究，从中汲取有益经验，作为建设社会主义精神文明的借鉴。

二、关于“外王”之施行准则

当然，内圣只有达到外王的目的才有意义，外王实现了，内圣才最终完成。能否善于治国、平天下，被视为能否实现外王大业的试金石。关于实现外王之道，《大象传》也多有表述。

1.识自然法则以改造社会

泰卦大象曰：“天地交，泰。后以财成天地之道，辅相天地之宜，以左右民。”泰卦上坤下乾，坤象阴气，乾象阳气。阴气下降，却被阳气托在上面，阳气上升却在下位，表明阴阳交合，化生万物，使万物通泰。君子观此象，当裁成天地之道，掌握并利用自然变化的规律，辅助天地变化因时因地制宜。统治者制定恰当的制度、法规，治理国家、人民，也要像泰卦一样，虽然贵为天子，也要深入民众，和人民建立水乳交融的感情，了解人民的诉求，掌握人民的思想动态，制定合乎时宜的政策法规，从而达到“理财正辞，禁民为非”，使国家安定、人民安泰，并引导、推动社会健康发展。

2.执行选贤的用人之道

渐卦大象曰：“山上有木，渐，君子以居贤德善俗。”渐卦，上巽下艮，巽为木，艮为山，像山上有木，日长夜大，渐渐生长，故名“渐”。君子观此象，在选人用人上，要选择德才兼备的人当官执政，使其居位，以他们的贤德心去影响世风世俗，使世风世俗像山上之树木一样，日积月累，不断地汲取贤德志士的优良品德，积小以高大，形成社会风气，从而达到天下太平、“万国咸宁”、政通人和的社会局面。

儒家坚持以德治国，而良好的道德情操，固然应当体现在广大人群之中，形成社会风尚；更为重要的当体现在各级政府的官吏身上，发挥表率作用。德治说到底当体现于人治。在中国封建社会，人治作用尤为突出，故有“人存则政举，人亡则政息”的说法。官吏清正廉洁，能体察民间疾苦，执政为民，乃有德政；官吏贪赃枉法，鱼肉人民，政治必然腐败。故选贤任能，端正吏治，成为治国理财的关键措施。

首先，要树立“民本”思想。人民是国家的基础，《礼记·大学》云：“有德此有人，有人此有土，有土此有财，有财此有用。”要想得到人民的拥护，首先要看君主和臣僚是否有德。故《大学》开宗明义指出：“大学之道，在明明德，在亲民，在止于至善”。能否彰显光明的德性，能否亲民，并达到最完美的境界，乃是举贤任能首要考察的条件。

其次，端正思想作风。政府官吏经常接触下层民众，政府的正常指令、措施，须靠他们去传达贯彻，他们是否有良好工作作风和思想作风极为重要。孔子说：“政者，正也。子率以正，孰敢不正。”[①] 孔子又说：“其身正，不令而行；其身不正，虽令不从。”[②] 政府官员遇

① 《论语·颜渊》。
② 《论语·子路》。

事能够以身作则，是最好的工作作风。领导者心甘情愿带头工作，人民会不辞劳苦拼命干；领导者不惧危难冲锋在前，士卒也会舍生忘死拼命向前。

3.体察民情，观民设教

观卦大象曰：“风行地上，观。先王以省方观民设教。”观卦上巽下坤，象征风行地上，吹拂万物，万物摇曳裸露，易为人所观察，故卦以观名。先王观此象，受其启迪，乃例行巡视四方，要不时地观察百姓的行为、意志、风俗习惯，针对存在的问题，采取有效的教育措施，把体现上层建筑意识的礼教，逐步灌输于广大民众；更要不断地规范、疏导百姓的行为、意志和风俗习惯；还要不时调整自己的观察角度以便更好地教化民众。同时也要不时地根据实际情况规范自己的行为，给老百姓做模范，让民众监察自己的行为，以达到遏恶扬善的目的，使民风淳厚朴实，社会安定和谐。

儒家十分重视礼乐教化，主张以礼教治国理民。孔子在礼崩乐坏的时代，打破了“礼不下庶人”的传统，主张对所有人“齐之以礼”，[①]即以礼作为社会公共生活的准则约束人们，做到“非礼勿视，非礼勿听，非礼勿言，非礼勿动”，[②]以维护社会的秩序和正义。《孔子家语·贤君》载鲁哀公问政于孔子，孔子回答说：“省力役，薄赋敛，则民富矣；敦礼教，远罪疾，则民寿矣。”认为要治理好一个国家，除了省力役，薄赋敛外，还主张通过礼教，使老百姓远离犯罪，这说明了礼教在当时的政治法律功能。

礼教促进人类文明的进步。人能好礼、行礼，是人区别于动物的基本标志。太古时代，人与禽兽为伍，像禽兽一样不知父子夫妇之伦，故有父子共牝之事。为了让人们懂得“自别于禽兽”，就有圣人起来“为礼以教人，使人以有礼”。“为礼以教人”就是圣人制定了礼来教化人，

---

①《论语·为政》。
②《论语·颜渊》。

要让百姓懂礼、行礼、守礼，这样就会使人自觉地区别于禽兽，从野蛮走向文明。其次，礼教使人生之圆满。从个体来看，通晓礼乐，以礼践行是一个人立足于社会的根本，孔子说："不学礼，无以立。""立于礼，成于乐。"礼可以使人立足于社会人生，可以成就人圆满的道德品质，让人在礼仪形式中懂得做人的道理，更好地完成人生的责任和义务，塑造高尚的人格，完成健全的人生。

今天，在中华民族走向伟大复兴的历史时刻，也需要重新认识礼教，呼唤礼仪教化。一百年前，在礼教僵化、禁锢自由之时代，鲁迅先生高呼打倒"吃人"之礼教；在共创和谐社会的当下，我们应该呼唤礼教回归，重塑道德。

4.修明刑罚，整敕法令

噬嗑卦大象曰："雷电，噬嗑。先王以明罚敕法。"噬嗑，上离下震，雷电交加，声光并厉，若咬牙切齿之凶象，故以"噬嗑"名卦。君子观之，当修明刑罚，整敕法令，惩治不良。

儒家在实施礼教的同时，也强调治理国家还必须采取另一种手段，就是实行法制。礼教的功用，是以和风细雨手段启发人们的自觉；法制则带有强制作用，若不遵守礼度、有违法行为者，用法律的威力加以制裁。"敕法"，即法令要明晰，三令五申，使老少皆知，人人遵守；"明罚"，即是说不得不进行法律制裁时，要通过认真审判，务求公正清明，不枉罚无辜。执法过程中，力求取得遏恶扬善的最佳效果，不应一味严刑峻罚，要法令公开，审判公开，令受罚者及广大民众心悦诚服。

明罚敕法，至今也有十分现实的意义。现代法律对社会整体起着前所未有的重要作用，维护社会整体利益和公共生活秩序，对经济和社会整体发展予以规划和指引；对经济和技术发展带来的不良后果予以控制；对不测事件的受难者予以救济和各种形式的社会保险。

5.建万国，亲诸侯，同时注重国防

比卦大象曰："地上有水，比。先王以建万国，亲诸侯。"比卦，上坎下坤，地上有水，则水土交合，亲密无间，故为比。先王观此象，当分封万国，亲抚诸侯，上下亲密，以安王业。儒家和为贵的思想，在“平天下”方面也表现得十分充分。儒家思想的建立阶段，是在春秋末期，周王朝的统治日渐衰微，诸侯兼并，干戈不息，礼崩乐坏，天下大乱。研习古代文献和礼乐文化的孔子，希望新兴的君主，在政治、经济、民族、文化上实现全面大统一，所谓“平天下”就是在周礼基础上推动各诸侯国实现大一统，使华夏民族与其他民族即“万国诸侯”融合一体，建立国泰民安的小康社会，结束战乱，实现“天下和平，万国咸宁”的美好局面。

为了结束无休止的战乱，实现和平，使人民休养生息，孔子和他的弟子们奔走列国，游说诸侯。孔子反对大国强国称霸，主张国家之间应该地位平等、和平相处。他认为应该多国并存，地位平等，和平共处。为此他主张改变现状，保持实力均等，以达到相互制约的目的，防止战争的发生；主张天下礼治，国家之间的交往要礼尚往来，讲求“仁义”。他说：“远人不服，则修文德以来之，既来之，则安之。”[①]反对干预他国内政，主张“己所不欲，勿施于人”。[②]反对干预他国内部事务，主张各国应遵守所达成的条约，讲求信义。他讲“君子之于天下，无适也。无莫也，义之与比（以信义和外国建交）”[③]；“信近于义，言可复也（达成的盟约、协议、口头约定等，一定要履行）”[④]。孔子虽然坚持国家之间的条约不可违反，但他同时反对不平等的、屈辱性的条约。周游列国时，他背约于蒲人而去卫国，弟子问他：“盟可负耶？”他说：“要盟也，神不听（被迫签订的盟约，神也不会遵守）。”

当然主张“和为贵”“万国咸宁”的同时，也主张加强国防，以

---

① 《论语·季氏》。
② 《论语·颜渊》。
③ 《论语·里仁》。
④ 《论语·学而》。

防患于未然。

萃卦大象曰："泽上于地，萃。君子以除戎器，戒不虞。"萃卦，上兑下坤，有"泽上于地"之象，泽水高于地，必聚土筑堤以防溃决，故卦名萃。君子观萃土地固泽堤之象，当聚集戎器，加以修理，以防意外。因为实现"万国咸宁"这种崇高的理想实非易事。为了国家的利益，国与国之间难免发生各种纷争。为了保卫江山社稷，必须加强国防，必须"除戎器，戒不虞"，加强国防戒备。天下太平，则收藏武器，偃武修文；一旦发生冲突，武装人民，一致抗敌。如果放弃国防，社稷不保，则不但国内不得太平，"天下和平"也成泡影。所以国防是天下和平的保障，天下和平是国防目的。

当今中华民族的历史使命之一，是要齐心协力光大祖国传统文化，加强中华文化优秀传统教育，建设中华民族共有精神家园。在多元文化思潮激荡的今天，某些经世准则、治国方略，对于当今建设社会主义和谐社会仍有其值得借鉴的意义。

儒家内圣外王治国安邦理念，数千年来在中华大地生根开花，深入人心，中华大地虽屡遭天灾人祸，但一代代中华儿女在大灾大难面前无所畏惧，重整乾坤，促成祖国不断繁荣昌盛，傲然挺立于世界的东方，为人类社会的发展做出了独特贡献。《大象传》堪称儒家治国理政的基本纲领，它所阐发的"内圣外王之道"放之四海皆准。当思之再三，身体力行。

第三节 《系辞传》的核心思想

《易传》是对《易经》的解释和阐述，同时也是对《易经》的核心价值的提炼和升华。《系辞传》里有多篇章节，以"易之为书"阐述《易经》的核心思想。"易与天地准，故能弥纶天地之道，……与天地相似，故不违；知周乎万物，而道济天下，故不过。……范围天地之化而不过，曲成万物而不遗，通乎昼夜之道而知，故神无方而易无体。”[①] 这段文字整体概括了“易之为书”，是以天地为准则，所以能与天地之道相弥合，它包括天地之间一切变化而无所逾越，成就万物而无所遗漏，通晓了天地昼夜循环变化的规则和道理。所以说这种天地之道神妙无比，没有固定的方向而又无处不在，而《易》所体现的是天地之道而不是具体的器却无处不在。它包括了宇宙一切，是研究宇宙万物生成、运动、变化、发展的学问，是宇宙观、天人观、变化观。同时这些富有中国传统文化特色的世界观，又指导我们的祖先和当今人们极深研几、开物成务、崇德广业。可见，“易之为书”，穷理尽性，高深致远，无所不包，无处不用。

所以，冯友兰先生说：“《周易》是一部富有辩证思维的宇宙代数学。”我们认为，其核心思想有五端。

一、宇宙生成论

“易有太极，是生两仪，两仪生四象，四象生八卦，八卦定吉凶，吉凶生大业。”[②]

这一宇宙万物生成图式，用图象表示出来，太极乃元气浑然一体是为0，为无，亦可视为一；一乃有，故称有生于无；两仪为一阴（--）一阳（—）；四象是两仪之上各生一阳一阴，即少阳、老阳、少阴、老阴；八卦是四象之上再各生一阳一阴，即乾、兑、离、震、巽、坎、艮、坤。古人认为八卦之物象，乃构成宇宙万物的基本要素。八卦定吉凶之理，趋吉避凶是万物之理，依之则大业有成。

乾兑离震四卦，初爻皆阳，是为四阳卦；巽坎艮坤四卦，初爻皆阴，是为四阴卦。宇宙生成论，是以太极为一，一生二，二生四，四生八，八生十六，十六生三十二，三十二生六十四，即六十四卦，这一原则

---

①②《周易·系辞上》。

北宋哲学家程颢称为“加一倍法”。宇宙由简入繁，不断生殖繁衍，成为千变万化的物质世界。

“太极”是宇宙之本体，万物之本源，是天地未分之前，宇宙呈现为混沌为一的元气。这种观点认为宇宙即元气的统一体，而非西方《圣经》宣扬的宇宙是上帝创造和主宰的，天地的一切都不过是上帝的微些工作；也不像佛教宣扬的，世界都是“自性空”及“缘起有”，以“业力”推动整个心物世界的变化；也非伊斯兰教《古兰经》认为的安拉开天辟地造物，安拉造天时，天还是蒸气，只要安拉说声“有”，天地就有了。

太极观，启发人们建立一种整体思维方式，把千变万化的物质世界看作从本根到派生的一个有机联系的整体，掌握了事物变化的这一规律性，由简可以化繁，由繁可以入简，不为纷繁现象所迷惑而失其统驭，亦不仅仅看到统一性而忽视事物的多样性。有源有流，有统有分，方构成有机整体的事物。

“是生两仪”谓“太极”分解的阴气和阳气，为统一的元气的两个对立面，轻清之阳气上浮而为天，重浊之阴气下沉而为地。由此认为任何事物都是负阴抱阳、对立统一的两个方面，也就是二分法，两点论。此观点用辩证的思维看待事物，认为任何事物都包括既对立又统一的两个方面。此观点在中国文化中随处可见，中医认为人体为阴阳的动态平衡，五脏六腑皆分阴分阳；中国的文字有天地、男女、上下、左右、高低、刚柔、动静、善恶，等等，都是对立统一的。数学的加减、乘除，化学的化合、分解，电磁的阴阳两极，生物的新陈代谢，也是对立统一的。

这种代表中国智慧的对立统一的辩证观，不仅仅对中国文化有深远的影响，对世界文化也有十分重大深远的影响。发明了二进制的莱布尼茨，当看到一位友人向他介绍《周易》和八卦的系统，并说明了《周易》在中国文化中的权威地位时，他异常兴奋，因为《周易》里的阴阳符号与他发明的二进制完全相符。诺贝尔奖获得者、量子物理学家玻尔，1927年提出“并协原理”，其中大量使用了中国哲学中的辩证思想，即真理具有两个侧面，如同一枚钱币具有两面，每个侧面都是正确的，它们是对立的，又是并协的。1947年，因玻尔在科学上的杰出成就及贡献，丹麦国王封他为“骑象勋爵”，并授予其荣誉徽章。当玻尔为礼仪罩袍设计图案时，他选择了中国“太极图”，并写到“对立物是并协的”。

“两仪生四象”指阴阳老少四种势力互相配合，如春夏秋冬四时一样，生成万物。也指任何事物都不是绝对的孤阴孤阳，而是阴中有阳，阳中有阴，具有相互渗透的复杂性。这种对事物认识的复杂性，同时也指导人们的思维模式复杂化，能够处理复杂的问题。

“八卦”指乾（天），坤（地），坎（水），离（火），艮（山），兑（泽），震（雷），巽（风），是生成宇宙万物的八种自然物质要素。八卦排列组合为六十四卦、三百八十四爻，代表六十四种事物、环境，三百八十四种处境，根据爻位的承乘、比应等可判断吉凶悔咎，趋吉避害而大业生。

易理之宇宙生成论，即太极观，立论恢宏，思虑玄妙，基本上构建了完整的东方思维哲学体系。它包括了整体思维原则，一阴一阳对立统一法则，此消彼长、生生不已的发展观，保和太合的动态平衡观。这种哲学体系有它的优越性、科学性、普遍性。它延伸为人人一太极，物物一太极。它的影响极为深远，太极图显现的整体思维原则，为中华民族智慧的创造，影响中华传统文化的许多方面，对中国传统医药、科技、音乐、绘画、文学等都有深远的影响。

总之，“太极生两仪，两仪生四象”这一原理，启示人们坚持整体思维方法，遇事要考虑到方方面面，要善于弹钢琴，通观全局，统筹安排，统一指挥，协调一致。为此在决策过程中要广泛调查，冷静思考，慎重决策，不可头脑过热，异想天开，亦不可思想保守，墨守成规。

二、“天人合一”

《系辞下》云：“易之为书也，广大悉备，有天道焉，有人道焉，有地道焉。兼三材而两之，故六六者，非它也，三材之道也。”阐述了“易之为书”，范围之广大，无所不包，无所不备，其中有天的法则，有地的法则，有人的法则，综括天地人三才而两两重叠，所以每一个卦都有六爻，初与二代表地，三与四代表人，五与上代表天，如此就是天地人三才的法则，形成由下而上的天人合一的完整系统。

“古者包牺氏之王天下也，仰则观象于天，俯则观法于地，观鸟兽之文，与地之宜，近取诸身，远取诸物，于是始作八卦，以通神明之德，以类万物之情。”“仰观天文、俯察地理”的活动，逐渐形成了“天人合一”的自然观。其基本思想，《易传》概述为“天人之际三纲领”，写道：“昔者圣人之作《易》也，将以顺性命之理。是以立天之道，曰阴与阳；立地之道，曰柔与刚；立人之道，曰仁与义。兼三才而两之，故《易》六画而成卦。分阴分阳，迭用柔刚，故《易》六位而成章。”“天人之际三纲领”肯定天道、地道同人道的统一，人同自然从来处于和谐统一的宇宙整体之中。人当热爱自然，尊重自然，服从自然规律，而不可任意违背它。

《周易》从宇宙整体出发，强调人们的行为与生活当受自然支配，提出：“天地变化，圣人效之。”[1]圣人如此，百姓莫不皆然。《周易》认为圣人效天，十分严格，指出：“夫大人者，与天地合其德，与日月合其明，与四时合其序，与鬼神合其吉凶。先天而天弗违，后天而奉天时。”[2]或预测天时的变化而主动配合，或遵循已成的天时变化而

①《周易·系辞上》。
②《周易·文言·乾》。

不失时机，顺应自然规律，利用之，控制之，为人类造福。

人在自然界面前，并非一味消极被动，只能顺从而无所作为。《周易》主张：人的主体能动作用，表现在赞天地之化育，提出了“裁成天地之道，辅相天地之宜”[①]的原则，既顺应自然规律，又能动地改造自然。我们今天所常见的东西，古人从未见过；未来世界常见的东西，我们今天也无法想象。今天在一个筵席上能吃到四季的蔬菜瓜果，在同一花园里可观赏不同季节的花朵；不同国度的水果也能异地种植。高峡出平湖的景观，古人无从想象；嫦娥奔月的神话，而今已成现实。人体某些器官，可以人工移植，人的生育可有试管婴儿。这些都是人类“以人造天”所得，是足以自豪的。

顺应自然规律，又能动地改造自然，并不是像西方社会所说“战胜自然”“向自然开战”，以至于去破坏自然。现在地震时有发生，泥石流经常出现，山体滑坡，无时无之。更不用说，干旱频仍，冰雪灾害，瘟疫流行。过度的开发，引起了大自然的报复，以至于乱象横生。天灾之外，尚有人祸，乱伐森林，山体变荒，围湖造田，破坏湖区蓄水功能，过分捕捞影响鱼类繁殖，过分繁殖牲畜致使草原沙漠化，随意排污破坏水源，人口激增造成粮食匮乏等。天人相互造乱，生态问题日益严重，值得深思！这些因过度利用自然、开发自然而产生的现象，将促使人们想出新办法，采取新政策，推行新措施，克服困难，消除乱象，从而达到“天人合一”。

“天人合一”，既是中国传统文化中的一种自然观，同时也是一种观察处理问题的思维方法，其深邃的哲学智慧，充分显示了中华民族的思想特色。把人与自然视为统一的整体，人只是自然界的一部分。人类当时刻注意同自然融为一体。和谐共处，要爱护自己的生存环境，

---

①《周易·象·泰》。

不可轻意破坏它，更不应与之敌对。

三、唯变所适

《系辞下》云："易之为书也不可远，为道也屡迁，变动不居，周流六虚，上下无常，刚柔相易，不可为典要，唯变所适。"

这是说《易》之为书阐述的原理，人们时刻都不能背离，它论述的一阴一阳之道，总是在不断地变化，六爻的位置，经常变动而不居止，往来上下没有定准，阳刚阴柔常在变化，人们不应该死守原则常住不变，而应该使自己的思想、行动随时适应阴阳刚柔的变化。这里从卦爻象的变动不居，引申到一切事物也变化无常，进一步指出人们的思想、行为也不应刻板不变，而应依从客观事物的变化，随时与之相适应，"唯变所适"。

《易传》论述事物的变化，表现为两种形式：一是"变"，二是"通"。"变"是指事物从无到有、从有到无的重大变化，即通常所说的质的变化。如两种化学元素经过化合而产生新的化合物，对元素说来是从有到无，对化合物来说是从无到有。"通"是指同一事物不断变化发展，如婴儿成长为儿童，再成长为青壮年，再后是老年人。这是事物普遍的变化成长过程。《易传》写道："化而裁之谓之变，推而行之谓之通。"[1]这是说任何事物都处在变通之中，不是处于量的积累过程，就是处于剧烈变化的新旧代替过程，没有什么事物是永恒不变的。宇宙之间，不变的事物是没有的。人们对于经常变化的事物，要有所认识，注意掌握其规律性。要以事物不断变化的观点指导我们的认识，指导我们的行动。

《易传》进一步指出，既然任何事物都经过盈虚消长的过程，在不断发展变化，那么，总是有些东西过时了，会退出历史舞台；有些

---

① 《周易・系辞上》。

东西会兴盛起来，跟上时代的步伐。人们的行动要适合事物的变化，才有光明前途。《易传》说："时止则止，时行则行，动静不失其时，其道光明"；"君子尚消息盈虚，天行也。"这里强调的是一种动态思维原则。凡是当废止的东西，坚决废止；当推行的东西，及时推行。或止或行，要不失时机。"止"，意味着旧过程的结束；"行"，意味着新过程的开始。事物的发展，总是处在不止不行、一动一静的发展过程中。旧的止，新的行，说明事物的运动变化永远不会有终结，所以说其道光明。圣人君子崇尚消长变易，是符合自然界的变化规律的。

刚柔相易，变动不居，"动静不失其时"的观点，有重要的现实意义。

从思想方法上看，失败者吃亏在于没有在动态思维指导下的动态管理，违背了易学所倡导的"时止则止，时行则行，动静不失其时"的原则。任何事物的发展是一个"变动不居"的动态过程，人们的思想认识和方法如违背"唯变所适"的原则，必遭失败。

四、极深研几

《系辞上》云："夫易，圣人所以极深研几也。唯深也，故能通天下之志也；唯几也，故能成天下之务。"

《易》之为书，易理精深细微，是圣人用以探求深奥抽象之理，研究事物极其细微运动变化的凭借。圣人凭借"太极观""变化论""天人观"等深奥抽象之易理，而通天下人的意志；凭借这些深奥抽象之易理，研究事物极其细微的运动变化，预见事物的发展趋向，成就天下之事业。所以说，"太极观""变化论""天人观"为世界观，"极深研几"为方法论。

如何才能"极深研几"呢？就是要熟悉和掌握"太极观""变化论""天人观"等世界观，形成整体思维、变化运动思维、"天人合一”思维等良好的思维模式。在研究事物时，要以整体的观点而不是片面的观点去分析；要以发展变化的观点而不是停滞不前的观点去判断；要从因果关系以及内外因上去分析判别，而不是因果混淆、本末倒置以至于搞错对象和走错方向；找到外因方可明白内因，才能找到真正的原因，找到事物发展变化的方向，从而达到“极深研几”，“以通天下之志，以定天下之业，以断天下之疑”。[1]应用“天人合一”的思维去看待事物，方知有些事情不是发挥主观能动性就能达到目的，从而“旁行而不流，乐天知命，故不忧。安土敦乎仁，故能爱”。易理博大精深，穷神知化，它的宇宙生成论、阴阳转化论、对立统一论、事物不断的运动变化论、天人合一论等，成为一种文化基因，渗透在中国人思想意识里，从而才有经邦济世、治国安邦的宝典，才有了大一统的中国；正因为有了这极深研几的易理，我们的先人才研究出地动仪、圆周率，才有了四大发明，才有了数千年来为中国人保健养生的传统中医。

五、崇德广业

《系辞上》云：“子曰：‘《易》，其至矣乎。’夫《易》，圣人所以崇德广业也。”孔子说，易的道理是极其高明的吧，易是人们用来充实德性，扩大功业的。

“可久则贤人之德，可大则贤人之业”，“富有之谓大业，日新之谓盛德。”[2]以天可久、地可大来比拟贤人之德业；德业之关系也如天地之关系一样对立统一，相辅相成，缺一不可；为业要像大地一样富贵大有，为德要像天一样恒以一德，日新进德。这就是儒家的“内圣外王”之道。

---

①② 《周易·系辞上》。

易理强调“崇德广业”，德在先，业在后，崇德方可广业。《系辞上》阐发如何应用易理崇德广业：“知崇礼卑，崇效天，卑法地。天地设位，而易行乎其中，成性存存，道义之门。”易理应用在人事上，知能、智慧应该是高明的，知识的汲取、能力的培养都应该从崇高着眼，而对别人的礼节，则应以谦卑的态度。崇高是效法天，谦卑是效法地，天地设位，而易理即行其中，人们应该像天地一样，泽及万物而不计报酬，修养自己的德性，成就好的思想性格，使性向善，从而充实，这是通向道义的门户。在《系辞下》第六章，单列九卦“履、谦、复、恒、损、益、困、井、巽”，并三陈九卦义，专论德修的重要性、标准、应用及执行，把自己修炼成正直的内圣。《系辞下》第五章，孔子列举谦卦九三爻辞：“劳谦，君子有终，吉”，进一步阐发“崇德广业”。子曰：“劳而不伐，有功而不德，厚之至也，……德言盛，礼言恭。谦也者也，致恭以存其位者也。”进一步阐明，谦虚有礼修德，方能保其位，强调德盛方可保业。

当然，业之不广，德之不张。不能广业，崇德也将流为空谈。广业的基本要求就是开拓进取，使国富民强，人民安居乐业，即“安土敦乎仁”。《系辞下》云：“天地之大德曰生，圣人之大宝曰位，何以守位曰仁，何以聚人曰财。”

一个国家，财货不充足，国库空虚，人民离散，则王位不守。所以《系辞上》赞美明君贤相德业日新的美好前景说：“盛德大业至矣哉。富有之谓大业，日新之谓盛德。”

《系辞下》云：“子曰：德薄而位尊，知小而谋大，力少而任重，鲜不及矣。”《易》曰：“‘鼎折足，覆公餗，其形渥，凶。’言不胜其任也。”阐述了德不配位的结果就害人害己。

崇德广业，是《易经》的核心价值之一，至今还有十分重要的现实意义。

“易之为书，广大悉备”，在此只阐述其五个核心价值，也是对我们当今社会影响最为广大、深远的传统文化思想，值得我们继承和发扬光大。

第四节 《易传》——古代经邦济世的宝贵经典

《周易》被列为“五经”之首，以其富有精湛哲理，易于启人智慧，同时亦以其蕴涵经邦济世准则，而足以作为进行政治思想教育的优秀教材。历代明君贤相、志士仁人无不认真研读，从中汲取治理国家、安定社会、发展经济与文化的经验。《易传》未必为孔子所作，却从来以孔子著作名世，儒家学派视之为内圣外王的正宗思想。其所阐述的经邦济世准则，无疑具有权威性。这些准则，仁者见仁，智者见智，其基本思想经历代易学家着意阐发，不断充实，蔚为大观。

一、崇德广业的创业精神

《易传》借孔子的权威，论定《周易》的思想价值。“子曰：‘《易》，其至矣乎。’夫《易》，圣人所以崇德广业也。”[①] 圣人利用《周易》推行德政，开拓伟业。崇德与广业相提并论，以崇德为首要宗旨。

“崇德广业”是《易传》提出的普遍政治原则。德、业日新是需要努力开创的政治局面，反映了古代思想家经邦济世的基本要求。为政者能否崇德，至关重要，德之不崇，则不可能广业；反之，不能广业，崇德将流为空言。

所谓“崇德”，就是要求执政者具有高尚道德、崇高人品。以高尚道德原则指导政事受人尊崇，叫做“德政”，儒家谓之“仁政”，即从仁爱之心出发，制定各项政策法令，推行有利于人民的政治措

---

①《周易·系辞上》。

施。《文言》说："君子体仁，足以长人。"王夫之阐述道："君子克去己私，扩充其恻隐。""故为万民之所托命，而足以为之君长。"①

《易传》曰："立人之道，曰仁与义。"②意味崇德的基本要求，即在增进仁义美德。仁与义是"人道"的基本准则，中国伦理道德标准的核心，调节人际关系的中心环节。二者同为维护社会和谐的行为规范，但又有所区别。"仁"是对待他人的态度，基本精神是要有爱心；"义"是对待自己行为的要求，基本精神是严以律己，公正无私。崇德的宗旨就是要求自己做一个有高尚道德的人，既能善待他人，又能严以律己，做到孔子所说的"己所不欲，勿施于人"，不要为富不仁，不可对人民的疾苦麻木不仁，更不要取不义之财、见利忘义。《易传》明确指出不仁不义之人是可耻的："小人不耻不仁，不畏不义。不见利不劝，不威不惩。"③这种人坚持利己主义的处世哲学，难有高尚道德情操。

《易传》将崇德与广业相提并论，要求人们不只要进德，还要修业。"广业"的基本要求就是开拓进取，大而致力于国家事务，使国家日益强大，社会日益稳定，民族日益昌盛，小而致力于振兴家业，使家业日益兴旺。《文言》说："君子进德修业。忠信所以进德也；修辞立其诚，所以修业也。"崇德广业的最终目的是使整个社会道德高尚，风气醇厚，人民安居乐业，实现《易传》所说的"安土敦乎仁""厚下安宅"。《易传》指出："天地之大德曰生，圣人之大宝曰位，何以守位曰仁，何以聚人曰财。"④一个国家，若财货不充足，国库空虚，人民离散，则王位不守。《易传》赞美明君贤相德业日新的美好前景说：

---

① 王夫之：《周易内传·乾》。
② 《周易·说卦》。
③④ 《周易·系辞下》。

"盛德大业至矣哉。富有之谓大业，日新之谓盛德。"[①]

二、"保合太和"的经世准则

实现国家统一、民族团结、社会安定、经济繁荣，这是《易传》经邦济世的终极目标。为使国家不分裂，民族之间不起纷争，社会不因贫富悬殊而发生战乱，执政者就必须在治理国家时，坚守"保合太和"的政治原则。秉承"太和"原理，坚持"厚德载物"的包容精神，是保持社会政治稳定和谐的必要条件之一。

《易传》从巩固封建国家、加强中央集权制的政治目的出发，提出"建万国，亲诸侯"[②]的主张。要求君主亲和诸侯，诸侯国亲附于宗主国，保持诸侯国同宗主国和谐统一的政治关系。王夫之说此种政治关系有如"水之依地，地之承水"，亲密无间，故能实现"以一人而统万方"。[③]这一主张，对于巩固中国的长期团结统一，发挥过重要历史作用。朱熹在《周易本义》中称赞这一原则说："万国各得其所而咸宁，犹万物之各正性命而保合太和也。"中华大地数千年来，尽管风风雨雨，在三国时期、南北朝时期、五代十国时期，都曾发生过暂时的分裂，也多次发生激烈的农民战争，但毕竟长期保持着国家统一、民族团结的政治局面，这是绝非偶然的。宋代思想家程颐说："天地之道，常久而不已者，保合太和也。……乾道首出庶物而万汇亨，君道尊临天位而四海从，王者体天之道，则万国咸宁也。"[④]何谓"天之道"？《易传》云："立天之道，曰阴与阳。"天地相交，阴阳通气，乃自然法则。君王体天之道，意在上下相通。《象》曰："天地交而万物通也，上下交而其志同也。"（泰）反之"天地不交而万物不通也，

① 《周易·系辞上》。
② 《周易·象·比》。
③ 王夫之：《周易内传·比》。
④ 程颐：《周易程氏传·乾》。

上下不交而天下无邦也。”（否）即是说天气与地气阴阳交合，保持太和状态，万物就生长茂畅；反之则万物不生，草木不茂。君主与臣民上下通气，保持太和状态，邦国就发展，社会就太平；反之则君民相阻，势必引起冲突而发生危机。《彖》曰：“圣人感人心而天下和平。”（咸）君主与臣民意愿相通，上下一心，则能保持安定和平的政治局面。“天下和平”是《易传》提出的理想政治蓝图。中央与地方之间不起冲突，国家不致分裂；民族与民族之间不起冲突，和睦相处则社会安定。这全赖执政者有远大的政治抱负，善于总揽全局，一切政治措施兼顾国家和民族的目前利益和长远利益、局部利益与整体利益，充分实现“保合太和”的政治理想。

三、“与民同患”的重民思想

重民思想在我国思想史上源远流长。《尚书》提出：“民维邦本，本固邦宁。”《孟子》主张：“民为贵，社稷次之，君为轻。”《易传》多方面发挥重民思想，把聚人、爱民、与民同患作为巩固政权、安定社会的基本准则。

首先，强调“聚人”。一个国家的任何事业都离不开群众，人民群众是国家的根本。故《易传》说“圣人之大宝曰位，何以守位曰仁，何以聚人曰财。”若君主不仁，又无财货养育人民，人民群众就只能背井离乡，弃国流亡。“聚人”就是“容民畜众”。正如程颐阐述的：“水聚于地中，为众聚之象。……君子观地中有水之象，以容保其民，畜聚其众也。”[①]“聚人”就要像大地涵蓄雨水一样，把人民紧紧凝聚起来，这是增强国力的基础。

其次，爱民而不害民。人民能否凝聚起来，关键要看执政者能否“爱民”，爱民不是仅凭空谈，而是要使人民有安居乐业的环境。《易传》

① 程颐：《周易程氏传·师》。

说："安土敦乎仁，故能爱。"执政者有仁爱之心，人民自会安土重迁。爱心不在于一时的情感，要体现于稳定的政策。《易传》主张："节以制度，不伤财，不害民。"程颐阐述道："人欲之无穷也，苟非节以制度，则侈肆至于伤财害民矣。"[1]这是说执政者不可穷奢极欲、大兴土木、违背农时、劳民伤财，而应轻徭薄赋，制民恒产，保证人民安居乐业。

再次，均施以安民。封建社会的历史教训告诉人们，社会不安定，多由于土地集中到少数人手里，劳动人民丧失生产资料，衣食无着，从而铤而走险。《易传》提出解决社会贫富悬殊的原则："裒多益寡，称物平施。"[2]衡量财物的多寡，取多补少，公平地施与人民，使贫寒者得到生活保障，做到"损上益下，民说无疆"。[3]减削上层人士的财富，增益下层民众，人民则欢心。孔子说过："不患寡而患不均，不患贫而患不安。"[4]同样强调这一原则的重要性。

最后，坚持"说以先民"的领导作风。与民同患的一个重要原则，是执政者要置身于群众之中，作群众的表率。《易传》强调"说以先民，民忘其劳；说以犯难，民忘其死"。[5]在上者甘愿身先百姓，百姓则任劳忘苦；甘愿带头赴难，百姓则舍生忘死。这是教导仁人志士与人民同呼吸、共命运，将人民疾苦时时放在心头。执政者要经常置身群众之中，如此则可望"人用其力，事竭其功"。[6]

四、"明罚敕法"的法治原则

《易传》在宣扬儒家礼教的同时，十分注重法治，主张礼治与法

① 程颐：《周易程氏传·节》。
② 《周易·象·谦》。
③ 《周易·彖·益》。
④ 《论语·季氏》。
⑤ 《周易·彖·兑》。
⑥ 《周易正义·损》。

治结合，对推行法治提出了一些重要思想。

首先，强调“明罚敕法”，认为这是治理国家、安定社会的重要手段之一。“敕法”就是法令要明确，要公之于众，反复宣传解释，使人人遵守。正如王弼指出的：“契之不明，讼之所由生也。物有其分，职不相滥，争何由兴？”[①]“明罚”是量刑定罪要公正，不可轻罪重罚或重罪轻罚，更不要滥罚无辜，做到“刑罚清而民服”（豫）。“明慎用刑”（旅）是“明罚”的基本要求。

其次，主张“赦过宥罪”（解）。在依法量刑过程中，适当采取宽容精神，反对一味“严刑峻罚”。坚持“赦过宥罪”方针，即对有罪者，多从政治教化着手，促其自行悔改；严刑重罚，难免罚不当罪或轻罪重罚，必会损害法令的威严，导致人民离心离德。

再次，“观民设教”（观）原则。“明罚敕法”的目的在“遏恶扬善”，[②]“禁民为非”，以保持社会的安定。法律手段应同教育手段结合，以教化人民，提高人民的思想认识，自觉地遵守法令，做到令行禁止。应当“振民育德”（蛊）、“观民设教”，不单纯依靠法律的威力。“敕法”与“设教”相结合，是完善的政治方针。以法治国与以礼治国不应截然对立，二者并重，则相得益彰。

五、“备物致用”的理财之道

“何以聚人曰财。”善于理财是经邦济世的重要方面。在封建社会里，理财不外从两方面着手：一是开源，即发展农业、手工业；一是节流，即量入为出，用之有节。

《易传》对于开辟财源，提出过不少正确主张，反映了古代经济活动的基本内容。

① 王弼：《周易注·讼》。
② 《周易·象·大有》。

封建社会，以农立国，生产粮食、发展畜牧业是根本任务。《易传》指出，古之圣人首重农业，“古者包牺氏之王天下也，……作结绳而为网罟，以佃以渔”；“神农氏作，斫木为耜，揉木为耒，耒耨之利，以教天下”。[①] 伏羲创制网罟，发展渔猎生产；神农创耒耜，发展农业生产，这是古代重要的生产手段。《周易》提倡开荒种地，耕田而食，反对“不耕，获；不菑，畲”[②] 的剥削行为；提倡“畜牝牛”，[③] 发展畜牧业，牲畜配种，“昼日三接”。[④] 农业、畜牧、渔猎三者发展了，人民的粮食和肉食就不至匮乏，社会必然安稳。

其次，发展手工业。古代打猎、作战，需要大量弓矢，“弦木为弧，剡木为矢，弧矢之利，以威天下”。[⑤]商业贸易的发展，必然推动交通的发达，水运则“舟楫之利，以济不通”，陆运则“服牛乘马，引重致远”。[⑥]商业与交通是古代不可缺少的经济门类，是发展古代物质文明的重要因素，历代执政者不可不全面加以考虑。“备物致用”，努力发展物质文明，同时为发展精神文明提供物质基础。《尚书》早已提出执政者的任务是“正德，利用，厚生”。《易传》提倡“备物致用，立成器，以为天下利”。[⑦]发展农牧业、手工业，都是为了“利用，厚生”，满足人民物质生活的需要，这是国家社会稳定繁荣的基本保证。

六、“顺天应人”的革新精神

《周易》的哲学思想是强调变易。易学实质上是变易哲学，不只注重自然的变化，而且特别注重社会历史的变化。“日新之谓盛德，

---

①⑤⑥《周易·系辞下》。
②《周易·无妄》。
③《周易·离》。
④《周易·晋》。
⑦《周易·系辞上》。

生生之谓易”。[1]“日新”“生生”都是指自然、社会的变易法则。“《易》，穷则变，变则通，通则久”，[2]强调变通的进步意义。北宋易学家邵雍说得好：“四海之内，九州之间，或合或离，或治或隳，或强或羸，或唱或随，未始有兼世而能一其风俗者。”[3]因此，他认为：“可以因则因，可以革则革，万世之事业也。”[4]历代明君贤相、志士仁人无不关注“革去故，鼎取新”的革新事业，认为墨守成规是没有出路的。故王夫之指出：“虽当继绪之时，必有维新之政。”[5]

维新之政决不可草率从事，首先要掌握好时机。《易传》提出“损刚益柔有时”“天地盈虚，与时消息”的原则，君子当等待时机成熟，“见几而作”。趋时更新，是《易传》教导历代志士仁人的重要经世原则。

《易传》在中国思想史上第一次提出“革命”主张，“天地革而四时成，汤、武革命，顺乎天而应乎人，革之时，大矣哉”。[6]当时的“革命”观念，指的是革去夏桀、商纣所承受的“天命”，同当今的革命概念有本质区别，但其所提出的革新之政要遵循“顺乎天而应乎人”的原则，既符合历史发展的潮流（天），又合乎人民群众的意愿（人），这一原则具有永恒的价值。

革故鼎新，当“作事谋始”。所谓谋始，一要得其人，二要善立法，否则会造成紊乱。王弼说得好：“革去故而鼎取新，取新而当其人，易故而法制齐明，吉，然后乃亨。……革既变矣，则制器立法以成之焉。变而无制，乱可待也。”[7]改革旧法度，代之以新法度，使人民有所遵循，乃可变而不乱。革故维新，还要果敢，优柔寡断则难以

---

①《周易·系辞上》。
②《周易·系辞下》。
③④ 邵雍：《皇极经世》。
⑤ 王夫之：《周易大象解·鼎》。
⑥《周易·彖·革》。
⑦ 王弼：《周易注·鼎》。

成功。《易传》云：“时止则止，时行则行，动静不失其时，其道光明。”当废止的旧法令应坚决废止，当推行的新制度应雷厉风行，不失时机，乃有光明前途。

七、“居安思危”的忧患意识

人类社会发展史，是幸福与忧患的变奏曲。中华民族在忧患中发展，《周易》在忧患中产生。《易传》云：“作《易》者其有忧患乎？”“其出入为度，内外使知惧，又明于忧患与故。”《周易》的重要特点是“其辞危”，原因在于“《易》之兴也，其当殷之末世，周之盛德邪？当文王与纣之事邪？是故其辞危。危者使平，易者使倾，其道甚大，百物不废，惧以终始，其要无咎”。[①]关于《周易》产生的时代背景，程颐解释道：“在下之人（指周伯昌）而君德已著，天下将归之，其危惧可知！”[②]王夫之说得更具体：殷末社会昏乱，“文王欲吊伐，则恐失君臣之义；欲服事，则忧民之毒痡，以健顺行乎时位者难，故忧之”。[③]说明文王作《易》充满忧患意识，其所忧者绝非个人安危，而在忧国忧民。

殷忧启圣，多难兴邦，古有明训。《易传》强调居安思危：“危者，安其位者也；亡者，保其存者也；乱者，有其治者也。是故君子安而不忘危，存而不忘亡，治而不忘乱，是以身安而国家可保也。”[④]治乱、存亡乃国之大事，忧国者当未雨绸缪，励精图治，竭力维护国家的统一、民族的团结。《孟子》云：“无敌国外患者国恒亡。”这是历代志士仁人总结历史经验、强调忧患意识的重要结论。

《易传》所强调的忧患意识，主要是社会群体忧患意识，忧国家之存亡，亦忧人民之疾苦。执政者深体民疾，洞察时艰，时时考虑如

---

①④《周易·系辞下》。
② 程颐：《周易程氏传·乾》。
③ 王夫之：《周易内传·系辞下》。

何使人民“安土敦仁”。范仲淹所说的“先天下之忧而忧，后天下之乐而乐”正是“与民同患”精神的发扬光大。

任何社会祸乱的发生，无不有其酝酿过程，忧患意识的可贵，正在于唤起人们预见未来，“思患而豫防之”。[①]正如程颐所说：“时当既济，唯虑患害之生，故思而豫防，不使至于患也。自古天下既济而致祸乱者，盖不能思患而豫防也。”[②]《周易·坤初六》早已提出“履霜，坚冰至”的警语，《易传》对此作了极好的阐发，指出：“积善之家，必有余庆；积不善之家，必有余殃。臣弑其君，子弑其父，非一朝一夕之故，其所由来者渐矣，由辩之不早辩也。”（《文言》）为何乱子已在酝酿而“不早辩”？是因为丧失忧患意识，自以为天下太平，高枕无忧。一旦乱子发生，惊慌失措，鲁莽应付，往往造成无穷后患。

八、“万国咸宁”的睦邻原则

《易传》反映中华民族的博大气派与和平精神，提出“万国咸宁”“天下和平”的原则。《象·乾》曰：“乾道变化，各正性命。保合太和，乃利贞。首出庶物，万国咸宁。”朱熹对此解释道：“圣人在上，高出于物，犹乾道之变化也。万国各得其所而咸宁，犹万物之各正性命而保合太和也。”[③]万国各得其所而友好相处，犹如万物各得性命而保持生态平衡，这是《易传》提倡的国与国之间友好相处原则。《象·比》曰：“地上有水，比，先王以建万国，亲诸侯。”程颐阐发这种国与国之间的亲密关系说：“夫物相亲比而无间者，莫如水在地上，所以为比也。先王观比之象，以建万国，亲诸侯。建立万国，所以比民也；亲附诸侯，所以比天下也。”[④]这是要求王者亲

---

① 《周易·象·既济》。
② 程颐：《周易程氏传·既济》。
③ 朱熹：《周易本义·乾》。
④ 程颐：《周易程氏传·比》。

比诸侯国，如水之渗透于地，亲和无间。国与国之间亲和无间，必然要求大国同小国彼此相安，小不犯大，大不凌小。正如王夫之所说："比，非交道之正也。唯开代之王者能用之。用之以建万国、亲诸侯。归附而不流，大小相涵而不紊者也。"①小国亲附于大国而不被兼并，大国亲和小国而使之各自独立，这才是"建万国，亲诸侯"的宗旨。

要实现"万国咸宁"、国与国友好相处而不以邻为壑，国家执政者一定要有高度的诚心，以广大人民的幸福安乐为怀，不以一己之私而导致国际纷争。《易传》云："天地感而万物化生，圣人感人心而天下和平。"程颐阐发道："天地二气交感而化生万物，圣人至诚以感亿兆之心而天下和平。天下之所以和平，由圣人感之也。"②说天下和平是由"圣人感之"，未免过分夸大个人在历史上的作用，说天下和平离不开主宰历史潮流的人物"至诚以感亿兆之心"，却符合历史实际。某些历史人物不诚心诚意，不顺应天下亿兆人渴望和平之心，不顾人民死活，一意孤行，将人民推向水深火热之中，最终导致亡国身死的事例是屡见不鲜的。

天下和平是《易传》推出的崇高理想，实现这一理想实非易事。国与国之间难免发生各种纠纷。为了保卫社稷，必须加强国防。为此，《象传》提出"除戎器，戒不虞"的主张。王夫之申述道："君子有国，财散无所事萃，其萃聚者唯戎器。则上非货殖，而国无弱道，斯可耳。既不可弛武备而不修，抑不可散民间以启乱；无事则藏，有事则结，所谓觌文匿武，建威销萌，皆此道也。"③提倡"觌文匿武"，加强国防戒备，天下太平，则收藏武器，匿武修文；一旦有事，武装人民，一致抗敌。如果放弃国防，社稷不保，则不但国内不得太平，"天下

① 王夫之：《周易大象解·比》。
② 程颐：《周易程氏传·咸》。
③ 王夫之：《周易大象解·萃》。

和平”亦成泡影。

《易传》倡导的经邦济世准则，乃中华传统文化的精华，有其永恒价值。在历史上，它对不同时代的政治实践发挥过重要指导作用；在当前，对于建设有中国特色的社会主义，无疑仍有其“古为今用”的借鉴意义，值得重视、研究并大加弘扬。

第五节 《易传》对现代企业管理的启示

《周易》是古代经邦济世的宝贵经典。历代明君贤相、仁人志士无不认真钻研，从中汲取治理国家、安定社会、发展经济、巩固国防的原理原则。历代易学著作，多是思想家们结合易学原理、探讨治国理财之道的思想成果。易学思想源远流长，不断丰富发展，它对中国政治、经济管理思想的影响，极为深远，值得认真研究。历史上许多卓越的政治家、军事家、理财家，在管理政治、军事、财政诸方面，成绩斐然，留下宝贵经验，其思想理论大多同易学思想有渊源关系，不可忽视。

易学思想对政治、经济、军事管理思想的影响，大体说来，有两个主要方面：一方面是提供了某些具体的原理原则，如民本思想、自强原则、忧患意识、谦和精神等；另一方面是提供了一种思维方法，可以运用它去分析、处理工作中的问题，启发人们制定某些管理原则。两个方面都十分重要，后一方面更加值得深入研究，因为这一方面过去往往被忽视。易学思维方法同管理原则的关系之所以长期被忽视，不是偶然的，是由于研究易学的人偏重研究其哲学思想，不重视联系政治、军事、经济的管理问题；而研究管理学的人，大都只重视现代管理方法，而不追溯到古代，更不可能同易学思想相联系。今天我们学习研究易学，不应只满足于汲取其中的某些具体原理，更应注意研究、汲取易学思维方法，而且不只注意研究易学思维本身，更当注意研究它同管理思想和管理方法的关系。这是学习《周易》和易学的一项新的重要任务。这个问题已日益引起易学家和企业家们的重视。

掌握易学思维方法，对于制定、贯彻现代企业管理原则，建立管理哲学，有十分重要的意义。

一、变易观：动态思维

《周易》一书是讲运动变化的书。西汉史学家司马迁说："《易》长于变。""易"字的基本含义就是变化。易学的主要内容在探讨自然、社会和人们的思想如何运动、变化和发展。故变易观可谓易学的根本观点。

1.刚柔相易，变动不居

刚柔相易，变动不居，"动静不失其时"的观点，用以指导企业管理，有重要的现实意义。现代企业管理强调动态管理。经济学家为"管理"一词所下的定义，就强调其为一动态过程，指出："所谓管理，就是在一定的社会制度等外部环境中，一个组织为了实现其目标，由管理者对组织内部的资源进行计划、组织、领导、控制，促进其相互配合，以取得最大效益的动态过程。"①

当前我国的经济管理工作，强调转换经营机制，无论是经营方式的改革、用工制度的改革、分配制度的改革，都要引进竞争机制，把企业搞活，使之走上兴盛繁荣的光明大道。

在经营方式上，要强调灵活性。过去是"以产定销"，一个工厂数十年老是生产一种或几种固定产品，不管这一产品的销售情况如何。现在要求在经营上作重大转变，行使企业经营自主权，以市场需求决定企业经营的产品。经过广泛调查，看准行情，哪些产品适销对路，

① 云冠平、胡军、黄和平：《管理学》，暨南大学出版社，1990年，第3页。

需求量大，就计划组织投产；原有的产品，如果市场销售情况不好，无利可图，就及时转产，停止生产或减少产量。以经济效益为衡量企业经营好坏的尺度，打破了“以产定销”的旧体制。

在用工制度上，强调竞争性，打破过去那种干部与工人的固定界限，实行公平竞争，民主选举，工人可以提升当厂长，厂长可以退下作普通干部或工人，打破数十年不变的厂长的“铁交椅”，能者治厂，不论资排辈，唯一的标准是看其能否科学地组织生产，调动广大职工的积极性，为企业创造更好的效益。

在分配制度上，强调激励性，打破过去那种干好干坏一个样，吃“大锅饭”，拿铁工资的制度，坚持按劳付酬，拉开工资档次，将生产效果同个人收益挂钩，允许工资浮动，多劳多得，激励职工为企业多做贡献。

一个企业要想在市场竞争中取胜，使自己的产品占领更广大的市场，时刻要考虑如何提高原有的产品的档次，增加新的花色品种，创造价廉物美、经久耐用的新产品。要盯紧市场，盯着竞争对手，先下手为强。正如俗话所说的，要“口中吃着（旧产品），手中拿着（预备投产的产品），心中想着（未来开发的产品），眼睛盯着（竞争对手的产品）”。缺乏长远目光，丧失竞争意识，抱着老产品吃老本，没有不失败的。从思想方法上看，失败者吃亏在于没有在动态思维指导下的动态管理，违背了易学所倡导的“时止则止，时行则行，动静不失其时”的原则。市场经济的发展是一个“变动不居”的动态过程，企业家们的思想认识和管理方法如违背“唯变所适”的原则，不遭失败才是怪事。

2.物极则反

任何事物的运动、变化、发展，不但有其规律性，而且它的发展总有一个极限。事物变化、发展到一定程度，超过它的极限，必然要走向自己的反面，这叫做“物极必反”。《易传》对“物极必反”的原理有过深刻论述：

> 《易》穷则变，变则通，通则久。[1]

是说事物发展到极点（穷），就必须变化，变化才能通达，通达就能长久地发展下去。不知变通之理，刻板老套，死守旧章法，一定没有好前途。

《易传》对泰与否、益与损、剥与复等对偶卦组的分析，反复申述了“物极必反”的原则。六十四卦的卦序是按照这一原则安排的。

> 泰者，通也。物不可以终通，故受之以否。物不可以终否，故受之以同人。……剥者，剥也。物不可以终尽剥。穷上反下，故受之以复。……损而不已必益，故受之以益。益而不已必决，故受之以夬，夬者，决也。[2]

“物不可以终通”，“物不可以终否”，“损而不已必益”，“益而不已必决”，“穷上反下”，这些观点表述同一个基本思想，就是“物极则反，穷则必变”。自然界事物的发展如此，社会的发展同样如此。“物极必反”是一个普遍原则，人们的思想方法必须遵守这一原则。

《易传》坚持以“物极必反”的原则阐述乾上九“亢龙有悔”的义理，指出：

> “亢”之为言也，知进而不知退，知存而不知亡，知得而不

---

① 《周易·系辞下》。
② 《周易·序卦传》。

知丧。[1]

在日常生活中，进与退，存与亡，得与丧，都是会发生转化的。进而不已，必生败退；存而不自警，必遭覆亡；贪得无厌，必然厚丧，这都是忽视“物极必反”原则、丧失忧患意识引起的灾祸。在历史上，这类“穷之灾”是屡见不鲜的。

物极必反的“穷之灾”并非突然发生。事物的发展，总有一个较长的酝酿过程，逐步积累，终会达到极致。人们应当及早察觉，未雨绸缪，加以防范。《易传》告诫人们说：

> 积善之家，必有余庆；积不善之家，必有余殃。臣弑其君，子弑其父，非一朝一夕之故，其所由来者渐矣，由辩之不早辩也。[2]

这说明尽管“穷之灾”是最后集中爆发的，它却有其酝酿发作过程。俗话说：“冰冻三尺，非一日之寒。”关键在于人们是否有所警惕，能防患于未然。

“物极必反”的原则，对于企业管理工作，有很大现实意义，不可等闲视之。

一种时新的工业产品打开了销路，占领了市场，带来极大经济效益，这是好事。如果丧失警惕性，盲目扩大生产，到了一定时候，竞争对手多了，市场需求饱和，必然出现产品积压、滞销，终将造成企业亏损。

一个先进的企业，少不了有几种王牌产品，由于有较高的信誉，往往供不应求。如果陶醉于已有局面，只顾产量，忽视质量，久而久之，产品质量下降，造成产品积压，丧失信誉，就会一落千丈。

有的企业为什么会走到破产呢？当然情况各有不同。或者长期不

---

①②《周易·文言传》。

注意改进生产技术，产品质量低劣；或者因长期完不成生产计划，造成企业亏损；或者不注意改进企业管理，不引进新人才，不开发新产品，导致资不抵贷。其共同的毛病，都出在平时不注意了解出现的新矛盾并及时加以克服，以致日积月累，问题越来越严重，最后发展到不可收拾，造成“穷之灾”。

不只一个企业、一种产品会发生“穷之灾”，一个企业家也可能面临这种局面。在兴办企业打开局面取得重大成就之后，有的人骄傲自满，目空一切，把功劳归于自己，老子天下第一，个人说了算，任人唯亲，顺之者昌，逆之者亡，乃致草菅人命，目无法纪，贪污受贿，享乐腐化，终至堕落成为罪犯。“物极则反”的原则，在某些个人身上出现，不是没有先例的。

3.日新之谓盛德，生生之谓易

“物极必反”的原则，除了表现为上面所讲的“穷之灾”的情况外，还有另一种情况，就是坏的事物，落后的事物，在一定条件下，向好的方向转化的情况。《易传》称这种转化为“倾否，先否后喜”。[①]或者称为“否极泰来”。“否”是指事物发展中遭到阻塞，不通泰，不顺利，受厄难，对人来说，这是最倒霉的时候。“倾否”是停止否运，改变厄难、阻塞的局面，走出困境，那就会出现“先否后喜”“否极泰来”的新局面。所谓“山重水复疑无路，柳暗花明又一村”，正是指这种情况。当然，“倾否”“否极泰来”不是自然形成的，必须经过人的艰苦努力，创造矛盾转化的客观条件，促成事物向有利的方向发展。旧事物向新事物过渡，不经过艰苦努力，“先否后喜”的局面是不会自动到来的。

破除旧事物，促成新事物生长发展，《易传》称为“日新”“生生”法则。任何事物的发展，总是一个新陈代谢的过程，陈旧的东西，过时的东西，日益丧失生机，趋于消失；新鲜的东西，活泼的因素，具

① 《周易·否上九》。

有生命力的东西，日益得到滋长，趋于发展壮大。这是宇宙万物生长发育的普遍法则。《易传》写道：

富有之谓大业，日新之谓盛德，生生之谓易。[1]

“富有”，谓事物由小到大，由少到多，繁荣滋长；“日新”，谓事物不断变易，一天不同一天，每天都有新面貌；“生生”，谓事物生而又生，不断有所创造，今日对昨日来说是新生面，明日对今日来说又是一新生面，总在不断更新，永不停滞。《易传》的“日新”“生生”观点，充满朴素辩证法思想，反映了客观事物不断发展的规律，它同“刚柔相推而生变化”的观点结合起来，就是比较全面的发展观。刚柔相推反映事物变化的内在动因，日新、生生反映事物的前进变化。王夫之主张“推故而别致其新”，明确讲到破除旧事物（“故”），别生一个新事物。在两千多年前，《易传》观察自然和社会的变化，强调“日新”“生生”，已是相当进步的思想，反对固守旧物，不知变通，力图为新生事物开辟道路，是难能可贵的。

《易传》用日新、生生的观点观察社会问题，提出“革命”的原则。这在易学发展史上，具有重要意义。《易传》写道：

革，水火相息。……革而当，其悔乃亡。天地革而四时成，汤、武革命，顺乎天而应乎人。革之时，大矣哉。[2]

革卦的卦象是上兑（泽）下离（火），水在上，火在下，正是水火不相容的状况。水小而火大，则火消灭水；水大而火小，则水消灭火，二者不可同时存在。正如天地运行，四时阴阳消息的状况，或阳长阴消，

① 《周易·系辞上》。
② 《周易·彖·革》。

或阴长阳消，才形成春夏秋冬四时交替的节律。人类社会的发展也是如此，夏桀无道，汤伐夏，则夏灭而商兴；商纣无道，武王伐纣，则商灭而周兴，这也是顺乎自然而符合人意的。《易传》的“革命”观念与我们今天的革命概念有所不同，它不是指根本制度的变革，而是指王朝“天命”的更换。《易传》提出王朝的更换要遵循“顺乎天而应乎人”的原则，这一点有普遍意义，就是强调新旧的交替、王朝的更换，必须符合两条准则：一是顺从客观规律（“顺乎天”），一是适应人群意愿（“应乎人”）。《易传》坚持的“革命”观点，内容相当可取。它看到事物在消长变化过程中，存在“水火相息”式的剧烈斗争和互相排斥的一面，这就把“日新”“生生”的思想推进到一个更加深刻的层次。

“日新”“生生”的变易观，具有普遍意义，应用于企业管理，其指导意义十分明确。在企业发展过程中，无论产品、技术还是管理手段，无不处在“日新”“生生”之中，在思想上必须牢牢记取。

就一个工业企业的产品而言，也必须以“日新”的观念加以对待。社会需求观念在日益更新，社会购买力在日益提高，人们总是希求得到更加时新、高档的消费品；市场需求在不断变化，今日时新的产品，明天就可能不时新了，有更加新颖、高档的产品出来竞争。所以产品的花色、品种要“日新”，产品档次也要“日新”，才能在竞争中立于不败之地。

要想产品“日新”，必须有新的技术为保证。技术也是在日新又新之中。如果老是在原地踏步不前，别人引进了新技术，创造出新产品，质量档次提高了，自己还不了解信息，缺乏技术更新的紧迫感，要想在市场竞争中立于不败之地，那是不可能的。

企业技术进步是一个复杂问题，它反映在下面四个方面：①技术代替人的体能和智力劳动的程度，它促进劳动生产率的提高；②科学原理在生产中的运用水平，反映经验性技术向科学性技术发展的程度；

③企业人员的结构、素质和技术装备协调一致的程度，反映企业技术发展的潜力；④技术所引起的企业生产组织与生产关系变革的程度。这些方面都是处在日新月异的变化之中，管理人员必须时刻了解本行业技术进步的信息，结合本企业实际条件，认真加以研究，制定新的切实可行、行之有效的措施，及时加以改进。缺乏“日新”“生生”的变易精神，是肯定会吃亏的。

再说，现代企业的管理手段，也处于日新月异的激烈变易之中。现代管理由于有了以电脑为中心的信息管理技术，这一革命性的进展推动管理手段向广度和深度发展。信息处理技术已将各部门的信息处理连成网络，并具有预测和控制功能，不只可以处理一些带规范性的例行信息，甚至可以通过电脑提供的数据及应用模型，支持辅助决策者运用人机交互形式进行决策，出现了智能决策支持系统。现代企业的办公自动化系统也在不断发展中，人们不只可以利用电脑处理日常公文，还可以利用决策支持系统实行群体决策。这都说明一个企业的管理手段若不日新又新，必将处于十分落后被动的境地。

企业管理如逆水行舟，不进则退。易学的“日新”“生生”的变革观点，可以帮助现代企业家保持清醒头脑，应付当前市场经济竞争所带来的剧烈变化形势，从而雄踞企业管理的先进行列。

4.刚柔相推而生变化

易学认为，万物化生的最终根源、变化日新的内在根据，在于一阴一阳的相互作用。易学在总结人类认识的基础上明确指出：阴阳双方的相互作用存在两种形式，或表现为两种状态：第一，相推相荡的作用，表现为阴阳双方互相排斥、互不相容的状态；第二，相交相感的作用，表现为阴阳双方互相亲和、彼此融通的状态。

首先分析第一种作用。《易传》把事物之中阴阳对立双方的基本属性规定为一刚一柔。刚柔两种势力的第一种作用，就是“刚柔相推”。一切事物之所以发生变化，并非由什么外在的力量所主宰，而是由内在的刚柔两种势力“相推”的结果。《易传》写道：

八卦成列，象在其中矣。因而重之，爻在其中矣。刚柔相推，变在其中矣。[①]

圣人设卦观象。系辞焉而明吉凶。刚柔相推，而生变化。……变化者，进退之象也；刚柔者，昼夜之象也。[②]

这两段话表面看来，是从卦象上讲阴阳刚柔的作用，实际上是联系自然界和社会上一切事物的变化，指出一切变化的根源在于阴阳相推。“相推”即相互推移，阳推开阴，占据阴的位置，或阴推开阳，占据阳的位置。事物在变化中，阴阳两种势力同时存在，不是此方推出彼方，就是彼方招来此方，二者是处于相互排斥和相互召感的状态，事物的变化就是由这种相推、相荡的作用引起的。如果刚柔双方各安其位，两不相干，那不就像是一潭死水，没有变化吗？刚柔相推不是坏事，是事物充满生机的一种表现。自然界和社会上的任何事物，只有时时处于刚柔相推之中，才会生气勃勃，不断进化发展。正如《易传》所说的：

动静有常，刚柔断矣。……在天成象，在地成形，变化见矣。是故刚柔相摩，八卦相荡。鼓之以雷霆，润之以风雨，日月运行，一寒一暑。[③]

“相摩”即刚柔双方互相切摩，彼此相互作用；“相荡”即刚柔双方互相推荡，刚盛则荡除柔，柔盛则荡除刚。就卦象来说，乾三阳，荡去初爻之阳而变为阴，即成巽而为风；坤三阴，荡去初爻之阴而变为阳，即成震而为雷。雷与风也是相互激荡的。日往则月来，月往则日来；寒长则暑消，暑长则寒消。一来一往相互推移，一长一消相互推荡，

---

①《周易·系辞下》。

②③《周易·系辞上》。

是天时季节变化的法则。刚柔相推而生变化，不只自然界如此，人类社会生活莫不皆然。王朝的或兴或衰，国家的时治时乱，人事的或荣或辱，无非刚柔两种势力相推而显现的结果。没有阴阳对立面的相互推移，就不会发生变易。刚柔相推是事物变化的根本原因。不了解这一基本法则，就不可能正确认识客观事物，人们的思想就会陷于片面或僵化。

在企业管理工作中，正确利用“刚柔相推而生变化”的原理去处理企业中存在的种种对立现象，就可把企业推向前进；反之，不去正确认识，巧妙利用，必然会在工作中造成被动或失误。在工业生产过程中，生产部门同质量检查监督部门本是相反相成的，从来就存在相当大的对立情绪。检查部门执行制度，对质量严格把关，不让废品、次品出厂，铁面无私，这是对的。生产部门有时则认为他们是故意刁难，吹毛求疵，表示反感。从局部利益看，挑剔废次品，降低成品率，会影响生产任务的完成，对生产车间暂时不利；然而从整体利益看，正是由于有监督部门的推动，才保证了产品的信誉，个别废次品的及时发现，免得出现成批废次品，造成无可挽回的大损失，保证企业的长期效益。一方面有偏差，另一方面就起来加以补救，保持企业生产的平衡发展。刚柔相推发挥着保持事物平衡发展的调节作用。

二、阴阳观：相反相成

易学思想体系以阴阳范畴为核心，认为一切事物无不分阴分阳，都是阴阳结合的产物，阴阳的消长决定事物的根本性质。

1.一阴一阳

《易传》指出：乾为阳刚，坤为阴柔，天地万物无不由阴阳配合而成。

乾坤，其《易》之门邪？乾，阳物也；坤，阴物也。阴阳合德而刚柔有体，以体天地之撰，以通神明之德。[①]

这是说乾为刚，坤为柔，阳刚阴柔，有息有消，体现天地的变化，反映日（阳）月（阴）的品德（神明之德）。乾坤两卦的性质，概括天地、日月的基本特性，是构成宇宙万物的基础。

《易传》近取诸身，远取诸物，以明哲理，常用男女象征阴阳的属性特征。乾为阳为男，坤为阴为女。乾坤结合而生万物，犹如男女结合而生子女。所以《易传》说：

乾道成男，坤道成女。乾知太始，坤作成物。[②]

乾主持着事物的开始，坤主宰着事物的完成。乾阳乃主动，坤阴乃顺从，一阴一阳，一主一从，乃事物生成变化的根源，离开阴阳就没有《周易》的变易法则。所以《易传》指出：

一阴一阳之谓道，继之者善也，成之者性也。仁者见之谓之仁，知者见之谓之知，百姓日用而不知，故君子之道鲜矣。[③]

"一阴一阳"，是说又阴又阳，也就是有阴就有阳，有阳即有阴，阴可变为阳，阳可变为阴。这是宇宙的普遍法则。凡是继承这一法则的就是完善的，具备一阴一阳，就能完成其本性。可是一般人不认识事物中一阴一阳两方面，见仁不见智，或见智不见仁，陷入片面性，百姓在日常生活中常常应用它，也不懂得这一普遍法则。

从"一阴一阳之谓道"的原理出发，易学认为，自然或人类社会生活中无不充满一阴一阳两个对立面。如天与地、日与月、水与火、

---

①《周易·系辞下》。

②③《周易·系辞上》。

寒与暑、昼与夜、虚与实、刚与柔、贵与贱、上与下、君与民，都是一阴一阳的表现。阴与阳有其固有的对立特性，那就是：阳主刚，主健，主向上，主充实，主开放，主活跃；阴主柔，主顺，主向下，主空虚，主闭塞，主沉静。《周易》用阴与阳这一对范畴标示事物的不同特性，它并不代表具体事物。事物之间的关系无论如何复杂，均可以阴阳范畴加以区分，五光十色，千变万化，总离不开阴阳两种对立因素的作用。《黄帝内经》说得好："阴阳者，数之可十，推之可百；数之可千，推之可万；万之大不可胜数，然其要一也。"①

易学中的阴阳论在中国古代文化中得到广泛应用。天文学中的日月盈虚、寒暑迭变，兵法中的攻与守、奇与正，医学中的表里、寒热、虚实，乐律学中的律吕损益，政治学中的威德并施、宽猛相济，等等，都体现为一阴一阳。"一阴一阳之谓道"，这个命题对先秦以来古代朴素辩证法思想的发展产生了极为深刻的影响，它体现了中国乃至东方哲学思维的特点，既是一种宇宙观，同时又是一种思维方法。

运用"一阴一阳"这一普遍法则进行企业管理，可以使人们的头脑格外清醒，不致陷入形而上学的错误。企业管理中，阴阳对待的现象无时不在，无处不在，只有妥善处理了阴阳协调配合的关系，才能使企业顺利发展。

2.阴阳相感

易学认为一阴一阳的对立双方不仅相互推荡，而且相互感通、相互吸引。这两种特性本身也是相互对待相互统一的。易学在分析事物的阴阳关系时，更加看重阴阳双方相互联结、贯通、渗透、合作的特性，这一点正好形成易学思维的重要特征。易学的阴阳观，基本宗旨是强调阴阳协调乃万物正常发展的必要前提。

《周易》八卦分为四个对偶组。《易传》认为每一个对偶组都反

---

①《黄帝内经·素问·阴阳离合论》。

映了阴阳相感、阴阳平衡的原则。

> 天地定位，山泽通气，雷风相薄，水火不相射，八卦相错。[①]
>
> 故水火相逮，雷风不相悖，山泽通气。然后能变化，既成万物也。[②]

在一般人看来，山与泽是对立的，水与火是不相容的，雷与风是相互激荡的，不容易看到它们二者之间的融合、贯通。《易传》则认为不然，它强调的是“山泽通气”“水火不相射”“雷风不相悖”，即二者之间的互相感通，认为这种阴阳相感的作用才是促进万物生成变化的必要条件。

《易传》对阴阳相感的重要原理，在不同地方，反复加以论述。指出认识这一原理对于观察自然和社会问题都极端重要。《彖传》强调说：

> 柔上而刚下，二气感应以相与。……天地感而万物化生，圣人感人心而天下和平。[③]
>
> 同人。柔得位得中，而应乎乾，曰同人。……文明以健，中正而应，君子正也。唯君子为能通天下之志。[④]
>
> 小往大来。吉，亨。则是天地交而万物通也，上下交而其志同也。[⑤]
>
> 大往小来。则是天地不交而万物不通也，上下不交而天下无邦也。[⑥]

---

①②《周易·说卦》。
③《周易·彖·咸》。
④《周易·彖·同人》。
⑤《周易·彖·泰》。
⑥《周易·彖·否》。

> 归妹，天地之大义也。天地不交而万物不兴。[1]

《彖传》还在大有、小畜、贲、恒等卦再三强调阴阳相感原理，阐明其重要意义。告诫人们不要害怕事物中的对立因素，阴阳对立并不可怕，由于有了对立面的相感相通，万物的生存、发展才能实现。反之，天地不交则万物不兴，上下不交则天下无邦。《周易·彖·睽》对这一原理论述最为明白：

> 天地睽而其事同也，男妇睽而其志通也，万物睽而其事类也。睽之时用大矣哉。

这就是说，尽管天与地相睽离，天地之气相交接却生长万物；男与女性别乖异，二者结合交感却生育子女；万物性状乖异，却交互作用而构成和谐的生态环境。乖背的事物而逢其时运，其相感相通的作用是十分巨大的。

用阴阳相感的观点观察分析事物，就不至知其一不知其二，只见对立不见统一，只见事物的乖异而不见其感通。如此才能克服形而上学片面性，丰富辩证思维的头脑。

在企业管理中，坚持贯彻阴阳相感的思维方法十分重要。管理企业，随时会遇到各种矛盾，有生产部门与政工部门的矛盾，有劳动产品分配中的矛盾等。不善于处理矛盾的人，只会看到它们之间的对立，看不见它们的统一性；善于处理的人，多能利用它们之间的统一性、一致性，发挥其相反相成、相互促进的作用。

企业内部，领导与群众的矛盾是经常存在的。由于领导与职工所处位置不同，看问题的角度不同，切身利益也有所不同，往往产生对

---

① 《周易·彖·归妹》。

立情绪。领导埋怨群众生产不积极，只重视个人利益，不重视集体利益。职工埋怨领导作风的官僚主义，工作不深入，不倾听群众意见，只顾企业发展，忽视职工物质文化生活，特别不满于领导者讲阔气，摆排场，铺张浪费，若是这样相互埋怨，生产肯定上不去，只会离心离德。反之，领导深入群众，倾听群众呼声，开展合理化建议活动，关心群众生活，及时改正工作中的缺点，纠正错误，一定会取得群众的谅解，把群众的意见视为检查改进工作的一面镜子，看作推动工作前进的动力，这就是“唯君子为能通天下之志”，“上下交而其志同”，“感人心而天下和平”。领导关心群众，群众体谅领导，有何问题不能解决？企业何愁不能发展呢？须知群众意见虽多，但共同目标只有一个，都是为了把企业搞好，使之成为荣辱与共的利益共同体，而不是想把企业搞垮。这是上下相通的基础，企业的一切思想工作，正应把促成上下相通作为工作的基点，增强企业职工的凝聚力，充分调动其生产积极性，时刻牢记一条真理，“天地不交而万物不兴”，“上下不交而天下无邦”，应当引以为戒。

3.阴阳合一

易学要求人们在分析问题的时候，坚持“一阴一阳”的法则。既要看到事物内部两种势力的相推、相荡，又要看到双方的相感、相通。最后还当了解阴阳相推、相感的结果必然是阴阳合和，“保合太和，乃利贞”。应当认识，无论阴阳双方如何相推、相感，毕竟是共处于一个整体之中，阴阳只是事物中存在的对立因素、势力、性能，而不是两种绝对对立的实体。

阴阳双方从来互为存在的前提，没有阴就没有阳，没有阳就没有阴；有阴必有阳，有阳必有阴；阴中有阳，阳中有阴。《周易》的基本原理是：乾坤并健，阴阳合德。《易传》写道：

大哉乾元，万物资始，乃统天。[1]

至哉坤元，万物资生，乃顺承天。[2]

乾元、坤元同时并存，二者紧密结合，万物赖以生存。乾坤双方的根本区别在于一居主导（统天）地位，一居从属（顺承天）地位。

《易传》明确指出，乾坤双方具有“阴阳合德”的特性：

子曰：乾坤，其《易》之门邪？乾，阳物也；坤，阴物也。阴阳合德而刚柔有体，以体天地之撰，以通神明之德。[3]

这是说，《周易》所讲的一切变易，都是从乾坤二卦派生出来的。乾坤无非一阴一阳，阴阳二性相互配合，一刚一柔是其形体，运用这一观点，才能体察天地造物的奥妙，通晓万物神妙的特性。无非强调阴阳双方不可一刻分离，也从来不能分离，它们是合一的。

关于阴阳合一思想，易学家张载和王夫之论述得最为透彻。张载写道：

有象斯有对，对必反其为。有反斯有仇，仇必和而解。[4]

有了物象，必是一阴一阳相对待。对待则必然相互反其所为。既相反对，必致互为仇敌而相排斥。尽管相互排斥，最后必然导致和解而融合为一。这是主张，阴阳相反相仇的结果，不是一方吃掉另一方，而是相互和谐统一。有阴阳双方的和谐统一，方有气化过程的神妙莫测，变

---

① 《周易·彖·乾》。
② 《周易·彖·坤》。
③ 《周易·系辞下》。
④ 张载：《正蒙·太和》。

化无穷，所以说“合一不测为神”。张载这个“和”字用得好。中国哲学早就强调“和”，主张“和实生物，同则不继”。春秋时齐国正卿晏婴论和同，指出和与同不一样，“同”，是气味相投者聚合在一起，没有新的成就；“和”是气味不相同的东西调和在一起，产生新东西。譬如一道好菜，必是不同的调味品调和而成；一首和谐乐曲，必是高低清浊不同的音调组成。“和”体现了多样性的统一。

王夫之继承并发展了张载关于阴阳合一的思想，明确提出“太和氤氲之气”，用来解释太极本体。阴阳二气合一之实体即谓之太极，分而言之则谓之阴阳。阴阳二气既有差别，不可强同，而又不相悖害，则谓之太和。此阴阳合一之实体，其特征是“氤氲相得，合同而化”，[①] 即阴阳相互吸引，相资相济，融为一体，故称其为“太和”。有此合一之本性，阴阳二气方能发挥其动静、聚散、虚实、清浊等性情功效。因此，王夫之更多地使用了“太和”这一范畴，强调阴阳相因相通、相互包涵、和谐为一而不可割裂，认为“天地固有之阴阳。其质或刚或柔，其德或健或顺，其体或清或浊，或轻或重，为男为女，为君子为小人，为文为武”，虽有差异，但终不能如劈薪两断那样，“判然不可使阴之为阳，阳之为阴”。[②] 阴阳如呼吸，刚柔如燥湿。呼之必有吸，吸之必有呼，相互依存方有气息，“相因而非相反也”。以燥合燥，裂而不得刚；以湿合湿，流而不得柔，二者相互调节配合方燥而不裂，湿而不流，“相承而无不可通也”。[③] 此即王夫之所说的“天地以和顺为命，万物以和顺为性”，[④] 相反者“互以相成，无终相敌之理”。[⑤]

坚持阴阳合一的原则，《易传》强调“保合太和，乃利贞”，[⑥] 即保持阴阳双方的结合，达到高度和谐，万物乃可顺利坚固。“保合太

---

① 王夫之：《周易内传·系辞上》。
② 王夫之：《周易内传发例》。
③④ 王夫之：《周易外传·说卦》。
⑤ 王夫之：《张子正蒙注·太和》。
⑥《周易·彖·乾》。

和”成为易学所追求的最高价值理想。促使阴阳双方达到最佳的和谐状态是东方思维的致思准则和基本特征。广袤的中国版图能够维持统一而不分裂，中华民族包括数十个少数民族，能够紧密团结而不分离，这都同历代政治家、思想家一贯坚持“保合太和”的思想原则分不开。

把“保合太和”思想原则运用于企业管理，可以指导企业文化的建设，取得意想不到的成效。东方企业文化模式的基本特征，就是在企业内部形成信任人、尊重人、关心人的人文精神，把“以人为本”的原则放在一切工作的首位，在人与人之间形成高度和谐的关系，使企业成为全体员工相互尊重、相互爱护、同心同德、荣辱与共、长期共处的利益共同体。领导理解群众，群众体谅领导，企业爱护员工，员工爱护企业，人人以树立良好的企业信誉为光荣，以损害企业声誉为可耻，奋发工作，精益求精，树立优越的企业精神，使企业成为全体员工友爱和睦的大家庭。这样的企业文化业已在一些国家和地区的企业中开始形成，在未来的岁月里定将发扬光大，遍地开花。

三、五行观：相生相制

《周易》哲学思想本来是专讲阴阳学说的，同五行学说起初没有直接联系，汉代以后才逐步融合在一起。

1.五行一阴阳

五行学说同阴阳学说都是中华民族最古老的哲学思想。水、火、木、金、土五行最早见于《尚书·洪范》。依《洪范》的记载，原始的五行学说是西周初年思想家箕子向周武王讲述《九畴》时才作了系统的表述。当时的五行还被看作实体，对其功能的论述相当简略，原文是：

> 五行：一曰水，二曰火，三曰木，四曰金，五曰土。水曰润下，火曰炎上，木曰曲直，金曰从革，土爰稼穑。润下作咸，炎上作苦，曲直作酸，从革作辛，稼穑作甘。

《洪范》的五行观力图摆脱实体观念，开始强调五行的功能属性，企图按照功能的不同对事物进行分类。尽管这种思想在当时显得很简单，却为探讨宇宙万物本源问题提供了一种新思路，同阴阳学说一样，对后来中国哲学的发展产生了极大的影响。不难发现，那时的五行说虽已看出水与火、润与燥、上与下、曲与直、甘与苦的对立，但还没有提到它同阴阳说有什么内在联系。

到战国末年及西汉初年，《礼记·月令》《吕氏春秋》《黄帝内经》发展了原始五行学说，将五行的功能属性抽象出来，形成一种稳定的思维模式，作为观察分析宇宙万物的一种认识工具。《黄帝内经》把它看作特殊逻辑符号，用以论述脏腑学说，表示五行同五脏、六腑、五味、五色、季节、方位等相互间的固定联系。列表如下：

表 2–1 五行同五脏、六腑、五色、五味、季节、方位固定联系表

五行	五脏	六腑	五色	五味	季节	方位
木	肝	胆	青	酸	春	东
火	心	小肠	赤	苦	夏	南
土	脾	胃	黄	甘	季夏	中
金	肺	大肠	白	辛	秋	西
水	肾	膀胱	黑	咸	冬	北

以五行为纲，以五脏功能为核心，人体被分为五大系统，并与自然界的相关事物颜色、气味、时间、空间联系起来。这是一种以中宫为统率，按功能属性，从整体上分析事物的原则，属于“取象比类”的思维方法。这种思维方法在中国传统医学上一脉相承，流传至今，行之有效，人所共知。《黄帝内经》中的五行学说已同阴阳学说联系起来了，而且指出：“言人身之藏府中阴阳，则藏者为阴，府者为阳。”就五脏而言，心为阳，肾为阴。

东汉易学家郑玄进一步将五行学说引入易学。他汲取西汉古文经学家刘歆和经师京房的思想，将五行同《周易》中天地之数、大衍之数相联系，从而构架起五行学说通向阴阳思想的桥梁。他根据《易传》

中“天数五，地数五，五位相得而各有合”的观点，加以新的解说，指出：一、三、五、七、九为天数（阳数），二、四、六、八、十为地数（阴数），与五行的关系如下：

> 天地之气各有五。五行之次，一曰水，天数也；二曰火，地数也；三曰木，天数也；四曰金，地数也；五曰土，天数也。此五者，阴无匹，阳无偶，故又合之。地六为天一匹也，天七为地二偶也，地八为天三匹也，天九为地四偶也，地十为天五匹也。二五阴阳各有合，然后气相得，施化行也。①

郑玄还将五行同东南西北中五个方位相配，以表示气候的变化，说“天一生水于北”，“地二生火于南”，“天三生木于东”，“地四生金于西”，“天五生土于中”。而东南西北四方又与春夏秋冬四时相配。五行不只沟通了阴阳，又沟通四时与四方，充实了易学中的时空统一观。以五行相生说为核心，通过易学形式，构造了一个时空统一间架，作为万物生成法则，这是汉易象数学的重要内容之一，对后来的易学思想产生了极大影响。

不过郑玄通过易数沟通了五行与阴阳，尚未达到“五行一阴阳”的认识。明确提出“五行一阴阳”的观点的，是宋代的刘牧和周敦颐。刘牧解释由太极到八卦的图式，认为元气混而为一，即是“易有太极”；其后分而为阴阳或清浊二气，即“是生两仪”；二气一升一降，形成天和地；二气相交则生五行，五行具备，万物也就产生了。万物赖五行而成，形体由五行构成，阴阳二气即寓于五行之中。所以他说：“五行之物则各含一阴一阳之气而生……此五行之质各禀一阴一阳之气耳。至于动植物又含五行之气而生也。”② 周敦颐作《太极图说》，直接讲

---

① 郑玄：《春秋疏》引。
② 刘牧：《易数钩隐图》。

宇宙形成论，则更明确地提出了“五行一阴阳，阴阳一太极”的命题。认为太极即元气自身运动分化出阳气；动极而静，静止则分化出阴气；阴阳各居一方，相互对峙，于是形成天和地。阴阳二气变化而生出五行之气；五行依其次序分布开来，便形成四时的变化。这个分化的过程，周敦颐概括为“五行一阴阳，阴阳一太极，太极本无极”。“五行一阴阳”，是说五行之气皆出于阴阳二气；“阴阳一太极”，是说阴阳二气皆出于太极。此“一”字乃统一或归一之意。“太极本无极”，是说太极本于无极，即以无极为其本原。然后阴阳五行之精华与无极之本性巧妙地凝聚在一起，构成万物的本质。二气相互交感，于是万物产生，以至于变化无穷。周敦颐学说为易学的宇宙论提供了一个完整的体系。这种宇宙论表明，阴阳、五行和万物乃一气流行的产物。此说不从五行本身分阴阳，而认为“五行各具阴阳”，这在哲学上更为合理。

“五行一阴阳”的观念，即将构成事物的要素按其功能属性进行分类，此种思维方法，对于我们观察和分析管理问题颇有指导意义。管理学家们竭力寻找、分析制约企业整体的诸种要素，提出过程学说。西方古典管理学创立者之一的法约尔认为，宏观的管理工作应划分为六种职能，即技术、商业、财务、安全、会计、管理。这是从企业的整体立论的。他将“管理”列为六种职能之一，同时指出，狭义的“管理”包含着五个因素，即计划、组织、指挥、协调、控制。在我国，指挥、协调基本上归一个部门。古典管理学派的另一学者古利克同法约尔不同，提出七种管理职能的学说，将管理划分为计划、组织、人事、指挥、协调、报告、预算七因素，其中人事和指挥、协调在我国企业中是一致的。如果用中国古代“五行一阴阳”的思维方法对此加以概括，是最合适不过了。

依据五行观念，一个工厂的行政管理工作可以划分为人事、财务、供销、技术、文教等，每个方面的工作都可按阴阳观念评估其价值。或属于阳性，列入进取、开拓、先进、成功类型；或属于阴性，列入保守、闭塞、落后、失败类型。即是把一切工作放在统一的整体中去衡量其是非、得失。总之，在我们的企业管理工作中，如果能将五行作为一种功能属性的分类模式，遇事按五行思维模式作出种种恰当的划分，使事物有所归属；又能将阴阳作为一种功能属性的价值评估模式，遇事按两分法的思维方法作出恰当的价值评估，使事物的是非、得失有明确的界限，这样就会使我们的思维方法比较正确、全面，而不致于遇事茫无头绪，陷入模糊状态。

2.五行生克

“五行一阴阳”的观点反映了五行同阴阳之间的关系，而未涉及五行本身。至于五行之间的内在关系，是由五行生克学说加以论述的。这一点在认识上有更加重要的意义。五行生克指的是五行之间存在相生关系和相克关系两大方面。

五行相生指木、火、土、金、水五行之间存在固定的相互滋养、扶助、促进的关系。其固有联系是：木生火，火生土，土生金，金生水，水生木。生我者为“母”，我生者为“子”。木为火之母，火为木之子；火为土之母，土为火之子；土为金之母，金为土之子……子有难，母必扶之；母有难，子必救之。这种关系是固定的，不可紊乱，如图 2-1 所示。

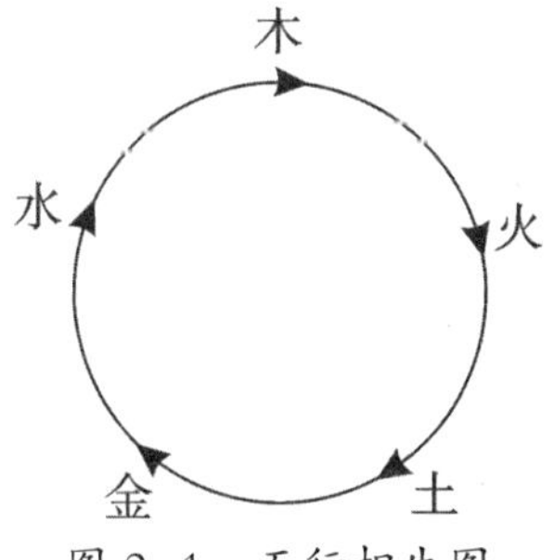

图 2-1　五行相生图

五行相克指木、土、水、火、金之间存在的固定的相互克制、压抑、约束、阻碍的关系。这种相互克制的固定联系是：木克土，土克水，水克火，火克金，金克木。克我者为主，我克者为客。主强者客必受克制，客强者主必遭反侮。因此，土强木弱，土可反侮木；水强土弱，水可反侮土；火强水弱，火可反侮水……。这种相克与反侮的关系，也是固定不变的，如图 2–2 所示。

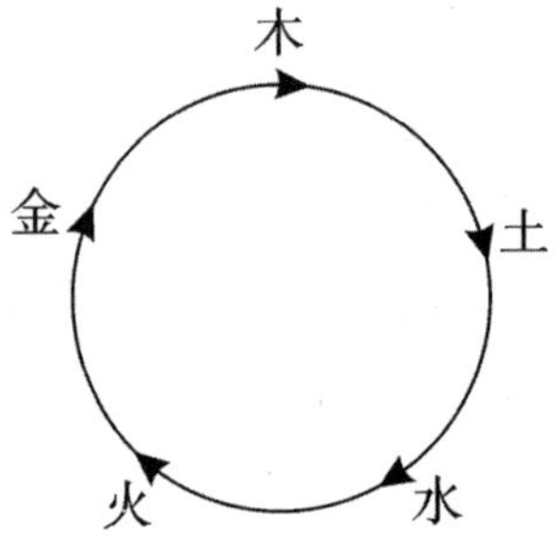

图 2–2　五行相克图

如果将五行按木、火、土、金、水的次序排列成一圆圈，恰好存在“比相生，间相克”的关系。“比相生”，指相比邻的两行，前一行生后一行。“间相克”，指每相连三行之间，第一行越过中间第二行，对第三行产生相克作用，如图 2–3 所示。

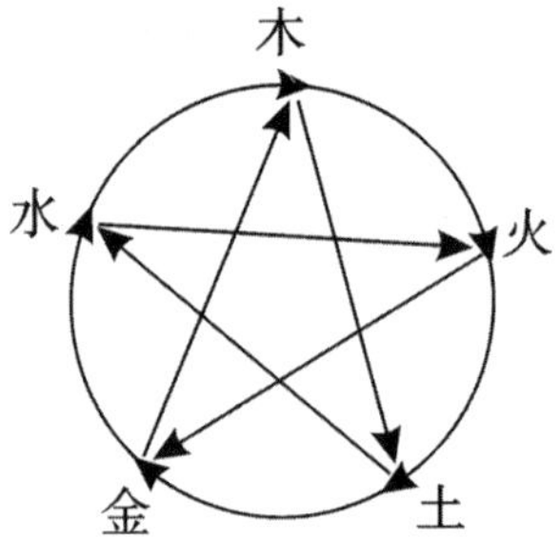

图 2–3　五行“比相生，间相克”图

沿圆圈周围的箭头符号，表示“比相生”关系，圆圈内面的箭头符号表示“间相克”关系。

五行之间既相生，又相克，保持事物内部的协调平衡，这是正常状态下的内在联系。“反侮”是破坏协调平衡的关系，属反常现象。为了维持事物的协调平衡，以利于正常的生长发育，必须正确认识事物之间诸方面的相生相克关系，加以正确处理。太过或不及，都容易导致协调关系的破坏，需要及时调整。

研究五行生克，有利于揭示事物的内在结构，探索事物之间或事物内部诸方面相互生克制化的联系，从而揭示事物整体功能结构方面的内在规律，阐明系统结构的内在机制及其交错关系。五行生克观十分强调动态平衡在事物发展中的重要意义。特别值得强调的是，五行生克模式反映了中国人早已认识到，整体事物具有通过自我调节以维持动态平衡的内在机制，即自我调控的能力。这是中华民族辩证思维高度发展的体现。

五行生克理论可称之为中国古代朴素的系统论。这一理论概括起来，具有以下三个基本特征：第一，正确地把事物看作有机统一的整体；第二，整体内部存在一定的系统结构和生克制化的自我调节机制；第三，系统结构具有通过自我调节而保持稳定和谐、动态平衡的能力。

早在两千年前，这种原始系统思想已蕴涵在易学思想体系中，这是易学思想具有永久魅力的重要原因之一。

数千年来，五行生克理论在中国传统文化中得到广泛应用，传统医学和气功学的应用尤为成功。将其应用于现代管理科学仍是很有价值的。现代企业是一个系统工程。企业组织内部是一个严密的系统结构。从管理上看，基本上可以用五行结构来描述其动态平衡的模式。

我国的企业管理，基本上形成两种层次。整体性的宏观管理，可分为决策、组织、后勤服务、质量监督、安全与环境等部门。单就工厂生产过程而言，所谓管理主要抓生产计划、技术设备、劳动人事、原材料供应、能源及水气供应等方面。部门的划分可繁可简，原则只有一个，即将企业作为一个整体，按功能不同而划分为相互制约、相互促进的不同部门，发挥各部门的固有功能，实现企业自我调节的机制，保证企业稳定的动态平衡，不允许任何一个部门忽视整体利益而破坏平衡发展的格局。企业领导者的神圣职责，就在善于预见和发现各部门之间不相协调、可能破坏平衡的情况，并能及时加以解决，而不致使问题发生相互推诿、拖延而不能解决。例如生产计划完不成，可能是计划本身不合理，可能是技术设备跟不上，可能是劳动力调配不恰当，也可能是原材料和能源供应有问题。又如产品质量下降，原因也是多方面的，或在设备陈旧，或在技术操作不熟练，或在原材料质量低劣。都应作具体分析，找出其中相生相克的主要方面，然后对症下药，才能解决问题。

五行生克学说在管理工作中的应用，决不是为人们提供某种解决具体问题的方案，仅仅是为人们提供一种辩证思维方法。这种辩证的思维方法对搞好企业管理是十分重要的，它将复杂多变的整体企业分析为功能各异的若干部门，找出各部门之间相生相克的内在关系，精心加以组织，泄其太过，济其不足，充分发挥内在机制的自我调节功能，促成企业的协调一致平衡发展。

3.五行互藏

五行之间除了相生相克关系，还存在互藏关系。所谓互藏，即你中有我，我中有你。五行功能不能截然分离，总是互相涵化，互相包容，以显示五行功能的整体统一性。

五行如何互藏？明末清初易学家方以智作了深刻论述。他以水火二行为例，说明阴阳体用互藏关系。阳气无形体，以阴为体，此阴之体为阳之用。火性阳，中藏阴气功能，方能凝聚成体。阴体之物燃烧，则火炎向上，这是阳以阴为体，水性阴，中藏阳气功能，乃能流动不息，发生润下作用，是阴之体以阳为用。可见阴阳一体一用，从来互藏。这个事例还说明物物有阴阳，物物有水火。水火互藏，有体有用，体用有别，而体用不可分。

就五行中水、火、土三行的关系而论，方以智认为三行亦互藏。土气因阳光而蒸发，是土中藏火气；火气上升，冷而为水气，水气凝结，下降而成水；下降之水渗入土中，遇地中之火气，再升空中成水气。如此土——火——水——土，循环不已，万物乃能不断生化。

再就五行而言，火的功能不止能生土，同时也能生金、生水、生木，因为金非火不能熔化，水非火不能升降，木非火不能向荣。土、石、金经敲击可以生火，钻木亦能取火。火无体，其功能藏于万物之中，又能生成万物。五行互藏是人们在日常生活中随时遇见的，只是一般人未加深究而已。酒可以燃烧，是水中藏火；集雪融化而成沙，是水中藏土；草木燃烧而生灰，是木中藏土；火山爆发，地底流出熔岩，是土中有火。这说明万物虽可按五行划分其功能，而五行的功能从来是互藏互化的，不可用形而上学观点将其孤立看待。方以智认为，一行之中各具其他四行，万物之所以有差异，并不是一物只具一行而不具其他四行，而是全具五行，但各有偏重。

方以智还指出：从表面上看来，五行的特性是各有区别的，水为湿气，火为燥气，木为生气，金为杀气，土为冲和之气，可调和其他四气，然而水、火、木、金四气皆因土气而形成，是为五材，土为五材之主。可见五行是构成宇宙万物的五大元素，同时也表征物质的五种性能。五行既相生又相克，显示了五行功能的特殊性；五行又互藏互化，显示了五行功能有统一性。看不见五行功能的特殊性，人们的思想会陷入不加区别的模糊状态；看不见五行功能的互藏互化，人们的思想就会陷入孤立僵化的形而上学。以之分析问题，指导行动，未有不出错误的。

将五行互藏互化的观点运用于企业管理，会使人们的头脑清醒而灵活。阴阳五行的妙合，启示人们既要注意事物之间的整体统一性，又要注意事物的差异性，管理现代化企业，首先要善于利用不同的职能部门，使之结合成一个有机统一、相互依存、相互制约的整体，尤其要善于在既定职能部门之间创造一种新的、超常的关系结构，以实现预定的管理目标。代表企业灵魂的企业文化，其功能正是如此。作为企业文化的物质设施，各个企业可能大同小异，企业内部的各种规章制度，从条文上看，也可能区别不大，但所焕发出来的企业文化精神，各个企业可能相去悬殊，这就是由于各部门功能间互藏互化的妙合作用产生整体性的特殊功能所致。正如硝石、硫黄、木炭分开来看，只不过三种平常的物质，若按一定比例巧妙结合，因其互藏互化而成为火药，足以引起威力无比的爆炸功效。现代企业管理应当从中得到启发，深入研究企业之中各种组织机构职能互藏互化的妙合作用，建立独具特色的企业文化模式，为企业管理创造新经验。

四、太极观：整体思维

历代易学家依筮法中的太极观，系统地阐发太极观念，建立了独具特色的宇宙生成论。他们认为，千变万化的宇宙万物，是由统一的宇宙本源——“太极”所化生，并对古代的宇宙生成图式作了典型描述。

1.太极生两仪

《系辞》写道：

> 易有太极，是生两仪，两仪生四象，四象生八卦，八卦定吉凶，吉凶生大业。[①]

汉易认为，“太极”是天地未分之前混沌为一的元气。“两仪”指元气分化的阴气和阳气，轻清之阳气上浮而为天，重浊之阴气下沉而为地。“四象”指阴阳老少四种势力互相配合，如春夏秋冬四时一样，生成万物。“八卦”指乾（天），坤（地），坎（水），离（火），艮（山），兑（泽），震（雷），巽（风），是生成宇宙万物的八种自然物质要素。

这一宇宙万物生成图式，按宋代易学家邵雍的说法，用图象表示出来，太极为0，谓混而为一；两仪为一阴（--）一阳（—）；四象是两仪之上各生一阳一阴，即少阳、老阳、少阴、老阴；八卦是四象之上再各生一阳一阴，即乾、兑、离、震、巽、坎、艮、坤。乾兑离震四卦，初爻皆阳，是为四阳卦；巽坎艮坤四卦，初爻皆阴，是为四阴卦。宇宙生成论，是以太极为一，一生二，二生四，四生八，八生十六，十六生三十二，三十二生六十四，即六十四卦，这一原则北宋哲学家程颢称为“加一倍法”。宇宙由简入繁，不断繁衍，成为千变

① 《周易·系辞上》。

万化的物质世界。

易学中的太极观，诱导人们建立一种思维方式，把千变万化的物质世界看作从本根到派生的一有机联系的整体，掌握了事物变化的这一规律性，由简可以化繁，由繁可以入简，不为纷繁现象所迷惑而失其统驭，亦不仅仅看到统一性而忽视事物的多样性。有源有流，有统有分，方构成有机整体的事物。

运用整体原则观察现代企业，视企业为社会的生产单位，本身就是一个小社会。这个具体而微的小社会是个多样性统一的整体。董事会和总经理的决策，即可视为《周易》所说的太极。搞好一个工业企业，就要抓住决定这个企业命运的一阴一阳的“两仪”。什么是工厂这个太极所生的“两仪”呢？一个是生产任务，一个是企业管理。生产什么样适销对路的产品才有利于本企业的发展？这个问题对一个工厂企业来说，是决策中的关键，一定要看得准，抓得住。要经过广泛深入的调查研究，要下大工夫、花大力气把它搞清楚，这是决定一切的，是太极中属于阳性、刚性的东西，企业的一切活动由它起主导作用。开发什么样的产品，如果在决策上发生错误，不适应国内外一定时期的市场需要和贸易、金融形势，将导致企业在总体上陷于被动，甚至全盘皆输。生产什么产品这个关键问题解决后，如何科学计划、组织生产、在技术上精益求精，以保证高质量高效率地完成生产任务，这是企业管理问题，是太极中属于阴性、柔性的东西，对总体任务来说居于从属作用。尽管它是居于从属地位，如果管理不到位，正确的决策也会落空，生产任务也不能完成。开发适销对路的产品，以建立完善的管理制度作保证，前者是主导因素，后者是顺从因素，二者一刚一柔，一主一从，刚柔相济，才能使企业兴旺发达，具有竞争力。

管理是否完善到位，是由多方面的因素决定的，涉及人才使用、技术设备、物资供应、能源交通、安全措施等，但关键性的因素是人而不是物。企业管理要把人的因素放在第一位，以人为主。关于企业的人力布置，基本上分四个方面，可以说是两仪生“四象”。第一方面（老阳），可看作领导班子，一个团结的领导班子，配置得当，原则性强，富有开拓精神，相互配合，互相支持，体贴员工，作风正派，既有原则，又有灵活性；第二方面（少阳），技术干部队伍，要业务过硬，有创造性，敢于大胆革新，与工人密切配合；第三方面（老阴），思想过硬、技术过硬的生产大军，能全心全意搞好生产，保证产品质量，具有浓厚的主人翁意识，以厂为家，与企业共荣辱；第四方面（少阴），积极支持员工的家属群体，乐于分担家务，顾全大局，不拉后腿，抚养教育好子女，减少员工的后顾之忧。以上四支力量拧成一股绳，心往一处想，劲往一处使，再大的困难也能克服，再艰巨的任务也能完成。大庆人就是这样创业的。江西汽车制造厂以一个名不见经传的小厂，一跃而为世界瞩目的大企业集团（江铃汽车集团公司），基本经验也在这里。他们做成了一篇太极生两仪、两仪生四象的好文章。四支队伍齐头并进，协同一致，把劳力、技术、物资、安全、经营、财务、监督、能源各方面工作搞得有条不紊，生产大发展，计划能完成，质量有保证。正好比四象生八卦，八卦定吉凶，吉凶生大业。

太极生两仪的整体思维方法，在决策过程中意义十分重大。企业不只是一个小社会，一个有机统一的整体，同时也可说是一架大天平，一个十分严格的平衡器。在决策中一定要十分注意任务和能力的综合平衡。生产任务和生产能力，这也是太极中的“两仪”。生产任务的确定，这是刚性、阳性的东西，但生产能力对它有重要制约作用，这是柔性、阴性的东西。这两者必须阴阳协调合作，刚柔相济，如果思想冒进，生产任务定得过高，生产能力不能满足，生产任务就不可能完成；反之，思想保守，生产任务定得过低，生产能力吃不饱，造成设备、劳力的过剩，对企业经营也很不利。必须做到任务和能力基本上保持平衡，既能充分发挥企业生产的潜力，又能保质保量地完成预定任务。

搞好生产任务和生产能力的综合平衡，还需从“两仪生四象”着眼。生产潜力受以下几个主要方面因素的制约，因此，要注意几方面的平衡。第一，生产任务与现有的和可能增加的技术设备之间的平衡；第二，生产任务同工人技术水平之间的平衡，技术水平跟不上，任务也会落空；第三，生产任务同物资供应之间的平衡，有了设备，没有足够的原材料，则巧妇难为无米之炊；第四，生产任务与销售任务之间的平衡，若盲目生产，产品销售不出去，造成产品和资金的积压，企业效益会大受影响。这四个方面，某一方面不平衡，都会影响全局。此外，综合平衡还要考虑成本、财务的问题，产品成本过高，往往是销售不畅的主要因素。

总之，“太极生两仪，两仪生四象”这一原理，启示人们坚持整体思维方法，遇事要考虑到方方面面，要善于弹钢琴，通观全局，统筹安排，统一指挥，协调一致。为此在决策过程中要广泛调查，冷静思考，慎重决策，不可头脑过热，亦不可思想保守。

2.物物一太极

易学所阐发的“太极”概念，只是表明宇宙的本原或本体。太极并非具体器物，但太极和两仪、四象，又是相互蕴涵的，不可分割。朱熹把这个道理讲得很透彻，他说：

> 自太极而分两仪，则太极固太极也，两仪固两仪也。自两仪而分四象，则两仪又为太极，四象又为两仪矣。①

朱熹不用元气解释太极，而用“理”即阴阳五行之理的全体解释太极。在朱熹看来，此太极之理是宇宙万物的本体，即存在于天地万物之中。他说：

> 太极非是别为一物，即阴阳而在阴阳，即五行而在五行，即

① 朱熹：《易学启蒙·原卦画》。

万物而在万物，只是一个理而已。[①]

太极只是个极好至善的道理。人人有一太极，物物有一太极。[②]

他将“太极生两仪”解释为生则俱生，相互蕴涵，故说“物物一太极”。这无非说明，作为宇宙万物本原的太极，虽然不同于其所化生的万物，但并非独立于天地万物而存在，而是寓于天地万物之中。所以，当人们观察分析某种事物或某个人时，同样要将其作为一个整体来对待，要看其共性和整体性。俗话说：“麻雀虽小，肝胆俱全。”解剖一只麻雀，可以了解整个鸟类的生理构造。任何个别事物，都具备着一般的特征；任何一般的特征，无不通过个别事物体现出来，从来没有脱离个别事物而独立的一般。太极含两仪，两仪一太极；太极化生万物，万物各具一太极。衍之为万，合之为一。王夫之称之为“明魄同轮而流源一水”。这是从本体论的角度解释《周易》的太极观。

“物物一太极”的观念，对企业管理，无疑是有重要意义的。就企业的系统结构而言，整个企业就是一太极，总公司下面有若干分公司，总公司是母系统，分公司是子系统。母系统的总公司是一个太极，子系统的分公司同样是一个太极。分公司围绕总公司运转，体现了太极的整体和谐统一；同样，分公司的所属机构遵循分公司领导者的意旨运作，也是体现整体和谐统一。子系统不可向母系统闹独立性，分公司各个从属机构同样不可各行其是。子系统从属母系统，上下一致，内外团结，整体和谐，才能保持统一运作节奏。就一个大企业来说是如此，而就企业的一个部门，甚至就企业的某类人员来说，也莫不如此。每个部门每个人员都要领会企业的宗旨，贯彻总的生产意图，按企业统一的部署而有条不紊地运作。

①② 黎靖德编：《朱子语类》。

第六节 略论科学易兴起的前因后果

一、引言：《易传》——打开宇宙迷宫之门的金钥匙

《周易》是我国最古老的文化典籍之一，3000多年来，在中华文明史上一直放射着耀眼的光芒。近代不少中外科学家将《周易》象数同现代自然科学相结合，在传统的象数派和义理派之外，异军突起，形成了科学易学派。《周易》与自然科学的关系日益密切。

任何科学家的成长，无不经过艰苦的理论思维能力锻炼。锻炼理论思维能力的基本途径是认真学习哲学。中国古代科学家锻炼理论思维能力的过程，主要是学习四书五经，这是他们从小就接受的必修课程，其中对于理论思维能力的锻炼最有帮助的，当然首推《周易》。

《周易》对于古代科学家的理论思维能力的锻炼，主要体现在两个方面：一是它的哲学理论，二是它的象数思维方法。

二、《周易》为历代科学家提供先进的科学思维方法

《周易》乃东方文化之奇葩，其玄妙的义理在世界文化史上独树一帜。它为人们提供了一幅特殊的宇宙演化图式，立论恢宏，思虑玄妙，基本上奠定了东方哲学思维模式的基础。易学思想哺育了一代又一代哲学家、科学家。

科学家在探索宇宙和人生的奥秘，打开神秘的科学殿堂之门时，手中若无一把金钥匙，那是不能奏效的。古代科学家的思维方法和科学方法，同他们所受的优秀文化教养分不开，这种教养是多方面的，易学思想的熏陶，可以说是其主要方面。

首先，建立“天地絪缊，万物化醇”的宇宙发展观，肯定天地万物

不断推移变化，人类社会的物质文明和精神文明都是不断进化发展的。《易传》将自然和社会的不断变化发展视为普遍规律，要求人们的思想和行为应当同这一普遍规律相适应，它说："《易》之为书也不可远，为道也屡迁，变动不居，周流六虚，上下无常，刚柔相易，不可为典要，唯变所适。"①

其次，提出"刚柔相推，变在其中"的变化内因论，认为事物运动变化的原因不是某种超自然的神灵主宰，而是事物内部固有的一阴一阳两种对立力量作用的结果。它把阴阳双方对立的基本属性规定为一刚一柔，"刚柔相推而生变化"。由于事物内在力量的"刚柔相推"，从而万物生生不息，大化日新又新。

再次，论述了物极必反、"革故鼎新"的矛盾转化思想，认为事物内部矛盾的双方既有统一性，也存在斗争性，是可以相互转化的，犹如"日中则昃，月盈则食"。事物的转化，不只是循环往复，而且有"革故鼎新"的前进运动。

特别是《周易》还阐述了天地人"三才"统一原理，指出："立天之道，曰阴与阳；立地之道，曰柔与刚；立人之道，曰仁与义。"天道、地道、人道相统一，构成天人之际三纲领，包含了宇宙哲学，充分体现了东方思维模式的特征，在世界思想史上具有极大优越性，对古代科学家影响极大。

三、象数思维方法对科学技术的影响

《周易》在我国思想史上形成一脉相承、独具特色的思维传统，其中最引人注目的是象数思维方法。象数思维方法，几千年来不断充实，久而弥新，有着持久的魅力。

象数思维，是一种特殊思维方式，在思维过程中，离不开卦象和

---

①《周易·系辞下》。

爻象。八卦即八种象，所谓“卦者，挂也”。挂上一种直观的象，以引起人们的联想与想象，目的是便于论理。

《周易》蕴含的象数思维模式可分两大类：一是“取象”比类，即因象以明理，着眼点在“象”，可称为象学；二是“运数”比类，属“极数通变”思维途径，着眼点在“数”，可称为数学。在《易》学史上，无论象学或数学，各有特点，对于古代哲学家、科学家锻炼理性思维，都产生过重要影响，其思维方法的优点，都已积淀在中华民族的传统思维之中。

“取象”比类——“立象尽意”的思维途径。

《周易》所谓的“象”，有双重意义，一是指卦象，即八卦和六十四卦符号。二是指物象，即八卦所象征的事物：天地、雷风、山泽、水火。古人认为这是构成宇宙万物的八种基本物质要素。

取象比类就是取八卦的卦象或它们所象征的事物进行运思，实质上是借某种直观形象作为诱导物，触类旁通，引起联想，推导出相关的结论。取象比类的思维过程好似酿酒，卦象或物象只是一种酵母，结论是根据已有的知识经过酿造的酒，它同酵母有根本区别。在取得结论之后，卦象或物象可以完全抛弃，正如王弼所主张的“得意而忘象”。

四、《周易》象数图式对现代科学方法论的启迪

《周易》在海内外日益受到现代科学家的青睐，这不是偶然的。人们意识到它可能给予现代科学方法论以种种有益的启迪。一部世界科学技术史，向人们显示了一个普遍真理：每一门自然科学的新发展，都必然同新的科学方法相联系。杰出的科学家的成功事实表明，他们在科学上做出新贡献，除受到当时生产、科学实现和科学发展水平的影响外，起决定作用的是采用了新的科学方法。

现代自然科学飞速发展的事实证明，不但各门自然科学的特殊方法日新月异，而且各特殊方法之间相互渗透的情况已愈来愈突出。自

然科学的一般方法，如模拟方法、数学方法、系统方法、类比方法等，已经超出某一门自然科学领域而成为各门自然科学通用的方法了。

令人兴奋的是，人们日益发现，一些现代自然科学通用的方法，往往可以从《周易》哲理和《周易》象数中得到某种启示，或者说有某些相通、相似之处。

最早萌发这一意识的是德国哲学家、数学家莱布尼茨（1646—1716）。他在十七世纪末发明了“二进制新算术”，即今天电子计算机所用的二进制数学原理。当他看到友人由中国寄给他的《周易》卦象图后，欣喜异常，于1697—1702年间，连续给这位在中国研究《周易》的友人鲍威特通信，十分称赞《周易》的奥妙，特别谈到他的二进制算术与中国古代《易图》的关系：“这个《易图》，可以算现在科学之最古的纪念物。然而这种科学，依我所见，虽为四千年以上的古物，数千年来却没有人了解它的意义。这是不可思议的，它和我的新算术完全一致。……要是我没有发现二元算术，则此六十四卦的体系，即伏羲《易图》，虽耗费许多时间，也不会明白的吧！”[①] 鲍威特送给莱布尼茨的两个易图，是伏羲六十四卦次序图和伏羲六十四卦方位图（圆图中含六十四卦方图），两图均由宋代邵雍所绘，载于朱熹《周易本义》卷首。莱布尼茨用二进制算术符号1代表—（阳爻），用0代表 --（阴爻），正好可以将六十四卦卦象用数码代替。他所说的“完全一致”，就是这个意思。两千多年前传承下来的易卦符号，可以用最新的二进制算术法则加以破译，在人类文化史上不能不说是一个奇迹。

在当代，《周易》象数图式对现代科学方法的启迪，突出地反映在量子论的创立者玻尔的认识中。玻尔对太极图十分崇拜，他特地将太极图设计在丹麦国王授予他的徽章上，以志永恒纪念。玻尔如此崇拜太极图，大概是由于他从太极图中得到常人所不易得到的启示，比

---

① 朱谦之：《中国哲学对于欧洲的影响》，福建人民出版社，1985年，第231页。

如对称原理、互补原理等。尽管在太极图中这些原理是异常模糊的，未有科学表述，对于一个深思熟虑的科学家，可说是“心有灵犀一点通”，发生了奇妙的启迪作用。

当然，我们不能说《周易》象数图式本身有神通，可以使科学家有重大科学发现。科学家的创造发明，是长期科学实验取得的成果，本与《周易》象数无关。不少科学家崇拜易图、太极图，只能说科学家在费尽千辛万苦而做出重大科学发现与发明之后，力图将自己取得的科学成果的科学方法加以总结，使之上升为普遍的法则。这时他们的思维需要而且可能超出专业知识的狭隘圈子，产生思想上的飞跃，力图从抽象思维方法中去求帮助，易图和太极图正好能以其“宇宙代数学”的特点，给予科学家以某些启示。

在“《周易》热”蓬勃发展的今天，可以预期，古老的《周易》及其易图所蕴涵的整体观念、系统原理、序列思想、相对原理、对称图式、互补原理、均衡思想、周期循环思想等，肯定能够给予现代科学家以更多的新启示。果真如此，则不仅是人类科学发展之福，亦乃中华民族优秀文化之光荣。

五、当代易学新流派——科学易的兴起

科学易的发展，肇端于20世纪初期，兴盛于20世纪80—90年代，这不是偶然的。它的兴盛，有两方面原因。

第一，承先启后，继往开来的传统精神的发扬。20世纪初期，不少近代自然科学家为了沟通中西文化，开始将易学引入近代科学研究，提出科学易的课题。所谓科学易，就是将易学思想、易学象数引入科学研究之中，同时用近代科学思想对易学思想、象数模式进行新的诠释。当时写出了一批科学著作，如沈仲涛的《易卦与代数之定律》（1924）和《易卦与科学》（1934）、薛学潜的《易与物质波量子力学》（1937）和《超相对论》（又名《易经数理科学新解》）、丁超伍的《科学的易》等。

后来，由于抗日战争爆发，许多科学家失去了安定的科研环境，正常的科学研究无法进行，易学研究无形中断，科学易这一新的学派就无可避免地遭到窒息。20 世纪 80 年代，许多科学家重新掀起科学易热潮，连续召开了几次有影响的“周易与科学”学术会议，如 1989 年 5 月安阳“《周易》与现代自然科学”全国学术讨论会，同年 10 月贵阳“国际医易相关研究”学术讨论会，1990 年 4 月成都“易经科学学术报告会”，同年 10 月安阳“《周易》与中医学”学术思想研讨会，等等。20 世纪 90 年代以来，这类学术会议举行过多次，出版了一批科学易著作，其中有杨力《周易与中医学》（1990）、邹学熹《中国医易学》（1990）、江国樑《周易原理与古代科技》（1990），还有几种科学易论文集，其中有徐道一、李树菁、段长山主编的《周易与现代自然科学》（1990），肖汉明等主编的《医易会通精义》（1991），丘亮辉、段长山等主编的《周易与自然科学研究》（1992）。20 世纪 90 年代出版的科学易专著还有顾明《周易象数图说》（1990）、徐道一《周易科学观》（1992）、郑军《太极太玄体系》（1992）、董光璧《易学科学史纲》（1993）、欧阳维诚《周易的数学原理》（1993）、刘振修《周易与中国古代数学》（1993）、刘子华《八卦宇宙论与现代天文》（1994）、欧阳红《易图新辩》（1996）等。美籍华人学者焦蔚芳博士的科学易著作《周易宇宙代数学——河洛易数学体系》1995 年也在国内出版。1994 年，《现代易学优秀论文集》（1994，段长山主编）收论文 56 篇，其中科学易方面的论文占了 26 篇，足见科学易在当代易学研究中已受到普遍重视。科学易的兴起，开辟了易学研究的新时期。

其次，科学易的兴起，是对西方科学易思潮的有力回应。《周易》自明末清初传至西方，引起不少汉学家和近现代自然科学家的重视，他们以新的方法研究《周易》，得出一些与中国易学家大异其趣的结论，这些结论反馈到中国，的确有振聋发聩的作用。西方科学家重视《周易》，卓著成就者大有人在。抗日战争时期，英国学者李约瑟博士来到中国，潜心研究中国科学技术发展史，更多地接触到中国古代科技与《周易》

思想的关系，他对《周易》思想的认识，比许多科学家都更为深刻。另有几位著名科学家、诺贝尔奖获得者都声称他们的科学发明创造不同程度地受到《周易》思想的启迪。科学家热衷于易学研究，并不在于企图从中获得某些直接的结论，而是期望借助于《周易》的象数思维模式，从中得到科学方法论方面的某些意想不到的启发，期望种种神奇的易图能触发他们的科学思维的灵感。

一大批自然科学家投身易学研究行列，标志着易学研究开辟了新领域，也得到不少学者的支持并做出肯定评价。北京大学教授张岱年认为：科学家“参加了易学研究的行列，开拓了易学研究的新途径，提供了新的研究成果，这是令人欣喜的新情况”。武汉大学教授萧萐父指出：“科学易思潮的兴起，是当代易学研究中的突出成就。”我们坚信，科学易同人文易一样，在21世纪，必将有新的发展，其研究成果定会为发展异彩纷呈的东方文化做出自己独特的贡献。

第三章 “易学”之部（上）

第一节 汉代象数易学解析

《周易》是我国古代珍贵文化典籍，它原是上古巫史用象数符号建立的一种占卜思想体系。起初，人们用象征奇数和偶数的符号代替占卜得来的数字，创立八个基本符号——八卦。八卦是中华民族幼年时期思维模式化的产物，它使不规则的数字排列简单化、规范化。最初，八卦的卦象比较简单，只代表天地风雷水火山泽八类物质现象。

汉代《易》象数学是一种特殊形式。它的产生，使丰富的《易》理变成神秘的教条，使《易》学沦为神学的婢女。

本节拟就汉代象数易的思维特征及其实质作粗浅解析。

一、由辞观象、因象明理的“卦象”比拟

古人认为八卦是根据物象创造的。《系辞》说伏羲氏“仰则观象于天，俯则观法于地，观鸟兽之文与地之宜，近取诸身，远取诸物，于是始作八卦”。[1]又说：“《易》者，象也。”“圣人有以见天下之赜，

---

①《周易·系辞下》。

而拟诸其形容，象其物宜，是故谓之象。”① 八个卦象的创立，与人们认识的发展，有双重意义，一是把纷乱的物象简约化、规范化，符合从具体到抽象的认识规律；二是利用抽象符号，触类旁通，沉思内容，使认识从个别到一般。因此，卦象同易理不可分。从汉代象数易学加以考察，卦象对思维发展的作用，显然具有两重性。

第一，因象明理，启发类比。人们的认识从感觉开始，感官接触外界物象，取得片面知识，然后去粗取精，综合概括，上升为理性认识。易象对这一认识过程可以做出歪曲的反映。占筮得来的卦象是抽象的，同现实生活本无关系，人们可以用自己的生活经验去解释它，风马牛不相及的事物，都可以通过卦象进行类比思考。它能诱发人们的想象力充分发展。其结果，可能使人获得某些有益的启示。因象明理的筮例，《左传》《国语》都有记载，汉代《易》学家只是发展了这一思考。

因象明理，莫如明夷。明夷，下离上坤。离象日，坤象地。明夷象日入地中。郑玄曰：“夷，伤也。日出地上，其明乃光。至其入地，明则伤矣，故谓之明夷。日之伤明，犹圣人君子有明德而遭乱世，抑在下位。则宜自艰，无干事政，以避小人之害也。”② 有明德而遭乱世则宜自艰，是明理的内容；借日在地下的卦象进行类比推理，是明理的手段。革卦义理的阐述也是如此。革，下离上兑。离象火，兑象泽（水）。郑玄曰：“革，改也。水火相息而更用事。犹王者受命，改正朔，易服色，故谓之革。”③ 把改革看作新旧事物之间一场水火相息的斗争，颇有见地，这是因象明理的典型。

同一卦象，既可明天理，也可明人事。如艮，下艮上艮，象二山重叠。郑玄以此喻君臣悬隔，说：“艮为山。二山立峙，各于其所，无相顺之时。

① 《周易·系辞上》。
② 李鼎祚：《周易集解·明夷》。
③ 李鼎祚：《周易集解·革》。

犹君在上，臣在下，恩敬不相与通。”[1]王夫之比之为一山相隔：“艮者，坚确险阻之谓。……水之向背，日之阴晴，草木之异态，风俗之殊情，每于山画为两区，限之而不逾其域。”[2]前者用二山立峙喻社会现象，后者喻一山之隔而阴晴不同，草木异态。关键在于随人“拟议”。卦象对思维的诱导作用，王弼作过透彻阐述：“夫象者，出意者也。言者，明象者也。尽意莫若象，尽象莫若言，言生于象，故可寻言以观象，象生于意，故可寻象以观意。”[3]因象明理的认识过程，实是形象思维同抽象思维，经过卦象类比，予认识活动以某种启示，由此得出新的结论。其思维程序既不同于从特殊到一般，也不同于从一般到特殊。它抛开事物之间质的差异性，只考虑两个特殊对象在同一种关系中的地位和作用的相似点。

第二，以象限理，窒息思维。范文澜曾指出：“象者所以说一卦一爻之义理，犹数字之用以证公式也。故由卦爻以观象，则事顺而义明；拘象以求卦，则撮末而理碍。”[4]象数家正是拘象求卦之徒，诱人陷入象数模式的迷宫，使思想丧失生气。

“无平不陂，无往不复”（泰九三），是明白晓畅的哲理格言。虞翻注曰：“陂，倾，谓否上也；平谓三，天地分，故平。天成地平，谓危者使平，易者使倾。往，谓消外；复，谓息内。从三至上，体复象。终日乾乾，反复道。故无平不陂，无往不复。”[5]绕了几个圈子，平易的思想反加晦涩，其中关于事物向对立面转化的哲理反被阉割。

“屦校灭趾，无咎”，“何校灭耳，凶”。噬嗑中两节爻辞，加以对比思索，寓意十分深刻。正如《系辞》阐发的：“善不积不足以成名，恶不积不足以灭身。小人以小善为无益而弗为也，以小恶为无

---

① 李鼎祚：《周易集解·艮》。
② 王夫之：《周易内传·艮》。
③ 王弼：《周易略例·明象》。
④ 范文澜：《群经概论》。
⑤ 李鼎祚：《周易集解·泰》。

伤而弗去也，恶积而不可掩，罪大而不可解。《易》曰：‘何校灭耳，凶。’”这是说，犯小罪者，施械于足，以示轻罚，因而改过，变成好事。轻罚而不改，听其发展，日积月累，罪大恶极，难免“何校灭耳”及杀身之祸。这一明畅思想，一经象数分析，全失精义。噬嗑，下震上离，互体有坎。郑玄注曰：“离为槁木，坎为耳。木在耳上，何校灭耳之象。”虞翻注曰：“震为足，坎为校。震没坎下，故屦校灭趾。初位得正，故无咎。”[①] 两句爻辞反映了古代法制内容，富有辩证法思想。象数分析既未反映阶级内容，更无半点哲学味道，形同粗俗的文字游戏。

借卦象释《易》，积极作用在因象明理，消极影响是以象限意。王弼论《易》力矫以象限理弊端，一扫象数糟粕，摆脱烦琐经学束缚，开思想解放风气，但又走向极端。王夫之主张学《易》既要注意象，又不可拘于象，“辞以显象，象以生辞，两者互成，而圣人作《易》之意无不达矣。学《易》者，即卦象、爻辞，变通而尽圣人之意。……欲见圣人之意，以尽《易》之理，又存乎人之德行，而非徒于象、辞求之”。[②] 既指出了学《易》的正确态度，也揭示了汉《易》徒于象辞求理的局限性。

二、刚柔比应、贵在中和的“爻位”分析

象在易卦中的意义，需从爻位得失、刚柔比应来考察。结合卦象，分析爻位，以观阴阳对立统一关系，是数术的奥秘。论《易》者规定：六爻之中，初、三、五为阳位，阳爻居之为当位；二、四、上为阴位，阴爻居之为当位；阳爻居阴位，阴爻居阳位，谓之失位。一卦之内，贞悔各有中位，二为贞之中，五为悔之中。六二、九五为得位而中。六爻之间，有相互感应的关系。《易纬·乾凿度》：“六画而成卦，三画以下为地，四画以上为天。物感以动，类相应也。《易》气从下

① 李鼎祚：《周易集解·噬嗑》。
② 王夫之：《周易内传》。

生。动于地之下，则应于天之下；动于地之中，则应于天之中；动于地之上，则应于天之上。初以四，二以五，三以上，此之谓应。”照此规律，初九同六四，六二同九五，九三同上六为得位相应；初六同九四，九二同六五，六三同上九为失位相应。这是汉代经师们拟制的爻位分析准则。它故弄玄虚，使占卜术增加神秘性。

除了“比应”关系，经师们还规定了阴阳爻之间有所谓“承乘”关系。王弼《周易略例》：“夫应者，同志之象也。……承乘者，逆顺之象也。……观变动者存乎应，……辨逆顺者存乎承乘。”韩康伯也说：“凡两爻相比，在下曰承，在上曰乘。阴承阳则顺，阳承阴则逆。阳得阴应，阴得阳应，则吉。此常例也。”在王、韩之先，郑玄、虞翻大讲阴阳比应、承乘，宣扬数的神秘性。

既济，下离上坎，二五相应。辞曰：“东邻杀牛，不如西邻之禴祭，实受其福。”虞翻注曰：“震为东，兑为西，坤为牛。震动五杀坤，故东邻杀牛。在坎多眚，为阴所乘，故不如西邻之禴祭。禴，夏祭也。离为夏，兑动二体离明，得正承五顺三，故实受其福。”[①]一般认为，西邻指周，德厚而国贫；东邻指殷，德薄而国富。人们向往西邻，厌恶东邻，故说东不如西。象数家把严肃的社会问题化为数的机巧，没有揭示问题的实质。

根据爻位分析法，每一爻在卦象中所处的地位及其同各爻的关系，存在三重矛盾。一是当位与失位，中与失中；二是相应与无应，和与不和；三是相承与不相承，顺与逆。由此构成爻位关系的网络。二五阴阳得位称为中，二五阴阳相应称为和。阴阳既当位，又相应，叫作中和。中和观念是儒家传统思想，被认为是最和谐、最圆满的理想状态。孔子首倡“执两用中”“和为贵”，乃中和观念的渊源。

---

① 李鼎祚：《周易集解·既济》。

三、人谋鬼谋、借辞拟议的“爻变”启示

卦变、爻变，是古代占筮的基本内容。由正卦求“之卦”，由本爻求变爻，实是从偶然中求必然。《易传》强调“变动不居，周流六虚，上下无常，刚柔相易，不可为典要，唯变所适”，要求人们善于掌握《易》理，因时变通。

无论讲卦象，还是讲卦变，相同之处在于使卦爻辞牵就卦象，为卦爻辞找注脚，目的在使言、意、象达到统一。究其结果，若不削足适履，必是节外生枝。

小过六五：“密云不雨，自我西郊。”这是古人总结气象变化的农谚，犹今之农谚“云向东，一场空”。虞翻用卦变释之曰：“密，小也。晋、坎在天为云，坠地成雨。上来之三，折坎入兑，小为密，坤为自我，兑为西，五动，乾为郊。故密云不雨，自我西郊。”[①] 小过，下艮上震。本无坎象，“上来之三”，即上六与九三阴阳互变，成晋，下坤上离，互体有坎。有坎，故在天为云，坠地成雨。无坎，故密云不雨。表述气象变化规律的科学命题，用卦变、爻变、互体思想加以分析，成为毫无意义的僵死语言了。象数模式的烦琐哲学，大抵如此。

爻变思想是占易的核心内容，其烦琐性更为突出。象数家的爻变观把爻变取得的筮辞奉若神明，对它只作象数分析，往往阉割其思想内容。如：“不耕获，不菑畬，则利有攸往。”（无妄六二）虞翻注曰：“有益耕象。无坤田，故不耨。震为禾稼，艮为手，禾在手中，故称获。田在初，一岁曰菑，在二三岁曰畬。初爻非坤，故不菑而畬也，得位应五，利四变之益，则坤体成。有耒耨之利，故利有攸往。”[②] 不事耕种而有收获，不去开荒而种熟地，揭示了奴隶主阶级的剥削行为，反映了古

① 李鼎祚：《周易集解·小过》。
② 李鼎祚：《周易集解·无妄》。

代阶级斗争。经过象数分析，变成“无坤田，故不耨”，“初爻非坤，故不菑而畬”，将爻辞反映的社会内容一笔抹煞。

卦变、爻变思想略有可取之处，在于把卦象序列看作可变。《周易》的思想构架是统一的、有序的，它反映了阴阳消长的可能性，让人们从总体上掌握六十四卦、三百八十四爻的序列。占易就是从这一序列中筮取某一特定的爻辞，作为预测是与非、义与不义的一种启示，人们总是根据自己的生活经验，对系辞作出解释，对所决之疑加以权衡取舍，从而检点言行。这样看待占易，只将其作为启发自我反思的一种手段。不过，汉代象数家不是这样，他们为占卜小术推波助澜，宣传宿命论思想，让人谋屈从鬼谋，把偶然筮得的爻辞奉若神明，视为无可摆脱的命运，否定人们的积极认识活动，窒息人们的思想。

四、正卦说的可取

象数家以震、兑、离、坎配东西南北四方，称为四正卦。其说源于《说卦传》。此四正卦，六阴六阳，阴阳均衡。归妹一卦，上下体为震兑，互体离坎，恰好集四正卦于一体。《彖传》曰：“归妹，天地之大义也。”虞翻注曰：“震东，兑西，离南，坎北，六十四卦，此象最备四时正卦，故天地之大义也。”[①]

四正卦同时主四季，震主春，兑主秋，离主夏，坎主冬。《文言》释乾九五曰：“大人者，与天地合其德……先天而天弗违，后天而奉天时。”虞翻注曰：“奉，承行。乾四之坤初成震，震为后也。震春，兑秋，坎冬，离夏，四时象具，故后天而奉天时，谓承天时行顺也。”

四正卦有二十四爻，象数家用值二十四节气。依《卦气图》，震主春，六爻值春分、清明、谷雨、立夏、小满、芒种；离主夏，六爻值夏至、小暑、大暑、立秋、处暑、白露；兑主秋、坎主冬，六爻各值一节气。

① 李鼎祚：《周易集解·归妹》。

随初九爻辞：“出门交有功。”郑玄注曰：“震为大涂，又为日门，当春分，阴阳之所交也。是臣出君门，与四方贤人交，有成功之象也。昔舜慎徽五典，五典克从，纳于百揆，百揆时序，宾于四门，四门穆穆，是其义也。”①

象数家牵强附会绘制的《卦气图》是缺乏科学价值的。“阴阳之气，絪缊而化醇。虽有大成之序，而实无序。以天化言之，寒暑之变有定矣，而由寒之暑，由暑之寒，风雨阴晴，递变其间，非日日渐寒，日日渐暑，刻期不爽也。”② 卦气说编定阴阳变化的大成之序，虽有一定意义，但它一不考虑地域差异，二不估计偶然变化，认为自然变化可按图推算，“刻期不爽”，难免陷入形而上学。

以上各举数端，以见汉代象数易学在易学应用上的不良行径，置《易传》发展《易经》的新观点于不顾，基本上沿袭上古史筮卦的途径。王弼扫象明理，实乃可取，不过，王弼《周易注》走向另一极端，造成了更大的历史遗憾。

第二节 《周易参同契》

魏伯阳是东汉末年的炼丹术士，生平无可考，约生活于顺帝、桓帝（126—167）时期。晋葛洪《神仙传》将他列为仙人，说他尽心炼丹服食而同其弟子和白犬一起升仙。

魏伯阳总结先秦两汉时期的炼丹经验，著《周易参同契》，成为流传至今的一本有影响的炼丹著作，史称“万古丹经王”。朱熹为此书作注，撰《周易参同契考异》，对其人其书作如此介绍：“魏伯阳，会稽上虞（今属浙江）人。修真潜默，养志虚无，博赡文辞，通诸纬候。

① 李鼎祚：《周易集解·随》。
② 王夫之：《周易内传·系辞下》。

得古人《龙虎经》，尽获妙旨。乃约《周易》撰《参同契》三篇。……密示青州徐从事，徐乃隐名而注之。桓帝时，公复授与同郡淳于叔通，遂行于世。”[①]《周易参同契》有上中下三篇，彭晓分为九十章，约六千言。此书收入《道藏》，注者十余家。有的视为外丹著作，有的视为内丹著作。大抵此书主要讲外丹术，同时亦提倡内丹术，两方面都有影响。此书在易学发展史上亦有重要意义。它将《周易》卦象同内外丹法相结合，为易学应用开辟了新的途径，显示了长江易学同道教思想亲近的特点。

一、《周易参同契》开道教易学之先河

在中国源远流长的易学发展史上，不同学派学易、用易各有其特点。作为道教著作总汇的《道藏》，收入有关《周易》的著作数十部，形成独具特色的道教易学。《周易参同契》堪称道教易学的开山之作。

道教易学的特点，首先是同道教的宗教法术相结合，丰富道术思想；其次是同黄老思想结合，宣扬自然无为的养生法则；再次，将易象同天文历法结合，利于引用天文律历知识普及修炼法术。道教易学具有诸多特点，故成为易学园地里独放异彩的奇葩。

《周易参同契》的书名，即已显示其易学的特色。所谓“参同契”，是指大易、黄老、炉火三者的契合统一。书中写道：“大易情性，各如其度；黄老用究，较而可御；炉火之事，真有所据。三道由一，俱出径路。”[②]宋代道士陈显微著《周易参同契解》，对这段话作了明确解释：“大矣哉，道之为道也。生育天地，长养万物，造化不能逃，圣人不能名。伏羲由其度而作《易》，黄老究其妙而得虚无自然之理，炉火盗其机而得烧金干汞之方。……虽分三道，则归一也。”[③]这是说

① 朱熹：《周易参同契考异》。
② 魏伯阳：《周易参同契》。
③ 陈显微：《周易参同契解》。

大易的天人之道，黄老的自然之道，炉火的炼养之道，都是从不同角度阐明客观自然法则，其基本旨趣是相通的，都可作为道教炼养的指导思想。

《周易参同契》的基本内容是讲炼丹法则，为什么要同大易相联系？无非是作者在论述炼丹原理及操作过程时，需要假借《周易》卦象及一些概念、范畴，使人们喜闻乐见，便于理解。朱熹在其《周易参同契考异》中，对此作了详细论述。他写道：“其书假借君臣，以彰内外；叙其坎离，直指铅汞；列以乾坤，奠量鼎器；明之父母，保以始终；合以夫妻，拘其交媾；譬诸男女，显以滋生；析以阴阳，导之反复；示以晦朔，通以降腾；配以卦爻，形于变化；随之斗柄，取以周星；分以晨昏，昭诸刻漏，莫不托易象而论之，故名《周易参同契》云。”[①]朱熹列举了《周易参同契》中常用的许多概念范畴，如乾坤、坎离、君臣、父母、男女、阴阳、夫妻、卦爻等，都是来自《周易》。《周易参同契》特别用了不少卦象，表述四时节气变化，阴阳消长。由于《周易》同炉火的这种密切关系，故朱熹认为，《周易参同契》“此虽非为明《易》而设，然《易》中无所不有，苟其言自成一家，可推而通，则亦无害于《易》”。[②]朱子花了很大功夫对《周易参同契》中“自成一家”的易学思想，作了深入研究，详细注释，供人玩味。

《周易参同契》对于《周易》有自己的一些看法，写道：“若夫至圣，不过伏羲，始画八卦，效法天地；文王帝之宗，结体演爻辞；夫子庶圣雄，十翼以辅之。三君天所挺，迭兴更御时。优劣有步骤，功德不相殊。”[③]是说三圣作《易》因时代不同，互有长短，论其功德，各有千秋，不相上下。

《周易参同契》并不重视《周易》的卦爻辞和《易传》思想，主要注重的是其易象。所以它说：“《易》者，象也。悬象著明，莫大乎日月。穷神以知化，阳往则阴来。辐辏而轮转，出入更卷舒。”[④]又说：“坎戊月精，离己日光，日月为易，刚柔相当。”[⑤]实际上魏伯阳

①② 朱熹：《周易参同契考异》。
③④⑤ 魏伯阳：《周易参同契》。

由“日月为易”说，发展为“坎离为易”说，突出坎离二卦在《周易》六十四卦中的意义，认为这是对炼丹术有决定意义的一对卦象。

魏伯阳还将大易同黄老思想相结合，以之论述丹道。《周易参同契》明白叙述道：“歌叙大易，三圣遗言，察其旨趣，一统共论。务在顺理，宣耀精神。神化流通，四海和平。……引内养性，黄老自然，含德之厚，归根返元。”① 这是说大易宣扬的神化流通、阴阳和平精神，同黄老自然无为、恬静养性思想是一致的，都应当作为道家修炼成仙的指导思想。五代时彭晓写《参同契通真义》，概述《参同契》的用《易》原则，旨在“假《易》显象”，写道：“大率以乾坤为鼎器，阴阳为堤防，水火为化机，五行为辅助，真铅为药祖，……互施八卦，驱役四时，假《易》显象。”② “假《易》显象”一语，的确切中要害，抓住道教易学的基本特点。道教易学家研究《周易》的目的，不在于阐发《周易》的基本理论，而在于“假《易》显象”，阐述自己的内外丹法，发展自己的道术，使之易于为人所接受。

二、假《易》显象，宣扬丹道

道教炼丹术，有外丹和内丹两种。炼外丹的方术，是用丹炉（加热设备）、丹鼎（炉内的药物烹炼反应室），烧炼铅汞等制丹药物，经多次加温，掌握一定火候，炼制成“金丹”。炼内丹的方术，是将人体的某些部位比作炉鼎，将人体精、气、神“三宝”比作药物，使精气在体内按意念导引的途径运行，经过一定时间，精气在体内凝结成丹。为使炼丹的炉鼎、药物、火候等术语形象化、神秘化，炼丹家使用了种种隐语和代号，不少隐语、代号都同《周易》卦爻象相联系，即假《易》之卦象，以显示炉鼎、药物、火候等物象和事象。

---

① 魏伯阳：《周易参同契》。
② 彭晓：《参同契通真义》。

炼丹首要立鼎器。《周易参同契》以乾坤二卦代表鼎和炉，写道：“乾坤者，易之门户，众卦之父母。”[①]朱熹对此话从丹法上作了解释，他说：“乾坤，以宇内言之，则乾天在上，坤地在下，而阴阳变化，万物终始皆在其间；以人身言之，则乾阳在上，坤阴在下，而一身之阴阳万物变化终始皆在其间，此乾坤所以为易之门户，众卦之父母也。……然则乾坤其炉鼎欤！”[②]朱子将乾坤看作《周易参同契》中炉鼎的代号，是符合原意的，人称天地为洪炉亦是此意。宋代张伯端《悟真篇》讲内丹法则，同样沿用这一代号，说道：“炼药须寻偃月炉”，“安炉立鼎法乾坤”。[③]关于炼丹鼎器的具体描述，《周易参同契》中有《鼎器歌》。炼外丹的药物，最重要的有八种，谓之“八石”，即朱砂、硫黄、雄黄、云母、空青、戎盐、硝石、雌黄。《周易参同契》强调“八石正纲纪”之说，指的就是这八种常用外丹药物。

药物之中以铅汞两种为主。《周易参同契》云：“知白守黑，神明自来。”[④]朱熹注曰：“白谓汞，黑谓铅。”《周易参同契》所说的“坎离为药”，是以坎离为铅汞的代号。坎水代汞，离火代铅。《周易参同契》描述二者特性指出：“故铅外黑，内怀金华，被褐怀玉，外为狂夫。”[⑤]“河上姹女，灵而最神；得火则飞，不见埃尘。”[⑥]“狂夫”指铅，“姹女”指汞。汞即水银，又称青龙；铅为金公，又名白虎。炼丹过程即是在炉中加温，使铅汞等药物在鼎中发生化学反应，反复炼化多次，使之凝聚成丹。《周易参同契》描述这一过程道：“龙呼于虎，虎吸龙精。两相饮食，俱相贪便。遂相含咽，咀嚼相吞。”[⑦]《周易参同契》总结这一过程道：“推演五行数，较约而不烦。举水以激火，奄然灭光荣。……水盛坎侵阳，火衰离昼昏。阴阳相饮食，交感道自然，名者以定情，字者缘性言。金来归性初，乃得称还丹。”[⑧]坎离交感，阴阳

---

①④⑤⑥⑦⑧ 魏伯阳：《周易参同契》。
② 朱熹：《周易参同契考异》。
③ 张伯端：《悟真篇》。

和合，金丹乃成。

除了鼎炉及药物，炼丹成功与否，关键在火候。加温为进火，降温称退符；高温为武火，低温称文火。文武进退，均按一定时间节度。此种火候的奥秘，非常人所能了解。《周易参同契》借用《周易》卦象，显示进火退符的节律，使炼丹经验更加神秘化。《周易参同契》写道：炼丹药物配好后，“捣治并合之，驰入赤色门，固塞其际会，务令致完坚。炎火张于下，昼夜声正勤。始文使可修，终竟武乃陈。候视加谨慎，审察调寒温，周旋十二节，节尽更亲观”。[①]这是说首先要封釜口，进火当先文而后武，随时注意调节火候，准确掌握十二节律的转换法则。

炼丹的火候分三大类，均以卦象表述。全程火候，以一年为期，用十二消息卦为代号；阶段火候，以一月为期，用月体纳甲的六卦为代号；逐日火候，以昼夜为期，用屯蒙至既济、未济等六十卦（乾坤坎离四卦除外）为代号。先以逐日火候为例。《周易参同契》写道：“朔旦屯直事，至暮蒙当受。昼夜各一卦，用之依次序。”[②]“既（济）未（济）至昧爽，终则复更始。日辰为期度，动静有早晚。”[③]一月三十日，每日用两卦代表火候之文武变化，即阴阳消长，旦用屯，暮用蒙；次日旦用需，暮用讼，依《序卦》顺次排列。三十日旦用既济，暮用未济。下月初一日，又重新开始，旦用屯，暮用蒙。故谓“终则复更始”。在此一日之间，“赏罚应春秋，昏明顺寒暑，爻辞有仁义，随时发喜怒”。[④]春秋寒暑气温不同，随时节的变化而定“喜怒”，即文火与武火转换。火候的调节，当如帝王发号令，一点不可轻慢。“万乘之主，处九重之室，发号出令，顺阴阳节。藏器俟时，勿违卦日。屯以子申，蒙用寅戌。余六十卦，各自有日。聊陈两象，未能尽悉。立义设刑，当仁施德。逆之者凶，顺之者吉。”[⑤]“屯以子申，蒙用寅戌”，是按京房纳甲说，屯卦六爻从庚子到戊申，蒙卦六爻从戊寅到丙戌。阳气无升用文火，“施

①②③④⑤ 魏伯阳：《周易参同契》。

德”；阴气上升用武火，“设刑”。违此程序，则是“逆之者凶”。

朱熹概述魏伯阳取易之卦象以论丹法云：“按魏书首言乾坤坎离，四卦橐籥之外，其次即言屯蒙六十卦，以见一日用功之早晚。又次言纳甲六卦，以见一日用功之进退。又次言十二辟卦，以分纳甲六卦而两之，盖内以详理月节，而外以兼统岁功。其所取于《易》以为说者，如是而已。”①

以上就外丹为例，其内丹法术，亦大体相似。以乾坤代鼎炉，指人的躯体；以坎离代药物，指人体内的精与气；以屯蒙表火候，指控制精气在体内运转成丹之节律。《周易参同契》写道：“耳目口三宝，固塞勿发扬。真人（元气）沉幽渊（丹田），浮游守闺中（中宫）。……离（目）气内营卫，坎（耳）乃不用聪，兑（口）合不以谈，希言顺鸿濛。”“委志归虚无，无念以为常。”②其要领闭目塞听，默口不言，处于无思无念绝对安静的虚无境界。排除外界一切干扰，由元神驱动精气在身体内运转。这种炼养精气功夫，又称“抱一”之法。“引内养性，黄老自然，含德之厚，归根返元。近在我心，不离己身，抱一勿舍，可以长存。”又说：“内以养己，安静虚无。元本隐明（闭目），内照（内视）形躯。闭塞其兑（口），筑固灵株（舌）。”③朱熹对此种丹法有所评述：“坎离水火，龙虎铅汞之属，只是互换其名。其实只是精气二者而已。精，水也，坎也，龙也，汞也；气，火也，离也，虎也，铅也。其法以神运精气，结而为丹。”④

无论外丹内丹，掌握火候至关重要。《周易参同契》借易象以明之，故详述十二消息卦与月体纳甲说同火候进退之关系。

三、依托易卦，以明岁候

炼丹过程，须适应四时气象变化，调节文武火候。为此当掌握不

---

①④ 朱熹：《周易参同契考异》。
②③ 魏伯阳：《周易参同契》。

同时节的阴阳消息，即熟悉一年之内或一月之内阴阳寒暑变化规律，决定进火退符之节度。《周易参同契》受汉代易学象数学的启示，依托《周易》卦象，显示天文历法，假借纳甲说与十二辟卦说以明丹法火候，从而使《周易》象数的应用进入新的领域。

魏伯阳运用纳甲说，将《周易》卦象同每月的月相对应，纳入天干、方位与日期，显示一月三十日阴阳变化的一般节律，目的在利于掌握一月火候。

《周易参同契》写道："三日出为爽，震（☳）受庚西方；八日兑（☱）受丁，上弦平如绳；十五乾（☰）体就，盛满甲东方。……十六转受统，巽（☴）辛见平明；艮（☶）直于丙南，下弦二十三。坤（☷）乙三十日，东方丧其明。"[①] 月体纳甲说，实是将朔、望、上弦、下弦等月相，同震兑乾巽艮坤六卦之卦象，与日期、天干、方位五者结合，构成一个月相变化周期图，称为《月体纳甲图》，令人一目了然，易于掌握。如图 3-1。

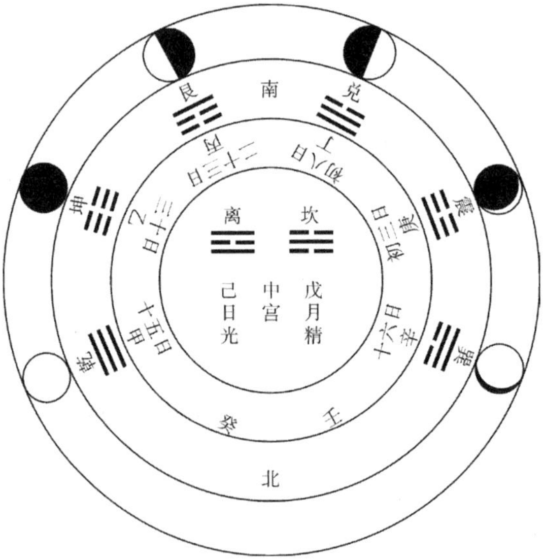

图 3-1 月体纳甲图

① 魏伯阳：《周易参同契》。

朱熹对纳甲图作了解释：“坤复之间为晦，震为初三，一阳生；八日为兑，月上弦；十五日为乾。十八日为巽，一阴生。二十三日为艮，月下弦。坎离为日、月，故不用。《参同契》以坎离为药物，余者以为火候。”[①] 上半月，三日、八日、十五日为一阳、二阳、三阳，阳气日长，为进火之候；下半月，十八日、二十三日、三十日，为一阴、二阴、三阴，阴气日长，当退符。其奥妙在于月相的圆缺同卦象相应。

纳甲法用六卦表示一月六节，每节五日。坎离二卦未用，朱熹认为此有深刻道理：“纳甲之法，乾纳甲壬，坤纳乙癸，震纳庚，巽纳辛，艮纳丙，兑纳丁，皆有定位。而坎纳戊，离纳己，无定位。盖六卦之阴阳，即坎离中爻之周流升降也。故以此之无，制彼之有。如器有形，而其用乃在其形之空处。盖《老子》所谓：‘埏埴以为器，当其无，有器之用’之谓也。”[②] 其中包含大易、黄老、炉火统一的妙理。朱子对《周易参同契》的理解，可谓出神入化。内丹术的奥妙即在“以神运精气”，合乎“以无制有”的原则。

魏伯阳运用十二消息卦，描述一年火候。将一年十二月的阴阳消长对应于《周易》中特定的十二个卦象，并与十二律、十二辰相结合，构成四时阴阳变化周期图，名为“十二消息卦图”（或“十二辟卦图”），目的在以一卦主一月，利于掌握四时炼丹火候。《周易参同契》坚持炼丹火候必须同四时气象相顺应的原理，写道：“动静有常，奉其绳墨，四时顺宜，与气相得。刚柔断矣，不相涉入，五行守界，不妄盈缩，《易》行周流，屈伸反复。”[③] 纳甲与十二辟卦都是按“《易》行周流”的原则而编制的周期循环图。纳甲以一月三十日为期，十二辟卦以一年三百六十日为期。前者依月相变化取卦象，后者以四时寒暑变化取卦象。

---

①② 朱熹：《周易参同契考异》。
③ 魏伯阳：《周易参同契》。

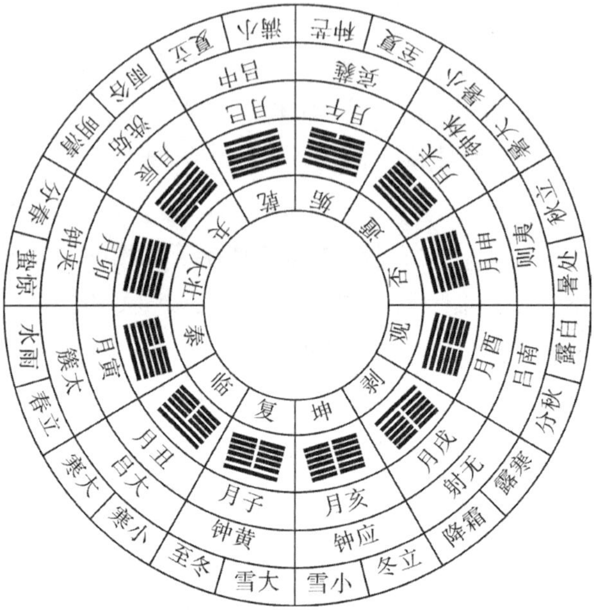

图 3-2 十二辟卦图

《周易参同契》依据的十二辟卦说，创自京房。十二辟卦的次序是：十一月，冬至一阳生，取复卦，月建子；十二月，临卦二阳，建丑；次年正月，泰卦，三阳建寅；四月大壮，建卯；五月夬卦，建辰；四月乾卦，建巳。自复至乾六卦，由一阳逐月上升到纯阳无阴，阳气渐升，阴气下降。五月，夏至一阴生，取姤卦，月建午；六月遁卦，二阴，建未；七月否，建申；八月观，建酉；九月剥，建戌；十月坤，建亥。自姤至坤六卦，由一阴逐月上升到纯阴无阳，阴气渐升，阳气下降。如图 3-2。

《周易参同契》以十二消息卦表述一岁之火候，依月建，纳律吕。描述逐月情况道：

> 朔旦为复，阳气始通。……黄钟建子，兆乃滋彰。
> 临炉施条，开路正光。……丑之大吕，结正低昂。
> 仰以承泰，刚柔并隆。阴阳交接……辐辏于寅。
> 渐历大壮，侠列卯门。……刑德相负，昼夜始分。

夬阴以退，阳升而前。洗濯羽翮，振索宿尘。
乾健盛明，广被四邻。阳终于巳，中而相干。
姤始纪绪，履霜最先。井底寒泉，午为蕤宾。
遁去世位，收敛其精。怀德俟时，栖迟昧冥。
否塞不通，萌者不生。阴伸阳屈，没阳姓名。
观其权量，察仲秋情。任畜微稚，老枯复荣。
剥烂肢体，消灭其形。化气既竭，亡失至神。
道穷则返，归乎坤元。恒顺地理，承天布宣。①

复卦一阳生，显示十一月夜半子时，火候初起；临卦显示十二月丑时，进二阳火候；泰卦显示次年正月寅时，进三阳火候，二、三月以此类推。乾卦纯阳，四月巳时进六阳火候，进火已达极限。自姤开始退符。姤卦一阴生显示五月，午时，退一阴符候；遁卦显示六月未时，退二阴符候；否卦显示七月申时，退三阴符候；八、九月以此类推，坤卦显纯阴无阳；十月亥时，退六阴符候，退符已达终极，将转入下一轮进火退符周期。

朱熹概括《周易参同契》以十二卦显示火候的思想指出：“此以十二卦细分一月之火候，亦通一岁之火候也。……其推演之例，以卦名、律名、辰名三者而言。”② 总之，魏伯阳依据黄老学派炼丹家的经验，借用《周易》卦象和汉代象数易学的思想资料，阐述炼丹方术，力图沟通易学、黄老、炉火三者关系，著成《周易参同契》这一影响深远的著作，开辟易学应用新途径，成为道教易学的先驱者，也为长江易学发展树立了一种新范型。

① 魏伯阳：《周易参同契》（文中有删节）。
② 朱熹：《周易参同契考异》。

第三节　虞翻的象数易学新发展

虞翻，字仲翔，会稽余姚（今浙江余姚县）人，是三国时期著名易学家。生于东汉桓帝延熹七年（164），卒于吴大帝嘉禾二年（233）。他继承汉代象数易学传统，创造性地诠释《周易》经传，将象数易学发展到高峰。

虞翻出身封建官僚家庭，易学世家。少而好学，志气高远。青年时期任会稽太守王朗功曹。继为孙策功曹，与策友善，随军左右，驰骋疆场。后举茂才，得曹操举荐，朝廷召为侍御史，不就。孙权即位称帝，虞翻被任为骑都尉，参与三国争霸战争。因其禀性耿直，多次犯颜直谏，屡使孙权大怒，先谪居丹阳泾县，再迁交州，流放十余年。虽处境坎坷，从未间断学问。晚年讲学交州，门生数百，著述颇丰。有《论语注》《孝经注》《国语注》《老子注》《太玄注》等。

虞翻承继四代易学家传。高祖虞光，为零陵太守，治孟氏易；曾祖虞成，为平舆令，继其父易学；祖父虞凤，治易尤精深；父虞歆，为南阳太守，受家传易教，藏易书最多。虞翻承深厚易学家传，沿袭孟喜象数易学思路，博览诸家，其易著甚多，有《周易日月变例》《京氏易律历注》《周易集林律历》《明扬释宋》（扬雄、宋衷易学）。惜诸书亡佚，无从考究。唯其《周易注》经唐李鼎祚摘入《周易集解》，得以保存基本内容。清孙堂辑《汉魏二十一家易注》，存虞翻《周易注》十卷，附录一卷，为当今研究虞氏易学的主要依据。

虞翻易学祖述孟喜易学，对荀爽易学尤为推崇，但不拘泥陈说，多有独到发明。其《周易注》除容纳孟喜、京房卦气说，魏伯阳月体纳甲说，荀爽乾坤升降说外，具有独创性者为旁通说、互体说、逸象说、半象说等。他曾将其《周易注》上之朝廷，在疏中写道："前人通讲，多玩章句，虽有秘说，于经疏阔。""臣生遇乱世，长于军旅，习经于枹鼓之间，讲论于戎马之上，蒙先师之说，依经立注。”[①]这位文武双全、学识渊博的易学家，不满足于前人章句之学，决意自出心裁，“依经立注”，有目空一切气概。他将《周易注》送给当时学界泰斗孔融，受到高度赞誉。孔融回信说：“闻延陵之理乐，观吾子之治《易》，乃知东南之美，非徒会稽之竹箭也。”[②]传说他笃好《易经》，与道士有关。虞翻与道教名士魏伯阳同郡。魏著《周易参同契》，虞翻特为之作注。虞翻熟悉术数，尝用《周易》为孙权占筮。《三国志·虞翻传》裴松之注引《虞翻别传》的记载说：“关羽既败，（孙）权使（虞）筮之，得兑下坎上，节，五爻变之临。（虞）翻曰：‘不出二日，必当断头。’”后果应验。节九五，变阴爻为临，卦辞为“至于八月有凶。”孙权称赞虞翻预测的神通说：“不及伏羲，可与东方朔为比矣。”[③]虞翻易学同道教的联系，实反映长江易学的一大特色。虞翻易学的基本特色，尤在“取象释《易》”，推进汉代象数易学的发展。

一、“卦变说”及其哲学意义

取象释《易》，是虞翻易学的基本特色。对《周易》经传，几乎逐句予以卦爻象解释。本卦的卦爻象不能解释的词句，采用卦变后的卦爻象解之，故卦变说在其易注中应用最广。卦变说，沿于荀爽的乾坤升降说。一卦的某一阴、阳爻发生升降变化，则整个卦象发生变化，使此卦变为彼卦，是谓“卦变”。虞翻认为文王系辞，孔子作传，无一语不以卦爻象作依据，故后人欲了解经传之底蕴，必求之卦爻象。脱离卦爻象则经传词语将成为无源之水，无本之木。脱离卦爻象而注《易》，无异徒发空论。

虞翻取卦爻象释《易》有三种方法，建立了三种易象学说，即卦变说、互体说、旁通说。每种方法，都有某些变例。三种易象学说构成虞翻

①②③《三国志·虞翻传》。

的庞大象数易学体系。

虞翻卦变说，是一严整易象变化体系。首先以乾坤二卦为父母卦，变成十二消息卦。复、临、泰、大壮、夬、乾，阳爻依次增加，由一阳增到六阳；姤、遁、否、观、剥、坤，阴爻依次增加，由一阴增至六阴。然后，由十二消息卦，分四个序列，变生其余五十二卦。

巽六四：“悔亡，田获三品。”巽为风，无田象，三品指狼、豕、雉，巽卦中无此三象。虞氏注曰：“田，谓二也。地中称田。失位无应，悔也。……二动艮为手，故称‘获’。谓艮为狼，坎为豕，艮二之初，离为雉，故获三品矣。”[1]九二失位无应则有悔，“欲二之初，已得应之，故悔亡”。艮为狼，非《说卦》所列卦象，乃虞翻清理的八卦逸象。《说卦》所列八卦之物象只有一百三十六项，虞翻依据经传清理出来的八卦逸象共有三百三十一项，大大超过《说卦》，其注《易》多引逸象。

《易传》：“断木为杵，掘地为臼。臼杵之利，万民以济，盖取诸小过。”小过，上震下艮。震艮二卦之卦象，不足以释传文。虞翻以卦变释之曰：“晋上之三也。艮为小木，上来之三。断艮，故‘断木为杵’。坤为地，艮手持木，以掘坤三，故‘掘地为臼’。”小过上之三，成晋卦，上离下坤，故有坤为地之象。“艮止于下，臼之象也。震动而上，杵之象也。震出巽入，艮手持杵，出入臼中，舂之象也。”[2]小过二至四爻互体巽卦，故有“巽入”象。

《文言》：“圣人作而万物睹。”虞翻注曰：“圣人则包牺，德合乾五，造作八卦，以通神明之德，以类万物之情。五动成离，日出照物皆相见，故曰：‘圣人作而万物睹。’”[3]五动成离，即乾九五变六五，有离象。离为日，显示日出照物之象。

以上卦变是本卦某爻动，变为另一卦，以其卦爻象释文。

---

① 李鼎祚：《周易集解·巽六四》。
② 李鼎祚：《周易集解·系辞下》。
③ 李鼎祚：《周易集解·文言·乾》。

虞翻注《易》亦取汉代卦气说。卦气说创自孟喜、京房，以卦的阴阳消息显示一年的气候变化。十二消息卦，由乾坤二卦变来，用十二别卦显示一年十二月阴阳消长；四正卦，是用四别卦显示四时气候特征，即二十四节气转换。

虞翻引十二消息卦注《系辞》“变通配四时”云：“变通趋时，谓十二月消息卦也。泰、大壮、夬配春，乾、遁、姤配夏，否、观、剥配秋，坤、复、临配冬，谓十二月消息变通，而周于四时也。”[①] 卦气说是卦变说的开端，卦变说是卦气说的发展。虞翻引用四正卦以注《彖》。《彖》曰：“归妹，天地之大义也。”虞翻对此作了两层注释。其一云：“乾天坤地，三之四，天地交，以离日坎月战阴阳，阴阳之义配日月，则万物兴，故天地之大义也。”归妹，上震下兑。三之四，即坤六三与乾九四互换爻位，卦变为归妹，是天地交之象。归妹二至四互体离，三至五互体坎，故有离日坎月之象。虞翻另一注释道：“乾主壬，坤主癸。日月会北，震为玄黄，天地之杂，震东、兑西、离南、坎北，六十四卦，此卦最备四时正卦，故天地之大义也。”[②] 此即直接用四正卦配四方与四时，以释“天地之大义”。

虞翻发展卦变说，不只引卦气说、纳甲说注《易》，发展易象，同时亦引用汉易五行说注《易》，发挥易数。在其《周易注》中，将八卦与五行结合，注释天地之数。《系辞》云：“天数五，地数五，五位相得而各有合。”虞翻注云：“天数五，谓一三五七九；地数五，谓二四六八十也。五位，谓五行之位。甲乾乙坤，相得合木，谓天地定位也；丙艮丁兑，相得合火，谓山泽通气也；戊坎己离，相得合土，水火相逮也；庚震辛巽，相得合金，雷风相薄也；天壬地癸，相得合水，言阴阳相薄而战于乾，故‘五位相得而各有合’。或以一六合水，

① 李鼎祚：《周易集解·系辞上》。
② 李鼎祚：《周易集解·归妹》。

二七合火，三八合木，四九合金，五十合土也。”[①] 先以十数配十天干，再以天干配五行，然后以五行释五位。将五位变化同八卦卦象变化相对应，目的在将八卦与五行相结合，此乃汉代象数易学的特征，虞翻亦用以注《易》。

总之，虞翻卦变说，是一个庞大象数体系。它容纳孟喜、京房卦气说，魏伯阳月体纳甲说，郑玄五行说，荀爽乾坤升降说，加上他首创的逸象说，用卦象的种种变化，以注释《周易》经传文辞。卦变说从形式上看，相当烦琐；从思维发展上看，将定型化的卦象思维，改变为灵活多样的卦变思维，拓宽了易学思想，开阔了视野，有利于防止思想僵化，推动了思维的发展，此其一。卦变说将爻象视为非固定的网络结构，其卦象可以改变。改变卦体中一爻或二爻，均可发生卦变，此卦变彼卦，其卦象随之丰富。强调卦象网络结构的可变性，蕴含着辩证思维因素，此其二。卦变说所固有的哲学意蕴，值得深入剖析。

二、“互体”“旁通”的象数思维模式

虞翻“取象释《易》”，除采取卦变形式外，还有“互体”“旁通”形式。这是虞翻广泛运用的另外两种象数思维模式，意蕴深长。互体——打破内外卦重合的固定格局，将卦中六爻关系重新组合，构成新的卦象，称互体卦。二至四爻称内互或二互，三至五爻称外互或五互。虞翻还主张有二至上、三至上、初至五、二至五等四爻互体卦和五爻互体卦，是他对互体的滥用。如豫“初至五互体比象”，蒙“二至上有颐养象”等，有违通例，难获共识。

屯六三：“即鹿无虞，惟入于林中。”虞氏之注，即用互体。“即，就也。虞，谓虞人，掌禽兽者。艮为山，山足称麓；麓，林也。三变体坎，坎为丛木；山下故称‘林中’，坤为虎，震为麋鹿，又为惊走，艮为

① 李鼎祚：《周易集解·系辞上》。

狐狼。三变禽，走入林中，故曰‘即鹿无虞，惟入于林中矣’。”[①] 屯，上坎下震，注中“艮为山”“艮为狐狼”，取三至五互体艮象；坤为虎，取二至四互体坤象。

同人九三：“伏戎于莽，升其高陵，三岁不兴。”同人，上乾下离。无伏、莽、高、三等象。虞氏用互体注之：“巽为伏，震为草莽，离为戎。谓四变时三在坎中，隐伏自藏，故‘伏戎于莽’也；巽为高，师震为陵，以巽股，‘升其高陵’；爻在三，乾为岁；兴起也，动不失位，故‘三岁不兴也’。”[②]“巽为伏”、为高、为股，取自二至四互体巽象。“震为陵”、为草莽，取自同人旁通师卦。师，上坤下坎，二至四互体为震。“乾为岁”，取自同人上卦。

虞氏亦用互体卦象注释《彖》《象》《系辞》。《彖·明夷》曰：“内文明而外柔顺，以蒙大难，文王以之。”虞氏注云：“以，用也。三喻文王。大难，谓坤。坤为弑父，迷乱荒淫，若纣杀比干。三幽坎中，象文王之拘羑里。震为诸侯，喻从文王者。纣惧出之，故‘以蒙大难’，得身全矣。”[③] 明夷，上坤下离。离为日，为文明；坤为地，为柔顺，其象为“内文明而外柔顺”。“坤为弑父”，喻纣杀其叔父比干，取自上卦之象。“三幽坎中”，喻文王拘羑里，取三至五互体之象。

《象·萃》曰：“泽上于地，萃。君子以除戎器，戒不虞。”虞翻注云：“君子谓五。除，修。戎，兵。《诗》曰：‘修尔车马，弓矢戎兵’。阳在三四为修，坤为器。三四之正，离为戎兵、胄甲、飞矢。坎为弓弧。巽为绳。艮为石，谓谷胄甲，锻厉矛矢，故‘除戎器’也。坎为寇，坤为乱，故‘戒不虞也’。”[④] 萃，上兑下坤。三至五互体巽，故有“巽为绳”象；二至四互体艮，故有“艮为石”象。“三四之正”，

---

① 李鼎祚：《周易集解·屯六三》。
② 李鼎祚：《周易集解·同人九三》。
③ 李鼎祚：《周易集解·彖·明夷》。
④ 李鼎祚：《周易集解·萃》。

即六三变九三，九四变六四，阴阳各正其位。如此，萃则变为上坎下艮之蹇。互体坎、离。故有“离为戎兵”，“坎为弓弧”之象；“坎为寇”之象亦在其中。

《系辞》云：“斫木为耜，揉木为耒，耒耨之利，以教天下，盖取诸益。”益，上巽下震。震为足，巽为木，其象不足以释全文。虞氏注云：“否四之初也。巽为木，为入，艮为手，乾为金，手执金以入木，故斫木为耜。耜止所愈，因名曰耜。艮为小木，手以挠之，故揉木为耒。耒耜，耔器也……巽为股，进退；震足动耜，艮手扶耒，进退田中，耕之象也。益万物者莫若风雷，故法风雷而作耒耜。”[①] 注中艮为手，为小木，乾为金，坤为田，均非益卦原有之象。虞翻用卦变及互体解释。谓三阴三阳的益卦，乃由否卦变来，即“否四之初”，四爻与初爻互换其位。否，上乾下坤。二至四互体艮象，则显示乾金、坤田、艮手之象。益三至五亦互体有艮。

互体说，肇自先秦。《左传》记载，陈厉公生敬仲，使周史占之，得观之否。断曰：“坤，土也；巽，风也；乾，天也。风为天于土上，山也。”[②] 否，上乾下坤，二至四互体艮象，艮为山。此为最早出现互体断占的记录。此后以互体释《周易》经传者，有汉代的京房、郑玄、荀爽等，至虞翻则广泛运用，遍注《周易》。

从思维方法上看，互体说有其合理可取之处。将别卦六爻视为可变结构，爻与爻的关系可以重新组合。别卦本已包含内外二卦，再包含二个互体卦，即一卦包含四个经卦。而且两个互体卦还可组成另一新的别卦，为人们的思维开拓了更广阔的范围，打破思想的局限性，增加灵活性，当然也免不了牵强附会。

旁通——一卦转化为自身的对偶卦，两卦的阴阳爻性相反，相通。旁通说乃虞翻独创，前无先例，认为两对偶卦，虽卦画相反，其含义相通。

---

① 李鼎祚：《周易集解·系辞下》。

②《左传·庄公二十二年》。

此说根据《文言》：“六爻发挥，旁通情也。”[①] 虞翻注《易》有二十余处利用旁通方法，颇含深意，启示人们从阴阳交易角度，观察分析问题，着眼于事物之间对立统一关系。

小畜九三：“舆说辐，夫妻反目。”此乃日常现象，无须卦象解释，一望而知。虞氏以旁通、互体为注，十分烦琐。虞翻注云：“豫坤为车，为辐，至三成乾，坤象不见，故‘舆说辐’……豫震为夫，为反；巽为妻，离为目。今夫妻共在四，离火动上，目象不见，巽多白眼，夫妻反目。”[②] 小畜，上巽下乾，与上震下坤之豫旁通。有车、辐之象，然小畜原不见车象，故“舆说辐”。豫中无日（离）象，巽多白眼，故“夫妻反目”。

三、“取象释义”的二重性

虞翻《周易注》广泛地引用卦爻象诠释《周易》经传文义，运用卦变、互体、旁通、反卦等象数思维方法，营造庞大的象数易学体系，将汉代象数易学发展到登峰造极的地步，在易学史上占有重要地位。虞翻易学在中国思想史上的积极意义，大体有三方面值得注意。

首先，在汉代谶纬神学甚嚣尘上之时，易学思想领域，长期为阴阳灾变思想所统治，孟喜、京房易学被列入学官，设博士传授，具有官方学术地位。虞翻易学诞生于东汉末年社会大动荡之中，言象数而不言阴阳灾异，使易学摆脱神学统治，是一大进步。

其次，其卦变说、互体说视卦象为可以改变的关系网络结构，卦中的一爻或两爻，无论改变其爻位或爻性，均使卦象发生重大变化。如此则突出卦象的“流行”特征，扩而大之，让人们观察事物应着眼于其变动性，力戒刻板不化。

再次，其旁通说、反卦说，诱导人们不只注意卦的显现之象，还

① 《周易·文言·乾》。
② 李鼎祚：《周易集解·小畜九三》。

应考虑其隐伏之象；不只着眼其正面，还当考虑其对立面。如此，则突出卦象的“对待”特征，扩而大之，使人们在观察问题时切不可忽视事物间对立统一关系，力戒孤立片面看问题。从哲学思维上看，虞翻的象数易学体系，总结并发展了汉代象数易学传统，善于灵活运用卦象，其烦琐体系中，蕴含着某些辩证思维因素，对于锻炼人们的理性思维有一定积极作用。

这种象数思维方法，无可讳言存在二重性，其消极影响相当突出。一种倾向掩盖另一种倾向，引诱人们一味揭示《周易》经传背后存在的卦爻象依据，而忽视或阻碍人们对《周易》经传思想实质的阐发，对其中揭示的客观规律的探讨，或记录的历史事件的考证，掩盖了《周易》经传的深刻的思想文化内蕴。

1.“取象释义”妨碍哲学思想的阐发

这方面例子甚多。《周易》是一部哲学著作，其卦爻辞和《易传》包含着许多深邃哲理。卦爻辞中的哲理格言甚多，如“亢龙有悔”“无平不陂，无往不复”“履霜，坚冰至”“其亡其亡，系于苞桑”等。虞翻着力于“取象释义”，往往妨碍从哲理方面去深入思考。《彖·革》曰：“天地革而四时成。汤武革命，顺乎天而应乎人。”富有深刻的社会变革思想。虞翻注曰：“谓五位成。乾为天，坤为地，震春兑秋，四之正，坎冬离夏，则四时具坤，革而成乾，故天地革而四时成也。汤武谓乾，乾为圣人。天谓五，人谓三，四动，顺五应三，故‘顺天应人’。巽为命也。”[①] 如此注释将原文依天、地、革、命、四时、成，一字一字拆开，予以卦象解释，不考虑词句的贯通，更难阐发其深刻意义。《易传》本意在教育人们进行“革命”活动，要以汤、武为法，遵循“顺天应人”的准则。虞翻的注释把人们的思想引向烦琐无味的单词解释，完全失去学《易》宗旨。

① 李鼎祚：《周易集解·彖·革》。

2.“取象释义”亦不利于对历史事件作深入考察

《周易》经文中保存不少上古史事，如“帝乙归妹”“箕子之明夷”“高宗伐鬼方”“王用享于岐山”。“取象释义”方法，对史事记载横加割裂，模糊了历史痕迹，大大妨碍对历史掌故作科学考核。

旅上九：“鸟焚其巢。旅人先笑后号咷，丧牛于易。”经考证这记载的是殷先祖王亥，客居易国，意气骄横，生活淫乱，终为易君所杀，焚其住所，夺其牛羊。《易经》以“先笑后号咷”概述王亥乐极生悲的遭遇，寓有深刻哲理。虞翻“取象”作注，写道：“离为鸟，为火，巽为木为高。四失位变震，为筐，巢之象也。今巢象不见，故‘鸟焚其巢’。震为笑，震在前，故先笑；应在巽，巽为号咷，巽象在后，故‘后号咷’。谓三动时坤为牛。五动成乾，乾为易。上失三，五动应二，故‘丧牛于易’。”[①]对原文肢解割裂，依文立象，连历史事件的痕迹都被抹煞了。

3.“取象释义”更阻挠对自然规律的探讨

《周易》经文中，反映了古人对某些自然现象和自然法则的初步认识，具有科学价值。如“履霜，坚冰至”“丰其蔀，日中见斗”等。小畜卦辞：“密云不雨，自我西郊。”反映古人已认识到在中国上空，密云自西向东移动，就不会有雨的自然法则，即民谚所说：“云向东，一场空。”这是对中国气象变化规律的总结。虞翻取象注曰：“密，小也。兑为密。需坎升天为云，坠地为雨。上变为阳，坎象半现，故‘密云不雨’，上往也。豫坤为自我，兑为西，乾为郊，雨生于西，故‘自我西郊’。九二未变，故‘未施行矣’。”[②]这是说当用需卦卦象作解。需上坎下乾，有“坎升天为云”之象。而今需卦“上变为阳”即上六变为上九、成小畜卦（上巽下乾），坎象只存一半，不能“坠地为雨”，故“密云不雨”。虞翻提出所谓“半象”说，反而阻碍人们对密云不雨现象作科学探讨。

---

① 李鼎祚：《周易集解·旅上九》。
② 李鼎祚：《周易集解·彖·小畜》。

4.“取象释义”还忽视对卦爻辞的文学价值作正确评论

《易经》卦爻辞蕴含不少古代民歌民谚，颇具文学价值或民俗学研究价值。如：“贲如皤如，白马翰如；匪寇！婚媾。”①“三人行，则损一人；一人行，则得其友。”②最典型的是中孚九二：“鸣鹤在阴，其子和之。我有好爵，吾与尔靡之。”此爻辞句式齐整，偶句谐韵，形象生动，若出《诗经》。描述邀约好友，共饮美酒，倾吐情怀的情景。虞翻之注，大失文学风韵，味同嚼蜡，尽失古诗情趣。清代学者对虞翻的象数易学多有批评。王夫之说：“汉儒泥象，多取附会。流及于虞翻，曲以象物者，繁杂琐曲，不可胜纪。”③顾炎武在《日知录》中亦批评道：“荀爽、虞翻之徒，穿凿附会，象外生象。……十翼之中，无语不求其象，而《易》之大旨荒矣。”④这些批评就“取象释义”的消极影响而言，是中肯的。若对汉代象数易学作全盘否定，则有欠公允。皮锡瑞在《经学通论》中主张：“说《易》不可尽扫象数，亦不可过求之象数。”此论比较平实。虞翻《易》注的要害正在其“象外生象”“过求之象数”。

第四节　王弼《周易注》的功与过

王弼生于魏文帝黄初七年（226），卒于魏废帝齐王芳嘉平元年（249），享年二十四岁。王弼以注释《周易》和《老子》名闻于世，《易》学方面的著作有《周易注》《周易略例》和《周易大演论》。王弼综合儒道，吸收了老庄的思想，建立了体系完备、抽象思辨的玄学思想，其对易学玄学化的批判性研究，尽扫先秦、两汉易学研究之迂腐学风，

①《周易·贲六四》。
②《周易·损六三》。
③ 王夫之：《周易外传·系辞下》。
④ 顾炎武：《日知录·三易》。

其本体论和认识论中所提出的新观点、新见解对以后中国思想史的发展具有深远影响。王弼《周易注》只注了六十四卦的卦辞与爻辞。《系辞》上下，《说辞》《序卦》《杂卦》诸篇乃晋韩康伯所注。王、韩《周易注》成为历史上重要的易学著作之一。唐太宗命孔颖达等修《五经正义》，其中《周易》选用王弼注，认为“唯魏世王辅嗣之注，独冠古今”。从此，王弼《周易注》作为官方定本而流传于世。至宋代理学大家程颐、朱熹的思想及哲学观点均源于王弼《周易注》。至清代官方仍以朱熹的《周易本义》为科举读本。《四库全书总目提要》对王弼《周易注》评价为：“平心而论，阐明义理，使《易》不杂于术数者，弼与康伯深为有功。祖尚虚无，使《易》竟入于《老》《庄》，弼与康伯亦不能无过。瑕瑜不掩，是其定评。”可见王弼对中国儒家影响之深远。

一、王弼对中国哲学发展的历史贡献

在易学方面，王弼注《易》具有重要的地位和影响，扫象言理，以道解易，开三玄之先河，从思辨的哲学高度注释《易经》。王弼对“经”上下篇及《文言》《彖传》《象传》进行了注释。

1.王弼《易》注的贡献

首先他抛弃了费氏的经说，纠正汉代易学不利于义理发展的偏向。这是《易》学研究史上的一次创新。

汉人解《易》重象数，如把八卦视为天、地、雷、风、水、火、山、泽等象，重在创制各种易图，比附自然变化。把易学引向烦琐、机械的境地。王弼对象数之学烦琐性、机械性的解释提出批评。他强调说：“夫象者，出意者也；言者，明象者也。尽意莫若象，尽象莫若言。”[①]就是说，达意要通过象，明象要通过言，寄言出意，探求玄理。注重从言与意的思辨理性上解释《易》，比机械比附的方法前进了一大步。

---

① 王弼：《周易略例·明象》。

王弼以言简意赅的论证，以抽象思维分析义理，摈弃象数之学与谶纬迷信，在经学上开创了一代新风。清代“四库馆”学者评论道：“《易》本卜筮之书，故末派浸流于谶纬。王弼乘其极敝而攻之，遂能排击汉儒，自标新学。”《四库全书总目·周易正义》提要问世之后，《易》学架构的象数一面被突显了，而义理一面却被大大忽视了。这在王弼看来，突显的乃是“工具”，忽视的竟是透过“工具”所要达成的“目标”，实属一种本末倒置之举。因此，他认为，汉易象数家的治《易》、诠《易》路数断不足取。他之所以要提揭上述契会、解读《易》的具体进路，目的就是为了与汉易象数家的路数相对抗，一则先推倒象数优位之理念而代之以义理优位之理念，一则继之将注《易》的基本目标为突显《易》的象数学内涵，疏理清经文、传文背后的象数根据，甚至解读出《易》的义理内涵。所以王弼说：“故言者，所以明象，得象而忘言；象者，所以存意，得意而忘象。犹蹄者所以在兔，得兔而忘蹄；筌者，所以在鱼，得鱼而忘筌也。然则，言者，象之蹄也；象者，意之筌也。是故，存言者，非得象者也；存象者，非得意者也。”[①]

2.王弼引道解易，成为易道结合的创新者

王弼就是用道家的本体论来释《易》的，“引道解易”，强化了儒道之间的综合互补，开道教易之先河。如《彖辞》曰：“大哉乾元，万物资始，乃统天。”王弼注云：“天也者，形之名也；健也者，用形者也。夫形也者，物之累也。有天之形，而能永保无亏，为物之首，统之者岂非至健哉！”[②]他认为，“乾”之义是“健”，有形之“天”无非是“健”的表象。万物始于天，归根到底，“统之”于“至健”。“健”是无形的，是形而上的。王弼站在道家的立场上，把《易》学玄学化。玄学家的根本思想是“以无为本”。王弼说：“道者，无之称也，无

① 王弼：《周易略例·明象》。
② 王弼：《周易注·乾》。

不通也，无不由也，况之曰道。寂然无体，不可为象。”[1]最有代表性的为：“夫众不能治众，治众者，至寡者也。夫动不能制动，制天下之动者，贞夫一者也。故众之所以得咸存者，主必致一也。”[2]在这里把有和无的关系说成是多和全、众和寡的关系，以达到以老解易之目的，为魏晋时期的世族官僚集团的统治提供理论依据。

3.王弼以老解易，乃玄学奠基者

王弼以老解易为魏晋时期的“三玄”之学做了前奏，推进了中国哲学思维的发展。

玄学，即是研究幽深玄远问题的学说。玄学又称新道家，是对《老子》《庄子》和《周易》的研究和解说，产生于魏晋，是魏晋时期取代两汉经学思潮的思想主流，把儒道两家思想相结合，以“有无本末之辨”为中心，铸造一套新的思辨哲学体系。

玄学始于曹魏正始年间，以何晏、王弼的“贵无论”开创的所谓“正始玄风”为标志。史称：“魏正始中，何晏、王弼等祖述老庄立论，以为天地万物皆以‘无’为本。‘无’也者，开物成务，无往而不存者也。阴阳恃以化生，万物恃以成形，贤者恃以成德，不肖者恃以免身，故‘无’之为用，无爵而贵矣。”[3]何晏、王弼于正始中期提出“天地万物皆以‘无’为本”的哲学思想，为玄学奠定了理论基石。这个‘无’，就其本体来说，它是阴阳、万物赖以化生、成形的根基，即现象世界背后的无形本体；就其用而言，它是支配社会生活的无形权力，把握了它就可以“成务”“成德”“无爵而贵”。这一贯通天道、人事的本体，又被称为“自然”。“自然”不是指自然界，而是指天地万物赖以生成运行的主体“道”。“圣人”所立的“名教”，乃是这个主体所表现的功用。王弼说：“自然，其兆端不可得而见也，其意趣不

① 王弼：《论语释疑》。
② 王弼：《周易略例·明象》。
③《晋书·王衍传》。

可得而睹也。……居无为之事，行不言之教，故功成事遂而百姓不知其所以然也。”[①]主张“贵无”、崇尚“自然”，认为“无”能化生“万有”，“自然”可以统御“名教”，“无”或“自然”也就是“道”，只要掌握了“自然”之“道”，就可以做到“功成事遂”。这是魏晋玄学发展的第一阶段，即“贵无论”阶段。

借鉴《老子》的“无为”思想，提出了“以无为本”的哲学命题。这就给“病危”的儒学注进了新鲜的血液，建立了以道为主、儒道结合的新时代的新思想。王弼成了魏晋玄学理论体系的奠基人和代表人物，代表了魏晋时期哲学领域的最高水平。为魏晋时期的“三玄”之学做了前奏，推进了中国哲学思维的深化，使哲学研究产生了一次可贵的飞跃，把人们对世界的认识向前推进了一大步。

二、王弼“扫象言理”，窒息象数思维模式数百年

由于历史的、认识的局限性，王弼扫象言理的思想，大大阻碍了易学象数思维模式的发展，造成易学思维的局限，并影响易学发展方向。唐宋后世学者对《周易》的注解均是用王弼、孔颖达的《周易正义》，从而只偏于义理哲学的研究，而忽略对象数思维的探究，使《周易》七百多年来不重视象数，影响象数易学的发展。直到清初王夫之还深受王弼扫象言理影响，对易学的象数思维一概否认，从而走向极端。

所谓象数思维模式，是借助《周易》卦象和爻象进行形象思维，取象比类，触类旁通，以发展理性思维的一种思维方式。取象比类是象数思维的基本特征，阴阳互补，刚柔调和是它的致思准则；整体思维是它的合理内核；强调序列，注重节律是它的突出优点。这种思维方法，有三大优点，它是形象与类比、归纳演绎、分析与综合的统一，有利于总结人类的实践经验，便于归纳，作出结论，进行演绎。这种

① 王弼：《老子注》第十七章。

特殊的思维方法，对科学思维的发展起到了重要作用，也是我们中华民族特有的思维方式，而王弼却一概否定。

1.“取象比类”乃象数思维的基本特点

取象，是选择个别事物作典型；比类，是根据个别事物中的共性加以演绎。“取象比类”的思维模式，乃中华民族思维方法的优势之一，它把形象思维与理性思维巧妙结合，体现归纳与演绎的统一，分析与综合的并用。而王弼却视而不见。

《系辞传》曰：“仰则观象于天，俯则观法于地。观鸟兽之文与地之宜，近取诸身，远取诸物，于是始作八卦。”故认为卦象是从天文、地理等物象中概括出来的，一经设定，就有以简御繁的特殊思维效用，所以说：“其称名也小，其取类也大。”[①]《大象传》，属于《易传》的一部分，是专门阐述六十四卦的卦象，是以其卦之上体与下体的物象关系，观象悟理，从中得到某种启示，领悟出政治、社会、伦理、个人修养等方面的一般原理，作为施政、处世、言行的基本准则。这些基本准则，渗透着儒家“修身、齐家、治国、平天下”，内圣外王的思想。内圣外王思想，历代明君贤相、志士仁人奉为经典，并从中汲取修身齐家安邦治国的指导原则。而王弼对《大象传》基本无注解。大畜卦大象曰：“天在山中，大畜。君子以多识前言往行，以畜其德。”大畜，上艮下乾，故有“天在山中”之象。天在山中，俗称“洞天”，其空间大可蓄物，故卦名“大畜”。君子观此象，当多学前人的言论和经验，参习贤人之道德情操，以培养自己的优良品德。王弼《周易注》对大畜卦大象注曰：“物之可畜于怀，令德不散于此也。”没有注释出大畜卦大象的深意。渐卦大象曰：“山上有木，渐，君子以居贤德善俗。”渐卦，上巽下艮，巽为木，艮为山，象山上有木，日长夜大，渐渐生长，故名“渐”。君子观此象，在选人用人上，要选择德才兼备的人当官执政，

---

① 《周易・系辞下》。

使其居位，以他们的贤德心去影响世风世俗，使世风世俗像山上之树木一样，日积月累，不断地吸取贤德志士的优良品德，积小以成高大，形成社会风气，从而达到天下太平、“万国咸宁”、政通人和的社会局面。王弼《周易注》对渐卦大象注曰：“贤德以止巽则居，风俗以止巽乃善。”因为扫象言理，王弼注无法表述出《大象传》的深刻大义。

2.王弼扫象明理，亦不利于揭示《易经》《易传》的核心价值

王弼认为，儒为道之用。但对《易经》《易传》的核心思想依旧难以明白，对《周易》卦爻辞中的哲理故事也揭示不清，故五经注疏中，《易经》最贫乏。

复卦彖辞曰：“复，其见天地之心。”王弼注：“复者，反本之谓也，天地以本为心者也……天地虽大，富有万物，雷动风行，运化万变，寂然至无，是其本矣。故动息地中，乃天地之心见也。”根本注释错了。实际上，复卦上坤下震的卦象，上有五阴下有一阳，阳长阴消，一阳来复，内涵丰富。古有诗云：“数点梅花天地心”，说的就是寒流滚滚，万花凋谢，独有梅花显露一线生机，此一线生机才是天地之心的显现。

《彖·归妹》曰：“归妹，天地之大义也。”卦象上雷下泽。兑为少女，震为长男，归妹，少女嫁长男之象。“归妹”，嫁女，卦象所表现的意义，不只于嫁女，更赋有“天地之大义”。

从互体关系看，九二、六三、九四构成离卦，是下互体；六三、九四、六五构成坎卦，是上互体。震、离、兑、坎四卦，古称四正卦，依次表“四时”春夏秋冬，同时表四方东南西北。时间与空间紧密结合，利于万物发育兴盛，显示着东方人早就有时空结合的时空观特征。故云：“归妹，天地之大义。”对此卦象的内涵，还有更深的理解。震为长男，兑为少女，象征少女与长男，结合为夫妻，乃有家庭。有家庭，乃引发财产私有制，乃诱发保护私有制的国家制度。因此，男婚女嫁，阴阳交合，刚柔相济，结成家庭，乃有私有财产制度，构成社会细胞，家庭私有制乃国家之起源。家庭成员各安其位，则家道正。家家户户和睦相处，则天下太平。故曰：“归妹，天地之大义也。”

王弼注释曰：“阴阳既合，长少又交，天地之大义，人伦之终始。”完全没有注释出“归妹，天地之大义”的丰富内涵。类似这样的例子，王弼的《周易注》里还有很多。

由于“扫象言理”，只重理不注象，王弼对《易传》中须用象数解释的地方，往往一笔带过。

关于大衍之数，《周易·系辞上》曰：“大衍之数五十，其用四十有九。分而为二以象两，挂一以象三，揲之以四以象四时，归奇于扐以象闰。五岁再闰，故再扐而后挂。”

王弼注释曰：“演天地之数，所赖者五十也。其用四十有九，则其一不用也。不用而用以之通，非数而数以之成，斯易之太极也。四十有九，数之极也。夫无不可以无明，必因于有，故常于有物之极，而必明其所由之宗也。”

大衍之数本是揭示古代的占筮操作规程，“大衍之数五十”，指占卦时要用五十根蓍草。“四营而成易”，指占卦的四种方法。“十有八变而成卦”，指四营的操作过程，要重复十八次，才能将六爻卦定下来。王弼的注释却与之毫不相干。

《系辞上》曰：“天一，地二；天三，地四；天五，地六；天七，地八；天九，地十”；“天数五，地数五，五五相得而各有合也。”王弼注曰：“易以极数通神明之德，故明易之道，先举天地之数也。”

天地之数，本是讲《河图》之数中，五天数与五地数，如何相互结合而诱导五行之象，王弼的注释，可谓离题万里。

王弼以抽象的思辨理论，引道解易，使易学摆脱了汉代易学烦琐机械唯象方式，但是，他一概地否定象数及象数思维，又走向了极端。他的历史贡献值得我们发扬光大，同时对他的认识局限，理应批判和审视。总之，当今学易、研易、用易，应当象数与义理相结合，批判地对待王弼《周易注》。

第五节 《周易集解》

李鼎祚是唐代知名易学家，资州盘石（今四川资中县）人。生卒年月无考。生活在唐玄宗天宝（742—755）以后，代宗（762—779）时期。官至殿中侍御史。代宗登极，献上《周易集解》，自署秘书省著作郎。新旧《唐书》均无其传，其生平事迹、学术活动难以详考。明代学者朱睦㮮在其《周易集解序》中说：李鼎祚“以经学称于时，尝进《平戎论》，预察戎人叛亡日时，无毫发爽，象数精深盖如此”。资州东有四明山，鼎祚读书于此，后人名其地为“鼎祚读书台”。[1]

《周易集解》是李鼎祚根据两汉魏晋南北朝及唐初易学著作，对《周易》经传所作的注释。《周易集解序》及书中少量李鼎祚本人案语，是研究李氏易学思想的唯一资料。李鼎祚曾另撰《索隐》一书，附于《周易集解》。他说：“至如卦爻彖象，理涉重玄，经注文言，书之不尽，别撰《索隐》，错综根萌，音义两存，详之明矣。”[2] 可惜这本“音义两存”的《索隐》早已失传。

李鼎祚编撰《周易集解》的目的，主要是因为不满意孔颖达奉唐太宗旨意而编撰的《周易正义》。该书不顾南北朝时期，北方易学专主郑玄，南方易学专主王弼的历史事实，简单继承隋代独尊王学的倾向，专重义理，采用王弼、韩康伯注，对注逐句详解，是为王弼注孔颖达疏。《周易正义》被定为官方易学教本。李鼎祚与专重义理的《周易正义》相反，专重汉代象数易学传统，乃收集汉唐以来易学著作三十五家，取其象数思想之精粹，汇编成《周易集解》。此书在易学史上的价值，正如《四库全书总目提要》论定的：“盖王学既盛，汉易遂亡。千百

---

① 袁桷：《清客居士集》。
② 李鼎祚：《周易集解序》。

年后，学者得考见画卦之本旨者，惟赖此书之存耳，是真可宝之古籍也。”《周易集解》出自“少慕玄风，游心坟籍”[①]的这位长江易学家，殆非偶然。

一、纠正孔疏偏向，存续汉易遗绪

易学发展史上，唐代易学产生于由汉易向宋易过渡的转型期。中华文化在唐代发展鼎盛，儒学、佛学、道学都有重大发展。《五经正义》的编撰，将两汉以来的经学加以总结，将经学推向新阶段。作为“五经”之首的《周易》自然受到重视。《周易正义》采用王弼、韩康伯注作为底本进行诠释，偏重义理易学而忽视象数，的确造成不良影响。《四库全书总目提要》指出：“至颖达等奉诏作疏，始专崇王注而众说皆废。故《隋志》易类称：‘郑学寝微，今殆绝矣。’”[②]况且孔疏专崇王注，在体例和内容上同诸经正义相比，存在很大弱点，那就是“诠释文句，多用空言，不能如诸经正义根据典籍，源委粲然，则由王注扫弃旧文，无古义之可引”。[③]显然，《五经正义》的编撰，旨在总结汉唐以来数百年间经学研究之成果，理当全面、系统、翔实。《周易正义》用王注为底本，有违全面系统的宗旨，亦不顾刘宋以来“河汾诸儒，多主于郑；江左及青齐，多主于王”[④]的此扬彼抑、互诘不休的历史事实。孔疏在易学思想上的偏颇，的确难以服众。

李鼎祚既以经学称于时，深知郑康成等去古未远，其所纂述，必有所本，悲其失坠，乃决意收集两汉至唐初易学著作，择其精要，编为《周易集解》，以补孔疏之失。

《周易集解》所称引者有三十五位易学家，先秦唯子夏；西汉有孟喜、焦赣、京房（君明）；东汉有马融、郑玄、荀爽、刘表、蔡景君、

---

① 李鼎祚：《周易集解序》。

②③《四库全书总目提要·周易正义》。

④ 朱睦㮮：《周易集解序》。

宋衷；魏晋时期有陆绩、虞翻、何晏、王肃、王弼、姚信、向秀、蜀才、翟元、韩康伯、王廙、干宝、张璠、王凯冲；南北朝有刘巘、沈驎士、伏曼容、姚规、卢氏、崔觐、朱仰之；隋唐有侯果、何妥、崔憬、孔颖达。加上李鼎祚本人，此书共保存三十六位易学家的思想资料，其中以荀爽、虞翻、郑玄的资料保存最多。此书一出，以郑玄为代表的汉代象数易学，虽于晋代趋于中绝，犹能赖此书保存其学脉。至今这三十多家易学著作，大多遗失，赖有此书得以保存部分内容，此书的文献价值无可替代。

李鼎祚编撰《周易集解》，有其明确指导思想，那就是纠正孔颖达编撰《周易正义》的思想偏颇。他说："历观炎汉，迄今巨唐，采群贤之遗言，议三圣之幽赜，集虞翻、荀爽三十余家，刊辅嗣之野文，补康成之逸象。各列名义，共契玄宗，先儒有所未详，然后辄加添削。"[①]《周易正义》乃奉诏编撰，作为官方文本推行全国，李鼎祚犹敢称王注为"野文"，足见其对孔颖达等采王注的愤激之情。此种情绪在当时肯定绝不止李鼎祚一人。李鼎祚实以《周易》象数学派代表者自居，挺身而出为崇王抑郑的学派倾向表达不满。一般说来，以郑玄为代表的象数易学多重天象，以王弼为代表的义理易学多重人事。李鼎祚在《周易集解》序言中，表述了他对王弼开创的义理学，排斥旧文古义、徒发空论的学风的极度轻视的态度。他说："自卜商入室，亲授微言，传注百家，绵历千古，虽竞有穿凿，犹未测渊深。唯王、郑相沿，颇行于代。郑则多参天象，王乃全释人事。且《易》之为道，岂偏滞于天人者哉？致使后学之徒，纷然淆乱，各修局见，莫辨源流。天象远而难寻，人事近而易习。则折杨黄华，嗑然而笑。""折杨黄华"是庄子所谓难登大雅之堂的里巷小曲，只会引人哄然大笑。李鼎祚意在讥讽王注不重古易名物考释，徒发空论，难副典雅。他还特将王弼著《周易略例》一书附于卷末，别有用意。他在序言中说："王氏《略例》，

① 李鼎祚：《周易集解序》。

得失相参。采葑采菲，无以下体，仍附经末，式广未闻。”[①] 意在引用《诗经》的诗句“人之为言，苟亦无从”，[②] 告诫人们，不要轻易信从王弼的空言。

其实，王弼《周易注》及《周易略例》在易学史上，首创《周易》义理学，对理论思维的发展有其独特贡献；孔疏对于发展义理易学，亦有历史功绩，不可抹煞。李鼎祚指责王注，纠孔疏之偏，出于学派情绪，亦可理解。《周易集解》传到清代，成为清代学者恢复易汉学的重要参考书，使汉代象数易学重显于世，在易学史上，功不可没。一般认为此书只有资料价值，忽视此书蕴含的李氏易学思想，有欠公允。李鼎祚着力于采摭群贤之遗言，不轻易抒发己见，体现了他做学问的客观态度。从其序言及少量案语中，仍能窥见其易学思想之大略，未可忽视。

二、对《周易》文化价值的阐述

李鼎祚易学思想，因资料不全，难窥全豹。但他关于《周易》文化价值的论述，言简意赅，尤有独到之处。

首先，他论定《周易》思想“权舆三教，钤键九流”。[③]

这一论点对《周易》思想评价极高，说它是儒、释、道三教思想的渊源，九流百家思想的关键。这种观点过去还无人大胆提出。李鼎祚如此抬高《周易》地位，是从唐代学术思想斗争的全局出发的。当时，道家思想因道教的兴盛而大为发扬，老子的地位被推崇至极；佛教亦居于鼎盛时期，佛祖的影响几乎凌驾孔老之上。李鼎祚认为由伏羲画卦重卦、文王系辞、孔子作传的《周易》，一向居于中华传统文化的正宗地位，比之佛家、道家经典，毫无逊色，称之为中华文化之渊源，

---

①③ 李鼎祚：《周易集解序》。
② 《诗·唐·采苓》：“采葑采葑，首阳之东。人之为言，苟亦无从。”

绝不为过。故敢于说它是三教之权舆、九流之钤键。

李鼎祚发挥汉代以来的元气学说，通论《周易》的自然观及其普遍意义。在《周易集解序》中写道："元气氤氲，三才成象；神功浃洽，八索成形。在天则日月运行，润之以风雨；在地则山泽通气，鼓之以雷霆。至若近取诸身，四支百骸合其度；远取诸物，森罗万象备其工。"这是说元气化生天地人三才，然后日月运行，山泽通气，万物化生。而易道广大，涵盖天道、地道、人道，近自人身，远至万物，莫不符合易理揭示的阴阳运化法则。李鼎祚特别强调，国家之教化，社会之人伦，无不因《周易》思想原则而得以建构。他说："逮乎天尊地卑，君臣位列；五运相继，父子道彰；震巽索而男女分，咸恒设而夫妇睦，人伦之义既阐，家国之教郁兴。"[①] 君臣、父子、夫妇三纲礼教，乃儒家宣扬的中心思想，《周易》于此有充分论述，无可争议。《周易》为儒家经典之一，名正言顺。

关于《周易》同道家思想的关联，李鼎祚曾再三致意。玄学家曾以老庄释《易》，李鼎祚"少慕玄风"，于此颇为精通。《周易集解》案语中，多次引老入易，解易融老，力图阐发易与道学的思想联系。《系辞》谓"成象之谓乾"。李氏案曰："道生一，一生二，二生三。三才既备，以成乾象也。"本来关于宇宙生成模式，《易》与《老子》颇有区别。《易传》谓："易有太极，是生两仪，两仪生四象，四象生八卦。"是一分为二的生成模式；《老子》则云："道生一，一生二，二生三，三生万物。"[②] 是道一分殊的模式。李鼎祚将二者强行贯通，认为老子的"二生三"，正是《周易》的阴阳化生三才。如此贯通解释，殆不足取，但可见其"权舆三教"说之用心。

《文言》曰："知进退存亡而不失其正者，其唯圣人乎？"李鼎祚的案语亦将《周易》《老子》思想贯通，写道："此则乾元用九，

① 李鼎祚：《周易集解序》。
② 《老子》第四十二章。

天下治也。言大宝圣君，若能用九天德者，垂拱无为，刍狗万物，生而不有，功成弗居，百姓日用而不知，岂荷生成之德者也。此则五帝三皇乃圣乃神，保合太和而天下自治也。”[①]《文言》旨在宣扬唯圣人能“不失其正”；李鼎祚则引《老子》思想主张“生而不有，功成不居”，[②]鼓吹以退让为美。他站在老子主张的无为不争的立场，无限感慨道：“三王五伯，揖让风颓，专恃干戈，递相征伐，失正忘退，其徒实繁。略举宏纲，断可知矣。”[③]提倡揖让之风，实非《周易》本义。

《周易》师卦云：“贞，丈人吉，无咎。”《子夏传》作“大人”。王弼注曰：“丈人，庄严之称，有军正者也。为师之正，丈人乃吉。”李鼎祚在其案语中，引《老》解《易》，批评王弼不当改“大人”为“丈人”。他说：“此《彖》云：‘师，众。贞，正。能以众正，可以王矣。’故《老子》曰：‘域中有四大，而王居其一焉。’由是观之，则知夫为王者，必‘大人’也。岂以‘丈人’而为王哉。……今王氏曲解“大人”为“丈人”，臆云‘庄严之称’，学不师古，匪说攸闻，既误违于经旨，辄改正作‘大人’明矣。”[④]他认为《子夏传》作“大人”是正确的，王弼本改作“丈人”，则是“学不师古”的明证。他将《老子》“四大”中的王大，[⑤]用来注释《周易》的“大人”，无非是要证明《易》与《老子》思想相通，为其“权舆三教”之说作注脚。至于佛教思想如何同《周易》相通，《周易集解》为数不多的案语中，未有反映。朱伯崑先生在其《易学哲学史》第一卷，对李氏“权舆三教”之论，作了深刻评论：“权舆三教的说法，是对佛道二教世界观的一种打击。可以看出，李氏表扬汉易的目的，不仅是纠孔疏之偏，也是为了在唐代三教斗争中，树立《周易》的权威，统一各流派的思想。”

---

①③ 李鼎祚：《周易集解·文言·乾》。

② 《老子》第二章。

④ 李鼎祚：《周易集解·师》。

⑤ 《老子》第二十五章：“道大，天大，地大，王亦大。域中有四大，而王居其一焉。”

其次，李鼎祚论定《周易》乃“开国、承家、修身之正术”。

李鼎祚如此评价《周易》的思想文化价值，十分可取，极富现实意义。他用儒家伦理思想仁义礼智信“五常”，解释乾卦卦辞“元亨利贞”，实乃引《易》论述处世修身的基本准则。他写道：“在天成象者，乾元、亨、利、贞也，言天运四时，以生成万物；在地成形者，仁、义、礼、智、信也，言君法五常，以教化于人。元为善长，故能体仁；仁主春生，东方木也。亨为嘉会，足以合礼；礼主夏养，南方火也。利为物宜，足以合义；义主秋成，西方金也。贞为事干，以配于智，智主冬藏，北方水也。……不言信者，信主土，而统属于君，故中孚云‘信及豚鱼’，是其义也。若首出庶物，而四时不忒者，乾之象也；厚德载物，而五行相生者，土之功也。土居中宫，分王四季，亦由人君无为，皇极而奄有天下。水火金木，非土不载；仁义礼智，非君不弘。”①此则案语含三层内容，首先以五常配元亨利贞四德，并证明未列信的原因；其次以五常配五行及四方，信主中宫属土；再次，以五行配四时，春生、夏养、秋成、冬藏，中宫之土乃分王四时。总的目的是在宣扬儒家的天人合一论，天运四时，生成万物，则“君法五常，以教化于民”。《易》含纲常名教，是“权舆三教”之一证。不仅如此，他还引《文言》阐述理国修身原则：“圣人设教，理贵随宜，故夫子先论人事，则不语怪力乱神，绝四毋必。今于易象，阐扬天道，故曰‘积善之家，必有余庆；积不善之家，必有余殃’者，欲明以明阳生阴杀，天道必然；理国修身，积善为本。”②《易》乃理国修身之正术，明矣。

李鼎祚在案语中常常引用个别历史人物事迹，对某些《周易》原理作具体论述，颇有引史证易特色。

《文言》曰：“乾元用九，天下治也。”李鼎祚案云：“此当三皇五帝礼让之时，垂拱无为，而天下治矣。”③这里引用《系辞》中“黄

---

①③ 李鼎祚：《周易集解·文言·乾》。

② 李鼎祚：《周易集解·文言·坤》。

帝、尧、舜，垂衣裳而天下治”的思想，说明上古圣王开国承家，注重“垂拱无为”，实行礼让，不事征伐侵夺，反映了李鼎祚希望王者“垂拱无为”，人民安居、社会稳定的政治理想。

乾上九云：“亢龙有悔。”《文言》云：“亢龙有悔，穷之灾也。”李鼎祚案曰：“此当桀纣失位之时，亢极骄盈，故致悔恨穷毙之灾祸也。”①他还以《尚书·五子之歌》所述太康失位之事为佐证，诠释《文言》思想。《文言》曰：“亢之为言，知进而不知退，知存而不知亡，知得而不知丧。”说明人若缺乏忧患意识，终将有亢龙之悔。李鼎祚案曰：“此论人君骄盈过亢，必有丧亡。若殷纣遭牧野之灾，太康遘洛水之怨，即其类也。”②《尚书》载，夏启之子太康，身为王而不顾国事，逸豫无度，田猎于洛水之南，“十旬弗反”，失去民心，终丧其位。其昆弟五人怨其失国而作《五子之歌》，③以抒哀怨。李鼎祚引此故事证明《易》乃“开国承家”之正术，意蕴深刻。

对于亡国之君如夏桀、商纣，引用“亢龙有悔”，是指责他们因骄盈无度而失国丧身；对于开国之君，引用“亢龙有悔”，意在告诫其不可一味恃武。干宝注“亢龙有悔”云：“圣人治世，威德和济，武功既成，义在止戈。盈而不反，必陷于悔。”对此李鼎祚案曰：“以人事明之，若桀放于南巢，汤有惭德，斯类是也。”④汤放桀本是代表人民意愿，推翻夏桀的暴虐统治，其所以说“汤有惭德”，是某些史家认为汤未能尽人臣之职以匡正夏桀之骄奢淫逸及残暴统治，毕竟形成以臣伐君的局面。李鼎祚认为这有违人臣修身之正术。李鼎祚的某些具体观点未必尽善，但他力图使人认识《周易》乃“开国承家、修身之正术”，用心良苦。历代奉《周易》为经邦济世、修身齐家的宝贵经典，正是看重其哲学和思想文化价值。

①② 李鼎祚：《周易集解·文言·乾》。
③ 参见《尚书·五子之歌》。
④ 李鼎祚：《周易集解·乾上九》。

三、“取象释义”的思维方法

汉代象数易学，同王弼开创的义理易学对于《周易》经传的诠释，其思维方法是不同的。前者采用“取象释义”方法，利用卦象、爻象以释经传义蕴；后者采用“就文释义”方法，排除卦爻象（并未完全排除），直接阐发经传微言大义。二者各有优点。由于学派情绪，双方互相诘难，竟成水火，形成不可调和之势。李鼎祚对王弼《周易注》极力贬斥，视为“野文”，讥其“学不师古”，自己则步郑玄、荀爽、虞翻等人后尘，坚持“取象释义”的思维途径，竭力采用卦象、爻象、升降之象、互体之象诠释经传文句。某些卦爻象郑玄亦未曾用过，他的确做到了“补康成之逸象”，启后学之玄思。

首先，取卦象释义。李鼎祚引《说卦》解释乾卦，从体用关系论述乾卦的特性：“乾，健也。言天之体以健为用，运行不息，应化无穷，故圣人则之，欲使人法天之用，不法天之体，故名乾，不名天也。”[①]直接取乾为天之象与乾为健之性，阐述法天之用而不法天之体的观点，这是一种新见解。

未济卦辞：“小狐汔济，濡其尾，无攸利。”李鼎祚案曰：“刚柔失正，故未济也。……小狐力弱，汔乃可济。水既未涸，而乃济之，故尾濡而无所利也。”[②]未济上离下坎，初、三、五均为阴爻，二、四、上均为阳爻，故云：“刚柔失正。”小狐力弱而强济，亦属“失正”现象，故“无攸利”。

大过《象》曰：“泽灭木，大过。”李鼎祚依其上兑下巽的卦象释之：“兑，泽也；巽，木漫也。凡木生近水者杨也，遇泽太过，木则漫灭焉。二、五枯杨，是其义也。”[③]大过九二曰：“枯杨生稊。”九五曰：“枯

---

① 李鼎祚：《周易集解・乾》。
② 李鼎祚：《周易集解・未济》。
③ 李鼎祚：《周易集解・大过》。

杨生华。”足证“木生近水者杨”，水太过则木漫灭，故多为“枯杨”。

萃卦，上兑下坤。卦辞曰：“用大牲，吉。”李鼎祚案曰：“坤为牛，巽木下克坤土，杀牛之象也。”① 萃之三四五爻互体为巽，故云“巽木下克坤土”。此引入互体说，然后用坤、巽二卦象解释卦辞，对卦象未加理论。

其次，取爻象释文。《文言》曰：“见龙在田，天下文明。”此释乾九二爻辞。李鼎祚案曰：“阳气上达于地，故曰：‘见龙在田。’百草萌芽孚甲，故曰：‘文明。’”② 此实以“阳气上达于地”，喻乾九二爻象，甚与爻辞相副。

师初六曰：“师出以律，否臧凶。”李鼎祚案曰：“初六以阴居阳，履失其位。位既匪正，虽令不从。以斯行师，失律者也。凡首率师出征必以律，若不以律，虽臧亦凶。”③ 以初爻位不正，喻位不正之领兵者，虽令不从，必遭凶险。

《文言·乾》曰：“九四，重刚而不中。”李鼎祚案云：“三居下卦之上，四处上卦之下，俱非得中，故曰：‘重刚而不中。’”④ 是说九三、九四均阳刚之爻，是为“重刚”。但三、四爻在上下卦里俱非中位，故云：“不中。”

夬九四：“臀无肤，其行次且。”《象》曰：“其行次且，位不当也。”李鼎祚案曰：“兑为羊，四五体兑故也。凡卦，初为足，二为腓，三为股，四为臀。四当阴柔，今反阳刚，故曰：‘臀无肤。’九四震爻，震为足，足既不正，故‘行趑趄’矣。”⑤ 夬，上兑下乾。兑为羊。四为阴位，今反阳刚，位乃不正。四为足，足若不正，其行必“趑趄”（举步困难不前）。

① 李鼎祚：《周易集解·萃》。
②④ 李鼎祚：《周易集解·文言·乾》。
③ 李鼎祚：《周易集解·师初六》。
⑤ 李鼎祚：《周易集解·夬九四》。

其三，取爻位升降释义。爻位升降是汉代卦变说的表述方法，即阴阳爻位加以改变，使原卦象发生变化，实为卦象释义的变通方法，始创于荀爽。本卦卦象不足以释义，乃以卦变释之。此方法旨在扩大卦象释义的范围，让思想更为灵活，亦为《周易》变易思想的模式化，显示易学思维的固有特征。

明夷《象》曰："明入地中，明夷。"李鼎祚释曰："夷，灭也。九二升三，六三降二，明入地中也。明入地中，则明灭也。"[1] 李鼎祚故意用升降说解释。先引蜀才卦变说，谓明夷本于临卦。临卦，上坤下兑。九二升三，六三降二，乃成明夷。明夷，上坤下离。坤为地，离为日，为大明。日光为地所掩，故为"明灭"。其实直接用离居坤下的卦象解释即可，引入升降说似故弄玄虚。

困九二："困于酒食，朱绂方来。"困，上兑下坎。李鼎祚引用升降说释"困于酒食"云："二本阴位，中馈之职。坎为酒食，上为宗庙。今二阴升上，则酒食入庙，故困于酒食也。"释"朱绂方来"云："朱绂，宗庙之服，乾为大赤，朱绂之象。""上九降二，故朱绂方来。"[2] 九二升上，外卦变乾，故生"乾为大赤"之象。

其四，取"互体"卦象释义。互体之说，起于先秦，见于《左传》筮例。互体是将别卦六爻中二三四爻与三四五爻加以组合，产生新卦。虞翻大为张扬，成为通常的取象释文方法之一。明夷九三《象》曰："南狩之志，乃大得也。"李鼎祚释"南狩"云："冬猎曰狩也。"[3] 故曰"南狩"。明夷，上坤下离，有离象，离主南，故含南狩之义。释"大得"云：五本君位，当属阳刚，今乃阴柔，故称"暗主"。臣伐君以取代"暗主"，是为"拯难兴衰"之象，故云其志"大得"。

同人九五："同人先号咷而后笑。"《系辞》阐发道："子曰：

① 李鼎祚：《周易集解·象·明夷》。
② 李鼎祚：《周易集解·困九二》。
③ 李鼎祚：《周易集解·明夷九三》。

‘二人同心，其利断金，同心之言，其臭如兰。’”同人，上乾下离。二三四互体巽卦，“巽为臭”，李鼎祚案曰：“六二互巽，巽为臭也，断金之言，良药苦口，故香若兰矣。”[①]

“取象释文”是象数易学常用方法之一，形成一种固定思维模式，力图说明文王系卦爻辞无不根据卦爻象。本卦的卦爻象，往往与卦辞内容不相符，就采用卦变、爻变、升降、互体等方法，卦中生卦，以扩大卦爻象。对此王弼批评道：“互体不足，遂及卦变；变又不足，推致五行。一失其原，巧愈弥甚。”[②]这种批评是有道理的。“取象释文”方法，走向极端，不只流于烦琐，且常专重象数而忽视义理，造成易学思维的片面性。

---

① 李鼎祚：《周易集解·系辞上》。
② 王弼：《周易略例·明象》。

第四章 “易学”之部（中）

第一节 《皇极经世》的先天象数易学

北宋邵雍的《皇极经世》顾名思义是一部“通古今之变”、经邦济世的书。邵雍之子邵伯温解释说：“至大之谓皇，至中之谓极，至正之谓经，至变之谓世。大中至正、应变无方之谓道。”可见《皇极经世》的宗旨在于探讨、阐明宇宙变易之正道，其中包含着人类历史变化的准则。邵伯温说，《皇极经世》原本十二卷，一、二卷，“以元经会”，“则总元会运世之数，易所谓天地之数也”；三、四卷，“以会经运”，“以见天下离合治乱之迹，以天时而验人事也”；五、六卷，“以运经世”，“书传所载兴废、治乱、得失、邪正之迹，以人事而验天时者也”。[①]

《皇极经世》中，“以元经会”部分，着重讲宇宙变化法则；“以会经运”“以运经世”两部分，是用大量表格显示中国古史的变化过程。邵雍创立一套评议中国历史的皇帝王伯（霸）历史观，用以概括中国三千多年历史变化的轨迹，这在中国思想史上尚无先例。

---

① 《皇极经世书论》。

一、皇帝王伯崇尚道、德、功、力

邵雍对中国历史有着广泛研究，力图探讨政治历史变化的规律性。他不同意邹衍提出的“五德终始”论，也不赞同董仲舒提出的“三统”循环论，另辟蹊径提出所谓皇、帝、王、伯历史变化论。他认为中国历史上自唐尧下至五代，三千多年的社会政治变化，存在皇、帝、王、伯（霸）四种政治模式，代表四个发展阶段，正如自然变化有春夏秋冬四季节律一样。按照这种历史观，邵雍编排了别开生面的中国历史年鉴。

皇、帝、王、伯四种政治历史模式的具体特点如何呢？邵雍用道、德、功、力四个字对此分别作了界定：

皇——以上古传说的“三皇”为典范。三皇即伏羲、女娲、神农。邵雍认为“三皇”之世的特点是“以道化民”，行“无为”之治。他说：“以道化民者，民亦以道归之，故尚自然。夫自然者，无为、无有之谓也。……所以圣人有言曰：‘我无为而民自化，我无事而民自富，我好静而民自正，我无欲而民自朴。’”[①] 中国历史发展的第一阶段是“三皇之世”，出现的第一种政治模式是“自然无为”。上以道化民，民亦以道归之。人民都乐于无为，无事，好静，无欲。

帝——以古史中的“五帝”为典范。五帝即黄帝、颛顼、帝喾、唐尧、虞舜。邵雍认为“五帝”之世的特点是“以德教民”，行“禅让”之治。他说：“以德教民者，民亦以德归之，故尚让。夫让也者，先人后己之谓也。……能知其天下之天下，非己之天下者，其惟五帝乎？是故知能以德教天下者，天下亦以德归焉。所以圣人有言曰：‘垂衣裳而天下治。’”[②] 中国历史发展的第二阶段是“五帝之世”。这时出现了第二种政治历史模式，即以礼让为先，以至揖让天下，人无贪鄙之心，

①② 邵雍：《皇极经世·观物篇五十四》。

一毛不苟取，在上者垂拱而治天下。

王——以历史上的“三王”为典范。三王指夏、商、周三代的开国之君，即夏禹王、商汤王、周文王与武王。邵雍认为“三王”时代的特点是“以功劝民”，人民崇尚正直。他说：“以功劝民者，民亦以功归之，故尚政。夫政也者，正也，以正正夫不正之谓也。”邵雍对于什么是正，什么是不正，有明确解释。他说：“天下之正，莫如利民焉；天下之不正，莫如害民焉。能利民者正，则谓之曰王矣；能害民者不正，则谓之曰贼矣。”[①]“三王之世”是中国历史发展的第三阶段，出现了第三种政治历史模式，“以功劝民”。明王以事功劝导人民，人民正直行事，兴利除害，盗贼不起，杀伐不生，天下升平。

伯（霸）——以春秋时代的“五霸”为典型。五霸指齐桓公、晋文公、楚庄王、宋襄公、秦穆公。邵雍认为“五伯”之世的特点是“以力率民”，崇尚智力。他说：“以力率民者，民亦以力归之，故尚争。夫争也者，争夫利者也。取以利，不以义，然后谓之争。”邵雍对五伯时代崇尚智力以争实利的社会政治风气，作了生动的描述，他说：“五伯者，借虚名以争实利者也。帝不足则王，王不足则伯，伯又不足则左衽矣。”[②]那时，五伯以力率民，拥兵自强，尔虞我诈，争城夺国，无有宁日，将文武之明德，抛弃殆尽。

邵雍明确指出：皇帝王伯只是一种简明概括政治历史的模式，并非仅仅指古代的三皇、五帝、三王、五伯。他说：

> 所谓皇帝王伯者，非独谓三皇、五帝、三王、五伯而已。但用无为，则皇也；用恩信，则帝也；用公正，则王也；用智力，则伯也。伯以下，则夷狄；夷狄而下，是禽兽也。[③]

---

①② 邵雍：《皇极经世·观物篇五十四》。
③ 邵雍：《皇极经世·观物外篇》。

他以“用无为”“用恩信”“用公正”“用智力”作为四种政治历史模式的核心内容，这是对“以道化民”“以德教民”“以功劝民”“以力率民”的注释。其实所谓的三皇“无为”而治，只是一种传说，是老子的一种主张。远古时期，不存在阶级分野，可称“无为”，那时氏族之间的斗争仍是残酷的。五帝的“恩信”“揖让”，无非后人的美化，黄帝伐蚩尤，舜逐三苗，禹战共工，这类武力征战的故事都有传说；三王的“公正”，更令人怀疑，汤放桀，武王伐纣，固然得到人民拥护，夏代与商代实行野蛮的奴隶制度，难道那么“公正”？离开阶级之间的政治斗争而谈社会历史的演变，侈谈无为、恩信、公正等原则在社会变迁中的作用，是很难令人信服的。邵雍认为人类社会越远古，人民道德越高尚，生活越自由，越不靠武力与智力；反之，社会越向前发展，道德风气反而日益堕落，日益缺乏礼让、恩信与公正，人民就难得安宁。这样的历史观，不能不带有很大的片面性。

邵雍写《皇极经世》，意在警醒世人，注重汲取历史经验。他主张用皇、帝、王、伯四种政治模式去衡量历史，旨在为人们确立一个评说历史的政治标准。邵雍并非绝对地认为历史演变一代不如一代。他认为皇、帝、王、伯四种模式往往交叉出现，错综复杂。因此，他又提出十六种混合模式。在“以道化民”的三皇之治中，同样还有皇、帝、王、伯四种政治模式，这就是所谓的皇之皇、皇之帝、皇之王、皇之伯；在“以德教民”的五帝之治中，有帝之皇、帝之帝、帝之王，帝之伯；在“以功劝民”的三王之治中，有王之皇、王之帝、王之王、王之伯；在“以力率民”的五伯之治中，存在伯之皇、伯之帝、伯之王、伯之伯。用十六种混合模式评断历史，臧否历史人物，其用心可谓深细。邵雍对历代政治，有褒有贬；对历史人物，或臧或否，其历史观不失为“通古今之变”的象数思维模式。

邵雍对十六种混合模式，作了一般性的解释。《皇极经世·观物内篇》之十写道：

皇之皇，以道行道之事也。皇之帝，以道行德之事也。皇之王，以道行功之事也。皇之伯，以道行力之事也。

帝之皇，以德行道之事也。帝之帝，以德行德之事也。帝之王，以德行功之事也。帝之伯，以德行力之事也。

……

这主要表现：道、德、功、力四种政治手段，或四种统治策略，不一定单独行使，可以交叉综合使用，但在综合使用中，总有一方面是主要的，另一方面居于补充地位。

邵雍觉得对皇、帝、王、伯之世，单以道、德、功、力四字概括其政治态势，不免有些抽象，他更用春、夏、秋、冬四季作比喻，使之具体化，为人们所喜闻乐见。他还采用诗歌形式，对春、夏、秋、冬所代表的历史时代作了生动描述。

“以道化民”之世，如春。春天的特点是风和日丽，万物舒展，畅发生机。其《三皇吟》诗云：“三皇之世正熙熙，乌雀之巢俯可窥。当日一般情味好，初春天气早晨时。”①

“以德教民”之世，如夏。夏季的情景是阳光灿烂，草木繁茂。其《观五帝吟》诗云：“衣裳垂处威仪盛，玉帛修时意思恭。物物尽能循至理，人人自愿立殊功。”②

“以功劝民”之世，如秋。秋之景色如风扫落叶，草木凋零，其《三王吟》诗云：“三王之世正如秋，权重权轻事有由。深谷为陵岸为谷，陵迁谷变不知休。”③

“以力率民”之世，如冬。肃杀之气，席卷大地，万物遭受凌迟。其《观五伯吟》诗云：“刻意尊名名愈亏，人人奔命不胜疲。生灵剑戟林中活，公道货财心里归。”④

---

①③ 邵雍：《击壤集》卷十三。
②④ 邵雍：《击壤集》卷十五。

三皇五帝之世，能否再恢复？邵雍认为，无为而治的社会，难以恢复了。若能行仲尼之道，五帝、三王之世还可局部再现。其《天人吟》诗说：“羲轩尧舜虽难复，汤武桓文尚可循。事既不同时又异，也由天道也由人。”① 肯定人力可以回天，历史由人创造。故邵雍对唐代政治十分赞赏，其《观有唐吟》诗云：“天生神武镇中央，不尔群凶未易攘。贞观若无风凛凛，开元安有气扬扬。凭高始见山河壮，入夏方知日月长。三百年间能混一，事虽成往道弥光。”② 面对他所说的日益衰落的历史图景，这样的回忆，多少给人以一点慰藉。

邵雍不只用春、夏、秋、冬四季阴阳消长的特点形容皇、帝、王、伯四种政治模式的基本精神，还进一步引用《易》《书》《诗》《春秋》四部古代经典的基本精神，附会皇、帝、王、伯四个时期。在邵雍看来，这四部经典的产生是大有文章的。他说：

> 孔子赞《易》，自羲轩而下；序《书》，自尧舜而下；删《诗》，自文武而下；修《春秋》，自桓文而下。自羲轩而下，祖三皇也；自尧舜而下，宗五帝也；自文武而下，子三王也；自桓文而下，孙五伯也。③

邵雍认为《周易》宣扬的“无思无为”境界，反映了三皇之世的文化精神；《尚书》所述《尧典》《舜典》思想，反映了五帝之治的文化精神；《诗经》所歌颂的文王、武王事迹，表现了三王之治的文化精神；《春秋》之作使乱臣贼子惧，针砭了五伯之世的积弊。邵雍以四部经典阐明其皇帝王伯历史观，力图引用元典精神来论述自己的思想，这是富有启发意义的。

---

① 邵雍：《击壤集》卷十三。
② 邵雍：《击壤集》卷十五。
③ 邵雍：《皇极经世·观物篇五十六》。

不少评论家认为，邵雍创导以皇、帝、王、伯或道、德、功、力概述历史，是一种退化史观。这种评论不能说没有道理。但邵雍毕竟意识到在三千年阶级社会的历史中，充满了皇、帝、王、伯的不同政治态势，存在无为与有为，礼让与争夺，义与利，暴力与文德两种政治路线的冲突。这种历史观较之“五德终始”论、“三统”循环论大大前进一步。无疑为宋明理学中天理人欲之辨，王伯之辨，义利之辨，开了先河。

二、“午会”前九运的历史演变

《皇极经世》第三大部分《以运经世》，是《观物篇》之二十五至三十四，邵雍以历史年鉴形式，详细记载了中国古代自夏禹至五代时期三千年间的历史演变。这三千年，在“以元经会”的宇宙年谱中，相当于第七“午会”。按邵雍的历史观，中国历史经历了三皇、五帝两大阶段之后，进入三王、五伯两大阶段。第七会（午会）时值姤卦，表明历史发展由乾（第六会）之姤，阳气上升已到极点，开始走下坡路。“以功劝民”之世代之以“以力率民”之世。以一年四季作比喻，相当于盛夏之后，逐步转秋入冬。在邵雍看来，午会三十运是人类社会生活日益衰落，渐至难熬的时期。邵雍只详细表列了午会三十运中前九运的大事。此午会前九运，正是夏、殷、周、秦、两汉、三国、晋、十六国、南北朝、隋、唐、五代、宋等王朝的兴衰过程。《观物内篇》对此历史过程有过总的评价。他写道：

> 三皇春也，五帝夏也，三王秋也，五伯冬也。七国，冬之余冽也。汉，王而不足；晋，伯而有余；三国，伯之雄者也；十六国，伯之丛者也；南五代，伯之借乘也；北五代，伯之传舍也。隋，晋之子也；唐，汉之弟也。隋季诸郡之伯，江汉之余波也；唐季诸

镇之伯，日月之余光也。后五代之伯，日未出之星也。[1]

“七国”指战国七雄，称“冬之余冽”，即春秋五伯之余威。“汉，王而不足”，是不够王，乃王之伯；“晋，伯而有余”，是较伯稍强，可谓伯之王。“三国，伯之雄”，指汉魏吴的君主皆称伯之雄杰。“十六国，伯之丛”，图伯之人少有出类拔萃之辈。宋齐梁陈加后梁，是为“南五代”，皆借人之势以称伯；前魏、东魏、西魏、北齐、北周，为“北五代”，有如走马灯似的传舍，托名称伯而已。隋的短暂统治，好比晋的儿子，不足于伯之王；唐的辉煌历史，好比汉的弟兄，不足于王之伯。隋之伯业如江汉，隋末诸郡，有如江汉的余波；大唐声名若日月，唐末诸藩镇，只不过是其余光。邵雍立意美化宋代的伯业，说它好比一轮红日；而唐末、宋前的五代，只是黎明时刻的几点小星，微不足道。

尽管邵雍认为历史变化越来越糟，但却将中国历史的前途寄希望于宋代，他写了《经世吟》，抒发自己的乐观情怀：

羲轩尧舜，汤武桓文，皇帝王伯，父子君臣。四者之道，理限于秦。降及两汉，又历三分；东西俶扰，南北纷纭。……非唐不济，非宋不存，千世万世，中原有人。[2]

邵雍按午会三十运的次序，编排了前九运的历史年鉴。将三千多年的历史变迁，按元会运世的次序加以排列，煞费苦心。现将其所列年鉴，依午会前九运的顺序，简述于下：

午会第一运，值姤之乾，十二世，360 年。自夏禹八年甲子，至夏孔甲十二年癸亥。其中大事有：禹大会诸侯于涂山，崩于会稽；夏王启与有扈氏大战于甘；后羿拒太康于洛；寒浞杀羿；夏臣靡灭寒浞立

---

① 邵雍：《皇极经世 · 观物篇六十》。
② 邵雍：《击壤集》卷十七。

少康；夏王杼以后经七传而至孔甲。

午会第二运，值姤之遁，十二世，360 年。自夏孔甲十三年甲子，至商祖辛九年癸亥。中有大事：夏末暴君桀当政；成汤即诸侯位而重用伊尹；夏复归都于亳；汤放桀，建国曰商；太戊立，为中宗；中丁践位，迁于嚣；外壬崩，国复乱；河亶甲徙居相；祖乙徙居邢；祖辛立。其间治乱兴衰，莫可详考。

午会第三运，值姤之讼，十二世，360年。自商王祖辛十年甲子，至周文王受命为西伯，癸亥。中列大事如下：商王盘庚改号曰殷，迁都；武丁（高宗）以梦求傅说为相；武乙徙居河北；周文王即诸侯位，帝乙崩，次子帝辛（纣）即位，囚文王于羑里，二年后释归，命为西伯。

午会第一、二、三运，正邵雍所谓“三王”之世，行“以功劝民”之治。邵雍在《观三王吟》中歌颂三王之治云：

> 一片中原万里余，殆非孱德所宜居。
> 夏商正朔犹能布，汤武干戈未便驱。
> 泽火有名方受革，水天无应不成需。
> 详知仁义为心者，肯作人间浅丈夫？[1]

肯定三王德高望重，能行仁义之道，汤武革命，顺乎天而应乎人，未动干戈而正朔远布。可是从此以后，中国历史向五伯阶段发展，将一发而不可收拾了。

午会第四运，卦当姤之巽，十二世，360 年。自周文王甲子，至幽王四年癸亥（前 778）。其中大事有：西伯伐崇，自岐徙居丰；西伯伐密须、戡黎、伐邘；武王即位，东观兵于孟津；殷纣杀比干、囚箕子，微子奔周；武王伐商杀帝辛；武王崩，周公辅成王，平三监之乱，杀

---

① 邵雍：《击壤集》卷十五。

武庚，营成周；周公没；周召二伯行政，谓之共和（庚申，公元前841年。中国历史有确切纪年自此始）；宣王北伐猃狁，南征荆蛮，伐姜戎，败师于千亩；料民于太原；幽王宠褒姒。此乃古史中的西周时期。夷王以后，国祚渐衰，尚未进入五伯之世，承三王之遗绪而衰颓不振。

午会第五运，卦值姤之鼎，十二世，360年。自幽王五年甲子（前777），至周威烈王八年癸亥（前418）。由三王之世降而为五伯之世。其中大事有：幽王废申后及太子宜臼；申侯以犬戎伐周弑幽王；平王东迁洛邑，是东周之始；秦祀白帝，晋昭侯封弟，楚熊通伐随遂称王；齐桓王立；齐会宋陈蔡邾伐鲁；晋请为诸侯；周有三大丈之乱，伐山戎以救燕；齐攘狄、伐蔡，齐会盟于葵丘，齐使管仲平周乱；秦伐晋；楚执宋襄公于会；秦晋徙陆浑之戎于伊川；秦晋之师灭叔带纳王于成周；周襄王享晋文公；襄王狩于河阳；晋会盟于践土；晋败秦师于崤；秦伐西戎破国十二；楚观兵于周郊；晋会诸侯之师救卫；晋会吴以灭逼阳；楚伐吴有功，楚会十二国之君于申；吴败楚师于乾溪；晋灭陆浑之戎；周铸大钱；晋伐楚，吴入郢；鲁以孔子为司寇，鲁会齐于夹谷，孔子去鲁适卫，孔子自卫返鲁，孔子卒；吴伐楚，越伐吴；越灭吴；晋三家兵围晋阳；晋之韩魏赵灭智伯。春秋时期五伯争雄，战乱不休，人民涂炭。当此乱世而造就圣人孔子。邵雍《观五伯吟》云：

> 刻意尊名名愈亏，人人奔命不胜疲。
> 生灵剑戟林中活，公道货财心里归。
> 虽则饩羊能爱礼，奈何鸣凤未来仪。
> 东周五百余年内，叹息惟闻一仲尼。[①]

午会第六运，卦值姤之大过，十二世，360年。自周威烈王九年甲

---

① 邵雍：《击壤集》卷十五。

子（前417），至汉宣帝神爵四年癸亥（前58），自战国初年至西汉末年。其中大事件有：田氏伐齐；魏赵韩灭晋；秦用商鞅；诸侯西贺秦；孟子为魏卿，齐用孟子为上卿；秦大败六国之师；秦大败楚师；楚怀王放屈原于江滨；齐灭宋；燕会师伐齐；秦师伐韩；秦昭襄王灭周；秦徙周九鼎于咸阳；楚齐韩燕赵皆服于秦；楚灭鲁；秦始皇称帝；秦灭楚、灭齐，罢侯置守，焚书坑儒；赵高立胡亥；陈胜、吴广称王；项羽、刘邦称兵；刘邦败项羽称帝；汉平梁王、淮南王之乱；吕氏临朝；周勃诛吕氏；汉文帝用陈平为相；汉景帝平七国之乱；武帝伐匈奴。在此期间，礼崩乐坏，群雄并起；秦统一中国，结束纷争局面，可又短祚而亡。人民期望统一，乃有西汉之鼎盛。邵雍《观七国吟》云：

当其末路尚纵横，仁义之言固不听。
肯谓破齐存即墨，能胜坑赵尽长平。
清晨见鬼未为怪，白日杀人奚足惊。
加以苏张掉三寸，扼喉其势不俱生。[1]

午会第七运，卦值大过之夬，十二世，360年。自汉宣帝五凤元年甲子（前57），至晋惠帝太安二年癸亥（303）。其中大事有：西汉末王凤、王匡起义；王莽篡汉，改国号新；刘玄、刘秀称兵；赤眉起义；光武帝平隗嚣、公孙述；和帝时窦宪破匈奴，梁冀谋逆，党锢事起；窦后临朝称制；黄巾起义；王允、吕布诛董卓，曹操徙帝都许昌；刘备、孙权联兵破曹操；刘备称帝，诸葛亮为相；孙权称帝，伐蜀攻魏；诸葛亮北伐；魏司马懿辅政，子司马师废魏君曹芳；司马昭弑君称晋公，子司马炎代魏。由东汉而三国鼎立再至东晋，是合久必分，分久必合。邵雍《观三国吟》云：

---

① 邵雍：《击壤集》卷十五。

桓桓鼎峙震雷音，绝唱高踪没处寻。
箫鼓一方情未畅，弓刀万里力难任。
论兵狼石宁无意，饮马黄河徒有心。
虽曰天时亦人事，谁知虑外失良金。①

午会第八运，卦值大过之咸，十二世，360年。自晋惠帝永安元年甲子（304），至唐高宗龙朔三年癸亥（663）。经南北朝的分离而到隋唐的一统。其间大事有：刘渊称帝曰后汉；石勒称赵王、称帝；桓温灭蜀，秦苻坚称天王；晋谢安大败秦师于淝水；拓拔珪登国；桓玄窃命称楚；晋自江陵还建业；刘裕代晋改元号宋；萧道成伐宋建齐；梁武帝萧衍代齐；北齐高洋代东魏；陈霸先代梁；李渊袭封为唐公；周杨坚专制，代周称隋；隋师灭陈；杨广弑父自立；唐高祖李渊伐隋改元；秦王李世民称帝为太宗；太宗征辽东；高宗立武则天为后。邵雍《观南北朝吟》云：

方其天下分南北，聘使何尝绝往还。
偏霸尚存前典宪，小康犹带旧腥膻。
洛阳雅望称崔浩，江表奇才服谢安。
二百四年能并辔，漫将夷虏互为言。②

午会第九运，卦值大过之困，十二世，360年。自唐高宗麟德元年甲子（664），至宋仁宗天圣元年癸亥（1023。此年邵雍13岁）。实际列表只及十世。邵雍本着儒者只推已往，不论当代的原则，故所列大事只及五代，未列宋代事。其中所列大事有：武则天改国号曰周；唐玄宗立，杨贵妃受宠，杨国忠专权；郭子仪败吐蕃；唐顺宗永贞革新；

①② 邵雍：《击壤集》卷十五。

唐宪宗诛王伾、王叔文；王仙芝、黄巢起义；朱全忠进封梁王并代唐；后梁、后唐、后晋、后汉、后周相继称帝；后周赵匡胤拥兵。邵雍对唐代国运鼎盛，贞观、开元之治，颇有赞扬之词："三百年间能混一，事虽成往道弥光。"于五代多有批评。其《观五代吟》云：

> 自从唐季坠皇纲，天下生灵被扰攘。
> 社稷安危悬卒伍，朝廷轻重系藩方。
> 深冬寒木固不脱，未旦小星犹有光。
> 五十三年更五姓，始知除扫待真王。[1]

午会第十运，卦值大过之井，十二世，360 年。自宋仁宗天圣二年甲子（1024），至明太祖洪武十六年癸亥（1383）。邵雍未及论列。明人黄畿在其所著《皇极经世书传》中曾补入。

三、结论

邵雍所创立的皇帝王伯递嬗史论，充分暴露了他的唯心史观。他按照自己的易学思想主观设计了一套格式，去硬套历史事件。何朝何代发生什么事件，都是所值之卦中应有之义的应验。以 360 年（六轮甲子）为一周期，打破王朝兴亡的历史格局，甚至将同一帝王的统治时期，强行分割，列入不同的运世之中。仿佛历史事件恰似一些散兵游勇，可以任人编队，一律以 360 人为一个方队。将散乱的历史事件编入《以会经运》表格之后，显得格外整齐，这种历史编年方法中国历史学家从未采用过。表面看来，皇帝王伯依次递嬗，很有规律，其实，并不是历史本身的客观规律，只是邵雍随意打扮历史而硬造的规矩，是将主观意志强加于历史的典型。按照这套主观规矩研究历史，绝对

---

① 邵雍：《击壤集》卷十五。

不可能得出任何可取的结论，只能比按帝王世系划分历史的做法造成更多的混乱。表面上，邵雍的历史年鉴很整齐，实际上是把历史搅成了一团乱麻，以此论史，完全失去了“以史为鉴，可知兴替”的意义。

邵雍以元会运世纪年法裁决历史的做法之所以完全错误，在于他根本不懂得历史发展的动力究竟是什么，历史到底是谁创造的。他完全没有意识到应从社会基本矛盾即生产力与生产关系的矛盾、经济基础和社会上层建筑的矛盾中去找历史变动的原因。他抱着卦气自然消长的观点来裁决历史，卦气变了，历史自然会变，实际上把易学中的卦气学说奉为绝对真理，用它来套中国历史。

不过，邵雍的历史观对人们观察历史毕竟有一些启示。他打破了“五德”终始、“三统”循环的古史观，提出皇帝王伯交叉的历史观，先树立四种典型，作为观察历史的标准，又用十六种混合形态，将人们的思维方法复杂化，说明观察历史不能要求纯之又纯的形式，要有多种视角，要善于综合考察。其次，他打破了按王朝兴衰来观察历史的方法，启迪人们在观察历史时，不能绝对依据王朝更迭，可能有超出王朝更迭的东西起作用。这起作用的力量是什么，邵雍并未作探索。这倒启示人们去探索那真正超越王朝更迭而起作用的历史动力，即不以人们的主观意志为转移的客观因素。打破王朝史体系而思考历史的变革，这不能不说是别开生面的历史研究方法。邵雍认为历史的变化，是由阴阳消长，如果不把这个阴阳看作自然界的阴气和阳气，而看作制约历史发展的某种积极因素与消极因素，推动历史前进的正面力量和阻碍历史前进的反面力量，这对于观察历史无疑提供了一种新的参照系统，这比用天的意志决定历史、圣人的智慧决定历史，或神秘的运气决定历史，有着可取的成分。总之，邵雍用一种标准来检验历史的盛衰，这种标准是主观的，不可取，但却引导人们跳出天命史观、天才史观、运气史观的窠臼，不能不说是人类历史观发展的一个新的转折。不过这并不是邵雍历史观的本意，他的历史观的核心还是以一个神秘的“数”的演变来范围历史，是彻头彻尾的神秘主义历史观。他要用这一套历史观来美化宋王朝，认为宋之兴起犹如旭日东升，这是很难自圆其说的，所以他排列的历史年表只到五代为止，这是无可奈何的办法。

第二节 《汉上易传》的象数易学新论

朱震（1072—1138）字子发，湖北荆门军（今湖北荆门市）人。北宋末年登进士第，曾任州县官，朱震在南宋生活十一年。高宗绍兴四年，朱震年五十四，被召入京，任职四年卒，官至左朝奉大夫。他将所著《汉上易传》（附《卦图》《丛说》）进呈宋高宗，得以留世，史称他为南宋学者。朱震一生“老于田亩，困于州县，白首穷经”，在朝廷“位高职卑”，无卓著政绩。[①]一生研《易》，自称遵循程颐《伊川易传》学脉，实际主要清理、传播沉寂多年的汉代象数学和兴起于北宋的图书易学，在易学发展史上有独特贡献。

朱震易学将《易传・系辞》“易者，象也”奉为基本指导思想，提出“易无非象”的主张。他说：“易无非象也。象著而形，乃谓之器。”[②]他认为伏羲画卦，只有卦象，并无文字，后来的文字旨在解释卦象，写道：“言不能尽意，须观象乃默然而自喻。伏羲画卦，无文字；文王作易，乃有彖；周公作爻辞；至仲尼作《彖》《象》《文言》《系辞》《说卦》。观其所遭之时，考其言之详略，则可知矣。”[③]朱震所说的象，指卦象、爻象，而卦爻象有的取自两体，有的取自互体和卦变。朱震说：“易者象也，有卦象，有爻象。彖也者

---

① 朱震：《汉上易传》。

②③ 朱震：《汉上易传・丛说》。

言乎象者也，言卦象也。爻动乎内，言爻象也。夫子之大象，别以八卦取义，错综而成之。有取两体者，有取互体者，有取卦变者。大概象有未尽者，于大象申之。”①朱震对于互体和卦变作了深入研究，丰富了象数易学。他发现古人取象有多种途径，不拘泥于单一格式。他说：“卦有取前卦以为象者，有取后卦以为象者，有一爻而取两象者，有一象而兼二爻者，有一爻变动而二爻共取以为象者，其言可谓曲矣。然而尽万物之理，不如是无以致曲焉。不如是，其言亦不能以中矣。”②朱震认为圣人设卦“本以观象”，恐后世观象者仍不能明理，乃设卦辞、爻辞予以启发。“圣人设卦本以观象，不言而见吉凶。自伏羲至于尧、舜、文王，近者同时，远者万有千岁，其道如出乎一人，观象而自得也。圣人忧患后世，惧观之者其智有不足以知此，于是系之卦辞，又系之爻辞，以明告之，非得已也，为观象而未知者设也。”③“易无非象”是朱震易学的基本指导思想。《汉上易传》的特色，正在于恢复《周易》象数学的应有地位，力图使象数易学同义理易学并行发展，结束自王弼扫象言理以来义理派易学独占易坛的局面，使陈抟、邵雍发轫的《周易》象数学，进入繁荣的新时期。这是长江易学在易学发展史上的独特贡献。

一、论太极，揭示万化之本体

朱震首先阐明太极为万化之本源的原理，视之为《周易》宇宙观的中心思想。《汉上易传》朱震自序写道：“夫《易》，广矣大矣，其远不可御矣。然不越乎阴阳二端，其究则一而已矣。一者，天地之根本也，万物之权舆也，阴阳动静之源也，故谓之太极。”在《汉上

---

① 朱震：《汉上易传·象·乾》。
② 朱震：《汉上易传·丛说》。
③ 朱震：《汉上易传·系辞上传》。

易传·丛说》中，朱震反复申述此论点，指明："太极者，中之至也。天地之大本也，所以生天地者也。天地分太极，万物分天地，人资天地之中以生，观乎人则天地之体见矣。"

朱震赞同张载"太虚即气"的学说，肯定太极化生万物的过程，实是太虚之气聚散的表现。《汉上易传·丛说》写道："太虚者，气之本体。动则聚而为气，静则散而为太虚。动静聚散，有形无形，其鬼神之情状乎？"[①] 又说："聚者不能无散，散者不能无聚。屈伸相感，阴阳之变也。神，申也，其气聚而日息；鬼，归也，其气散则日消。物其形也，散其情也。"[②]

朱震用八卦同五行的观念来解释太极同万物化生的关系。《汉上易传·丛说》写道："太极者，阴阳之本也；两仪者，阴阳之分也；四象者，金木水火土也；八卦者，阴阳、五行布于四时而生万物也。故不知八卦则不知五行，不知五行则不知阴阳，不知阴阳则不知太极。……不知太极则不可以语《易》矣。"将八卦同五行相联系，是汉易象数学的观点，朱震用此观点论述太极与万化的关系，意在丰富象数易学的内涵，引导人们重新沿着汉易象数学的思路前进。

朱震更用太虚之气来阐述儒学的性命原理，力图使易学研究沿着唯物主义道路发展。《汉上易传·说卦传》论述道："易有太极，太虚也，阴阳者，太虚聚而有气也。柔刚者，气聚而有体也。仁义根于太虚，见于气体，而动于知觉者也。自万物一源观之谓之性，自禀赋观之谓之命，自通天地人观之谓之理，三者一也。"

朱震运用传统哲学中的体用范畴，解释太极同万物的关系。他说："天道之行，雷霆风雨，日月寒暑，刚柔相摩，万物变化，显诸仁也。雷霆之所以鼓，风雨之所以润，日月寒暑之所以运行，莫知其然而然，

①② 朱震：《汉上易传·丛说》。

藏诸用也。天理自动，万物听之，鼓万物也，此天道无心之妙，犹不与圣人同忧者。”[①] 又说：“一者，体也，太极不动之数；四十有九者，用也，两仪、四象分太极之数。总之则一，散之则四十有九。非四十有九之外复有一而其一不用也。方其一也，两仪四象未始不具，及其散也，太极未始或亡，体用不相离也。”[②] 用大衍之数五十，其用四十有九的原则，解释太极同万物的体用关系，展示象数易学阐述宇宙生成论的内容，同玄学家、理学家的义理易学有所区别。《易传》提出“太极生两仪，两仪生四象，四象生八卦”的宇宙生成图式后，魏晋玄学家建立了玄学唯心主义本体论，北宋程颐营建了唯心主义理本论，张载创立唯物主义气化论，邵雍提出合之为一、衍之为万的数学宇宙论。朱震对先哲之论加以总结、吸收、改造，建立了“太极——太虚——气——万物”的宇宙衍化图式，成为比较完整的唯物主义宇宙本体论，为中国哲学发展做出了一定贡献。

二、论卦变，阐明易理之精微

朱震的《周易》象数学，可称为卦变论易学体系。他将汉代的卦变、互体、纳甲、五行等学说，囊括在自己的卦变体系中，用卦变理论解释宇宙万物的变化，从而揭示了易学中的朴素辩证法思想。

朱震认为历代易学家都是讲卦变的，离开卦变学说，《周易》就会失去生命力。他说《左传》所记古代占筮，辄谓某卦之某卦，之卦之说，即是讲卦变。《易传》主张“刚柔相易，唯变所适”，讲“穷上反下”，讲“乾坤生六子”，都是讲的卦变。京房的八宫卦说，由八卦生成六十四卦，亦是卦变思想演绎。虞翻讲卦与卦之间的旁通关系，是卦变的另一种说法，李之才创立卦变学说，程颐、张载都是同

①② 朱震：《汉上易传·系辞上传》。

意卦变思想的。朱震认为，王弼反对汉易，批评卦变，实际亦曾用卦变思想注释贲卦爻辞。朱震为自己坚持以卦变说为释易的准则，提出一套理论。他设问："或曰：'圣人既重卦矣，又有卦变何也？'"自己回答："曰：'因体以明用也。易无非用，用无非变。以乾坤为体，则以八卦为用；以八卦为体，则以六十四卦为用；以六十四卦为体，则以卦变为用；以卦变为体，则以六爻相变为用。体用相资，其变无穷。"[①]为什么说乾坤为体、八卦为用即是卦变？他说："易曰：'刚柔相摩，八卦相荡。'先儒谓阴阳二气，旋转摩荡，乾以二五摩坤，成震、坎、艮；坤以二五摩乾，成巽、离、兑。故刚柔相摩，则乾坤成坎离，所谓卦变也，八卦相荡则坎离中互有震、艮、巽、兑之象，所谓互体也。"[②]朱震认为，卦变包含互体，互体显示卦变，二者是一致的。他还提出"乾坤之变，同生于震"的说法，用先天八卦的相生关系予以说明，写道："乾坤之变，同生于震，何也？乾自震变，坤亦自震变。此迎之莫见其首，随之莫见其尾也。先天：坤生震，震生离，离生兑，兑生乾，乾生巽，巽生坎，坎生艮，艮生坤，坤复生震。此大易之祖也，故于乾坤象之。"[③]他认为先天八卦依次循环相生，是"迎之莫见其首，随之莫见其尾"的卦变系列。若从震卦开始，则乾与坤都是从震始生的。这种循环相生原理，即是卦变原理。朱震进而批评王弼说：王弼讥互体、卦变，其注损九二爻辞，亦用卦变。损九二，王弼注曰："柔不可全益，刚不可全削。下不可以无正。初九已损刚以顺柔，九二履中而复损己以益柔，则损道成焉。"朱震指明："此卦变也。"[④]朱震的结论是："圣人观阴阳之变而立卦，效天下之动而生爻。变动之别，其传有五：曰动爻，曰卦变，曰互体，曰五行，曰纳甲。而卦变之中，又有变

---

① 朱震：《汉上易传·屯》。
②③④ 朱震：《汉上易传·丛说》。

焉。”[①]以上分别言之有五，实则都是卦变的表现。故卦变之中又有变。关于五行、纳甲同卦变的关系，在其卦图中有所阐发。

朱震归纳卦变的规律，得出“五以变，三以变”的结论。他认为《周易》六十四卦，只须掌握复、姤、临遁、泰否六卦就可以了。他说：“五阴一阳自复来，一爻五变成五卦；五阳一阴自姤来，一爻五变成五卦。四阴二阳自临来，五复五变成十四卦；四阳二阴自遁来，五复五变成十四卦；三阴三阳自泰来，三复三变成九卦；三阳三阴自否来，三复三变成九卦。大抵皆五以变，三以变也。”[②]以上六卦三、五之变，共五十六卦，加上乾坤及以上六卦为六十四卦。朱震列出乾坤二卦为易之门户、万物之祖等八幅《卦变反对图》，阐明三、五之变的具体过程，充分显示卦变理论足以描绘六十四卦所构成的网络结构。朱震总结并弘扬易学卦变理论，大大推进《周易》的变易思想，对于锻炼人们的思辨能力，促进思维的细致严密，的确有理论意义。八幅《卦变反对图》一环扣一环，丝丝入扣，一丝不苟，不只是建立一种理论，而是人人可以操作的，这正是象数易学的优越性所在。

三、集卦图，展示象数思维模式

《汉上易传》附有《卦图》三卷，列三十四幅卦图、七幅数图，尚有河图、洛书、太极图及太玄准易图。朱震说明创立这些卦图的目的道：“《卦图》所以解剖《彖》《象》，推广《说卦》，断古今之疑，发不尽之意，弥缝《易传》之阙者也。”[③]朱震称其图为“卦图”，因其图多由六十四卦组成，只有河图、洛书、太极图是由黑白点及圆圈组成，同北宋象数易学家刘牧《易数钩隐图》大异其趣，刘牧所列

① 朱震：《汉上易传序》。
② 朱震：《汉上易传 · 丛说》。
③ 朱震：《汉上易传 · 卦图》。

五十五幅易数图，纯用黑白点表示，而未用卦，朱震卦图中的河图、洛书，取自刘牧，故亦以黑白点显示。

朱震的《卦图》，有的沿自汉代象数易学，有的沿于北宋象数易学，多数属于他自己创造。

沿于宋代象数易学的有：河图、洛书、太极图、伏羲八卦图、文王八卦图、卦变图等。朱震以1—9数者为《河图》，称1—10数者为《洛书》。

沿于汉代象数易学者有：卦气图、纳甲图、十二消息图、太玄准易图等。

朱震自己创作者有：乾坤交错成六十四卦图、律吕起于冬至之气图、六十律相生图、十二律通五行八正之气图、斗建乾坤终始图、乾用九坤用六图等。

朱震在整理介绍汉宋卦图时，对每幅图作了简要文字说明，从中透露出古代易学家在构造这些卦图时所要反映的文化内涵及其运思中的象数思维模式，其中有些卦图至今虽已失去学术价值，而其象数思维中的某些合理内核，至今仍有一定理论意义。这是值得认真探讨的。

1.《河图》——传说乃三易之源

朱震第一次介绍此图的传授世系：“《河图》，刘牧传于范谔昌，谔昌传于许坚，坚传于李溉，溉传于种放，放传于希夷陈抟。其图戴九履一，左三右七，二四为肩，六八为足，纵横十有五，总四十有五。”[1]此图乃取自刘牧《易数钩隐图》第四十九图，图中数字用黑白点显示，白点表示奇数，黑点表示偶数，此图南宋以后称为“洛书”。朱震列举了历代对此图的解释，如列御寇、李泰伯、《太玄》、王洙、杜子春、姚信等。“王洙曰：‘《山海经》云，伏羲氏得河图，夏后因之曰连山；

---

① 朱震：《汉上易传·卦图》。

黄帝氏得河图，商人因之曰归藏；列山氏得河图，周人因之曰周易。’”此种议论纯属妄言，实无学术价值，但此图在数学上有独特价值，令人倾倒。著名数学家钱宝琮称赞说：“三数相加都得十五，这是令人惊奇的，n^2个自然数排列在每边n格的方图里，纵横斜n数相加都得相同的和，南宋算学家叫它‘纵横图’，日本叫它‘方阵’，西洋人叫它‘幻方’。上面所画的第三图（按：指今之《洛书》），是世界上最古的三行纵横图。北宋的易学大师叫它《河图》，南宋人又叫它《洛书》，都说是伏羲画卦时候的奇迹。”①

2.《洛书》——沟通八卦与五行的桥梁

朱震此图，引自刘牧《易数钩隐图》第五十三、五十四两图，即洛书五行生数与成数。解释很简单：“一与五合而为六，二与五合而为七，三与五合而为八，四与五合而为九，五与五合而为十。一六为水，二七为火，三八为木，四九为金，五十为土。十即五五也。”②后世易学家根据这一图象，与八卦方位相结合，乃成为：乾兑为金，震巽为木，坎为水，离为火，坤艮为土。为数术家广泛应用。南宋学者订正一至十数为《河图》，一至九数为《洛书》。正如张岱年所说：“历史上人们对《河图》的争论很多，但不管古人所说的《河图》是怎么回事，现代人对此应有超越古人的新见解。”③《河图》同《洛书》的确代表了中国古代的智慧。尽管朱熹并未弄清河图同八卦的关系，但仍将此图置于《周易本义》卷首，使之广为流传。

---

① 中国科学院自然科学史研究所：《钱宝琮科学史论文选集》，科学出版社，1983年，第229-230页。

② 朱震：《汉上易传·卦图》。

③《易学研究的突破性进展——千古〈河图〉与八卦关系的解译》，《光明日报》1996年11月20日第8版。

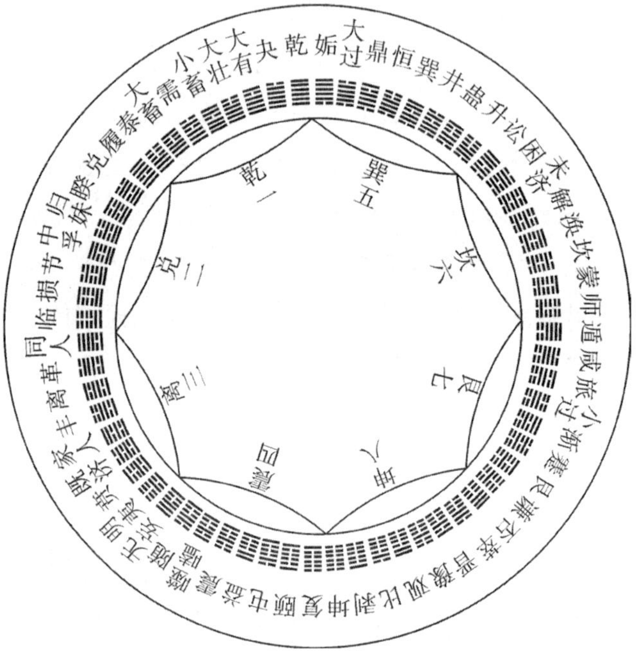

图 4-1　伏羲八卦图

3.《伏羲八卦图》——先天易学智慧的结晶

朱震《汉上易传 · 卦图》写道：“《伏羲八卦图》，王豫传于邵康节，而郑史得之《归藏初经》者。伏羲初画八卦，因而重之者也。”此图为邵雍所创，《周易本义》称为《伏羲六十四卦方位图》，是六十四卦圆图与方图的合并图，如图 4-1 所示。朱熹说：“圆于外者为阳，方于中者为阴。圆者动而为天，方者静而为地者也。”

朱震解释此图说：“乾坤大父母也，故能生八卦；复姤小父母也，故能生六十四卦。”[①] 此图通过《周易本义》传入欧洲，为德国数学家、哲学家莱布尼茨所赏识，认为此图六十四卦的排列方法与他发明的二进制原理“完全一致”。这表明易学象数思维规律，具有某种普遍适用性。这是造图者始料不及的。

① 朱震：《汉上易传 · 卦图》。

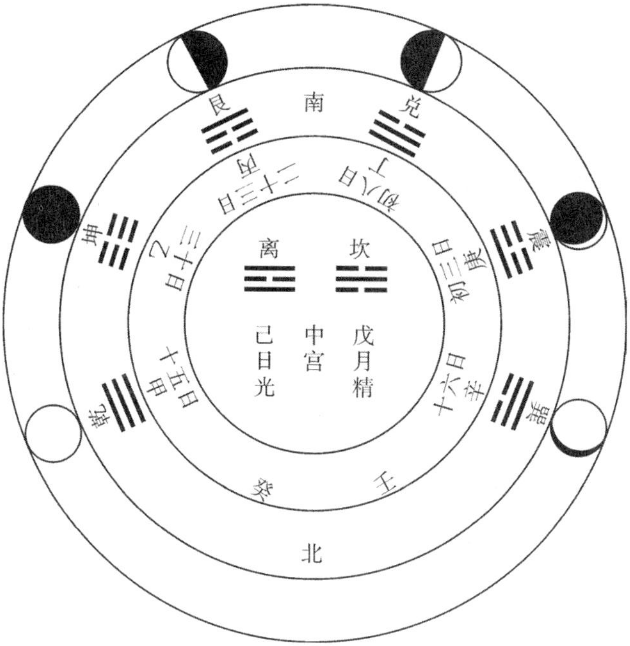

图 4-2 月体纳甲图

4.《纳甲图》——八卦表月相

《汉上易传·卦图》曰:"纳甲何也?曰:举甲以该十日也。乾纳甲壬,坤纳乙癸,震巽纳庚辛,坎离纳戊己,艮兑纳丙丁,皆自下生,圣人仰观日月之运,配之以坎离之象,而八卦十日之义著矣。"[①] 此图用先天八卦表一月内月象的变化,如图 4-2。引虞翻注《系辞》之言曰:"三日暮,震象,月出庚;八日,兑象,月见丁;十五日,乾象,月盈甲壬;十六日旦,巽象,月退辛;二十三日,艮象,月消丙;三十日,坤象,月灭乙。晦夕朔旦,则坎象水流戊;日中则离,离象火,就己,戊己土位,象见于中,日月相推而明生焉。"[②] 此图丹鼎家极重视,沿于汉代魏伯阳《周易参同契》。

①② 朱震:《汉上易传·卦图》。

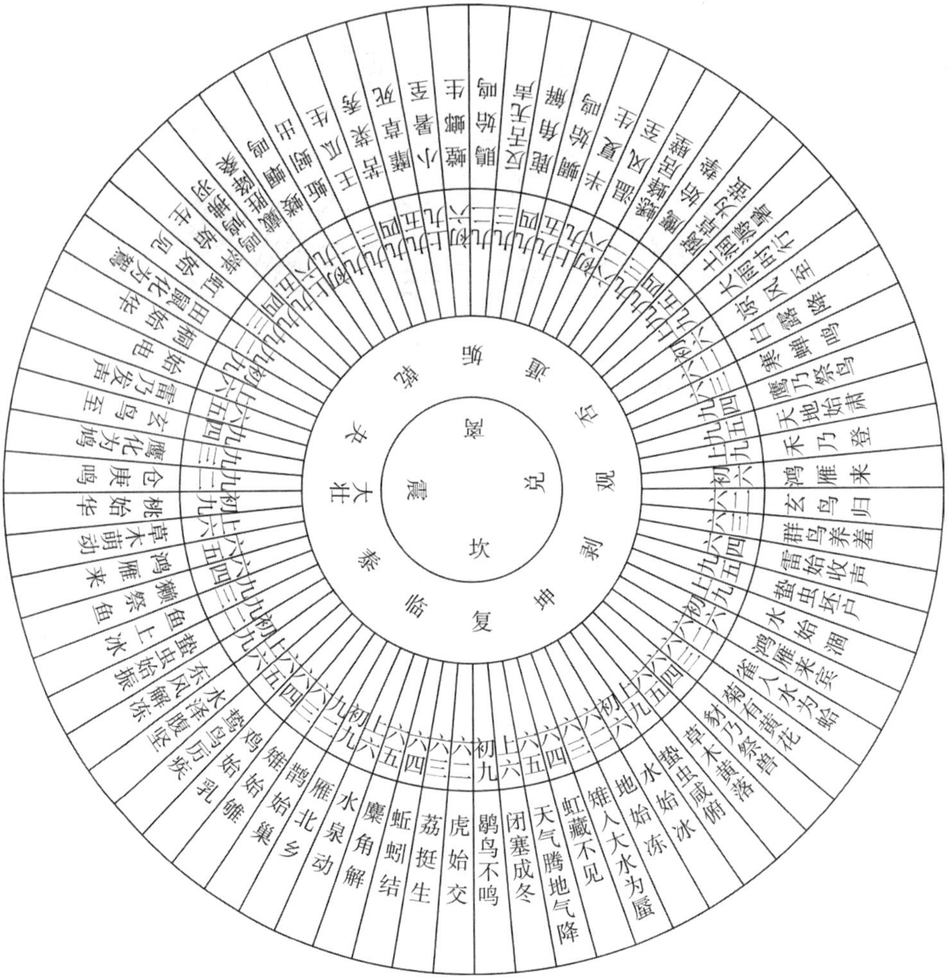

图 4-3　卦气图（七十二候图）

5.《卦气图》——用卦象表四时物候变化

朱震说卦气图沿于京房，传自李溉。“其说源于《易纬》，在《类是谋》曰：‘冬至日在坎，春分日在震，夏至日在离，秋分日在兑。四正之卦，卦有六爻，爻主一气。’”[1] 是以坎离震兑为四正卦，二十四爻主一年

① 朱震：《汉上易传 · 卦图》。

二十四节气。再用十二辟卦表示：“郑康成曰：春三月，候卦气者，泰也大壮也夬也；夏三月，候卦气者，乾也姤也遁也；秋三月，候卦气者，否也观也剥也；冬三月，候卦气者，坤也复也临也。”[①] 又以四正卦之二十四爻与四立二至二分对应：冬至于坎直初六，立春于坎直六四，春分于震直初九，立夏于震直九四，夏至于离直初九，立秋于离直九四，秋分于兑直初九，立冬于兑直九四，[②] 并应用汉易象数学六日七分之说，如图4–3。朱震还指出，卦气说“出于《周易·系辞》《说卦》”，“后马、郑、荀、虞各自名家，说虽不同，要之去象数之源，犹未远也。独魏王弼与钟会同学，尽去旧说，杂之以庄老之言，于是儒者专尚文辞，不复推原《大传》，天人之道，自是分裂而不合者，七百余年矣”。[③] 朱震自谓他的《汉上易传》详列卦图，正是要使天人之道“离而复合”[④]。此乃以文王八卦方位，表四时阴阳变化，为人们建立了四季八节循环往复的整体思维模式，树立了东方时空统一的整体观，在医学与养生方面颇有参考价值。

四、析易数，探寻万化之差异

朱震不只重视《易图》，同时亦注重易数，力图用数显示宇宙万象的变化及差异。他说：“易含万象，策数乃数之 ，又有爻数、卦数、五行、十日、十二辰、五声、十二律、纳甲之数，不可一端。”[⑤] 除“纳甲之数”以八卦表十日已见《卦图》外，《汉上易传》还列有八幅易数图，即《策数》《爻数》《卦数》《五行数》《十日数》《十二辰数》《五声十二律数》《大衍数》。关于易数，历代易学著作多有文无图，易数图为朱震独创。《策数图》“少阳七——二十八策，老阳九——三十六策，少阴八——三十二策，老阴六——二十四策”。朱震说：“策

①② 朱震：《汉上易传·卦图》。
③④ 朱震：《汉上易传表》。
⑤ 朱震：《汉上易传·系辞上传》。

数者，四象分太极数也。”其数为七九八六等筮数乘以四。六十四卦中，乾之策与坤之策，乃当万物之数。他说：“二篇之策，合之亦万有一千五百二十，当期之日，变者以不变为基，不变者以变者为用。以爻数言之……亦万有一千五百二十，当万物之数，四时行而后万物生。”[①]《爻数图》，即十二消息卦排列的圆图，表示阴阳二气依次变化的序列之数。一阳复（注：阳生于子），二阳临，三阳泰，四阳大壮，五阳夬，六阳乾；一阴姤（注：阴生于午），二阴遁，三阴否，四阴观，五阴剥，六阴坤。

《卦数图》，即文王八卦方位所纳《河图》（今称《洛书》）之数。朱震说：“八卦数者，《河图》数也。此郭璞所谓：‘巽别数四，兑数七。’又曰：坎为一年，《易鉴》所谓：‘震三，艮八也。’”[②]《五行数图》。朱震云：“五行数者，《洛书》（今称《河图》）数也。此郭璞所谓：‘水数六，木数三。’又曰：‘坎数六也。’”

《十日数图》。朱震云：“十日数者，五行分天地之数也。乾纳甲壬配一、九，坤纳乙癸配二、十，震纳庚配七，巽纳辛配八，坎纳戊配五，离纳己配六，艮纳丙配三，兑纳丁配四。”

所谓《十二辰数》，即十二地支配十二月：子十一月，丑十二月，寅正月，卯二月……朱震云：“十二辰数者，十二卦消息数也。阳生于子，阴生于午。子十一月，午五月。”

八幅易数图，均用伏羲八卦、文王八卦或十二消息卦、十二律、十二月，再配以《河图》或《洛书》，目的在于使卦象具有不同的数的规定性，以利于不同场合对卦象的应用。今天看来，这些数的规定是缺乏科学价值的，但它在传统文化中，成为一种约定俗成的价值观，如不了解这些数与卦象的关系，有些古代文献就难以明白其内容，对于古人的某些论断将莫知所云。

---

① 朱震：《汉上易传·系辞上传》。
② 朱震：《汉上易传·卦图》。

朱震将汉宋《周易》象数作了清理、介绍，承其遗绪，继此绝学，探其究竟，见诸图象，为后世易图研究开其先河。明清时期继承发展刘牧河图洛书卦变说、周敦颐太极图说、邵雍先易学的象数易传统，兴起大造易图之风，专论易图的著作，共有数十部，所含易图增至一千余幅，洋洋大观。有的以易图解经，有的以易图解释世界，以图式显示其世界观。对于这些易图，当一分为二加以评论，一方面可以锻炼人们的思维能力，不少易图包含了某些表示相互关系、数阵序列、对称、平衡等奇妙智慧，足以促进理性思维、逻辑思维的发展。另一方面，这些主观构造的易图，纯属抽象图式，除某些天文物候知识外，缺乏科学依据，流于烦琐，不少人沉湎其中，忽视对义理易学的研究。特别是一些江湖数术家，以《周易》象数的抽象模式，冒充科学之名，预测人生吉凶休咎，行愚弄人民之实，产生不良社会影响，败坏了易学的声誉。刘牧、朱震乃烦琐图象易学的始作俑者。

朱震对易学发展的贡献不可低估，他整理传播大量象数易学史料，推进了象数易学的发展，补救了义理易学的偏颇，清理了图书学的传承世系，为后世象数易学的研究与发展提供了坚实的基础。

第三节 《诚斋易传》的人文易学

杨万里（1127—1206）字挺秀，号诚斋，是南宋初年著名诗人和思想家。吉州吉水（今江西吉水）人。其诗与陆游、范成大齐名。他是与朱熹同时的易学家，引史证易，不及象数，为易学树立了新的范型。

南宋初，民族矛盾尖锐，金、辽、西夏，与宋为敌，朝廷内主战与主和争议不休，斗争激烈。杨万里生活在风雷激烈的时代，28 岁中进士，开始仕途生活，以刚直进谏闻名朝野。在学术上，他反对性理空谈及佛老“异端”，花 17 年功夫写成《诚斋易传》，坚持经世致用学风，阐发《周易》的忧患意识、变革思想。在宋代图书之学大为兴盛的学术环境里，杨万里引史以证经，不讲图书之学，为《周易》义理学开创了新学风。

杨万里从政40年，做过赣州司户、奉新知县、礼部侍郎、将作少监、常州知州、提举广东常平盐茶、广东提点刑狱，吏部员外郎兼太子侍读。其为人刚直敢言，抨击时政，时遭排斥，不受重用，是一位忧国忧民的思想家。其思想体现在《诚斋易传》《庸言》《天问天对解》等著作里和《千虑册》等奏折中。

杨万里学识广博，尤精易学，将极大精力倾注于《诚斋易传》。其子长孺《申送易传状》写道："自淳熙戊申八月下笔，至嘉泰甲子四月脱稿，阅十有七年而后成书。平生精力，尽于此书。然自以发挥其所学，初非邀觊于当时，尚未敢云私淑诸人。"此书当时颇受重视，书肆将其同程颐《伊川易传》合并刊行，名曰《程杨易传》。有人对《诚斋易传》"引史证经"有所非议，吴澄作跋，亦有微辞。故《四库全书总目提要》公正地指出："舍人事而谈天道，正后儒说《易》之病，未可以'引史证经'病万里也。"

一、易者，顺天理而应人事

杨万里接受宋代理学思想，认为先有理而后有《易》。他说："《易》者何物也？生生无息之理也。是理也，具于天地，散于万物，聚于圣人，形于八卦。合而言之，命之曰《易》。"[①]又说："易在天地，其理具，其名隐，至包牺画之而名始立。易在包牺其名立，其道微，至文王重之，仲尼系焉，而道始章。"[②]这是说《周易》是三圣根据天地之理、自然之道而写成的。理是客观存在的，圣人不过效法之而已。他说："易中之变化孰为之也？天地为之也，圣人不过效之而已；易中之吉凶孰

① 杨万里：《诚斋易传·系辞上》。
② 杨万里：《诚斋易传·系辞下》。

见而示之也？天垂象以示之也，圣人不过象之而已；易中之图书孰出之也？天于河洛而出之也，圣人不过则之而已。故四象八卦也，圣人不过因天地之阴阳，画之以示天下而已；系之以辞也，圣人不过因某卦与某爻，言之以告天下而已。”①

杨万里将天地之理称为“未画之易”，写成的《周易》称为“既画之易”。他说：“盖《易》有二：有未画之易，有既画之易。未画者，易之理；既画者，易之书。曰天尊地卑，曰卑高以陈，曰动静有常，曰方以类聚、物以群分，曰在天成象、在地成形，此未画之易也，易之理也。有圣人作，仰观俯察，于是制此之画，写彼之理，罗彼之理，归此之画，而易之书生焉。”② 这是说《周易》所阐述的各种原理、原则，都是对天地自然之理的反映。“画前有易”，本是邵雍提出的理论，他所指的是易“数”。杨万里作了重大改变，指的是自然之“理”。杨万里所说的“理”，是客观自然法则，这又同程颐有区别。

杨万里关于“数”的认识，同邵雍“神生数，数生象，象生器”③的神秘观点根本不同。他说：“天地之道不在数也，依于数而已。然数寓于蓍，而蓍非数，故得数而忘蓍；卦托于数，而数非卦，故得卦而忘数，数既形矣，卦斯设焉。”④ 这对数的解释，符合《周易》象数理占的原意，而反对将“数”神秘化。

杨万里关于“理”的认识，同程颐“有理而后有象，有象而后有数”⑤的理本论，恰相对立。他主张，一阴一阳即天地之理，寓于万物之中。写道：“阴阳立而天之道不孤，刚柔立而地之道不孤，仁义立而人之道不孤。天下之理，未有孤而能立者。有日必有月，有山必有泽，有父必有母，至于昼夜寒暑也，前后左右也，耳目手足也，靡不然者。”⑥

---

①② 杨万里：《诚斋易传·系辞上》。
③ 邵雍：《皇极经世·观物外篇》。
④⑥ 杨万里：《诚斋易传·说卦》。
⑤ 程颐：《伊川文集·答张闳中书》。

他认为一部《周易》就在于阐明天地自然之理，此理无他，即存在于天地、日月、山泽、父母、昼夜、寒暑等一切自然现象和仁义、道德等社会现象之中一阴一阳的对立统一关系；离开自然和社会现象中的阴阳对立统一关系，再没有什么虚托孤立之理。杨万里进而正确地论述了“理”同“象”的关系，指出“象”是表现“理”的。他说：“象者何也？所以形天下无形之理也。……何谓形天下无形之理？今夫天之高，地之厚，日月之明，雨露之润，人皆可得而见也，未离乎物之有形故也。至于其所以高，所以厚，所以明，所以润，人不可得而见也，其理无形故也。人不可得而见，则谁见之，见之者圣人也。”[①]这是说，理是无形无象的，不可得而见。它不是脱离具体事物而独立存在的本体，如理本论者所说的那样，而是寓于具体事物之中。《周易》的卦象、爻象，无非是用来表示事物中的无形之理。

杨万里对道与器、形而上与形而下的关系，也作了很好的表述。他指出：“一阴一阳之谓道，阴阳亦未离乎器者也。所以阴阳者道也，道不自立，以器而立；器不自行，以道而行。……形而上云者，以无形而使有形也；形而下云者，以有形而使于无形也。”[②]这表明形而上之道，无形无象，不能离开有形有象的器而独立，不只不能离开器，它足以支配形而下之器，因为它是一切器物之所以然。

杨万里认为坚持以上道不离器、无形之理不离有形之象的观点，可以同“异端”思想划清界限。他说：“理无形而有形者，吾易有象也；事无穷而有穷者，吾爻有辞也。然固有言天下之至赜而可恶者矣，异端之虚无、寂灭是也。”[③]道家讲虚无本体，佛家讲寂灭，都是由于不能正确认识形而上之道（理）同形而下之器（象）的统一关系，将人们的思想引入歧途。

---

①②③ 杨万里：《诚斋易传·系辞上》。

二、忧国忧民的忧患意识

杨万里力图借《周易》阐明自己的经世思想。他认定《周易》原是垂教后世、具有忧患意识的著作。他写道：“文王遭纣羑里之祸而演《易》，不以己之忧患忘天下后世之忧患，乃推己之忧患，虑天下后世之忧患，其于忧患可谓亲履而备尝之矣。其心危，故其辞亦危。此无它，以吾身之危，欲使后世之危者平；以吾心之不慢易，恐后世之易者倾。”[①]这的确掌握了《周易》经邦济世思想的实质。《周易》为历代明君贤相所推重，正在于它教人居安思危，未雨绸缪。

杨万里在《诚斋易传序》中，深刻地阐明自己的易学观说：“易之为言变也。易者圣人通变之书也。其穷理尽性，其正心修身，其齐家治国，其处显，其傺穷，其居常，其遭变，其参天地、合鬼神，万事之变方来，而变通之道先立。……得其道者，蚩可哲，慝可淑，眚可福，危可安，乱可治，致身圣贤而跻世泰和，犹反掌也。”这是说掌握《周易》思想，灵活运用，则危可安，乱可治，跻世泰和。原因在于它教人以变通之道，“万事之变方来，而变通之道先立”，善于居常而处变，立于不败之地。

杨万里利用泰上六“城复于隍”之辞，教人随时警惕治乱与存亡的转化，不可掉以轻心。他说：“泰至于上六，则阴盛而阳微，君子消而小人长，泰往而否来，如城之颓而为隍，于是治化而乱，存化而亡，国化而家，辟化而庶，有不忍言者矣。《诗》曰：‘高岸为谷，深谷为陵’是也……呜乎！圣人之戒，亦不缓矣。而犹有不惧者，何也？”[②]高岸转化为深谷，深谷转化为高陵，是自然界的巨大变化。社会现象亦复如是，否极而泰来，泰极而否至，福与祸相倚，人们应时时警惕戒惧，

① 杨万里：《诚斋易传·系辞下》。
② 杨万里：《诚斋易传·泰上六》。

居安思危，防微杜渐。“无敌国外患者，国恒亡”，失去警惕故也。

杨万里引用历史人物及事件来说明骄傲自满、丧失警惕者，往往失败；随时警醒、心存戒惧者，往往昌盛。他指出：“能一再忧其亡，则其固如系于桑本矣。桑本木之至固而不可拔者，况又系之于木本乎！由乎前者，明皇晚年是也；由乎后者，尧舜之儆戒，高宗之寅畏，宣王之惧是也。”[①] 此阐发否九五“其亡其亡，系于苞桑’的警语，及《系辞》“安而不忘危，存而不忘亡，治而不忘乱”的政治哲学。杨万里在外敌压境的南宋初年，强调忧患意识，有重要的现实意义。

杨万里处于奸臣当道之世，对于如何清除小人，以保国家和平，思虑颇深。他阐释夬卦《象传》云：“夬以五阳而决去一阴，以五君子而决去一小人。此舜举十六相去四凶，周公与十夫去三监之时也，宜其甚易而无难矣。而圣人于此有惧心焉，谓勿专倚乾之健，必济以兑之说，然后小人可以决去而天下国家可以和平而无伤也。”[②] 依靠众多贤者而清除个别小人，看来是较容易的事，杨万里告诫人们亦不可鲁莽从事，应心怀忧惧而谨慎为之，才可望达到皆大欢喜而保持国家和平无伤。何须如此小心？杨万里以“物极必反”的哲理，解释夬卦与剥卦之卦象说：“夬以五阳决一阴，阳进极矣；进极必退，于是一变而为姤，而阳退焉。剥以五阴决一阳，阳退穷矣；退穷必进，于是一变而为复，而阳进焉。吾之变化一出，而彼之进退无迹者有迹矣。”[③] 从夬与复的爻象分析，“进极必退”，“退极必进”，乃自然法则，社会人事之变化亦然，不可不慎。杨万里再以历史人物之经验加以证明。箕子德才兼备，而处于无道之君纣之下，用晦而明，得以保全性命。杨万里用明夷六五爻辞解释道：“五，君位也。而圣人以箕子当之者，明夷之时，六五以阴居阳位，以柔居刚，得中守正，阳刚之君子也。

① 杨万里：《诚斋易传·系辞下》。
② 杨万里：《诚斋易传·彖·夬》。
③ 杨万里：《诚斋易传·系辞上》。

纣不足以当之，当之者舍箕子而谁也。”[1] 正因箕子为“得中守正”的阳刚君子，乃有坦荡的胸怀，忍辱负重的气量，甘居下位，“用晦而明”。杨万里认为箕子“用晦而明”的处世之道，具有双重意义，他说：“变而不穷者易之道，用而不穷者易之人。如明夷一卦，用之以处险，则为文王、箕子，明而晦；用之以居易，则为莅众之君子，晦而明。明而晦，故全己；晦而明，故烛物。故曰推而行之，存乎人，又曰神而明之，存乎人。”[2] “明而晦”，是说虽有明德，而暂行韬晦以保全自己；“晦而明”，是说虽处韬晦之时，而明察秋毫，足以识破阴谋。这都是处忧患之世，应有忧患意识的表现。

杨万里指出，处忧患之世，当时时保持清醒头脑，不可麻痹大意，存太平思想。他写道：“平与陂相推，往与复相移。居泰之世者，勿谓时平，其险将萌；勿谓阴往，其复反掌。九三阳盛极矣，阴将复，泰将否矣，可不惧乎！君臣克艰而守正，庶乎其无咎。”[3] 这是杨万里对泰九三“无平不陂，无往不复”所作的政治诠释，指明“物极必反”，泰可转化为否，遇事应三思，不可不警惧。

忧患意识贵在防微杜渐，把不良因素克服于萌芽状态，勿使之发展到不可收拾的地步。他说：“福生于一小善，祸起于一小不善。万者一之积，大者小之积。善可积也，不善不可积也。积斯渐，渐斯极，极斯作。及其作而图之，其有及乎！……故一小不善之心，在下者不可不察之于己，在上者不可不察之于人。察之早，勿使之渐，则国之祸不作矣。”[4] 这是杨万里对“积善之家，必有余庆；积不善之家，必有余殃”的诠释，教人善于观察动向，把不善的小事，居心不良的小人，制止在初起之时，不可掉以轻心而使之酿成大祸。此种忧患意识，实际上蕴涵着事物经过量的积累将导致质的变化的深刻哲学思想，是《周

①② 杨万里：《诚斋易传·明夷》。
③ 杨万里：《诚斋易传·泰九三》。
④ 杨万里：《诚斋易传·文言·坤》。

易》变通思想的精华。

三、体常通变的革新思想

学习《周易》，重在经世致用，运用《周易》的变通原理指导社会实践，以治理国家，安定社会，发展经济。杨万里引史证经的基本宗旨，即在启迪人们因时变通，处理好“常”同“变”的关系。他写道：“易道之用存乎变。然易之道，有体有用。其变而无常者用也，其常而不变者体也。君子之学易，能通其变而得其常，极其用而执其体，是可谓善学易之书，深明易之辞，力行易之道者矣。”[①] 所谓“易道之用存乎变”，是要对《周易》原理善于灵活应用，不要不顾时代的变化、形势的发展，而固执成见，墨守成规。所谓“通其变而得其常”，是要求在灵活应变的过程中，无论客观形势如何千变万化，都不可丧失基本原则。

时代在前进，历史在变化，人类文明在不断发展。用易的目的在如何有利于天下，为人民造福。人类总是乐于应变的。杨万里举例说明道：“古圣人用易之道以利天下者，变通而已，故栋宇生于巢穴之穷，舟楫生于车马之穷，变而通之，所以鼓之舞之也。巢穴病而得栋宇，孰不鼓舞于栋宇？车马阻而逢舟楫，孰不鼓舞于舟楫？何则？困于所穷，必快于所变也。”[②] 这是对《易传》“鼓之舞之以尽神”的诠释。杨万里倡导的变通精神，跃然纸上。认为古圣用易，旨在“利天下”，苟能变其所穷，改善人民物质生活条件，推进社会发展，谁不欢欣鼓舞？

杨万里在阐述《易传》“先天而天弗违，后天而奉天时”的原理时，指出人们对于政治变革，存在三种情况：先天、后天、顺天。他写道：“尧舜天命未改而禅，先天者也；文之事商、武之退师，后天者也；汤之伐，

① 杨万里：《诚斋易传·系辞下》。
② 杨万里：《诚斋易传·系辞上》。

不先不后，而顺天者也。”[1] 所谓“先天”，指形势大变之先，主动采取变革措施；“后天”，指形势已经发展到不得不变之时，然后采取变革措施；“顺天”，指形势发展成熟，及时采取变革措施。正如杨万里所说：“先天，天合乎圣；后天，圣合乎天。”[2] 关键在于人的主观努力，当顺应客观形势的发展，不可穷而不变，亦不可妄变。

杨万里指出，事物和社会的发展变化，存在两种不同的形式，或“变”，或“化”，需要人们灵活掌握。写道：“何谓变？何谓化？变者，有之改；化者，无之复。物壮而老，世盛而衰，变也；物生而死，世存而亡，化也。孰为此者，神也。故知变化之道者，其知神之所为乎？”[3] 这是说，“变”只是事物的量的变化，“化”则属于质的改变，如旧事物的消亡。就社会来说，或者促其不断发展，或者使其革故鼎新，是主导变革者应深入思考的问题。所谓“神之所为”是指“神而明之”，非指超自然的主宰者。

杨万里根据自己多年从政经验，深知进行某种社会改革，必须有得力人才作助手，上下一心方可奏效。他以屯九五的处境为例解析道：“九五以刚明之君，居屯难之世。宜其拨乱反正有余也。然其泽犹屯而未光，其所正，可小而不可大。是屯难终不可济乎？有君无臣故也。六四近臣则弱，六三近臣则又弱，六二大臣则又弱。然则九五将欲有为，谁与有为？惟一初九，则远而在下。贤而在下则如无贤，臣而在远则如无臣。”[4] 这是强调欲行改革，须先培养、提拔有用之贤才，若虽有贤才而居于下位，或远在外朝，亦无济于事。他举例说：“唐之文宗，初耻为凡主，非不刚也。终自以为不及赧献，大贞则凶也。何也？……用不必才，才不必用，而欲平阉宦之祸。故曰：君强臣羸，航无棹维，

①② 杨万里：《诚斋易传·文言·乾》。
③ 杨万里：《诚斋易传·系辞上》。
④ 杨万里：《诚斋易传·屯九五》。

无臣有主，去虺得虎。”[①] 说明明主若无贤能大臣辅佐，仍不可轻易进行重大改革。

要想巩固政权，进行某种改革，除了须有贤臣，还要深得民心，取得人民拥护。杨万里写道：“得位之难，又未若守位之难。何以守之？曰仁而已。何以为仁？曰财而已。虽有仁心、仁闻，而天下不被其仁恩之泽者，夺民之财为己之财而已。故鹿台聚而商亡，鹿台散而周王。财散则民聚，此仁之实也。然仁不孤立，必有义焉。何谓义？教民理财，义也；谨以出入，亦义也；禁民为非，亦义也。此所谓圣人用易之意。”[②] 这是说任何社会的巩固安定，不可“夺民之财为己之财”，而应以“教民理财”“谨以出入”“禁民为非”为着眼点，务使“天下被其仁恩之泽”。

四、敬德力行的自律精神

杨万里强调学易的目的在于用易，即用以修身、齐家、治国。他认为易有三种：天易、竹易、人易。写道：“天尊地卑，乾坤定矣，天易也；书不尽言，言不尽意，竹易也；存乎其人，存乎其德行，人易也。有圣人焉，能得易之道，神而明之，则易不在天而在人；能体易之德，默而成之，则易不在竹而在圣。神明在我，德行在我。……此所谓圣人用易之道，其聚在一身之德行也。”[③] 所谓“天易”，指三圣画卦系辞所根据的天文地理人事等方面的客观法则；“竹易”，指三圣所画的八卦、重卦及所系之辞，书之于竹简者；“人易”，指人们学习《周易》得到的心得体会，用之于指导修德力行者。用易正是掌握易理，默而成之，神而明之，做一个德行完美的人。

杨万里指出，用易的范围，包含四个方面：用于一身，用于民众，用于天地，用于万物。每一方面他都根据《易传》思想提出具体目标。

---

① 杨万里：《诚斋易传·屯九五》。
② 杨万里：《诚斋易传·系辞下》。
③ 杨万里：《诚斋易传·系辞上》。

他说：“用易于一身，可以乐天知命而不忧；用易于众民，可以安土敦仁而能爱；用易于天地，可以范模运量天地之化；用易于万物，可以致曲成就万物之生。”[①] 这一论点本是《易传》阐述的，一经杨万里归纳，别有新意，包含着他的独到体会，引人深思。对于用易于一身，提高人的思想品德，杨万里十分看重，论述尤为突出。

杨万里强调用易之道，首先在“成乎己之德”。他说：“学易而不以易成己，则易自易，我自我也。易何补于我，我何资于易哉！”[②] 他重视《易传》三陈九卦之义。关于履、复、谦、恒等九卦对个人修身养德的意义，他作了详细解析。他说，“墉无基则圮”，故履为德之基；“木无本则槁”，故复以固其本；“骄则败其基”，故主谦；“怠则蹇其本”，故重恒；人不能“无一不善”，故强调损卦以修德；“见善则迁”，故以益裕吾德；“遇困而不失其亨”，故主困；“遇井而不食”，则德乃清；“卑巽以自制”，乃可不矜不骄以终。[③] 杨万里申述九卦之用，赞美九卦之德，深得《易传》精义。

杨万里体会到，《易经》的卦爻辞及《易传》的阐发，有不同的气象，对不同人有其针对性。他说：“读谦、复之辞者，如行夷途，如逢阳春，如对尧舜周孔，何其气象之和乐也。其辞夷易，而指人以所之之得且吉也。读遁、剥之辞者，如涉风涛，如履霜雷，如对桀纣盗跖，何其气象之凛栗也。其辞艰险，而指人以所之之失且凶也。呜乎！《易》其至矣。”[④] 杨万里的体会是独到的。谦、复二卦的卦爻辞，多讲“君子有终”“用涉大川”“利用行师”“出入无疾”“利有攸往”“元吉”“无悔”等。遁、剥二卦的卦爻辞则多警戒之辞“勿用有攸往”“莫之胜说”“有疾厉”“凶”等。前者气象和乐，后者气象凛栗，感受十分真切，领会异常深刻。

杨万里希望帝王通过学易，勉为阳刚之君主，勇于进德，力于行道。

---

①④ 杨万里：《诚斋易传·系辞上》。
②③ 杨万里：《诚斋易传·系辞下》。

他写道："君惟刚，则勇于进德，力于行道，明于见善，决于改过。主善必坚，去恶必果，建天下之大公，以破天下之众私，声色不能惑，小人不能移，阴柔不能奸矣。故亡汉不以成哀而以孝元，亡唐不以穆敬而以文宗，皆不刚健之过也。"[①] 能运用易理指导朝政，"建天下之大公，以破天下之众私"的帝王，是杨万里心中理想的君主。其不然者，若汉之孝元，唐之文宗，或"柔仁好儒"，或优柔寡断，养患蓄奸导致汉唐的败亡，教训是深刻的。

杨万里十分称赞谦逊谨慎、虚心求教的殷高宗和周武王，他们能够做到"聪明睿知而守之以愚"，终成明主。他说："高宗自以其德弗类，而学于傅说；武王自以不知彝伦，而访于箕子，所以圣益圣，此所谓'蒙以养正'，圣功者也。晦其中正，而养之以蒙。"[②]

杨万里依阳刚而居下的爻象，称赞皇甫嵩、郭子仪等贤将。他们能做到"功弥高，心弥下"，结果是"身弥退，爵弥进"。写道："以阳刚之才，专将帅之任。……勇而怯，智而愚，威而惠，强而谦，专而顺，皇甫嵩、郭子仪是也。承天宠者，禀君命而不专；怀万邦者，慰民心而不忮。为将如是，非特将才也，贤将也。"[③] 智而愚，强而谦，怀万邦，慰民心，这的确是难能可贵的品德，非特武将，文官亦当具备。

杨万里十分痛恨那些谄渎之辈。在南宋朝廷里，这类人是不少的。杨万里希望人们善于识破他们，也引用史实说明这类人终归是会失败的。他说："富贵，天下之大欲也；动心，天下之大患也。吾心一动，谄渎生焉。谄渎者其富贵之捷径，而祸败之胚胎也与？李斯之诛，不在于具五刑之日，而萌于谄二世之书；张汤之败，不在于对八使之时，而兆于摩谒者之足。"[④]

① 杨万里：《诚斋易传·乾》。
② 杨万里：《诚斋易传·蒙》。
③ 杨万里：《诚斋易传·师》。
④ 杨万里：《诚斋易传·系辞下》。

杨万里指出，处世为人必须“正言行以严身”，勇于自律；不能严身正己者，不只无以治国，连正家也不可能。他说：“君子正言行以严身。严身以家，严家以天下，言必有物，言而无物则欺；行必有常，行而无常则伪。欺乎言，伪乎行，而能正家者，无之。”[①]杨万里认为，正家之言，不只要以身作则，言不欺，行不伪，而且还应有严有和，不厉不溺。治家的原则亦可移于治国。他认为：“正家之道，严胜则厉，和胜则溺。嗃嗃而严，严胜也；嘻嘻而笑，和胜也。然严胜者，虽悔厉而终吉，故圣人劝之以‘未失’；和胜者，虽悦怿而终吝，故圣人戒之以‘失节’。……周公之诛管蔡，训康叔，得嗃嗃之义矣；庄公之于段，文帝之于长，景帝之于武，其嘻嘻者与。”[②]

杨万里引史事以释易理，充分阐述其修身律己、正家治世之原理原则与崇高理想。然而他所面对的毕竟是一个软弱无能、委曲求全、苟且偷安的朝廷。他满怀忧愤而写下《竹枝歌》，其一吟道：“月儿弯弯照九州，几家欢乐几家愁。愁杀人来关月事？得休休处且休休。”充满了对豪绅的申讨，对人民的同情，对无可救药的统治者的失望，流露了一身忠肝义胆而难以大展宏图的烈士暮年的满腔忧愤。

第四节　《周易本义》的易学新论

朱熹（1130—1200）字元晦，号晦庵。南宋徽州婺源（今属江西）人。他是长江流域一位博古通今的理学家、影响深远的易学家。长期主办书院，从事教育，桃李满天下。其易学代表作《周易本义》为明清时期科举考试的法定教材，其《太极图说解》亦是易学名著。

朱熹于五经，最重《周易》。他说：“上古之书，莫尊于《易》。”[③]

①② 杨万里：《诚斋易传·家人》。
③ 黎靖德编：《朱子语类》卷六七。

朱子易学是为建立其理学思想体系服务的，沿袭程颐易学义理学派的基本思路，吸收易学象数学的河洛图式和邵雍的先天易学的合理内容，创立了别开生面的易学思想体系。在义理学方面，建立了太极本体论，发展了朴素辩证法思想；在象数方面，恢复了以象数解释《周易》经传的传统，并为明清时期易学图书学发展开其先河。

朱熹首先论定《易》乃卜筮之书，力图恢复《周易》经传的古义。他认为："今人读《易》，当分三等：伏羲自是伏羲之《易》，文王自是文王之《易》，孔子自是孔子之《易》。"[①] 三个阶段的《易》，区别何在？他解释道："想当初伏羲画卦之时，只是阳为吉，阴为凶，无文字。某不敢窃意如此。后文王见其不可晓，故为之作彖辞，或占得爻处不可晓，故周公为之作爻辞。又不可晓，故孔子为之作'十翼'，皆解当初之意。"[②] 朱子认为："文王、周公之辞，皆是为卜筮。后来孔子见得有是书必有是理，故因那阴阳消长盈虚，说出个进退存亡之道理来。"[③]

这是说文王、周公作易，只为卜筮，没有多少理论思想；孔子作易才讲出一套道理来，将卜筮之书哲理化。这里实际上透露了朱熹易学的两个指导思想：一、《周易》古经，是专为卜筮之用，应从卜筮角度解释，才符合实际；二、易虽为卜筮之书，却可以被后人进行哲理解释，而建立一套义理。朱熹这两个观点，今天看来是符合《周易》历史的，值得作为研究《周易》的指导思想。朱熹遵循《周易》历史，肯定它在上古时期具有开物成务的作用。他说："盖上古之时，民淳俗朴，风气未开，于天下事全未知识，故圣人立龟以与之卜，作《易》以与之筮，使之趋利避害，以成天下之事，故曰：'开物成务。'"[④] 朱子特别强调，读《易》要得法，要善于从经文中深思其道理。他主张："盖《易》不比《诗》《书》，它是说尽天下后世无穷无尽的事理，只一两字，

①④ 黎靖德编：《朱子语类》卷六六。
②③ 黎靖德编：《朱子语类》卷六七。

便是一个道理。又人须是经历天下许多事变，读《易》方知各有一理，精审端正。”[①] 无非说读《易》时不应把经文看死了，它本不是讲的具体事物，全靠读者结合自己的经历，即实际经验，去理会其中蕴涵的道理。朱熹本人正是用这种方法去建立自己的理学思想体系的。

一、理本论——易学哲学的新发展

“易有太极，是生两仪，两仪生四象，四象生八卦，八卦定吉凶，吉凶生大业。”这是《易传》提出的宇宙万物生成图式。朱熹对《周易》太极学说，做了重大改造，以营造宇宙本体论思想体系。首先肯定“太极”是天地间至理，万物之根本。《周易本义》写道：“易者，阴阳之变。太极者，其理也。”[②] 又说：“易之精微，在那两仪生四象，四象生八卦，八卦生六十四卦。万物万化皆从这里流出。”[③] 他把“太极”诠释为阴阳变化之理，似乎指自然变化的规律，显然太极是不离阴阳的。可是朱熹认为二者亦可分离。他说：“太极只在阴阳之中，非能离阴阳也。然至论太极自是太极，阴阳自是阴阳。”[④] 朱熹有时把太极同阴阳之间的关系比作人骑马。他说：“太极，理也；动静，气也。气行则理亦行，二者常相依，未尝相离也。太极犹人，动静犹马。马所以载人，人所以乘马。马之一出一入，人亦与之一出一入。盖一动一静，而太极之妙未尝不在焉。”[⑤] 这段话目的在强调太极（理）阴阳（气）虽不相离，毕竟理是主宰，正如马载人，人乘马，马须随人指挥一样。这是坚持理本论。

朱熹认为理（太极）同气（万物）的关系是体用一源、显微无间。理（太

① 黎靖德编：《朱子语类》卷六七。
② 朱熹：《周易本义·系辞上》。
③ 黎靖德编：《朱子语类》卷六五。
④ 黎靖德编：《朱子语类》卷五。
⑤ 黎靖德编：《朱子语类》卷九十四。

极）是宇宙之本体，万物（气）是理的作用。他说："体用一源者，体虽无迹，中已有用；显微无间者，显中便具微。天地未有，万物已具，此是体中有用；天地既立，此理亦存，此是显中有微。"[①] 尽管太极（理）与阴阳动静（气）是相依不离的，毕竟理（太极）是宇宙万物的根本，它是可以不依靠天地万物而存在的。朱熹说："未有天地之先，毕竟也只是理，有此理便有此天地，若无此理，便亦无天无地，无人无物，都无赅载了。"[②] 实际上朱熹是将《易传》中的"太极"诠释为脱离宇宙万物、超时空的宇宙本体，即脱离物质而独立存在的绝对理念。

有人称朱熹哲学是二元论，因他既强调"理"的绝对性，又强调"天地之间无往而非阴阳"，[③]"阴阳只是一气"。[④] 他解释《易传》"一阴一阳之谓道"一语时指出："阴阳迭运者，气也；其理则所谓道。"[⑤] 这里把天地间万物，都看作由阴阳之气构成，阴阳运行的规律性即是道，也就是理。这种解释是符合唯物主义原则的。这个理同绝对理念不一样。这一观点符合唯物主义者张载的看法，对后世唯物主义者颇有影响。朱熹发挥这一观点，论述了阴阳之气的消长和天地万物的化生。他说："阴阳虽是两个字，然却只是一气之消息。一进一退，一消一长，进处便是阳，退处便是阴；长处便是阳，消处便是阴。只是这一气之消长，做出古今天地间无限事来。"[⑥] 这一看法是对《周易》阴阳学说的正确解释。有人把阴阳解释为两种气，朱熹不然。他说："阴阳只是一气。阳之退，便是阴之生。不是阳退了又别有个阴生。"[⑦] 朱子认为只此阴阳一气，有交变，有体有用。他说："易只不过是一个阴阳奇偶，千变万化则是易之体立。若奇偶不交变，奇纯是奇，偶纯是偶，去那里

① 黎靖德编：《朱子语类》卷六七。
② 黎靖德编：《朱子语类》卷一。
③④⑦ 黎靖德编：《朱子语类》卷六五。
⑤ 朱熹：《周易本义·系辞上》。
⑥ 黎靖德编：《朱子语类》卷七四。

见易？易不可见，则阴阳奇偶之用亦何自而辨？”[①]这显然企图用传统哲学的气一元论来解释宇宙万物的千变万化。所以他还说：“圣人作《易》之初，盖是仰观俯察，见得盈乎天地之间，无非一阴一阳之理，有是理则有是象，有是象则其数便自在这里。非特河图洛书为然。盖所谓数者，只是气的分限节度处。”[②]尽管朱子用阴阳一气解释了《周易》的象数和万物变化，因其坚持万物皆从太极流出，而太极（理）是未有天地之先就早已存在的，“万一山河大地都陷了，毕竟理却只在这里”[③]。所以朱熹哲学属于客观唯心主义宇宙观。

朱熹在阐发《周易》时，充分发展其辩证法思想，对易学发展做出贡献。

首先，朱熹肯定易有“交易”“变易”两种形式。他说：“阴阳有个流行底，有个定位底。一动一静，互为其根，便是流行底，寒暑往来是也；分阴分阳，两仪立焉，便是定位底，天地上下四方是也。易有两义，一是‘变易’，便是流行底；一是‘交易’，便是定位底。”[④]定位又称“对待”。冯友兰先生阐述“流行”“对待”的哲学意义说：“朱熹和蔡渊都说，《周易》有两个基本原则：一个是‘流行’，一个是‘对待’。这个说法很扼要。从《周易》看起来，什么东西都是一个过程，一个流行。……流行之中有对待，对待就是两个对立面的矛盾和统一。”“但是照现代辩证法看起来，还要加上一个原则，就是发展。……有了流行、对待和发展这三个原则，这就是一套比较完整的辩证的宇宙代数学。”[⑤]这个论述将朱熹的理论又推进一步。

朱熹对于“流行”思想有很细致的论述。他解释乾卦卦辞“元亨利贞”四德，就是用“流行”说。他说：“能保合，则真性常存，生

① 黎靖德编：《朱子语类》卷七五。
② 黎靖德编：《朱子语类》卷六七。
③ 黎靖德编：《朱子语类》卷一。
④ 黎靖德编：《朱子语类》卷六五。
⑤ 唐明邦等编：《周易纵横录》，湖北人民出版社，1986年，第7–9页。

生不穷。如一粒之谷，外面有个壳以裹之，方其发一萌芽之始，是物之元也，及其抽枝长叶，则是物之亨，到其生实欲熟未熟之际，此便是利，及其既实而坚，此便是贞矣。”[①]这是把任何事物的变化看作一个过程，大化流行，生生不息，是《周易》阐述的一个重要观点。但朱熹的流行观，没有讲发展，只说是“循环无端”。他说：“元者，物之始生；亨者，物之畅茂；利则向于实也，贞则实之成也。实之既成，则其根蒂脱落可复种而生矣。此四德之所以循环而无端也。”[②]“循环无端”，换句话说，就是：“元亨利贞无断入，贞了又元。”[③]朱熹讲“流行”，还结合人们的一般知识，以便透彻了解。用春夏秋冬四季，形容事物的变化。他写道：“元者，生物之始，天地之德，莫先于此，故于时为春；亨者，生物之通，物至于此，莫不嘉美，故于时为夏；利者，生物之遂，物各得宜，不相妨害，故于时为秋；贞者，生物之成，实理具备，随在各足，故于时为冬。”[④]生物之始、通、遂、成，是一个过程，犹如春夏秋冬四季的循序变化是一个自然过程一样。事物的变化是一个过程，这一观念是朴素辩证法思想，从而成为人们认识事物变化的一种思维模式。

朱熹认为事物的流行，存在两种形式，一是变，一是化。他说：“化则渐渐化尽，以至于无；变则骤然而长。变是自无而有，化是自有而无。”[⑤]实际上讲变是指量的渐变，化是指骤然质变。他要人们树立事物渐变的观念，以复卦为例，指出：“复之一阳，不是顿然便生，乃是自坤中积来。……以此便见得天地无休息处。”[⑥]他对《周易》复卦《彖传》“复其见天地之心”一语解释道：“积阴之下，一阳复生，天地生物之心几于息灭，而至此乃复可见。在人则为静极而动，恶极

①③ 黎靖德编：《朱子语类》卷六八。
② 朱熹：《周易本义·彖·乾》。
④ 朱熹：《周易本义·文言·乾》。
⑤ 黎靖德编：《朱子语类》卷七四。
⑥ 黎靖德编：《朱子语类》卷七一。

而善，本心几息而复见之端也。程子言之详矣。而邵子之诗亦曰：‘冬至子之半，天心无改移，一阳初动处，万物未生时。玄酒味方淡，太音声正希。此言如不信，更请问包羲。’至哉言也，学者尽心焉。”[①]朱熹关于变与化的相互关系，是这样分析的：“变者，化之渐；化者，变之成。”[②]把变看作化的渐变阶段，化是变的完成阶段，初步接触到量变同质变的关系问题。由渐变观念，告诫人们当由微知著，防患于未然。在解释坤初六爻辞“履霜，坚冰至”时，他写道：“霜，阴气所结，盛则水冻而为冰，故其象如履霜则知坚冰之将至也。”[③]由此得出结论：“凡一气不顿进，一形不顿亏。亦不觉其成，不觉其亏。盖阴阳浸消浸长。”[④]

朱熹对《易传》的鬼神观念，作了深刻解释。鬼神即事物的变化。用气的变化加以说明：鬼者归也，指气之散而归太虚；神者伸也，指气之聚而成物。他写道：“阴精阳气，聚而成物，神之伸也；魂游魄降，散而为变，鬼之归也。”[⑤]对鬼神这一概念作了哲学诠释，以阐明“变易”思想。

朱熹关于“交易”的论述亦发人深思。他用一分为二的原理讲述“交易”。太极本体，“分阴分阳两仪立焉”。交易就是“阳往交易阴，阴来交易阳，两边各各相对”。[⑥]任何事物，都是阳与阴两个方面既统一又对立的，而且对立的双方，总是处于相互冲突之中。朱熹说：“天地间无两立之理，非阳胜阴，即阴胜阳，无物不然，无时不然。”[⑦]这是强调对立统一的矛盾双方，总归会一方战胜另一方，没有永恒的统一体。

---

① 朱熹：《周易本义·彖·复》。
② 朱熹：《周易本义·彖·乾》。
③ 朱熹：《周易本义·坤初六》。
④ 黎靖德编：《朱子语类》卷六八。
⑤ 朱熹：《周易本义·系辞上》。
⑥⑦ 黎靖德编：《朱子语类》卷六五。

朱熹强调物物各自有阴阳。“一物上又各自有阴阳。如人之男女，阴阳也。逐人身上，又各有这血气，血阴而气阳也。如昼夜之间，昼阳而夜阴也。而昼阳自午后又属阴，夜阴自子后又是阳，便是阴阳各生阴阳之象。”① 阴阳各生阴阳，意即是阴中有阳，阳中有阴，对立统一的矛盾双方是无处不在、无时不在的，换句话说，矛盾是绝对的。这一观点非常重要。

朱熹主张：“动静无端，阴阳无始。”② 说明事物无时无刻不处于运动变化之中。但他正确地意识到事物的变化，有常有变，常中有变，变中有常。他说：“能常而后能变，能常不已，所以能变。及其变化，常亦只在其中。”③ 即是说，事物变化有常态、常规，亦有变态，即非常的特殊变化。但总是变中有常，变而不失其常。朱熹对事物变化发展的普遍性与特殊性的认识，是符合辩证思维法则的。但是当他接触社会问题时，他的辩证法思想就不彻底了。他不敢承认封建制度亦当因时而变，所以他说：“三纲五常，礼之大体，三代相继，皆因之而不能变。”④ 又说：“君臣父子，定位不易，事之常也。”⑤ 朱熹生活在封建社会，他的哲学是为巩固封建统治服务的。在动静、常变关系问题上，尽管他主张动静无端，变中有常，却不得不坚持“定位不易”“因而不变”的形而上学，充分显示其哲学的不彻底性。

二、“以象明理”的思维模式

《周易》结构，有其独特象数体系。汉代易学抛开原本象数，另创一套象数图式，以致走向烦琐哲学道路。王弼扫象言理，以《老》

① 黎靖德编：《朱子语类》卷六五。
② 黎靖德编：《朱子语类》卷九四。
③ 黎靖德编：《朱子语类》卷七二。
④ 朱熹：《论语集注·为政》。
⑤ 朱熹：《朱文公文集·甲寅行宫便殿奏札一》。

解《易》，把易学引入玄学，于原本象数亦少问津。朱熹以恢复古易自命，力图按原本象数方法，诠释《周易》古经。在这方面，他做到象数与义理并重，借原本象数发挥经传义理，使易学别开生面。不过古易之象，何所自来，他亦认为不可考，要求学者不必深究。朱熹在《易象说》中写道：“易之取象，固必有所自来，而其为说，必已具于太卜之官，顾今不可复考，则姑阙之，而直据词中之象以求象中之意，使足以为训戒而决吉凶。……固不必深求其象之所自来。”① 为什么“不必深求其象之所自来”？因为朱熹认为《周易》所讲的象，是一种“假托”，“易说一个物，非真是一个物，如说龙，非真龙”，②“只悬空说一种道理”。③ 但虽是假托，却包含着许多道理。“若易只是个宛若底物事，未有是事，预先说是理，故包括尽许多道理。看人做甚事皆撞着它。”④ 这是说易之象数，只是一个空套子，凭人诠释，看人、做事都可从中吸取启示。

朱熹借《周易》原本象数以解释卦爻辞，从中吸取教益，大约有两大类型：一是中、正，不中、不正；二是中正有应，不中不正无应。

关于卦爻象之“中”“正”者与“不中”“不正”者。

易卦六爻，初、三、五为阳位，二、四、上为阴位。阳爻居阳位，阴爻居阴位，谓之正位。二爻为内卦之中，五爻为上卦之中。二爻为阴中，五爻为阳中。阳中称刚中，阴中称柔中。朱熹在评析卦爻辞时，十分注意“中”“正”与否。豫六五：“贞疾，恒不死。”朱熹云：“当豫之时，以柔居尊，沉溺于豫。又乘九四之刚，众不附而处势危，故为‘贞疾’之象。然以其得中，故又得‘恒不死’之象。”⑤ 五乃柔得中，故无凶兆。坤六五云：“黄裳，元吉。”朱熹释云：“《春秋传》：

① 朱熹：《朱文公文集·杂著·易象说》。
②③ 黎靖德编：《朱子语类》卷六七。
④ 黎靖德编：《朱子语类》卷六六。
⑤ 朱熹：《周易本义·豫》。

南蒯将叛，筮得此爻，以为大吉。子服惠伯曰：‘忠信之事则可，不然必败’。外强内温，忠也；和以率贞，信也。故曰‘黄裳，元吉’。黄，中之色也，裳，下之饰也。元，善之长也。中不忠，不得其色；下不共，不得其饰；事不善，不得其极。且夫，易不可以占险。三者有阙，筮虽当，未也。后蒯果败。”[①] 六五乃柔得中，因位不当，中而不正，行险亦凶。谦九三云：“劳谦，君子有终，吉。”朱熹解曰：“卦唯一阳，居下之上，刚而得正，上下所归，有功劳而能谦，尤人所难，故有终而吉。”[②] 九三刚而得正，故有终而吉。明夷上六云：“不明晦，初登于天，后入于地。”朱熹解析道：“以阴居坤之极，不明其德，以至于晦。始则处高位，以伤人之明，终必至于自伤而坠厥命。”[③] 上六虽正位，但非中，以柔之极而处高位，故初登天，后入地。是正位不中未必吉。师卦上坤下坎，卦辞云：“丈人吉，无咎。”《周易本义》注曰：“卦唯九二一阳，居下卦之中，为将之象。”“六五以柔居上而任之，为人君命将出师之象。”“丈人，长老之称。用师之道，利于得正而任老成之人，乃得吉而无咎。”[④] 即是说九二阳居中，六五柔得位，二者刚柔配合故吉。

《周易》卦爻象有既中且正亦有不中不正者，朱熹一一予以解析。比卦上坎下坤。卦辞云：“比，吉。”朱熹解曰：“比，亲辅也。九五以阳刚居上之中而得其正。上下五阴，比而从之。以一人而抚万邦，以四海而仰一人之象。”[⑤] 九五阳刚既中且正，有人君之象，五阴相从，象人君受拥戴。豫六二：“介于石，不终日，贞吉。”《周易本义》曰：“卦独此爻中而得正，是上下皆溺于豫。而独能以中正自守，其介如石也。其德安静而坚确，故其思虑明审，不俟终日而见凡事之几微也。《大学》

① 朱熹：《周易本义·坤》。
② 朱熹：《周易本义·谦》。
③ 朱熹：《周易本义·明夷》。
④ 朱熹：《周易本义·师》。
⑤ 朱熹：《周易本义·比》。

曰：‘安而后能虑，虑而后能得。’意正如此。”① 六二既中且正，喻坚如石而中正自守。比九五：“王用三驱，失前禽，邑人不诫，吉。”朱熹解析云：“一阳居尊，刚健中正，卦之群阴皆来比己，显其比而无私，如天子不合围，开一面之网，来者不拒，去者不追，故为‘用三驱，失前禽’，而‘邑人不诫’之象。”② 九五阳刚居中正之位，象征人君。“用三驱”，乃打猎时三面合围而网开一面之象，喻人君有宽厚仁德。与中正相反，乃不中不正之象，多是凶兆。否六三：“包羞。”《周易本义》曰：“以阴居阳而不中正，小人志于伤善而未能也，故为包羞之象。然以其未发，故无凶咎之戒。”③ 六三，不中不正，以喻小人意欲坑害君子尚未见诸行动，故云：“包羞。”师六三：“师或舆尸，凶。”朱熹释之曰：“舆尸，谓师徒挠败，舆尸而归也。以阴居阳，才弱志刚，不中不正，而犯非其分，故其象占如此。”④ 不中不正，故有战败舆尸之凶兆。

关于中正问题，朱熹得出结论云：“中重于正，正未必中。盖事理之斟酌得宜合理处便是中，则未有不正者。若事虽正，而处之不合时宜，于理无所当，则虽正而不合乎中。此中未有不正，而正未必中也。”⑤ 从《周易》卦爻象中的中正问题，诱导人们所当建立的思维准则，处事应当合理，合乎时宜，于理不当，虽正亦不中。不中不正，前途是危险的。

《周易》的卦爻象，不只注重中正与否，还看重阴阳是否相应。中正，是从该爻在卦体中所处地位而言，有应无应是从爻与爻之间的关系而言。应与无应对爻的处境影响极大。关于中、正之阴阳爻相应的情况。朱熹在《周易本义》中有明确论述。师卦上坤下坎，《彖》曰：“刚

① 朱熹：《周易本义·豫》。
② 朱熹：《周易本义·比》。
③ 朱熹：《周易本义·否》。
④ 朱熹：《周易本义·师》。
⑤ 黎靖德编：《朱子语类》卷六七。

中而应，行险而顺，以此毒天下，而民从之。”《周易本义》释之曰：“刚中，谓九二；应，谓六五应之。行险，谓行危道；顺，谓顺人心。此非有老成之德者不能也。毒，害也。师旅之兴，不无害于天下。然以其有是才德，是以民悦而从之。”① 九二阳刚居下卦之中，上与六五阴柔相应。虽为兴师作战之险事，人民却悦而从之。此述正义战争的结果。关键在于中而有应。大有卦辞云：“大有，元亨。”《周易本义》注曰：“离居乾上，火在天上，无所不照。又六五，一阴居尊而得中，而五阳应之，故为大有。乾健，离明，居尊应天，有亨之道。”② 阴柔得中，有阳刚相应，故大亨。以上讲居中有应者。还有关于正位有应的情况。明夷九三：“明夷于南狩，得其大首，不可疾，贞。”《周易本义》释曰：“（九三）以刚居刚，又在明体之上，而出于至暗之下，正与上六暗主为应。故为向明除害，得其首恶之象。然不可以亟也，故有不可疾贞之戒。成汤起于夏台，文王兴于羑里，正合此爻之义。”③ 明夷上坤下离，象日入地中。虽有光明，为地所掩。象征良臣屈于暗主，终将冲破黑暗而露光明，喻成汤、文王受桀、纣之苦而终成大业。二人均屈辱多年，故有“不可疾”之戒。讼九二：“不克讼。”《周易本义》解释道：“（九二）以刚居柔，得下之中，而上应九五，阳刚居尊，势不可敌。”④ 因九二虽居中，但不正位，亦无应，不敌九五之尊的阳刚，故“不克讼”。巽六四云：“悔亡，田获三品。”朱熹解曰：“阴柔无应，承乘皆刚，宜有悔也。而以阴居阴，处上之下，故得悔亡。”⑤ 六四阴柔正位，虽无应，能阴柔居下，故悔亡。

依卦象分析，既中且正，又阴阳相应，乃是最佳状况。此种情况，朱熹曾有解析。同人卦辞云：“同人于野，亨，利涉大川，利君子贞。”《周

① 朱熹：《周易本义·师》。
② 朱熹：《周易本义·大有》。
③ 朱熹：《周易本义·明夷》。
④ 朱熹：《周易本义·讼》。
⑤ 朱熹：《周易本义·巽》。

易本义》解释道：“六二得位得中而上应九五。又卦唯一阴而五阳同与之，故为同人。于野，谓旷远而无私也，有亨道矣。以健而行，故能涉川。为卦内文明而外刚健，六二中正而有应，则君子之道也。”[①] 此乃中正而应，大吉之兆。同人九五云：“同人，先号咷而后笑，大师克相遇。”朱熹解析曰：“五以刚中正，二以柔中正，相应于下，同心者也。而为三、四所隔，不得其同，然义理所同，物不得而间之。……然六二柔弱，而三、四刚强，故必用大师以胜之，然后得相遇也。”[②] 二阴柔，不敌三、四之阳刚，但有刚健中正的九五相应，故先号咷而后笑。中正有应，亦有不利方面，当具体分析。屯九五曰：“屯其膏。小贞吉，大贞凶。”《周易本义》剖析道：“九五虽以阳刚中正居尊位，然当屯之时，陷入险中。虽有六二正应，而阴柔才弱，不足以济。初九得民于下，众皆归之。九五坎体，有膏润而不得施，为屯其膏之象。占者以处小事，则守正犹可获吉；以处大事，则虽正而不免于凶。”[③] 九五虽中正居尊而有应，本身原居于坎体之中，坎者陷也。六二阴柔才弱，虽应而不足济，故大事不免于凶。

卦象中最不好的类型是既不中亦不正，更无应者，乃凶险之兆。《周易本义》有所分析。屯六三云：“即鹿无虞，惟入于林中，君子几，不如舍，往吝。”《周易本义》云：“阴柔居下，不中不正，上无正应。妄行取困，为逐鹿无虞陷入林中之象。君子见几，不如舍去。如往逐不舍，必致羞吝。”[④] 不中不正无应，妄行必“取困”而遭羞辱。萃六三云：“萃如，嗟如，无攸利。”《周易本义》释曰：“六三阴柔不中不正，上无应与，欲求萃于近而不得，故‘嗟如’，无所利。”[⑤]

朱熹欲揭示《周易》古经之本义，力图依据易卦之象数，中、不中，正、不正，中正有应，或不中不正无应等不同情况，对卦爻辞予以象

①② 朱熹：《周易本义·同人》。
③④ 朱熹：《周易本义·屯》。
⑤ 朱熹：《周易本义·萃》。

数分析。此种分析不只有利于诠释卦爻辞古义，尤在引导人们通过对《周易》经文的研究，认识作易者的思维特征，从而引导人们建立一种符合传统思维的方法。从此宋明理学关于正名分（正）、审时度势（中）思想更加深入人心，对于巩固后期封建社会起了重要作用。并张扬易图，助长图书之学。

朱熹批评程颐《伊川易传》的不足之处："《（伊川）易传》，义理精，字数足，无一毫欠缺。……只是与本义不相合。"[①] 原因在程颐未采取卦爻象分析方法。正如朱熹指出的："《（伊川）易传》言理甚备，象数却欠在。"[②] 朱熹所说的"象数"，象，指八卦和六十四卦的卦象及其所代表的物象；数，指大衍之数、天地之数等易数，不代表汉代周易象数学家所说的象数。他对汉代象数学持批评、保留态度。他说："《易》中先儒旧法，皆不可废。但互体、五行、纳甲、飞伏之类，未及致思耳。"[③] 又说："朱震又多用互体、伏卦说阴阳，说阳便以阴，说阴便以阳，乾可为坤，坤可为乾，太走作。近来林中黄又撰出一翻筋斗互体，一卦可变作八卦，也是好笑，皆可以束之高阁而不必问。"[④] 其实朱熹并不是认为"好笑"而"未及致思"。他是有过研究，认为"皆附会穿凿而非有自然之势"，[⑤] 故教后学者"不必问"。他说："飞伏，是坎伏离，离伏坎，艮伏兑，兑伏艮之类也，此等皆枝蔓，不必深研。"[⑥] 有学生问："杂物撰德，辨是与非，则非其中爻不备，是说互体？"朱熹答道："今人言互体者，皆以此为说，但亦有取不得处也。如颐卦、大过之类是也。"[⑦] 又说："王弼破互体，朱子发用互体。""互体，自左氏以言，亦有道理，只是今推不合处多。"[⑧] 朱熹阐述汉易十二消

①②⑥⑦⑧ 黎靖德编：《朱子语类》卷六七。
③ 朱熹：《朱文公文集·答王伯丰》。
④ 朱熹：《朱文公文集·答陆子美》。
⑤ 朱熹：《朱文公文集·杂著》。

息卦云：“夬，决也。阳决阴也。三月之卦也，以五阳去一阴，决之而已。”[1]“决尽则为纯乾，四月之卦也。”“至姤，然后一阴可见，而为五月之卦。”“（遁）为卦二阴浸长，阳当退避，故为遁，六月之卦也。”“否，闭塞也。七月之卦也。正与泰反。”“（观）此卦四阴长而二阳消，正为八月之卦。”“剥，落也。五阴在下而方生，一阳在上而将尽。阴盛长而阳消落，九月之卦也。阴盛阳衰，小人壮而君子病。”[2]“复，反复之复。阳复生于下也。剥尽则纯坤，十月之卦。而阳气已生于下矣。”[3]“临，进而凌逼于物也，二阳浸长以逼于阴，故为临。十二月之卦也。”以复临泰等十二卦代表十二月阴阳消长之节律，是汉代孟、京卦气说中的十二消息卦说。朱熹略加吸收，视为旧说，实为对卦气说的肯定。

朱熹也讲五行，他对《系辞》“天数五，地数五，五位相得而各有合……此所以成变化而行鬼神”的观点注释道：“天数五者，一三五七九，皆奇也；地数五者，二四六八十，皆偶也。……有合，谓一与六，二与七，三与八，四与九，五与十，皆两相合。变化，谓一变生水而六化成之，二化生火而七变成之，三变生木而八化成之，四化生金而九变成之，五变生土而十化成之。鬼神，谓凡奇偶生成之屈伸往来者。”[1]天地之数结合而生成五行，是汉代郑玄的易学思想。朱熹对大衍之数，作了深入研究，写成《筮仪》，发掘了古代占筮的方法与仪轨，并同其弟子蔡元定合著了《易学启蒙》，对象数与占卜作了专门论述。

朱熹对邵雍的先天易学，相当肯定。他说：“凡今《易》中所言，

---

① 朱熹：《周易本义·夬》。
② 朱熹：《周易本义·剥》。
③ 朱熹：《周易本义·复》。
④ 朱熹：《周易本义·系辞上》。

皆是后天之易耳。以此见得康节先天、后天之说，最为有功。”[①]《周易本义》中，转述了不少邵雍思想内容。关于《说卦》：“帝出乎震，齐乎巽，相见乎离……成言乎艮。”朱熹注云：“帝者，天之主宰。邵子曰：此卦位乃文王所定，所谓后天之学也。”[②]关于“天地定位，山泽通气，雷风相薄，水火不相射”，朱熹注云：“邵子曰：‘此伏羲之卦位，乾南坤北，离东兑西……所谓先天之学也。’”[③]朱熹《周易本义》破天荒地将《伏羲八卦次序图》《伏羲八卦方位图》《伏羲六十四卦次序图》《伏羲六十四卦方位图》列于卷首，注云：“伏羲四图，说皆出邵氏。盖邵氏得之李之才挺之，挺之得之穆修伯长。伯长得之华山希夷先生陈抟图南者，所谓先天之学也。”《周易本义》卷首同时列有《文王八卦次序图》《文王八卦方位图》，并注云：“邵子曰：此文王八卦，乃入用之位，后天之学也。”[④]清代学者胡渭，反对先天之学，同时也批评朱熹将先天四图列入《周易本义》。他说：“仲氏（毛奇龄）八误之辩，解析无遗。总由伏羲六十四卦次序，元无可考，而任意为之，所以来后人之弹射也。”指斥朱熹将四图“冠诸经首，不愈彰邵子之过乎？”[⑤]朱熹同时将《河图》《洛书》二图列入《周易本义》，注云：“《系辞传》曰：‘河出图，洛出书，圣人则之。’又曰：‘天一、地二、天三、地四、天五、地六、天七、地八、天九、地十。……凡天地之数五十有五，此所以成变化而行鬼神也。’此河图之数也。洛书盖取龟象，故其数戴九履一，左三右七，二四为肩，六八为足。”纠正刘牧将河图洛书“互易其名”的观点。朱熹此举，张扬易图，对宋元明兴起图书之学，大开方便之门。

---

① 黎靖德编：《朱子语类》卷六七。
②③ 朱熹：《周易本义·说卦》。
④ 朱熹：《周易本义》卷首。
⑤ 胡渭：《易图明辨》卷七《先天古易下》。

第五节　《周易集注》

来知德（1525—1604），字矣鲜，号瞿塘，四川梁山（今重庆市梁平区）人。明代著名易学家。其《周易集注》创立周易象学新思路，阐发错综论，当时号称“绝学”，在易学史上影响较大。显示了长江易学的独创精神。

来知德27岁中举人，两次会试不中，决心抛弃科举仕途，一心研《易》。先结庐釜山，六年无所获。1577年迁居万县（今重庆市万州区）求溪山中，画太极图于墙，每日观玩，有所悟即起而歌咏。先悟易象，从序卦、杂卦悟得流行与对等的“错综”观，后悟先儒所论“卦变”说之失当。经29年苦思，于1599年完成《周易集注》。尚著有《直觉录》《省事录》《心学晦明解》等。万历三十年，经总督王象乾等举荐，特授翰林院待诏，月给俸米三石。终身麻衣、蔬食，潜心学问。自信“学莫邃于《易》”，遂以《易》名家。事见《明史·儒林传》。

一、“画前有易”的模写论

来知德发挥宋代学者提出的“画前有易”观点，系统阐述了他的《周易》创作理论。史称伏羲画卦，文王、周公系辞，孔子作传，《周易》乃四圣之作。来知德同意此说，同时赞同朱熹的说法，认为《周易》是一部“占筮之书”。来知德认为四圣创作此书，有其客观依据。他说：“《易》之为道，不过辞、变、象、占四者而已。吉凶者，占也。占以辞而明，故系辞焉而明吉凶。刚柔相推者，象也。变由象而出，故刚柔相推而生变化。”[①]

① 来知德：《周易集注·系辞上》。

来知德认为,《周易》的产生,正如《系辞》所论,经历三个步骤。“盖圣人仰观俯察,见天地之阴阳,不外乎奇偶之象也,于是立象以尽意。然独立其象,则意中之所包犹未尽也,于是设卦以尽意中情伪之所包。立象、设卦不系之以辞,则意中之所发犹未昭然明白也,于是系辞以尽意中之所发。立象、设卦、系辞,《易》之体已立矣,于是教人卜筮,观其变而通之。”① 这是说立象、设卦、系辞都是圣人作为。创立《易》之体,旨在供卜筮者观变之用。

但来知德主张,无论立变、立象、立辞,都不是圣人的主观作为,各有其客观的依据。他说:“《易》有变,非圣人自立其变也,天地变化有自然之变,圣人效之以立其变;《易》有象,非圣人自立其象也,天垂象见吉凶,有自然之象,圣人象之以立其象。《易》有辞,非圣人自立其辞也,河出图,洛出书,有自然之文章,圣人则之以立其辞。”② 如此说来,立变、立象、立辞,都是圣人效法自然的结果。所以来知德得出结论道:“天地万物,一对一待,易之象也。盖未画易之前,一部《易经》已列于两间。故‘天尊地卑’未有易卦之乾坤,而乾坤已定矣;‘卑高以陈’,未有易卦之贵贱,而贵贱已位矣。……在天成象,在地成形,未有易卦之变化,而变化已见矣。圣人之易,不过模写其象数而已,非有心安排也。”③ 来知德阐发“画前有易”观点,提出“模写”说,《易》的创作,不过是圣人“模写”天地变化的象数。所以他说:“上古虽未有易之书,然造化人事,本有易之理,故所作事,暗合易书,正所谓画前之易也。”④

来知德阐发宋代蔡清《周易蒙引》提出的“模写说”,论证“画前有易”,在易学研究中有一定理论意义。首先,肯定《周易》象数及其中之理,绝非主观虚构,有客观事物的变化法则作为依据,客观事物的变化法则是不依赖于作者而存在的。这就导致周易象数理的研

①②③ 来知德:《周易集注·系辞上》。

④ 来知德:《周易集注·系辞下》。

究，原则上当以客观事物的法则为前提。其次，圣人作易不过是对早已存在的客观变化法则的“模写”，即易理只是客观法则的反映，这一观点符合唯物主义反映论原理。用模写原则研究易理，防止易学研究的主观随意性。再次，人事作为，应同客观的易理“暗合”，表明易理对人事作为有指导作用，人们不应违背它，研易的目的正在于穷神知化，以前民用。关于“画前有易”的观点，来知德的阐述比前人更清楚，比较合理可取，有一定新意。

二、“假象以寓理”的唯象易学新思路

来知德易学，可称之为“唯象易学”。他认为一部《周易》，一语一词都是在讲象。六十四卦，三百八十四爻，卦辞、爻辞都应从象入手，发掘其深刻义理，离开象，一切义理都无着落。他说：“易卦者，写万物之形象之谓也。舍象不可以言易矣。象也者，像也。假象以寓理，乃事理仿佛近似而可以想像者也，非造化之贞体也。彖者，象之材也，乃卦之德也；爻者，效天下之动者也，象之变也，乃卦之趣时也。故伏羲之易，惟像其理而近似之耳。……故舍象不可以言易也。”[①] 明确提出，圣人作《易》无非“假象以寓理”。理同象的关系是“仿佛近似”，“非造化之贞体”，即不是原本，只是近似的副本。

来知德认为，作为“造化之贞体”的两间形象，是千变万化的，但都可以用易卦的阴阳变化加以反映。他解释《系辞》“在天成象，在地成形，变化见矣”说：“象者，日月星辰之属；形者，山川动植之属。两间形象，其中有往有来，有隐有见，有荣有枯，有生有死，千变万化。易中变化，则阴之极者变乎阳，阳之极者化乎阴也。”[②] 两间形象尽管千变万化，必有其客观规律即“理”，形象变化即可用卦

① 来知德：《周易集注 · 系辞下》。
② 来知德：《周易集注 · 系辞上》。

象反映，说明卦象的实质正在近似地反映客观形象变化的规律，或所以然之理。来知德解释“知幽明之故”说：“天垂象，有文章；地之山川、原隰，各有条理。阳极而阴生则渐幽，阴极而阳生则渐明。一日之天地如此，终古之天地亦如此。‘故’者，所以然之理也。”[①]又说：“阴阳之道，不过幽明、生死、鬼神之理而已。”[②]

卦爻象能反映客观的理，因此人们应当通过研究卦爻象，穷理于心，并循理而行，然后才能崇德广业。来知德解释《系辞》“崇德广业，智崇礼卑”说：“盖六十四卦，三百八十四爻，皆理之所在也。圣人以是理穷之于心，则识见高迈，日进于高明，而其知也崇；循是理而行，则功夫敦笃，日就于平实，而其礼也卑。崇效乎天，则崇之至矣，故德崇；卑法乎地，则卑之至矣，故业广。”[③]

来知德用自己建立的“唯象易学”批评扫象言理的王弼，也批评了只言其理的宋明理学。他批评王弼说：“若学易者，不观其象，乃曰：‘得意在忘象，得象在忘言。’正告子所谓‘不得于言，勿求于心’者也。若舍此象，止言其理，岂圣人作易前民用，以教天下之心哉。”[④]进一步批评空言性理的宋明理学说：“自王弼扫象以后，注易诸儒皆以象失其传，不言其象，止言其理，而易中取象之旨遂尘埋于后世。本朝纂修易经、性理大全，虽合诸儒众注成书，然不过以理言之而已，均不知其象。……四圣之易如长夜者，二千余年，不其可长叹也哉。”[⑤]

来知德在其《周易集注·原序》中，论述“象”同“理”的关系，指出：“有象即有数，有数即有理。”不离象而言数，不离数而言理，象数同理从来统一不可分，言象即是言理。理乃是有象有数之理，而不是虚托孤立之理。言数也不讲造生万物的神奇之数，是有象

①②③ 来知德：《周易集注·系辞上》。
④ 来知德：《周易集注·系辞下》。
⑤ 来知德：《周易集注·原序》。

有理的自然之数。这一观点，首先同“神生数，数生象，象生器”[1]的数学家邵雍思想相对立。同时，也同“未有天地之先，毕竟也只是理”[2]的朱熹理学思想相对立。来知德认为是自己花三十年功夫悟出唯象易学的：“非山中研穷三十季，安能知之？宜乎诸儒以象失其传也。”[3]他说“诸儒不知象”，认为古之易象“失其传”，主要指朱熹。朱熹说过：“卦中要看得亲切，须是兼象看。但象不传了。”又说：“易毕竟是有象，只是今难推。”[4]来知德认为易象从未失传，《序卦》《杂卦》都在言象，只是王弼扫象以后，无人深入领会，说不明白。他花三十年功夫才把易象弄明白。所以他说两千余年，“四圣之易如长夜”，学者只是在黑暗中摸索。《四库全书总目提要》批评他未免“夜郎自大”。其实他是力图将《周易》象数同义理紧密结合，克服以往象数易学与义理易学各自的片面性，的确为《周易》研究打开新局面，值得肯定。

来知德认为《周易》所说的“象”，有多种情况，有卦情之象、卦画之象、大象之象、中爻之象、错卦之象、综卦之象、爻变之象等。

卦情之象——指卦爻象反映世人感情。他举例说，如咸卦，艮为少男，兑为少女，男女相感之情，莫如年之少者。爻象中曰拇，曰腓，曰股，曰脢，曰辅颊舌，“此则以男女相感之至情而立象也”。[5]

卦画之象——谓卦象近似于客观物象。“如剥卦，一阳处于上，五阴在下，列于两旁，如宅、庐、床之象，故爻辞有剥庐、剥床。”

大象之象——“如益象离，故言龟。”“颐亦象离，故亦言龟也。”《说卦》：“离为龟。”益六二云：“益之十朋之龟。”颐初九云：“舍尔灵龟。”

---

① 邵雍：《皇极经世·观物外篇》。
② 黎靖德编：《朱子语类》卷一。
③ 来知德：《周易集注·易经字义·综》。
④ 黎靖德编：《朱子语类》卷六十六。
⑤ 来知德：《周易集注·易经字义·象》。

中爻之象——中爻即汉易互体卦。“如渐卦九五，‘三岁不孕’，以中爻合离中虚也。”渐卦三四五爻合为离。

关于错卦、综卦、爻变之象，详见下节。来知德关于卦象的分析，较前人为详，亦未免流于烦琐，不少地方失之牵强。实际上有些卦爻辞是难以同卦爻象联系的，勉强去找联系，必然妨碍象数或义理分析。

三、“有对待而后有流行”的变易观

来知德对《周易》研究最突出的贡献，是对变易思想作了深入探讨和创造性阐述。他认为圣人画卦，提出一阴一阳的观念，本身就是在阐述变易观。写道：“（圣人仰观俯察）见得天地间一对一待成列于两间者，不过此阴阳也；一往一来流行于两间者，不过此阴阳也。于是画一奇以象阳，画一偶以象阴，因而重之以为八卦，以通神明之德，以类万物之情。”①

他所说的“一对一待”“一往一来”，是对变易法则的基本概括。认为《周易》的书名，正是变易观的显见。“以易名书者，以字之义有交易、变易之义。交易以对待言，如天气下降以交于地，地气上腾以交于天也。变易以流行言，如阳极则变阴、阴极则变阳也。阴阳之理，非交易则变易，故以易名之。”② 来知德将《周易》的核心思想——变易法则，概括为交易和变易两种形态，用交易描述阴阳二气的对立和相互交通，用变易描述阴阳二气的相互转化，显示事物的变迁。

接着来知德称阴阳对待交易关系为“相错”法则，称阴阳流行、变易关系为“相综”法则，认为一部《周易》的全部卦象，不外乎相错、相综两种关系。他说：“盖天地间万物，独阴独阳，不能生成，故必有错；而阴阳循环之理，阳上则阴下，阴上则阳下，故必有综。则错、综二字，

① 来知德：《周易集注·系辞下》。
② 来知德：《周易集注·周易上经》。

不论六爻变与不变，皆不能离者也。若无错、综，不成易矣。”[①]运用错、综卦象，诠释宋代易学家提出的“对待”“流行”观念，是对《周易》变易宇宙观的丰富和发展，是对易学的创造性贡献。

来知德对“错”与“综”的含义，反复加以阐述。写道：“错者，阴阳相对，阳错其阴，阴错其阳也，如伏羲圆图乾错坤、坎错离、八卦相错是也。综者，即今织布帛之综，一上一下也，如屯蒙之类，本是一卦，在下则为屯，在上则为蒙，载之文王序卦者是也。”[②]他用伏羲八卦圆图，说明卦象阴阳相错的对待关系：二阳一阴之兑同二阴一阳的艮，爻象相错，卦形对待；一阳二阴之震同一阴二阳之巽，爻象相错，卦形对待，所以说八卦相错。他用《易经》卦序中前后相邻的对偶卦组，表述卦形相综，阴阳二气流行，相反相成的原理。屯与蒙本是同一卦体，二阳四阴。蒙，上艮下坎，屯，上坎下震，恰是同一卦体的颠倒，一上一下，正是阴阳二气流行变化之象。六十四卦中，需与讼、师与比、否与泰、损与益、既济与未济等，都是相综关系。只有八个卦不相综，即乾与坤、坎与离、颐与大过、中孚与小过。因这八个卦颠倒其卦体，仍是原卦而不变。

来知德用错综关系解释《说卦》中两段词的含义。解释“雷以动之，风以散之”一节说：“前节言伏羲之对待。曰雷动风散者，雷风相对也；曰雨润日暄者，水火相对也；曰艮止兑说者，山泽相对也。”[③]解释“动万物者莫疾乎雷”一节说：“此节言文王之流行，曰动万物者，春也；曰挠万物者，春夏之交也；曰燥万物者，夏也；曰悦万物者，秋也；曰润万物者，冬也；曰终始万物者，冬春之交也。”[④]表明万物之生长收藏，终而复始，均为八卦卦象流行循环的体现。来知德更换一种说法，用伏羲八卦卦象的相错，描述万物的流行过程。写道：雷以动之，风

① 来知德：《周易集注·六十四卦启蒙》。
② 来知德：《周易集注·系辞上》。
③④ 来知德：《周易集注·说卦》。

以散之，“此言生物之功”；雨以润之，日以暄之，“此言长物之功”；艮以止之，兑以说之，“此言成物之功”。[1] 伏羲八卦中震、巽、离、坎、艮、兑之相错，表明生物、成物的流行过程。文用五行相生原理，说明流行过程。认为文王八卦圆图，“实春夏秋冬、五行循环流行之序也。盖震巽属木，木生火，故离次之；离火生土，故坤次之；坤土生金，故兑乾次之；金生水，故坎次之；水非土，亦不能生木，故艮次之。水土又生木火，此自然之序也”。[2] 这是用五行相生之理解释文王八卦次序含有流行之理。将八卦同五行学说相结合，不失为易象妙解。然而五行学说同八卦结合，是汉代解易思想，强加于《易传》，不符合易学发展的实际情况。

来知德进一步论述对待与流行的密切关系，肯定有对待必有流行，有流行必有对待，二者不可分。写道："盖有对待，其气运必流行而不已；有流行，其象数必对待而不移。" [3] 又说："必有伏羲之对待，水火相济，雷风不相悖，山泽通气，然后阳变阴化，有以运其神妙万物而生成也。若止于言流行而无对待，则男女不相配，刚柔不相摩，独阴不生，独阳不成，安能行鬼神、成变化，而动之、挠之、燥之、说之、润之，以终始万物哉。" [4] 认定离开对待而言流行，是不合理的，独阴独阳，不能“行鬼神、成变化”。他已认识到“对待”是“流行”的根本原因，十分可贵。

由对待与流行不可分的原则出发，来知德批评了先天、后天之说。他写道："先儒不知对待、流行，而倡为先天、后天之说。所以《本义》于此二节（指《说卦》第六章）皆云未详。殊不知二图分不得先后。譬如天之与地，对待也；二气交感生成万物者，流行也。天地岂分先后哉！男与女，对待也，二气交感生成男女者，流行也，男女岂分先后哉。所以伏羲、文王之图，不可废一。孔子所以发二圣千载之秘者，

①②④ 来知德：《周易集注·说卦》。
③ 来知德：《周易集注·杂说》。

此也。”[①]所言先儒指朱熹，《周易本义·说卦》第五、六两章，朱熹云“多未详者”或“未详其义”。来知德认为乃是不明伏羲八卦圆图同文王八卦圆图所述对待与流行之义。而《易传·说卦》的论述，表明孔子已明言对待与流行，“发二圣千载之秘”，后人却不明白其中奥妙，总在“黑夜”中摸索，深可长叹。

来知德用《周易》卦象，阐述相错同相综，交易同变易，对待同流行的变易法则，发前人所未发，确有独到见解，在前人研究基础上，把象数同义理相结合，将《周易》研究推进一步，当时推为“绝学”理所当然。

四、以图明道的《来氏太极图》

《周易集注·杂说》载十余幅易图。《梁山来知德圆图》乃来知德独创。《伏羲六十四卦圆图》《伏羲八卦方位图》《文王八卦方位图》原载《周易本义》。《孔子太极生两仪四象八卦图》《八卦变六十四卦图》等亦改造宋代易图而成。来知德特地绘五幅图以阐述错综关系，如《八卦所属相错图》《八卦六爻变自相错图》《八卦次序自相综图》《八卦所属相综文王序卦正综图》《八卦四正四隅相综文王序卦杂综图》。此外《易学六十四卦启蒙》，每一卦均附有错综、中爻及六爻变之图。来知德力图用易图来阐明易理同象数的关系，特别用以阐述错综、中爻、爻变思想。他说：“若无错综，不成易矣。故六爻变后，复注错综。而中爻者，亦阴阳也，故继之。……四圣千古不传之秘，尽泄于此。学者能于此而熟玩之，则辞象变占犁然明白。四圣之易不在四圣而在我矣。”[②]对易图的作用，十分重视。

《梁山来知德圆图》，今称《来氏太极图》。此图同陈抟和周敦

① 来知德：《周易集注·说卦》。
② 来知德：《周易集注·易学六十四卦启蒙》。

图 4-4 梁山来知德圆图

颐所传太极图不同，乃来知德所创制。来知德对此图作了诠释，写道："此圣人作易之原也。理气象数，阴阳老少，往来进退，常变吉凶，皆尚乎其中。孔子系易，首章至易简而天下之理得，及一阴一阳之谓道，易有太极，形上形下数篇，以至幽赞于神明一章，卒归于义命，皆不外此图。神而明之，一部《易经》，不在四圣而在我矣。"[①] 又云："盖伏羲之图，易之对待；文王之图，易之流行；而德之图，不立文字，以天地间理气象数，不过如此。此则兼对待、流行、主宰之理而图之也。"[②] 图之中心为一白圈，表示"主宰之理"；白圈之外为一白一黑的阴阳鱼。二鱼相互环抱，表示二气对待；二鱼绕白圈转动，表示二气流行，如图 4-4。一阴一阳，既表示"流行之气"，又表示"对待之数"。太极之理寓于阴阳之数，并主宰阴阳之数的变化。此图寓意深刻，较之陈抟太极图简练匀称，明白畅达。

来知德虽未自称《圆图》为太极图，实际上是循着"太极生两仪，两仪生四象……"的原理构想而成。他用朱熹的"加一倍法"解释宇宙万物的生成图式，却又反对邵雍的构想。他写道："太极者，极至之理也。理寓于象数之中，难以名状，故曰太极。生者，加一倍法也。……若邵子八分为十六，十六分为三十二，三十二分为六十四，不成其说矣。"[③] 这就明确认定寓于象数的"理"，其极至谓之"太极"。《圆图》中主宰数之理，就是太极。

理又称道，即形而上之道。他写道："阴阳之象皆形也。形而上者，

①② 来知德：《周易集注·杂说》释《梁山来知德圆图》。
③ 来知德：《周易集注·系辞上》。

超乎形器之上，无声无臭，则理也，故谓之道。形而下者，则囿于形器之下，有色有象，止于形而已，故谓之器。”[①] 来知德用《圆图》诠释《易传》形上形下、道器不二的原理。

来知德创制的五幅错综图，可以《伏羲文王错综图》为代表。此图分为两部分，上部为《伏羲圆图相错图》，“一左一右相错”，将六十四卦分为三十二对，“左右开列”，如乾与坤、夬与剥，泰与否、革与蒙、既济与未济等。下部为《文王序卦相综图》，按序卦次序，“一上一下相综”，将不相综的八个卦除外，其余五十六卦两两相综，“上下开列”成二十八个卦体，如屯与蒙、需与讼、师与比，涣与节、既济与未济等。写道：“四正之卦，否、泰、既济、未济；四隅之卦，归妹、渐、随、蛊，比八卦可错可综，然文王皆以为综也。故五十六卦只有二十八卦，向上成一卦，向下成一卦。”[②] 又说：“相错之卦三十六卦，所以上经分十八卦，下经分十八卦，其相综自然而然之妙，亦如伏羲圆图相错自然而然之妙，皆不假安排穿凿，所以孔子赞其为天下之至变者以此。汉儒至宋儒，止以为上下篇之次序，不知紧要与圆图同，诸象皆藏于二图错综之中，惟其不知序卦紧要之妙，则易不得其门而入矣。”[③] 来知德夸大错综图的意义，认为是学易的入门向导，否则将“不得其门而入”。不过明白文王序卦同伏羲六十四卦圆图所含相错相综的象数特点，对于从整体上把握六十四卦之间的内在关系，确有益处。在象数学发展史上，将《易传》提示的“错综其数”原理作了透彻阐发，的确是一大进步。

《易学六十四卦启蒙》，每卦有一《六爻变图》。旨在说明六爻之中，每一爻的改变必然引起一系列卦爻象的变动，以之显示无论自然界或人类社会，都是一种关系网络，牵一发而动全体，这是《周易》象数学在古代用以锻炼人们的思维能力，使思维日益精密的一种训练方法，

---

① 来知德：《周易集注·系辞上》。
②③ 来知德：《周易集注·杂说》。

是行之有效的。在古代，人们缺乏训练逻辑思维的方法，卦变与爻变是训练思维精密度的有效方法之一，人们喜闻乐见。学易的过程寓有理性思维的内容，何乐而不为！来知德的六爻变化思想，如表4–1所示，对引导人们学易是有实际意义的。谓之学易启蒙，实不为过。

表4–1　泰卦六爻变表

六爻变艮	五爻变坎	四爻变震	三爻变兑	二爻变离	初爻变巽
综错震兑	错离	综错艮巽	综错巽艮	错坎	综错兑震
成大畜	成需	成大壮	成临	成明夷	成升
综错无妄萃	综错讼晋	综错遁观	综错观遁	综错晋讼	综错萃无妄
中爻上下震兑	中爻上下离兑	中爻上下兑乾	中爻上下坤震	中爻上下震坎	中爻上下震兑
天位	天位	人位	人位	地位	地位

来知德《周易集注》在易学史上具有三大特点。首先，坚持研究《周易》必须象数同义理兼顾、二者并重的原则，力图克服象数派同义理派的片面性。在义理方面，突出“对待”“流行”两范畴，丰富了《周易》的朴素辩证法思想，显示《周易》宇宙代数学的魅力，对清代王夫之等人的易学研究深有启迪。其次，特别注重象学，对卦爻象的内涵作了深入发掘，尤其对错综、中爻、爻变关系用力最勤，多有独到见解，予后世易学启发亦大。再次，坚持以图明道原则，创制了许多

易图，充分显现易卦的网络结构关系，推动易学象数思维的丰富和发展。改变陈抟、周敦颐的《太极图》构图思路，创作《来氏太极图》，开阴阳鱼太极图之先河。以上特点，亦即来知德对长江易学发展做出的贡献。来知德虽接受先天易学和太极图说的思想，却同邵雍、周敦颐的思想大不一样，他的《太极图》是独创的，其易学理论是别开生面的。他曾写了一首题为《研易》的诗坦陈胸怀：“个中原有先天易，壁上新添太极图。欲与庖羲相揖让，日间那得此凡夫！”①

① 载《古今图书集成》卷九十。

第五章 “易学”之部（下）

第一节 《周易禅解》

《周易》是儒家经典，同佛学有截然不同的思想体系，许多基本观点和思想范畴难以融通。在儒道佛逐步融合的趋势下，宋代以来早有学者做沟通《易》与佛的尝试，宋人王宗传、杨简开其端，明代不断有后继者，紫溪苏浚解《易》，写有《冥冥篇》。崇祯年间，智旭大师以佛解《易》，留下《周易禅解》，为古代学者援儒证佛，引《易》论禅的范本。虽不免牵附之嫌，亦可见融通佛易思想的良苦用心。易学前贤黄寿祺先生说得好，此书“援引禅理，间虽不免附会，然亦颇有可取者，未可以其援禅入儒而悉非之”。[1]

一、援佛解《易》，引《易》论禅

以佛教思想解释《周易》，的确难度很大。以佛解易的著作，是《易》学著作，还是佛学著作？这是不好回答的问题。智旭大师对此问题的回答颇富哲理：

① 黄寿祺：《易学群书评议》。

> 或问：子所解者是《易》耶？余应之曰：然。复有视而问曰：子所解者非《易》耶？余亦应之曰：然。①

说所解者是《易》，表明《易》本具广泛包容性，《周易禅解》中所解者均是《周易》的卦爻象、卦爻辞，及《易传》词句，原原本本，载之《周易》。说所解者非《易》，表明解《易》的思想，非《周易》所固有，无非将卦爻象、卦爻辞及《易传》中的词句，一律视为空套子，充实以佛学思想内容，借《周易》之瓶，盛佛教之酒。

智旭用佛家“四悉檀”观点，看待《易经》和《易传》。“四悉檀”乃梵语，有教化之义，谓普施佛法，令众生受感化而有成就。佛教认为宣扬佛法分四种层次，即四种“悉檀”。讲述浅显的道理，令人听了喜爱者，称“世界悉檀”；讲法后令人生善根，一心向善者，称“为人悉檀”；针对众生实际，遣除其恶病者，称“对治悉檀”；讲使人悟入圣道的高深道理，称“第一义悉檀”。智旭认为从伏羲画卦到孔子作《易传》，《周易》也有四个发展层次：

> 伏羲但有画而无辞，设阴阳之象，随人作何等解，世界悉檀也；文王《彖辞》，吉多而凶少，举大纲以生善，为人悉檀也；周公爻辞，诫多而吉少，尽变态以劝惩，对治悉檀也；孔子“十传”，会归内圣外王之学，第一义悉檀也。②

智旭写《周易禅解》的根本目的，正如他自己所说的：“以禅入儒，务诱儒以知禅。”

本着“佛之说法，不外自行、化他二途”的原则，智旭认为《周易》上经，偏重于“自行”，即自利；下经重在“化他”，即利他。他说：

---

① 智旭：《周易禅解序》。
② 智旭：《周易禅解·乾》。

上经始于乾坤之性德，终于坎离之修德，为“自行”因果具足。下经始于咸恒之机教，终于既济、未济之无穷，为“化他”能所具足。此二篇之大旨也。[①]

《周易》的基本观念是乾刚、坤柔。智旭引佛理释刚柔，证明孔子与佛陀思想的一致性。《杂卦》云：“夬，决也。刚决柔也。君子道长，小人道忧也。”智旭释之：

问：“何谓君子之刚？”答：“智慧是也。”“何谓君子之柔？”答：“慈悲是也。”“何谓小人之刚？”答：“嗔、慢、邪见是也。”“何谓小人之柔？”答：“贪欲痴疑是也。”读此一章，尤知宣圣实承灵山密嘱，先来此处度生者矣。不然，何其微言奥旨深合于一乘若此也。[②]

智旭引用佛法对八卦作解释，从而巧妙地宣扬了佛法：

一念菩提心，能动无边生死大海，震之象也。三观破惑无不遍，巽之象也。慧火干枯业惑苦水，离之象也。法喜辨才，自利利他，兑之象也。法性理水，润泽一切，坎之象也。首楞严三昧，究竟坚固，艮之象也。凡此，皆乾坤之妙用也。[③]

智旭对《周易》中“变易”与“不易”的解释，颇富哲理，显示其引儒入禅的思想闪光：

① 智旭：《周易禅解·下经之一》。
② 智旭：《周易禅解·杂卦》。
③ 智旭：《周易禅解·说卦》。

> 历尽万别千差世事，时地俱易，而不易者依然如故。吾是以知“日月稽天而不历，江河竞注而不流”，肇公非欺我也。得其不易者，以应其至易；观其至易者，以验其不易；常与无常，二鸟双游。[①]

“常与无常，二鸟双游”，体现了朴素辩证法思想，以之解释易与不易的辩证统一，颇为得体，较僧肇高出一筹。

《说卦传》广列八卦卦象，说明八卦不只象征天地雷风水火山泽，还可象征父母男女、身体手足、草木金石、颜色方位等宇宙万物。智旭认为这也正如佛法广大，有情无情均可涵摄。他说：“此广八卦一章，尤见《易》理之铺天匝地，不间精粗，不分贵贱，不论有情无情。禅门所谓：‘青青翠竹，总是真如；郁郁黄花，无非般若。’”[②]

二、玄妙易理，总关佛性

佛性，是佛教所说的一切众生都有觉悟成佛的可能性，又称法性、涅槃、般若、如来藏。

《周易》以乾为纯阳，具有刚健德性，它无所不在，主宰万物的生成变化。智旭以乾元喻佛性，目的在说明佛性无所不在，众生皆具佛性。

《文言》曰：“大哉乾乎，刚健中正。”《禅解》云：“佛性常住之理，名为乾元。”他认为二者的性质、特点完全一致：

> 佛性常住之理，能出生、成就百界千如之法。……其性雄猛，物莫能坏，故名“刚”；依此性而发菩提心，能动无边生死大海，

① 智旭：《周易禅解跋》。
② 智旭：《周易禅解·说卦》。

> 故名“健”；非有无、真俗之二边，故名“中”；非断常、空假之偏法，故名“正”。[①]

《周易》把乾元比作太阳（大明），谓“大明终始，六位时成”。《周易禅解》借“大明终始”之意，申论佛性特点：

> 知其始亦佛性，终亦佛性，不过因于迷悟时节因缘，假立六位之殊。位虽分六，位位皆龙，所谓理即佛，乃至究竟即佛。[②]

《文言》曰：“潜龙勿用，阳气潜藏；见龙在田，天下文明；终日乾乾，与时偕行；或跃在渊，乾道乃革。”描述了龙在不同形势下的不同表现。智旭亦以此喻佛性的种种变化：

> 佛性隐在众生身中，故“潜藏”；一闻佛性，则知心、佛、众生三无差别，故“天下文明”；念念与观慧相应无间，故“与时偕行”；舍凡夫性入圣人性，故“乾道乃革”。[③]

《彖》曰：“乾道变化，各正性命，保合太和，乃利贞。”智旭认为佛性的变化亦如乾道，有保合太和之时。指出：

> 此常住佛性之乾道，虽亘古亘今，不变不坏，而具足一切变化功用，故能使三草二木各随其位而证佛性。既证佛性，则位位皆是法界，统一切法无有不尽，而保合太和矣。[④]

《周易》讲乾元，总与坤元相对，乾与坤，一阳一阴，不可分离。《周

①③ 智旭：《周易禅解·文言·乾》。
②④ 智旭：《周易禅解·彖·乾》。

易禅解》深明其理，云：“乾坤实无先后，以喻理智如一，寂照不二，性修交彻，福慧互严。”[1] 智旭借乾道，喻佛性的常住性、普遍性、变化性，其思想多有可取。

三、经传奥旨，无非佛陀教化

佛法，指佛陀的教化，教导众生，使之感化信佛，修行成佛。佛陀说法，有因人而异的特点。智旭认为，《周易》主旨正是如此。《周易》每卦均有六爻，爻辞义理每有不同。智旭借此解释佛家因人说法的原则。观卦六爻即如是：

> 约佛法释六爻者，初是外道，为“童观”，有邪慧故。二是凡夫，为“窥观”，耽味禅故。三是藏教之机，进为事度，退为二乘。四是通教大乘初门，可以接入别圆，故“利用宾于王”。五是圆教之机，故“观我即是观民”，所谓心、佛、众生，三无差别。上是别教之机，以中道出二谛外，真如高居果头，不达平等法性，故“志未平”。[2]

智旭更将十界配天地之数。《易传》云：“天数五、地数五，五五相得而各有合。”汉代易学家分为五生数与五成数，二者相结合而生五行。智旭引用十数表十道，并将十道中圣凡配合而成五对，他指出：

> 约出世法者：一是地狱之恶，六是天道之善，为善恶一对；二是畜生之惑，七是声闻之解，为解惑一对；三是饿鬼之罪苦，八是支佛之福田，为罪福一对；四是修罗之嗔恚，九是菩萨之慈悲，

---

① 智旭：《周易禅解·彖·坤》。
② 智旭：《周易禅解·观上九》。

为嗔慈一对；五是人道之杂，十是佛界之纯，为纯杂一对。①

六道称六波罗蜜，加上二乘、菩萨与佛，又称十道，或十波罗蜜，都是讲从生死此岸到达涅槃彼岸的修行次第。这同《周易》之分六爻，《河图》之有十数，本不相干。然而，将十界划分为圣凡五对，却是符合易学对立统一原则的。

智旭用法界变化，不容执着之理，释《易传》"为道屡迁""唯变所适"的原则。指出：

虽近在日用之间，而初无死法，故"为道屡迁"；随吾人一位一事中，具有十法界之变化，故"变动不拘，周流六虚"；界界互具，法法互融，故"上下无常，刚柔相易"；所以法法不容执着而"唯变所适"。②

《易传》云："积善之家，必有余庆；积不善之家，必有余殃。"智旭以佛理释善与不善的种种界限，要求人们及早分辨之。他说：

十善为善，十恶为不善；无漏为善，有漏为不善；利他为善，自利为不善；中道为善，二边为不善；圆中为善，但中为不善。……所以千里之行始于一步，必宜辨之于早也。③

智旭解经传，力图弘扬佛法，规劝众生一心向佛，不堕二边，以求顿悟。

① 智旭：《周易禅解·河图》。
② 智旭：《周易禅解·系辞下》。
③ 智旭：《周易禅解·文言·坤》。

四、卦象爻辞，多论心法

心法指佛子修行中的种种心理、精神现象，反映了修行者的心态及功德的深浅。智旭以心法观念解易，认为卦爻辞和《易传》思想多是有关佛子心态的分析。

智旭以谦卦爻辞，论述修行者的不同心态，很有启迪作用。他说：

> 初六是沙弥小众，故为“卑以自牧”；六二是守法比丘众，故为“鸣谦贞吉”；九三是弘法比丘，宰任玄纲，故为“劳谦君子”；六四是外护人中优婆塞等，故恒谦让一切出家大小乘众，而为“㧑谦”乃不违则；六五是护法欲界诸天，故能摧邪以显正，而“征不服”；上六是色、无色天，虽亦护正摧邪，而禅定中无嗔恚相，不能作大折伏法门，故“志未得”。[①]

借谦卦爻辞的藏否各有分寸，刻画佛子的六种心态，入木三分。

智旭复引解卦六爻之间的比应关系，说明由于所具定慧果位不同，相互之间存在“相应”或“对治”关系。他说：

> 初以有慧之定，上应九四有定之慧，惑不能累，故“无咎”。九二以中道之慧，上应六五中道之定，而六三以世间小定小慧，乘其未证，窃思乱之，故必猎退狐疑，乃得中直正道。……六五以中道之定，下应九二中道之慧，慧能断惑，则定乃契理矣。上六以出世正定，对治世禅世智、邪慢邪见，故“无不利”。[②]

---

① 智旭：《周易禅解·谦上六》。
② 智旭：《周易禅解·解上六》。

噬嗑卦爻辞，反映古代对不同罪犯，量用轻重不同刑罚。智旭假借其义，以表明佛子心法之别，颇富启发性。他说：

> 观心释者：初九境界一发，即以正慧治之，如“灭趾”而令其不行。六二境界未深，即以正定治之，所噬虽不坚硬，未免打失巴鼻。六三，境界渐甚，定慧又不纯正，未免为境扰乱，但不至于堕落。①

剥卦上艮下坤，其卦象乃一阳居五阴之上，智旭以此卦象喻世道与佛理。他指出：以剥之“六爻约世道，则朝野无非阴柔小人，惟一君子高居尘外。约佛化，则在家出家，皆以名利相縻，惟一圣贤远在兰若。约观心，则修善断尽，惟一性善，从来不断”。②

《系辞》谓小人“以小恶为无伤而弗去也，故恶积而不可掩”。智旭借此告诫修行者，当时时自省。他说：“夫戒定之器，必欲其成；障戒障定之恶，必宜急去。勿轻小罪以为无殃，惩之于小则无咎，酿之于终则必凶，修心者所宜时时自省、自改也。”③

五、爻象、河图，启示修证之要

智旭解《易》的主导思想，在于借《易》图象及卦爻辞，劝导人们一心向佛，诚心修行。他将正念、六度、三学思想，贯通到《易》理诠释中去。

智旭以“六度”释《易》，将六度与坤卦六爻之义紧密结合。指出：

> 坤之六爻，即表六度。布施，如“履霜”，驯之可至坚冰。……

① 智旭：《周易禅解·噬嗑上九》。
② 智旭：《周易禅解·象·剥》。
③ 智旭：《周易禅解·系辞下》。

> 持戒，则“直方大”。摄律仪，故直；摄善法，故方；摄众生，故大。忍辱，为“含章”，力中最故。精进，如“括囊”，于法无遗失故。禅定，如“黄裳”，中道妙法定界故。智慧，如“龙战”，破烦恼故。[①]

不难看出，坤卦爻辞的内容，在开导人们观物、处世的基本原则，同佛教六度修行的原则对应解释，确有启发。

智旭更用《周易》河图之数及其方位诠释十波罗蜜，所揭示的内容，更为深刻：

> 又约十度修德者：一是布施，六是般若，此二为福慧之主，如地生成万物，故居下。二是持戒，七是方便，此二为教化之首，如天普覆万物，故居上。三是忍辱，八是大愿，此能出生一切善法，故居左。四是精进，九是十力，此能成就一切善法，故居右。五是禅定，十是种智，此能统御一切诸法，故居中。实则界界互具，度度互摄。盖世间之数，以一为始，以十为终。《华严》以十表无尽。当知始终不出一心、一尘、一刹那也。[②]

将十波罗蜜组合为五对，与河图之数所居方位对应，以此解《易》可谓独出心裁，别开生面。

《文言传》提出：“上下无常，非为邪也；进退无恒，非离群也；君子进德修业，欲及时也。”智旭以修行佛法的要求，对此作了深入解释，劝导众生及时修行。他说：

> 直观不思议境，为上；用余九法助成，为下。心心欲趋萨婆若海，为进；深观六即不起上慢，为退。欲及时者，欲于此生了办大事也，

① 智旭：《周易禅解 · 坤初六》。
② 智旭：《周易禅解 · 河图》。

> 此身不向今生度，更向何生度此身？[1]

欲证法身，识般若，获解脱，关键在戒定断惑。智旭引用“公用射隼于高墉之上”的意境，说明断惑识慧的紧迫性。《系辞下》云：“隼者，禽也；弓矢者，器也；射之者，人也。君子藏器于身，待时而动。”智旭以此解释修行的要务云：

> 禽喻惑，器喻戒定，人喻慧。……如人有慧，故能以戒定断惑也。宗门云：“一兔横身当古道，苍鹰才见便生擒。”亦是此意。[2]

这是说众生断惑趋佛，应如苍鹰擒兔一样，迅猛异常，毫无迟疑。

履六三爻辞云：“眇能视，跛能履，履虎尾，咥人凶。”智旭引用之，以严厉呵斥不知修德、高谈佛性的人。他写道：

> 知性德而不知修德，如眇其一目；尚慧行而不尚行行，如跛其一足。自谓能视，而实不见正法身也；自谓能履，而实不能到彼岸也。高谈佛性，反被佛性二字所害。本是卤莽武人，妄称祖师，其不至于堕地狱者鲜矣。[3]

六、乾刚坤柔，均表止观、定慧

乾健坤顺，阳刚阴柔，是《周易》概括宇宙万物生成变化的基本范畴。智旭紧紧抓住乾坤阴阳的对立特性，以之解释修行中的止观、定慧。他解释“乾坤其易之蕴”云：

---

①智旭：《周易禅解·文言·乾》。
②智旭：《周易禅解·系辞下》。
③智旭：《周易禅解·履六三》。

盖“易”即吾人不思议之心体，乾即照，坤即寂；乾即慧，坤即定；乾即观，坤即止。若非止观定慧，不见心体；若不见心体，安有止观定慧！①

智旭以三止、三观诠释乾父坤母及六子。

他说：“方便为父，智度为母。三观皆能破一切法，为长男；三止皆能息一切法，为长女。三观皆能统一切法，为中男；三止皆能统一切法，为中女。三观皆能达一切法，为少男；三止皆能停一切法，为少女。”②三观，指空观、假观、中观；三止，指体真止、方便随缘止、息二边分别止。三止同三观一一相对，止观双运，乃得解脱。正如智旭所说：“惟根本正慧，能达以同而异，故即异而恒同。否则必待定慧相资，止观双运，乃能舍异生性入同生性耳。”③“定慧相资”“止观双运”，是对“睽，君子以同而异”④的很好解释。定与慧，止与观，相反相成，“即异而恒同”，明此理于修行佛法十分重要。

智旭更以《系辞》所列履、谦、复等“九卦”之义，释佛家修持之法，将佛家修行同儒家道德修养融通，发人深思。他说：

按此九卦，即是以余九法助成不思议观之旨。盖易即不思议境之与观也。作《易》者有与民同患之心，更设九法以接三根。履，是真正发菩提心，上求下化。谦，是善巧安心止观，地中有山，止中有观也。复，是破法遍，一阳动于五阴之下也。恒，是识通塞，能动能入也。损，是道品调适，能除惑也。益，是对治助开，成事理二善也。困，是知次位，如水有流止，不可执性废修也。井，

① 智旭：《周易禅解·系辞上》。
② 智旭：《周易禅解·说卦》。
③ 智旭：《周易禅解·睽上九》。
④ 智旭：《周易禅解·象·睽》。

是能安忍，谓不动而润物也。巽，是离法爱，谓深入于正性也。[1]

《易传》“三陈九卦之义”，目的在为儒家树立修身之道，以处忧患之世。智旭借九卦之义，阐明佛家修行之要，以断惑而立正见，二者确有相通之处。引易理以宣扬佛法，恰中的鹄。

智旭借“居上位而不骄，在下位而不忧”的思想，开导止观修行的高尚境界。指出：“知至至之，是妙观；知终终之，是妙止。止观双行，定慧具足，则能上合诸佛慈力而不骄，下合众生悲仰而不忧矣。”[2]

智旭发挥《易传》“观乎天文以察时变，观乎人文以化成天下”的思想，论述修行者的两种心态，两种成就。他说：

文质互资，定慧相济，性德固然，非属强设，名为“天文”。体其有定之慧，寂而常照，为文明；体其有慧之定，照而常寂，为止，是谓以修合性，名为“人文”。性德则具造十界，故观之可察时变；修德则十界全归一心，故观之可化成天下。[3]

性德固然，是为“天文”，修德合性，是为“人文”。前者“具造十界”，后者“十界全归一心”。有定之慧同有慧之定，文质互资，二者相济，修行者乃可大有成就。

有一种人，“定慧俱劣”，“善根断尽”，不可使之修定。“不中不正，则定慧俱劣，而居阳位，又是好弄小聪明者，且在坎体之上，机械已深。若使更修禅定，必于禅中发起利使邪见；利使一发，则善根断尽矣。”[4] 这种人，“故须恶辣钳锤以锻炼之，不可使修定”。[5]

---

① 智旭：《周易禅解·系辞下》。
② 智旭：《周易禅解·乾九三》。
③ 智旭：《周易禅解·彖·贲》。
④⑤ 智旭：《周易禅解·蒙六三》。

还有一种人，定而“无慧”，“不能断惑”，前途亦可悲。智旭认为：“一味修于禅定，而无慧以济之，虽高居三界之顶，不免穷空轮转之殃，决不能断惑，出生死，故‘乘马班如’；八万大劫，仍落空亡，故‘泣血涟如’。”①

最好的情况是“慧与定俱”，顿悟成佛。他指出：“阳动即变为阴，喻妙慧必与定俱。《华严》云：‘智慧了境同三昧。’《大慧》云：‘一悟之后，稳贴贴地。’皆是此意。”②

总之，智旭巧解《周易》卦爻辞、卦爻象，论述止观双修、定慧相济的佛法，针对修行者的不同心态，善导其深悟佛法，非空谈佛性者可比。

七、仁义礼智，正如常乐我净

《易经》开首有“元亨利贞”一语，《文言》称之为“四德”。智旭对“四德”作了新解：“所以乾坤各明元亨利贞四德也，今以儒理言之，则为仁义礼智。”进一步认为，仁礼义智即佛性“常乐我净”的意思。他说：“若一往对释者，仁是常德，体无迁故；礼是乐德，具庄严故；义是我德，裁制自在故；智是净德，无昏翳故。”③他认为不只仁礼义智四德可与常乐我净对释，仁礼义智四德亦互含常乐我净。他说：“若互摄互含者，仁礼义智性恒，故常；仁礼义智以为受用，故乐；仁礼义智自在满足，故我；仁礼义智无杂无垢，故净。”④

智旭认为乾坤二卦，既明佛性，又明修行，既论因，亦论果，总是宣扬涅槃境界。他说：

> 统论乾坤二义，约性，则寂照之体；约修，则明静之德；约因，

① 智旭：《周易禅解·屯上六》。
② 智旭：《周易禅解·乾用九》。
③④ 智旭：《周易禅解·文言·乾》。

则止观之功；约果，则定慧之严也。若性若修、若因若果，无非常乐我净。[1]

智旭认为不只乾坤之义，整个《易传》的宗旨，都是“孔子借释象爻之辞，而深明性修不二之学”。因此，修行者不可不明《易》，研《易》者不可不知禅。《周易禅解》写道：

统论一传宗旨，乃孔子借释彖爻之辞，而深明性修不二之学。以乾表雄猛不可沮坏之佛性，以元亨利贞表佛性本具常乐我净之四德。

佛性必常，常必备乎四德。竖穷横遍，当体绝待，故曰：大哉乾元。[2]

智旭借《周易》“自强不息”思想，劝导众生法天行之健，“以修合性”，而获得功德圆满。他说：

六十四卦大象传，皆是约观心释。所谓无有一事一物而不会归于即心自性也。本由法性不息，所以天行常健。今法天行之健而自强不息，则以修合性矣。[3]

这是智旭撰写《周易禅解》的基本目的所在，将《周易》基本思想，纳入佛学思想体系，重加诠释，诱导儒者一心修禅，借儒学之瓶，盛佛家之酒。将儒学之精粹，纳入佛学，正是“借花献佛”的用心。于易于禅均有妙悟。是以《周易禅解》不失为中国文化史上的奇书。诚

---

①智旭：《周易禅解·文言·乾》。
②智旭：《周易禅解·彖·乾》。
③智旭：《周易禅解·象·乾》。

然只有植根于中华传统文化的沃壤，才得以绽出如此佛学之奇葩。

第二节 《本草纲目》会通医易的辩证智慧

《本草纲目》作为中国16世纪的百科全书，虽然没有专章阐述哲学思想，但在论医、论药的字里行间充满着古代朴素辩证法思想。李时珍探索医药科学奥妙之所以取得光辉成就，原因之一是他始终坚持了辩证思维方法。

他坚持整体思维方法，充分揭示人同自然之间的密切联系，揭示人体内部脏腑、经络之间的整体关系，揭示辨证同论治的辩证统一原则。

他坚持辩证发展观，深察古今医理、药理的发展过程，总结古今疾病的异同和药物兴衰、衍变的客观规律性。

他善于用两点论观察分析问题，从病变的当今，预见其未来，肯定药物于治病有利，也指出久服良药存在走向反面的可能性。

他从质与量辩证统一的认识出发研究药方，从药物量的差异，看整个方剂的质的变化，掌握药物的配伍的分量和炮制药物的火候。

无论病征的变化还是药物的发展，既有常规，又有变异，李时珍时时留心“常”与“变”的辩证统一，执常以迎变，观变而知常。掌握医与药的无穷变化，发挥医家的主观能动性，行使司命卫生的主动权。

《本草纲目》中李时珍对各种思维方法的熟练运用，对古代辩证思想方法的发展，显示了我国16世纪民族智慧的精华。

一、天人统一的整体思维方法

整体治疗方法是中医学的基本原则，论医论药，坚持整体观，这是大家所公认的中国医药学理论的显著特征。

中医学不只把人体内部的五脏六腑看作有机联系的整体，而且十分注意人体内部的生理机制同整个自然界的变化密切不可分，强调人同自然界的有机联系；更注意把具体的病变同药物性能联系起来考察，将药物的归经性能同脏腑经络特性统一加以权衡。中医学从不孤立地对待生理、病理、药理。

李时珍创造性地运用了传统医药学中的整体思维方法，论病必同人体素质、自然环境统一，从水谷传输的畅阻观察人体血气的盛衰，预见病变的传变。论药必同疾病的性状、人体抗病能力的强弱相联系，从脏腑的虚实，决定治法的攻养、补泻。

李时珍坚持的朴素辩证法的整体观，实乃传统哲学中朴素唯物主义天人统一观的体现。天时、地理、生理、病理、药理构成李时珍观察分析问题时全面考察的诸方面。李时珍认为，外感性疾病的发生多是由于人体内在生理机能受外界邪气侵袭而引起的内在阴阳平衡的破坏；治病的目的就是采取药石措施，调整生理机能，达到人体适应自然变化的新的动态平衡。

1.观水谷之传输，定血气之盛衰

中医把医疗的对象看作有机联系的整体，这个整体的中心环节是脏腑。体表一切器官的变化，无不同五脏六腑的变化有直接、间接联系。中医分析脏腑机能是否正常、和谐，并不需要对脏腑进行具体解剖，只需观察人们的气色（或气血）即可知其究竟。察色、按脉、闻其声音就知疾病的部位，确定哪一脏腑存在问题。因为形于外表的气血是由内在生理机制所决定。五脏六腑某一部位机能失调，必然对体表产生影响。这是几千年来中医观察分析得出的结论。中医学的整体观蕴含着古代原始系统论思想。

脏腑的主要机能，从中医学上看，在于传输水谷之气。要维持生命，除了自然界的空气，全靠进饮食，中医谓之水谷。饮食入胃后，五脏六腑都要运转起来，为之传输。某一脏腑出现机能障碍，水谷的传输必然受到阻碍，从人们的气血上可以显露出来，宛如一台复杂的机器，只要内部某一部件失灵，整台机器的运转就会发生阻碍。

李时珍从人体血液形成的生理过程，分析了水谷传输的具体途径。

他指出：

> 血犹水也。水谷入于中焦，泌别熏蒸，化其精微。上注于肺，流溢于中，布散于外。中焦受汁，变化而赤，行于隧道，以奉生身，是之谓血，命曰营卫，异名同类。清者为营，浊者为卫。营行于阴，卫行于阳。气主煦之，血主濡之。①

这是通过水谷化为血气的过程，把上中下三焦的功能联系起来，通过卫气营血的关系，又将体内与体表联结在一起。因此，他总结说：

> 血体属水，以火为用。故曰气者血之帅也。气升则升，气降则降；气热则行，气寒则凝；火活则红，火死则黑。邪犯阳经则上逆，邪犯阴经则下流。盖人身之血，皆主于脾，摄于心，藏于肝，布于肺，而施化于肾也。②

讲到气与血的关系，首先涉及五脏，实际上同六腑也分不开，同经络更密切不可分。中医学的整体观浸透在每一个具体问题上。李时珍正是应用古代原始系统论思想来观察分析一切生理、病理现象。

水谷入胃，分解为精气与浊气。精气的传输靠五脏六腑的全部机能，浊气之排除同样靠整体的作用。李时珍分析了尿的排泄过程：

> 尿……方家谓之轮回酒、还元汤，隐语也。饮入于胃，游溢精气，上输于脾，脾气散精，上归于肺。通调水道，下输膀胱。水道者，阑门也，主分泌水谷。糟粕入于大肠，水汁渗入膀胱。膀胱者，州都之官，津液之府，气化则能出矣。《阴阳应象论》云：清阳

①② 李时珍：《本草纲目·人血·集解》。

为天，浊阴为地。地气上为云，天气下为雨，故清阳出上窍，浊阴出下窍。①

水谷入胃变成精气和尿，是一个复杂的生理过程。李时珍用整体思维方法分析了胃、脾、膀胱等不同脏腑在这一过程中的作用。他不是孤立地看问题，而是把任何局部的变化同整体联系起来考察。从一滴尿的排泄，看出它离不开人体生理机能的协调作用。李时珍说，人体脏腑机能的整体性作用，充分显示了“造化自然之微妙”。

李时珍认为，重视脏腑机能的整体作用，这是全局；同时还应承认脏与腑之间、腑与腑之间有着特殊的联系，这是局部。整体是个大系统，局部构成子系统。单了解五脏六腑的整体作用，不知某脏某腑的特殊关系，这仍然不能说是透彻地掌握了整体观。例如有人患赤眼，当治肝抑当治脾？这就是一个特殊问题。李时珍引《医余录》中的医案加以具体分析说：“有人患赤眼肿病，脾虚不能饮食，肝脉盛，脾脉弱。用凉药治肝则脾愈虚，用暖药治脾则肝愈盛。但于温平药中倍加肉桂，杀肝而益脾，故一治两得之。传云：木得桂而枯是也。……人所不知者，今为拈出。”②

温药中用肉桂，杀肝益脾而治赤眼，这是从整体出发全面考虑的结果。这一医案考虑了杀肝益脾的生理关系、脾弱与眼病的病理关系和温药加肉桂的药理关系，同时把三者联系起来权衡得失。可见医病犹如打仗，声东击西是整体战术，围魏救赵也是整体战术。有整体思想作指导，则无往而不胜，左右逢其源。

远志，是人肾经的药物，却能治善忘之心病。原因何在？李时珍从整体上予以正确分析。指出：“精与志，皆肾经之所藏也。肾精不足，则志气衰，不能上通于心，故迷惑善忘。”这说明心与肾的密切关系。

---

① 李时珍：《本草纲目·人尿·释名》。
② 李时珍：《本草纲目·牡桂·发明》。

而远志的特点：“入足少阴肾经，非心经药也。其功专于强志益精，治善忘。”[①] 把药物的特性与脏腑机制的特点结合考虑，表面上看，善忘是脑的功能衰退的表征，治肾却能抓住治善忘的症结，这是从整体着眼观察问题的奥妙。

2.察脏腑之虚实，论方药之补泻

李时珍明确主张辨证施治必先考察脏腑的虚实寒热，再论方药的补泻攻养。在考察方药的补泻攻养时，又必须紧密联系药性的升降沉浮，气分、血分，还要考虑四时用药的一般法则，以及春得夏病、秋得冬病的特殊情况。在认识药物归经的一般特性之后，还要考虑因配伍不同而发生归经的改变。

同一药物对某些患者可能是补剂，而对另一些患者则可能是泻剂，应根据病情而定。同是补剂，此人用此方，彼人用彼方，也不可一概而论。从脏腑虚实出发而进行整体考察，李时珍对此论述很清楚，他说：茯神补心气，人参补脾气，黄芪补肺气，杜仲补肾气，芎䓖补肝气，皆是补剂，“不特人参、羊肉为补也”。[②] 人参是一种常用的补品，对于“气壮神强”“火郁内实”的人，千万“不可用”，[③] 这都是从整体考察而得出的结论。

有些药物在归经功效上，诸家本草往往众说纷纭。李时珍常从人体脏腑机能的整体效用上予以合理解释，折衷诸家之说。韭菜，人们常食，对脏腑的作用诸说不一。孙思邈说：“韭味酸，肝病宜食之。”《素问》说：“心病宜食韭。”《食鉴本草》认为：韭“归肾”。李时珍首先肯定：“韭，叶热根温，功用相同。生则辛而散血，熟则甘而补中。”同时指出上述三家说法，“文虽异而理则相贯。盖心乃肝之子，

① 李时珍：《本草纲目·远志·叶·发明》。
② 李时珍：《本草纲目·十剂·补剂》。
③ 李时珍：《本草纲目·人参·根·正误》。

肾乃肝之母。母能令子实，虚则补其母也。”[①]他认为韭对心、肾、肝，作用虽有三种说法，“理则相贯”。这个“理”正是按整体思维方法分析出来的。若按形而上学观点看问题，心是心，肝是肝，肾是肾，何得相贯？

对药物的性味及功效，李时珍总是揭示它对不同脏腑具有不同的作用，建立一药多用的理论基础。例如何首乌，他认为不寒而燥，为滋补良药，“功在地黄、天门冬诸药之上”。原因在于它对肝与肾有不同作用，“此物气温、味苦涩。苦补肾，温补肝，涩能收敛精气。所以能养血益肝，固精益肾，健筋骨，乌髭发。”[②]

总之，中医学治病的基本原则无非是通过药石的效力，调整人体内部失调的脏腑机能，使之重新归于阴阳和平。或补或泻，总要以脏腑的虚实为前提，然后对症施治。譬如咳逆这一种症状，发生在不同人身上，有不同的原因。李时珍指出：“咳逆，有伤寒吐下后，及久病产后，老人虚人，阴气大亏，阳气暴逆，自下焦逆至上焦而不能出者；有伤寒失下，及平人痰气抑遏而然者。当视其虚实、阴阳，或温或补，或泄热，或降气，或吐或下可也。”[③]

对于体质不同的患者，同一药物有人用之得利，有人用之受害，在医学上屡见不鲜。因药性对不同体质的人会发生不同的疗效。丁香温辛，无毒，主温脾胃，止霍乱壅胀风毒诸肿。但李时珍指出：“气血盛者勿服。”“若不分气血虚实寒热经络，一概骤用，其杀人也必矣。”[④]结合人体脏腑虚实，进行全面考虑，决定投药的方针，正是整体思维方法的具体运用。

总之，整体观是李时珍经常运用的一种思维方法。把脏腑看作统

① 李时珍：《本草纲目·韭·发明》。
② 李时珍：《本草纲目·何首乌·发明》。
③ 李时珍：《本草纲目·柿蒂·发明》。
④ 李时珍：《本草纲目·丁香·发明》。

一的整体，以整体机能是否协调来判别人体血气的盛衰；根据血气之盛衰，确定七方、十剂的运用；先察脏腑虚实再确定药物的取舍。生理、病理、药理三者结合，综合权衡，准确辨证，精心施治，慎重投药，则可药到病除，此乃整体思维方法的妙用。

二、以发展的观点分析问题

“天地之造化无穷，人物之变化亦无穷。”这是李时珍所阐述的宇宙发展观。李时珍博闻广识，学贯古今，继承和发扬中国医学辩证法思想，融会贯通，善于用发展观点分析问题。

在他看来，宇宙间的一切事物无不处于永无止境的运动变化之中。他结合医药历史与实践，阐述宇宙变化无穷的观点。他坚决反对形而上学不变论，在医药学研究中，把古代辩证法思想推向新的水平。

1.用发展的观点看待营养卫生状况

李时珍结合人类社会进化的历史，分析营养状况及医药卫生条件改进的历史，肯定宇宙间的事物千变万化，未始有极；痛斥某些“肤学之士”抱残守缺，“恃一隅之见”，而鄙弃一切新事物。他写道：

> 天地之造化无穷，人物之变化亦无穷。贾谊赋所谓：“天地为炉兮，造化为工，阴阳为炭兮，万物为铜；合散消息兮，安有常则；千变万化兮，未始有极。忽然为人兮，何足控抟，化为异物兮，又何足患？”此亦言变化皆由一气也。肤学之士，岂可恃一隅之见而概指古今六合无穷之事物为迂怪邪！①

他引用贾谊《鹏鸟赋》中的朴素辩证法思想，阐明宇宙万物本由元气所化生。阴阳二气合散消息，千变万化，乃生物生人。人同物一样，

① 李时珍：《本草纲目·人傀》。

也不会永恒不变，而会不足为怪地“化为异物”。人们对古今六合无穷变化之事物，只能承认它、研究它、主宰它，而不可少见多怪，拒不承认而加以攻击诋毁。李时珍用极精练的语言，坚持了宇宙发展观，同形而上学不变论划清思想界限。

李时珍用草木禽兽变为化石的事例，证明一切事物“化为异物”毫不奇怪。他说：“石者，气之核，土之骨也。……气之凝也，则结而为丹青；气之化也，液而为矾汞。”万物的变化，或有情变无情，或无形变有形。“飞走含灵之为石，是有情而成无情也；雷震星陨之为石，是无形而成有形也。大块资生，鸿钧炉鞴，金石虽若顽物，而造化无穷焉。”[①] 他指出，宇宙间事物的变化有三态，即气体、液体、固体。或由无形之气化为有形之物，或由有生命的动植物变为无生命的化石。总之造化是无穷的。

他还指出：人和动物由于内在生理机能的障碍，体中也会结石而产生无机物，如牛黄、狗宝、石淋之类。老树、鱼虾可以化为石，考古学称为“化石”；人体及生物内脏器官生病，所含液体之物可化而为石，医学上谓之“结石”。李时珍以此证明万物和人类都有非常的变化。

李时珍进一步用发展的观点分析人类社会，认为历史不断进化，由野蛮进入文明；人们的物质生活条件由低级到高级，由简单到复杂，是一个无限发展的过程。以人类食物的进化为例，李时珍写道：

> 太古，民无粒食，茹毛饮血。神农氏出，始尝草别谷，以教民耕艺；又尝草别药，以救民疾夭。轩辕氏出，教以烹饪，制为方剂，而后民始得遂养生之道。《周官》有五谷、六谷、九谷之名，诗人有八谷、百谷之韵，谷之类可谓繁矣。……职方氏辨九州之谷，

① 李时珍：《本草纲目·金石部前言》。

地官氏辨土宜穜稑之种，以教稼穑树艺，皆所以重民天也。[1]

由原始人类的茹毛饮血，进步为农业社会的“粒食”（以粮食为食物）；粮食作物由简单的五谷进步到百谷繁茂，表明生活条件的不断改善；由远古的尝草别药，进步到制为方剂，医药卫生条件也在不断进步；人类社会从只知其母不知其父的原始群居生活，进步到百官为治的社会组织制度，也是不断发展的。李时珍粗略描述了人类社会文明发展的过程，基本上符合社会发展规律，这种观察问题的方法是相当正确的。

他还用发展的眼光来分析古代医药发展过程。上古只知独用某种药物治某种疾病，是谓单方。先是发现一些动物性药物，而后不断发现种种植物性药物；起初是动物性药物居多（如《山海经》的记载），后来植物性药物超过动物性药物（如《神农本草经》的记载）。故药物学著作统称“本草”。由单方发展到配制方剂，更是医药学上的重大进步。李时珍认为方药的发展先是用单药，进而制为方剂，这一分析符合医药发展的历史进程。

李时珍引用《内经》的观点，说明医疗措施随着不同时代卫生条件的进步而不断发展；随着医疗手段日益丰富多样，医学理论也日益精湛。他说：

《素问》云：上古作汤液，故为而弗服。中古道德稍衰，邪气时至，服之万全。当今之世，必备毒药攻其中，砭石、针艾治其外。又曰：中古治病，至而治之，汤液十日不已，治以草苏荄枝，本末为助，标本已得，邪气乃服。[2]

① 李时珍：《本草纲目·谷部前言》。
② 李时珍：《本草纲目·神农本经名例》。

他所阐述的《素问·移精变气论》思想，说明远古之人，居山野之间，生活粗野，抵抗力强，故汤液不服，祝由可治病；中古之世，生活得到改善，人们抗病能力反而降低，往往汤液十日而不愈；后世，生活日益改善，饮食更加复杂，病变亦更深层，故须毒药、砭石、针灸等多种治疗手段相互配合，才更有效。这一论述包含了丰富的哲理，物质文明愈进步，人们的生活条件愈改善，这当然是一种幸福；但同时也带来不幸的因素，社会交往活动频繁，传染病随之丛生。不过坏事也可转化为好事。人们的抵抗力虽有所减弱，但战胜疾病的医疗手段和药物却更完备。人类在改造自然的过程中，可能不自觉地破坏生态环境而造成恶果；人们在不断受到自然界的惩罚的同时，又逐步变得更聪明，而终究会战胜疾病。

随着人类交往频繁，常引起新的病症，这是不以人们的意志为转移的。一些新病症的出现，引起了李时珍的注意，他说：

> 杨梅疮，古方不载，亦无患者。近时起于岭表，传及四方。盖岭表风土卑炎，岚瘴熏蒸，饮啖辛热，男女淫猥。温热之邪，积蓄既深，发为毒疮，遂致互相传染，自南而北，遍及海宇。然皆淫邪之人病之。[①]

医药发展史伴随着疾病发展史。李时珍用发展的观点看问题，认为许多疾病并不是从古就有的。文明愈发达，新的病症，特别是职业病会层出不穷。近代学者章太炎针对这一社会状况提出所谓“俱分进化论”，说物质文明愈进步，人们的社会道德愈堕落。“以生计言，则乐亦进化，苦亦进化，双方并进，如影之随形。”[②]进而认为社会的进化，不能给人类带来幸福与快乐。这当然是片面的悲观主义的看法，

---

①李时珍：《本草纲目·土茯苓·发明》。
②章太炎：《俱分进化论》。

但单从医疗卫生角度考察，文明愈进步，交通愈发达，人们的交际日繁，加大了传染病的预防难度，这确实不容忽视。

古今病症不同，常用的药物也随之而异。李时珍举梨为例说：在古代，很少人知道梨子的药用。《名医别录》只讲梨之害，不讲梨之用。陶弘景甚至认为梨不能入药。李时珍从常用药依时疾变化而异的角度，论述这一问题说：“盖古人论病，多主风寒，用药皆是桂、附，故不知梨有治风热、润肺凉心、消痰降火、解毒之功也。今人痰病、火病，十居六七，梨之有益，盖不为少，但不宜过食耳。”①

不难看出，李时珍在《本草纲目》中，从宇宙自然的变化无穷，论及人类社会不断进化；由人类物质文明的进步，论及人们生活卫生条件之改变；由人类社会交往的频繁，论及新的病症的出现，以及治疗方法、常用药物的日新月异，描绘出一幅人类物质文明、精神文明不断前进的历史画卷。用这种观点来研究疾病、医药变化的客观规律，同形而上学观点大异其趣。

2.古今药物兴废不同

李时珍在“古今六合变化无穷”的思想指导下，坚持发展观，论述本草学的历史演变。他指出古今药物的品种由少而多、由简到繁；人们对药物性味的认识由片面到全面、由肤浅到深刻；至于药物的产地，也随时代不同而不尽相同。本草学代有发展不足为怪，历数百年而不重修《本草》则不可思议。这是他立志重修《本草》的基本指导思想。重修《本草》的崇高理想，正是他前进的动力。

李时珍举出许多具体事例，阐明“古今药物兴废不同”的道理。莎草、香附子是一种药用植物，叶名莎草、根名香附子。根、苗、花皆四时常用药。可是在李时珍之前，对其功用缺乏全面研究，少有具体分析。李时珍经过深入研究，详细描述其形态及气味、主治，指出：“香附

① 李时珍：《本草纲目·梨·发明》。

之气平而不寒，香而能窜，其味多辛能散，微苦能降，微甘能和，乃足厥阴肝、手少阳三焦气分主药，而兼通十二经气分。”“此乃近时日用要药，而陶（弘景）氏不识，诸注亦略。乃知古今药物兴废不同。如此，则本草诸药，亦不可以今之不识，便废弃不收；安知异时不为要药如香附者乎？”[①]

牵牛子的情况亦与附子相仿。医家李杲根据“张仲景治七种湿病，无一药犯牵牛者”，乃断言“牵牛非神农药也”。李时珍批评这种观点说：自宋以后，北人常用牵牛，“然东汉时，此药未入本草，故仲景不知，假使知之，必有用法，不应捐弃，况仲景未用之药亦多矣。执此而论，盖矫枉过中矣”。宋以后常用之药中没有记载的不止牵牛子一味。李时珍认为，不应因古人未曾言及，我们今天就不对其性味功效作认真研究。刘守真、张子和把牵牛列为“通用下药”，李杲发议论“极力辟之”，甚至说它非神农药，确是矫枉过中的行为。[②]

李时珍概括自己的临床经验，说明诸家本草未用之药，近世用之确有神效。“蚕茧，方书多用，而诸家本草并不言及，诚缺文也。近世用治痈疽代针，用一枚即出一头，二枚即出二头，神效无比。”[③]方书中传下的一味单方，竟然补诸家本草之缺，因此对方书不应当歧视，而应肯定其对医药的贡献。李时珍的这一思想是正确的。

古方罕用而后世成为要药的还有山楂、女贞、玳瑁等多种。李时珍分析各种药物古方之所以罕用，原因不尽相同。有的是由于名称不统一：如山楂古称赤爪，又名棠梂。名实不一，其功效不显。李时珍说：山楂，“古方罕用。故唐本虽有赤爪，后人不知即此也。自丹溪朱氏始著山楂之功，而后世遂为要药。”[④]足见一种药物能否得到普遍

① 李时珍：《本草纲目·莎草香附子·集解》。
② 李时珍：《本草纲目·牵牛子·发明》。
③ 李时珍：《本草纲目·蚕茧·发明》。
④ 李时珍：《本草纲目·山楂·集解》。

使用，有赖于著名医药家论述其性状，以便人们遵循。女贞子，因有《典术》论证其功，乃得称为上品。李时珍说：“女贞实乃上品无毒妙药，而古方罕知用者何哉？《典术》云：女贞木乃少阴之精，故冬不落叶。观此，则其益肾之功，尤可推矣。”①有些药物之所以罕用，实由于罕见，如玳瑁，产海洋深处，大者难得。苏颂说“入药须用生者”，更难得到，因此医家罕用。李时珍说：“玳瑁解毒清热之功，同于犀角。古方不用。至宋时至宝丹始用也。”②以上都说明，古今药物多有变迁，原因亦有多种，昔日罕见、罕用之药，后世成为常见、常用之药，毫不奇怪。考察药物的发展，应持历史主义观点。

豌豆，今天成了日用食粮。唐、宋诸本草都未见列入。李时珍阐发它的药用价值说：“豌豆属土，故其所主病，多系脾胃。元时饮膳，每用此豆捣去皮，同羊肉治食云，补中益气。今为日用之物，而唐宋本草见遗，可谓缺典矣。”③李时珍并不因为豌豆是日用之物，就忽视对它的医药价值的研究。其实，愈是日用之物，对身体营养、健康影响愈大，医家更应悉心研究。李时珍基于此种认识，将今日所用谷物、菜蔬、肉食、果品一一列入《本草》，详加研究。不少地方，发前人之所未发。

李时珍用发展的观点看待历代药物学家对本草学的贡献，指出许多约物的药性、形态、主治功用的认识，都不是一次完成的，而是不断深入研究，从片面到全面，逐步丰富起来的。他指出：“昔人用术，不分赤白，自宋以来，始言苍术苦辛气烈，白术苦甘气和，各自施用，亦颇有理。”④这说明术虽是自古以来常用药，对其性味的认识，也是不断深化的。白鲜皮，曾是治风痹的要药，后代只用它治疮科，说明

① 李时珍：《本草纲目·女贞·发明》。
② 李时珍：《本草纲目·玳瑁·发明》。
③ 李时珍：《本草纲目·豌豆·发明》。
④ 李时珍：《本草纲目·术·集解》。

对同一药物性味主治的认识，不同时代各有偏重。李时珍指出：“白鲜皮，气寒善行，味苦性燥，足太阴、阳明经去湿热药也。兼入手太阴、阳明，为诸黄风痹要药，世医止施之疮科，浅矣。”[①]同样，土茯苓可健脾胃，去风湿，古人却不曾认识。李时珍将其增入《本草》并作了详细说明，指出：“土茯苓，气平味甘而淡，为阳明本药。能健脾胃，去风湿。脾胃健则营卫从，风湿去则筋骨利，故诸证多愈，此亦得古人未言之妙也。”[②]此药陶弘景命之为禹余粮，陈藏器名之为草禹余粮，苏颂名之刺猪苓，都因不明其主治，未正式列入《本草》。李时珍为之定名，详解其性味、主治，更收集了六项方剂，列入“附方”，使人们明其体而达其用。他用自己的新贡献，有力地说明了药物学的内容在不断发展。对古今常用方剂升麻葛根汤的疗效，李时珍也用自己的临床经验，增加了新的解释。他说：“升麻葛根汤，乃发散阳明风寒药也。时珍用治阳气郁遏及元气下陷诸病，时行赤眼，每有殊效，神而明之，方可执泥乎？”[③]

李时珍不只用发展的观点分析药物品种、性味、主治的古今变化，而且对同一药物的主要产地也注意到其古今不同。李时珍指出：“黄连，汉末李当之《本草》，惟取蜀郡黄肥而坚者为善。唐时以澧州者为胜。今虽吴蜀皆有，惟以雅州、眉州者为良，药物之兴废不同如此。”[④]

正由于药物古今兴废多有不同，故《本草》著作历代多次重修。以往重修的《本草》，以唐代陈藏器的《本草拾遗》最为李时珍所敬佩。他评论道：“藏器，四明人。其所著述，博极群书，精核物类，订绳谬误，搜罗幽隐，自《本草》以来，一人而已。”陈藏器对本草学发展做出卓越贡献，可是不少肤浅之士，反诮其僻怪，对他的著作多有删削。

---

① 李时珍：《本草纲目·白鲜·发明》。
② 李时珍：《本草纲目·土茯苓·发明》。
③ 李时珍：《本草纲目·升麻·发明》。
④ 李时珍：《本草纲目·黄连·集解》。

李时珍批评说：“肤谫之士，不察其该详，惟诮其僻怪，宋人亦多删削。岂知天地品物无穷，古今隐显亦异，用舍有时，名称或变，岂可以一隅之见，而遽讥多闻哉。”[①] 这是李时珍对古今药物发展的基本看法，也是他坚持发展观点的生动体现。李时珍在《本草纲目》中新增了数百种药物，对许多药物的性味、主治，根据自己的新认识，作了详细阐述。由于他以正确的发展观作指导，故所著《本草纲目》能超越前代，树立新的典范。

三、相反相成的矛盾分析法

中国医学中包含着深刻的阴阳对立统一学说。李时珍在《本草纲目》中最善于运用对立统一的法则观察分析问题。他用充分的事实阐明不同的药物，正因其性质相反，在同一方剂中，可发挥相反相成的作用。人们正是利用不同药物的对立性，促其“相反而立功”。李时珍更用丰富的临床经验和医疗史实，阐述了在使用某些药物时，由于忽视对立统一法则，因其有一定的疗效就长期使用，病愈仍不停止，久之发生偏胜现象，良药转化为毒药，反致人于死命。他运用对立面相互转化的原理，分析了良转化为毒、利转化为害、福转化为祸的种种事实。

对立统一法则，人们经常讲、经常用，哲学家们往往讲得比较抽象、干枯。李时珍结合药物实践经验，运用得十分成功，讲得生动、具体。可以说古代哲学中的对立统一法则，被李时珍讲活了，用活了。李时珍列举大量生动事例，说明人们在形而上学思想支配下，为了长生、健康，或眼前的舒适、愉快，长期服用某些药物，不知不觉走上了慢性自杀的道路。某些庸医由于不明白矛盾转化的原理，不顾具体情况，妄用某种药物，一时受人欢迎，实乃驱人于死亡之途。

中医处方治病的基本准则是逆病症用药，即治热以寒，治寒以热，

① 李时珍：《本草纲目·本草拾遗》。

是为“正治”。在特殊情况下，当病状显示与病因不一致时，采用“反治”原则，即热因热用、寒因寒用，其根本宗旨是“伏其所主”，针对矛盾的主要方面，运用对立统一法则，采取医疗措施。“正治”的目的在于使热病因用了寒药而去其热，寒病因用了热药而去其寒。“反治”的目的是顺从病人表现出来的假象（即症状与疾病性质相反者）用药，表面上看来是“热”病用热药，“寒”病用寒药，实质上仍是去热病之热，去寒病之寒，只是由于病状反常，治疗方法随之反常罢了。治热以寒、治寒以热，是利用相反相成的原理，以恢复人体生理机能的平衡状态。医疗中贯彻的这一基本准则，李时珍“约取《素问》之粹言”，作了明确表述，写道：

> 气味有厚薄，性用有躁静，治体有多少，力化有浅深。正者正治，反者反治。用热远热，用寒远寒，用凉远凉，用温远温。……治热以寒，温而行之；治寒以热，凉而行之；治温以清，冷而行之；治清以温，热而行之。……气之胜也，微者随之，甚者制之；气之复也，和者平之，暴者夺之。高者抑之，下者举之；有余折之，不足补之；坚者削之，客者除之；劳者温之，结者散之，留者行之，燥者濡之，急者缓之。……[①]

李时珍根据《素问》以来中医治疗中的这些基本准则，针对各种病症，详细阐述了处方用药，无非是按对立统一方法处理问题的过程。凡是符合相反相成的准则者，则药到病除；违反此一原则，则事倍功半，甚至适得其反。

关于仙茅，由于许真君书中说它“久服长生”，不少人妄意久服，反受其害。原因何在？李时珍指出：“仙茅，盖亦性热，补三焦

① 李时珍：《本草纲目·神农本经名例》。

命门药也。”它不是任何人服了都可得益，应作具体分析：“阳弱精寒，禀赋素怯者宜之。若体壮相火炽盛者服之，反能助火。”

天门冬，与滋补方同用，对某些人很有益，脾胃虚寒之人服之反而致病。李时珍指出：“天门冬，清金降火，溢水之上源，故能下通肾气，入滋补方合群药用之有效。若脾胃虚寒人，单饵既久，必病肠滑，反成痼疾。”[①]“合群药用之”，取其相反相成，生滋补之效；“单饵既久”，则必然产生偏胜之害，因其违反对立统一法则。

冬天，不少人喜欢吃狗肉，取其性温，可补脾胃。李时珍却警告说：“脾胃属土，喜暖恶寒。犬性温暖，能治脾胃虚寒之疾。脾胃温和，而腰肾受荫矣。若素常气壮多火之人，则宜忌之。”[②]这同服仙茅的道理相似，气壮多火之人，再加性暖之物，超出常人生理机能所能承受的限度，欲得利而反遭害。

黄檗，是一味补品，人所共知。《名医别录》说它“久服通神”；名医张元素说它能“泻膀胱相火，补肾水不足，坚肾壮骨髓”。李时珍说它“得知母，滋阴降火；得苍术，除湿清热，为治痿要药”。有些人违反相反相成的规律，妄用之补阴，结果反受其害。李时珍揭示其中道理说：知母佐黄檗，可产生金水相生的奇效，为补阴要药。然而补阴太过，则“真阳暗损”，阴阳失调，必生他病。这说明违反对立统一原则，必受自然法则的惩罚。对这一原理，李时珍体会是何等深刻。[③]

茈胡，又名柴胡，本经列为上品，言其“久服轻身，明目益精”。医家大明亦称可“补五劳七伤，除烦止惊，益气力，消痰止嗽，润心肺，添精髓”。李时珍根据对立统一原理，详加分析，指出，此虽良药，

① 李时珍：《本草纲目·天门冬·发明》。
② 李时珍：《本草纲目·狗肉·发明》。
③ 李时珍：《本草纲目·檗木·发明》。

并非人人可用。他说：“劳有五劳，病在五脏。若劳在肝胆心，及包络有热，或少阳经寒热者，则柴胡乃手足厥阴、少阳必用之药；劳在脾胃有热，或阳气下陷，则柴胡乃引清气退热必用之药。惟劳在肺肾者，不可用耳。”[①]李时珍坚持了一分为二的原则，对具体病症作具体分析，总之要求药物与病症相当，阐明虽是良药亦非人人可妄意服用。与病相宜者均是良药，不相宜者则都可为害。

关于梨的药用价值，古代颇有争论。梨名玉乳，又名蜜父。朱震亨曰：“梨者，利也。其性下行利也。”有润肺凉心，消痰降火，利大小便的疗效。可是陶弘景曾说，梨种殊多，并皆冷利，多食伤人，故俗人谓之快果，不入药用。李时珍不同意陶弘景之说，认为陶弘景“只言其害，不著其功”。他引用《类编》中故事，证明梨的神效。“一士之状若有疾，厌厌无聊，往谒杨吉老诊之。杨曰：‘君热症已极，气血销铄，此去三年，当以疽死。’士人不乐而去。闻茅山有道士医术通神，而不欲自鸣。乃衣仆衣，诣山拜之，愿执薪水之役。道士留置弟子中。久之以实白道士。道士诊之，笑曰：‘汝便下山，但日日吃好梨一颗。如生梨已尽，则取干者泡汤，食渣饮汁，疾自当平。’士人如其戒，经一岁复见吉老。见其颜貌腴泽，脉息和平，惊曰：‘君必遇异人，不然岂有痊理？’士人备告吉老。吉老具衣冠望茅山设拜，自咎其学之未至。”[②]李时珍评论说：“梨之有益，盖不为少，但不宜过食耳。”这一评论包含了两层道理：一是贯彻一分为二的原则，分析梨的功用，否定了梨“不入药用”的片面观点；二是梨之医疗效果，在于用量适度，少食可以降火，古有明证。这样分析问题，深得矛盾分析方法的精义。

李时珍以大量生动事例，揭示物极必反的法则。指出许多药物，因用之不节，超出病变发展的需要，产生偏胜之害，导致生理机能的

① 李时珍：《本草纲目·茈胡·发明》。
② 李时珍：《本草纲目·梨·发明》。

整体平衡性受到破坏，甚至发展为不治之疾。究其原因，是由于违反对立统一的矛盾法则，遭到客观自然法则的惩罚。

李时珍分析了《容斋随笔》中的一则故事。洪文安在金陵，秋暑减食，遵医者汤某处方服礜石丸，果然饮食日进。于是加意服之。十个月后，猛然发病，衄血斗余。从此经常吐血不止，以致精液皆竭，直至死亡。有人认为，此乃医家的错误，当日就不应服用礜石丸。李时珍不赞同这种看法，他说：“洪文安之病，未必是礜石毒发。盖亦因其健啖自恃，厚味房劳，纵恣无忌，以致精竭而死。夫因减食而服石，食既进则病去，药当止矣，而犹服之不已，恃药妄作，是果药之罪与？”[①] 这一分析是切中要害的。起初减食，是由于人体内部生理机能失调所造成。投以礜石丸，饮食日进，说明失调的机能因服药而恢复。这时停止服石，就可保持内在机能新的平衡了。继续服用，发生偏胜，加以恣意妄作，导致物极必反，精尽而死，确非医家的过错。

李时珍反复告诫人们，任何药物病愈即当停止，不可过剂。他以葶苈愈胀为例指出：“肺中水气膹满急者，非此不能除。但水去则止，不可过剂尔。既不久服，何至杀人？《淮南子》云：‘大戟去水，葶苈愈胀，用之不节，乃反成病。’亦在用之有节。”[②] 朱震亨说，“葶苈属火，性急，善逐水”，“且杀人甚捷”。李时珍谓：“既不久服，何至杀人？”是针对朱氏观点而发。任何药物，如按性味、主治适当施用，是不至杀人的；用之不当，物极必反，必至杀人，上品良药亦不例外。

根据物极必反的矛盾转化思想，从消极方面着眼，警告医家和病者用药宜控制剂量，不可太过，以免造成偏胜之害。从积极方面着眼，正确运用这一原则，治疗疾病，乃神医妙术。李时珍引用了《后汉书》所载名医华佗运用物极必反法则为人治病的一则生动故事。有一老妇人，患寒热注病多年，华佗采用了非常特殊的治疗方法。冬月，令病

① 李时珍：《本草纲目·礜石·发明》。
② 李时珍：《本草纲目·葶苈·发明》。

者坐石槽中，待平旦之时，用冷水灌其身，规定灌百次。才灌了七十次，患者全身冷颤欲死，灌者害怕发生意外，要求停止，华佗不同意。灌到八十次，果然患者身上热气蒸出，上冒二三尺高。灌满百次，用火温床。卧其上，厚被之，不久汗出，以粉扑之，终于痊愈。此等医术，令人敬佩。李时珍还记述了《南史》中同样一个病例，然后评论为何须在冬月平旦浇以冷水呢？他指出：

> 二人所病，皆伏火之证。《素问》所谓诸禁鼓栗，皆属于火。治法，“火郁则发之也”。而二子于冬月平旦浇以冷水者，冬至后阳气在内也；平旦亦阳气方盛时也。折之以寒，使热气郁遏至极，激发而汗解，乃物不极不反，是亦“发之”之意。《素问》所谓逆者正治，从者反治，逆而从之，从而逆之，疏通道路，令气调和者也。[①]

李时珍的这一分析，坚持了辩证思维方法。火郁必发，但物不极不反，冬月平旦浇以冷水，是利用阴阳矛盾双方发生激烈斗争，促使矛盾的主要方面发生转化。若非国医妙手，是不敢坚持此种治疗方法的。说明坚持彻底的辩证法思想的医家，无所畏惧，敢于创造条件，促成矛盾的转化，造福于人民。医家之于疾病，或逆者正治，或从者反治，手段虽有不同，目的都是一个，即“疏通道路，令气调和”。一旦阴阳调和，则暂时失去平衡的生理机能自会恢复正常。

古代哲学中的矛盾学说，在《老子》《庄子》中主要注重其消极方面，即主静、不争、贵柔、守雌，害怕矛盾的转化；《易传》《韩非子》则主张阴阳相激，水火相射，冰炭不同器，矛盾不两立，注重矛盾的斗争和转化。《内经》以来，古代医学家们主张调和阴阳，但并不害

---

① 李时珍：《本草纲目·新汲水·发明》。

怕矛盾转化，遣方、投药，无不立足于促进阴阳转化，达到阴阳调和的目的。不难看出，李时珍是坚持并发扬这一思维传统的佼佼者。

四、质和量相统一的度量分析法

关于事物的质和量的辩证统一关系问题，在我国医药学中从来受到重视。李时珍继承这一优良思想传统，在实践中灵活运用，做出了独到的贡献。

李时珍强调，每一方剂中，君臣佐使的配伍，不只要认真考虑药物的品种，尤其要注意其中不同品种的量的区别。同一处方，药物品种虽同，每味药物的分量不同，其疗效就大有区别。他还强调，同一处方治同一病症，其剂量应随季节的变化和患者身体素质的不同而增减。

服药是为了除病，病除药即止，不可久服过量。医家应充分考虑到药物的分量与除病的需要之间的平衡关系。药物使用过量，反会造成人体生理机能平衡性的破坏。这同样存在质与量的关系问题，李时珍再三提醒人们要严加注意。

治病当分轻重缓急，循序渐进。不同的方剂只能调节生理机能受到破坏的某些部分，从生理机能的局部恢复正常到人体全面恢复正常，也存在一个量的积累到质的变化的过程，不论主次，不分先后，见病投药，是不会有好效果的。

总之，李时珍从各个不同的角度，去分析医药中的质与量的辩证统一问题。药物中的“量”的问题，不只表现为药物的斤两钱分的重量问题，可能表现为药物炮制中的时间定量问题，也可能表现为方剂的更换次数问题，以及病变的部位深浅和投药的次第问题。在中国医药学上对质量转化关系的分析，是十分精细的，李时珍对此异常精通。《本草纲目》中保留的这一方面的资料较多，附方中很大部分都涉及质与量的关系问题，值得深入发掘。

1.方剂配伍重分量

李时珍引证《千金要方》中的加减“三黄丸”作为典型，分析其中的药物剂量的变化，说明组成同一处方的几种药物，在不同季节应当使用不同的分量，才能达到治疗效果。

加减“三黄丸”，由黄芩、大黄、黄连三味药物组成，孙思邈指出它的功效是：“疗男子五劳七伤，消渴不生肌肉；妇人带下，手足寒热；泻五脏火。”这三味药的配方因季节变化而改变其剂量比例。大体说来，春三月，黄芩四两，大黄三两，黄连四两；夏三月，黄芩六两，大黄一两，黄连三两；秋三月，黄芩六两，大黄二两，黄连三两；冬三月，黄芩三两，大黄五两，黄连二两。[①]这一典型方剂的剂量变化，说明了两个基本事实：第一，三黄丸的质应由三种药物的不同配伍来决定；第二，三黄丸的质量还要随治病的需要而定，要根据人体同自然环境的统一来考虑，不同季节三黄的剂量也不同。这正表明“三黄丸”的名称同一，药物品类相同，由于剂量有别，而质量不一。因此，衡量一副药的质量，不只看它由那些药物配伍而成，尤当着眼于其中每味药物分量所占的比例。药物品种不一，性质随之有异；诸药分量比例不同，其质亦有区别。

关于中药的用药数量，有时是以模糊数学的方式采用轻重、缓急、多少、洪微等词汇加以描述。例如“巴豆”这种药物，固然可以用七颗、八颗、一两、二两来显示它的数量，当其用雌雄之别、生熟之别来标示其药效时，其中也含有量的区别。李时珍论述巴豆的功效说：“巴豆气热味辛，生猛熟缓。能吐能下，能止能行，可升可降药也。”又说：“（巴豆）紧小者是雌，有棱及两头尖者是雄。雄者峻利，雌者稍缓也。用之得宜，皆有功力；用之失宜，参、术亦能为害，况巴豆乎？”[②]李时珍在分析了巴豆生猛、熟缓、雄峻雌缓之后，提出峻用与微用的关系。

---

① 李时珍：《本草纲目·黄芩·附方》。
② 李时珍：《本草纲目·巴豆》。

生熟、雌雄之别，是用量的区分来说明药性的质的差异。峻用、微用，则是用量的差异来说明药与病之间的关系，不同的病症要求对同一药物考虑其量的不同。李时珍说：“巴豆，峻用则有戡乱劫病之功，微用亦有抚缓调中之妙。譬之萧（何）、曹（参）、绛（侯）、灌（婴），乃勇猛武夫，用之为相，亦能辅治太平。……妙在配合得宜，药病相对尔。”[1]猛缓、峻微这些词，用以表述量的规定比较模糊，使用中则有较大的适应性，显示了人们认识的灵活性，参和常用的计量标准，同样，可以揭示药物质的差异。

2.对症投药守节度

遣方投药，要“量人大小”，不可过度。这是普通人都知道的，医家尤当注意。同样的病症，同样的配方，老年人、壮年人、幼儿用量是不同的。量的变化因人而异，同前述因季节而异的原则相辅而行。既考虑季节变化，又考虑人体素质的不同，符合从实际出发的辩证思维法则。李时珍对此同样十分精通。《濒湖集简方》载有治疗老小滑泻的一个方剂，写道：“白术半斤，黄土炒过，山药四两炒，为末，饭丸。量人大小，米汤服。或加人参三钱。”[2]“量人大小”，服量不同，此其一；因人而异，酌加人参，此其二。前者讲量的差别，后者讲质的差异。白术与山药，一用半斤，一用四两，是按分量决定药质。类似的附方在《本草纲目》中，不为罕见。

服药除病，不可过量，这是人所必知的通常节度。用药过度，物极必反，危害极大；良药久服，亦必成灾，不可不慎。如麝香，有的医家说，风病必先用之，朱丹溪则说，风病、血病必不可用。李时珍从质与量相互转化的关系加以分析，认为以上二说“皆非通论”。他说：“盖麝香走窜，能通诸窍之不利，开经络之壅遏，若诸风、诸气、诸血、诸痛、惊痫、症瘕诸病，经络壅闭，孔窍不利者，安得不用为引导以开之、

① 李时珍：《本草纲目·巴豆·发明》。
② 李时珍：《本草纲目·术·附方》。

通之耶？非不可用也，但不可过耳。”[①]“过”与“不过”，这也是模糊的语言，其分寸在于医家临症斟酌。要根据季节、体质、病变之浅深、新久，综合考虑加以抉择。

《本草纲目》指出，有些药物明知它有毒，仍不得不用，关键在于使用的分量适应病症的需要。在节度之内，不到杀人之量，不会杀人。李时珍说：“硇砂，大热有毒之物，噎膈反胃，积块内症之病，用之则有神效。盖此疾皆起于七情饮食所致，痰气郁结，遂成有形，妨碍道路，吐食痛胀。非此物消化，岂能去之？”有人说，此药服之可“化人心为血”，李时珍说，这是“甚言其不可多服矣”。[②]还引用《丹房镜源》的观点加以申述：“有沉冷之疾，则可服之，疾减便止。多用则成拥塞痈肿。”[③]这里强调的“不可多服”，是模糊的数量概念，其分寸之掌握，在于医家的精湛技艺。

治病必须考虑病变的“表里时日”，投药要循序渐进。这是又一种节度观念。早在春秋时期，医家已认识外邪侵犯人体致病，有由表及里，由浅入深逐步发展的规律。《史记·扁鹊仓公列传》记载：战国时名医扁鹊过齐，说齐桓侯“疾在腠理”，桓侯不信；过几天又说“疾在血脉”，仍不信；再过几天指出“疾在肠胃间”，桓侯反不悦；最后病变深化，“疾在骨髓”，无法施治，桓侯终于病死。李时珍强调医者治病必须“顾表里，循次第”，他转述另一个生动故事来说明这一道理。梁武帝时，属官范云得时疫热疾，召名医徐文伯诊之，范云催促医生，务期速愈，以便参加武帝的九锡盛典。文伯说，速愈倒办得到，只怕两年后会一病不起。范云不听警告，说能再活两年已不错了。只要能参加九锡盛典，在所不惜。文伯从命，施以速愈之术。以火锻地，布桃柏叶于上，让范云卧其间，不一会，全身汗出，病就好了。过了两年，果然发病不治而死。李时珍分析说：“取汗先期，尚能促寿。况不顾

① 李时珍：《本草纲目·麝脐香·发明》。
②③ 李时珍：《本草纲目·硇砂·发明》。

表里时日，便欲速愈者乎？夫桃叶发汗妙法也，犹有此戒，可不慎与？”①这说明治病的目的在恢复生理机能的稳定平衡，达到这一目的，需要一个循序渐进的过程。如果不顾机能恢复的阶段性，急躁从事，结果将欲速不达，适得其反。急躁求速，实是对生理机能造成新的破坏。这种破坏一时不易为人所察觉，反以为得计。当这种新的破坏由微之著，发展到一定时期，就将无可救药，范云的悲剧正是如此。李时珍对医药学中质与量的辩证关系的这种分析方法，异常深刻。

3.药物炮制慎火候

冶炼钢铁，要注意火候。炮制药物，同样要注意火候。火候不到家，钢铁的质量就不符合要求。煎药不讲火候，同样难于保证药剂的质量。这本来是很容易认识的道理。正因其易于认识，也更易于忽略。李时珍对药物炮制的火候问题，再三致意。

药物的浸泡要讲时日，焙炙要讲次数。有些药物的炮制过程须用酒、小便、米泔水、清水等浸泡，浸泡的日数因季节而异。《本草纲目》所载治风湿的“苍术散”的炮制方法是：苍术一斤，粟米泔浸过，竹刀刮去皮，半斤以无灰酒浸，半斤以童子小便浸，春五、夏三、秋七、冬十日取出，净地上掘一坑，炭火煅赤，去炭，将浸药酒，倾入坑内，却放术在中，以瓦器盖定，泥封一宿，取出为末。每服一钱，空心温酒或盐汤下。”②这里用童子小便浸泡、四季浸泡的日数不同，泥封须经一宿，这都是用浸泡和泥封时间的长短决定药物的质量，泥坑火煅达到“赤”的程度，亦与苍术散的质量有关。《本草纲目》另载有滋阴降火、开胃进食、强筋骨、去湿热的“坎离丸”，它的炮制过程，火候标准更复杂。此丸由两味药组成，一是白苍术，二是川檗皮。二者炮制过程不同。“白苍术刮净一斤，分作四份：一份川椒一两炒，一份破故纸一两炒，一份五味子一两炒，一份川芎䓖

① 李时珍：《本草纲目·桃叶·发明》。
② 李时珍：《本草纲目·术·附方》。

一两炒，只取术研末。川檗皮四斤，分作四份：一斤酥炙，一斤人乳汁炙，一斤童尿炙，一斤米泔炙，各十二次，研末，和匀，炼蜜丸梧子大。每服三十丸，早用酒，午用茶，晚用白汤下。”[①]其中包含种种量的规定：有各用几斤的比例区别；分成几份炒炙，佐药有别；炙的次数不同，成丸大小有定，每次服用粒数也有规定。在这里量同质的辩证关系，通过炮制过程中诸环节的火候的掌握表现出来。

关于药物熬制要注意文武火候的问题，李时珍多次谈到。《本草纲目》引用《濒湖集简方》的记载，治脾胃虚损的“参术膏”的熬制过程是这样：“白术一斤，人参四两，切片，以流水十五碗浸一夜。桑柴文、武火煎取浓汁熬膏，入炼蜜收之。”[②]许多中草药气味易于挥发，煎熬过程中掌握文火、武火的火候十分重要。大体先用“武火”，后用“文火”。“文”“武”这类词，也是一种模糊语言，反映模糊数学观念，它并未规定高于多少温度算“武火”，低于多少温度算“文火”，其奥妙在于实践中灵活掌握。参术膏的熬制正是如此。

药物的干燥方式与焙晒时间的长短也是影响药质的因素。对此，《神农本草经》早已作为重要问题加以论述。当时只提出有“阴干”“暴干”之别，乃自然干燥方法。还提出某些药物不宜在烈日下曝晒，这已给后来的炮制过程注重“火候”作了启示。陶弘景《名医别录》明确指出，有些药物、制丸散时，“若逢阴雨，微火烘之，既燥，停冷捣之”。又说：“凡煮汤，欲微火令小沸。”这些著作对煎药的火候问题都未作系统论述。

李时珍总结历代医家经验，对于煎熬汤药的“火候”问题作了详细论述，其中渗透着重视质量统一的辩证思维方法。他说：

凡煎药并忌铜铁器，宜用银器瓦罐，洗净封固，令小心者看守，须识火候。不可太过、不及。火用木炭、芦苇为佳……若发汗药，

---

①② 李时珍：《本草纲目·术·附方》。

> 必用紧火，热服。攻下药，亦用紧火煎熟，下消、黄再煎，温服。补中药，宜慢火，温服。阴寒急病，亦宜紧火，急煎服之。①

这里强调煎药须分“紧火”“慢火”“急煎”“再煎”，不可“太过”“不及”，都是用模糊的语言作量的规定，具体情况具体分析。取火煎药最好用木炭、芦苇、枯竹，它关系到火候与药物质量。因为这类燃料火力不猛，易于控制文武火候。李时珍说：“凡服汤药，虽品物专精，修治如法，而煎药者鲁莽造次，水火不良，火候失度，则药亦无功。观夫茶味之美恶，饭味之甘餲，皆系于水火烹饪之得失，即可推矣。是以煎药须用小心老成人，以深罐密封，新水活火，先武后文。如法服之，未有不效者。火用陈芦、枯竹，取其不强，不损药力也。”② 由烹饪之得失，决定茶饭之美恶，类此而知“先武后文”煎制得法，药方有效；“火候失度，则药亦无功”。足见火候同药效之间存在量同质的相互关系。用陈芦、枯竹取火，之所以不损药力，正是利用其武火、文火易于控制调节。取火物的质量，影响火力和药物的质量，如此论述，饱含朴素辩证法的质量观。

李时珍在论述处方配药、因人施药、焙制方药问题时，处处考虑到量和质的辩证关系，坚持质与量辩证统一的分析方法，对传统哲学中质量相互转化的朴素辩证法思想，作了生动的运用与发挥。

五、执常御变的常变统一思想

“常”和“变”是李时珍经常运用的哲学范畴。中国哲学史上，“常”，反映事物的常规性，即事物发展的一般规律；“变”，反映事物的变动性，即事物发展的特殊表现。李时珍不管论病、论药，经常考虑一

---

① 李时珍：《本草纲目·陶隐居〈名医别录〉合药分剂法则》。

② 李时珍：《本草纲目·芦火竹火》。

般的、普遍的原则，在特殊条件下如何具体运用，坚持辩证的思维方法，反对不知权变的形而上学。

李时珍告诫人们，随着社会的进化，人们的生活环境，医药卫生条件多有不同，医学理论在实践中不断发展；药物也古今多异，决不可以一般原理原则，硬套千变万化的病变，用一种药方普治百病。患者或生豪富之家，或生贫贱之家，虽同病亦须异治；人们的脏腑总有偏胜，就病施药不可一概而论。医家的医术高明与否，全看能否执“常”以应“变”。

就药物而言，五味四气是固定不变的，但不同药物相反相成，千变万化，未可执一。同一药物，有人用之如神，有人用之无效。常中有变，变中有常，药理奥妙，运于一心。患者虚实有别，用药亦当有异。药物归经各遵其常，但可随配伍不同而改变其归经，此又常中有变。医家若不精通“常”与“变”的辩证关系，犹如盲人骑瞎马。李时珍论医、论药，常能医药结合，知其常而窥其变，从偶然中发现必然，掌握必然以驾驭偶然，真所谓常谈中见妙理，死法中知活法。格物以穷理，通权而达变，后之名医国手无不为之折服。

“逆者正治，从者反治”，一逆一从，或正或反，这就有常有变。正治，逆病症用药，是常；反治，从病症用药，是变。所以李时珍说：“虽然岁有四时，病有四时，或春得秋病，或夏得冬病，神而明之，机而行之，变通权宜，又不可泥一也。”[①] 主张坚持辩证的常变观，克服“泥一”的形而上学思想方法。

同一病症的患者，年龄有少、壮、老之别，血气有盛、衰之分，对症投药当区别对待。李时珍引用张仲景的思想予以阐述道：

凡人少、长、老，其血气有盛、壮、衰三等。故岐伯曰：少

① 李时珍：《本草纲目·四时用药例》。

火之气壮，壮火之气衰。盖少火生气，壮火散气，况衰火乎？故治法亦当分三等。其少日服饵之药，于壮、老之时皆须别处，决不可忽。①

“血气”有盛衰之分，“治法”当少壮有别，这是一般原则，通权达变，全在医家临症具体运用。李时珍结合自己的丰富经验，对以上原理，体会良深。关于常山、蜀漆的应用，即是一例。

常山、蜀漆，有劫痰、截疟之功，为治疟要药。李时珍认为，尽管是常用要药，使用时也不可掉以轻心。因为同样是疟，病原却大有区别。“有六经疟，五脏疟，痰湿，食积，瘴疫鬼邪诸症。”但就总体而论，“无痰不作疟”。常山、蜀漆于“驱逐痰水”正有特效。“用之得宜，神效立见；用失其法，真气必伤。”李时珍认为应用常山蜀漆劫痰截疟，须在发散表邪及提出阳气之后，“须分阴阳虚实，不可一概而论也”。②这一论述表明：常山、蜀漆可截疟，此乃药之常性；但疟有诸类，患者有阴阳虚实之别，此事之“变”。常变结合，因人施治，这才符合辩证法原则。

患者有贫富差别，生活条件大异，致病原因诸多不同，当因人而治。李时珍引用张仲景的论述来阐明这一思想说：“土地高下不同，物性刚柔食居亦异。是故黄帝兴四方之问，岐伯举四治之能。且如贵豪之家，形乐志苦者也。衣食足则形乐而外实，思虑多则志苦而内虚，故病生于脉，与贫下异，当因人而治。后世医者，委此不行，所失甚矣。”③

人们的脏腑禀赋不齐，身体素质不同，一般常理，在有些人难免出现例外。附子乃毒药，非危病不可用。有的人只服用少量，即发热不堪，可是也有人长期服用而身体健康。李时珍举了两个具体事例，证明这种例外性。一是荆府都昌王，“体瘦而冷，无他病。日以附子

①③ 李时珍：《本草纲目·神农本经名例》。
② 李时珍：《本草纲目·蜀漆·发明》。

煎汤饮，兼咀硫黄，如此数岁”。二是蕲州卫张百户，“平生服鹿茸、附子药，至八十余，健康倍常”。根据这些特殊事例，李时珍得出结论说：“若此数人，皆脏腑禀赋之偏，服之有益无害，不可以常理概论也。”[①]

一剂方药不能治众人之病，众病不可以一理概论。常其所常，变其所变，常与变的辩证统一，乃神医妙术之绝奥，故李时珍十分推崇寇宗奭的论述。“宗奭曰：人有贵贱少长，病当别论；病有新久虚实，理当别药。盖人心如面，各各不同。惟其心不同，脏腑亦异。欲以一药通治众人之病，其可得乎？”[②]

“病当别论”,“理当别药”,强调对具体病症作具体分析,区别对待。既坚持一般原则原理，又区别特殊情况，这叫守“常”而迎“变”。企图“一药通治众人之病”，是不通常变的庸医。

苦参、黄檗，皆能补肾，在于二药之苦能燥湿，寒可除热，这是一般的原理。但运用之时，尤须斟酌情况。若不看患者的特殊情况，一概而论，是会害人的。李时珍指出：苦参、黄檗补肾，“惟肾水弱而相火胜者，用之相应；若火衰精冷，真元不足及年高之人，不可用也。”这就说明常中有变。运用苦参、黄檗，本意在于补，如不通常变原理，本求滋补延寿，反致促其夭亡。根本原因正如《素问》说：“五味入胃，各归其所喜攻，久而增气，物化之常也；气增而久，夭之由也。”李时珍引用王冰的观点，进一步阐发道：“久服黄连、苦参而反热者，此其类也。气增不已，则脏气有偏胜，偏胜则脏有偏绝，故有暴夭。”[③]本为滋补，反遭“暴夭”，岂不可悲？

十剂之中，有所谓“燥剂”，其功效在于祛湿。李时珍首先分析了湿的类型，指出“湿有外感，有内伤”。因此，逐湿采用的燥剂，

① 李时珍：《本草纲目·附子·发明》。
② 李时珍：《本草纲目·神农本经名例》。
③ 李时珍：《本草纲目·苦参·发明》。

可分以下数种：“风药可以胜湿，燥药可以除湿，淡药可以渗湿……湿而有热，苦寒之剂燥之；湿而有寒，辛热之剂燥之。”[①]这就是关于燥剂的“常”与“变”的诸种关系。各项具体措施必须建立在具体分析的基础上，因人而异。人们只有对同类病症有广泛的认识，才能从中概括出一般规律。“十剂”“四时用药例”，都是属于药理之“常”。《本草纲目》中所列的经方、时方、验方等，是在“常”理指导下的具体运用。名医辨证论治，正是执常以应万“变”，万变不失其“常”，坚持一般与特殊相结合的思维方法。

李时珍用常变统一思想论药，指出药理有常，用之则千变万化。药有五味、四气，这是药物的“本性”，它是一定不变的，是为“常”。不同配伍，可以产生千变万化的方剂，这就是它的“变”。七方、十剂固然有其常则，对于人体的功效或补或泻，因人而异，更不可执一。故李时珍说：“甘缓、酸收、苦燥、辛散、咸软、淡渗，五味之本性，一定而不变也；其或补或泻，则因五脏、四时而迭相施用者也。温凉寒热，四气之本性，其于五脏补泻，亦迭相施用也。”[②]

《神农本草经》谓药有“七情”，不只相须、相使者可以同时使用，相畏、相杀者，相恶、相反者也可同时使用。李时珍指出药物的配伍，“有经有权，在用者识悟尔”。[③]如果医家对相畏、相杀、相反的药物，一概拒绝配合使用，那就是株守常格而不识权变的庸医。李时珍引用陶弘景的话论述这一思想说：“凡检旧方用药，亦有相恶相反者。如仙方甘草丸有防己、细辛，俗方玉石散用栝楼、干姜之类，服之乃不为害。……半夏有毒，须用生姜，取其相畏相制也。”李时珍又引寇宗奭之语说：“牛黄恶龙骨，而龙骨得牛黄更良，此有以制伏故也。”[④]这都是“有经有权”的典型方剂。坚持这种观点论药，可谓得其枢要。

① 李时珍：《本草纲目·十剂·燥剂》。
② 李时珍：《本草纲目·五脏五味补泻》。
③④ 李时珍：《本草纲目·神农本经名例》。

某些药物治某些疾病有特效，人们因其有特效而忽略其适应范围，结果往往出乱子。

紫草，味甘咸而气寒，其功效长于凉血、活血、利大小肠，人心包络及肝经血分，是治痘疹的良药，这是它的一般性。但在投用的时候务须慎重考虑其特殊条件。李时珍说得明白："痘疹欲出未出，血热毒甚，大便闭涩者宜用之；已出而紫黑便闭者，亦可用。若已出而红活，及白陷，大便利者，切宜忌之。……今人不达此理，一概用之，非矣。"[①] 只知紫草治痘疹的共性，不顾患者痘疹已出未出，大便或闭或利的特殊情况，死守教条，违背通权达变的原则，是容易坏事的。

石膏，气味辛，微寒。主治中风寒热、头痛身热、三焦大热、肺热胃热、中暑潮热等。其性之常，在于祛热。然而临床用之祛热，则或效或不效，其中大有文章。《名医别录》载，睦州杨家女，病骨蒸，内热外寒，众医不治，某名医用白虎汤（以行膏为主药），一剂而热除。广济林某年五十，病痰咳发热，某医家嘱用石膏，热未除而咳益频，终至不起。李时珍根据这一正一反两个医案总结道：白虎汤祛热，"此皆少壮肺胃火盛，能食而病者言也，若衰暮及气虚血虚胃弱者，恐非所宜"。林某服之病至不起，"此盖用药者之瞽也"。[②] 只知石膏能祛热，不问患者年岁少壮，胃气盛衰，一概用之，正是知常不知变的瞽者。

二贤散，由橘皮、甘草、盐花合成，朱丹溪变更为润下丸，治一切痰气有特验。如果只知二贤散治痰气的常理，而不达其变，不免受害。李时珍指出：此剂"惟气实人服之相宜，气不足者不宜用之也"。[③] 这说明欲知药物对患者当用不当用，须先辨别患者气之虚实，此之谓常变结合。二贤散如此，他剂何独不然。

在药物归经问题上，也存在常变妙理。李时珍对药物归经理论的

---

① 李时珍：《本草纲目·紫草·发明》。
② 李时珍：《本草纲目·石膏·发明》。
③ 李时珍：《本草纲目·黄橘皮·发明》。

重大发展，就在于论述药物的归经可随不同的配伍而改变。常山、蜀漆（即常山苗）乃劫痰截疟要药。李时珍指出：它的归经特性，可随佐使而改变，“得乌梅、鲮鲤甲则入肝；得小麦、竹叶则入心；得秫米、麻黄则入肺；得龙骨、附子则入肾；得草果、槟榔则入脾”。[①]不知常山、蜀漆因配伍不同而归经有别，只知其有截疟之功，是知常不知变。如此投药，为名医所不取。

庸医不通常和变，认为一药可以通治百病。李时珍对此作了严厉批评。如青礞石，气平味咸，其性下行，乃厥阴之药，治痰气有特效。痰之产生，由于肝经风木太过，来克脾土，气不运化。积滞生痰，壅塞上中二焦，变生风热诸病，故宜用此药，“使木平气下，痰积通利，诸证自除”。礞石虽有祛痰而除诸症的良效，但并非能治百病，李时珍指出：“止可用之救急，气弱脾虚者不宜久服。……而王隐君则谓，痰为百病，不论虚实寒热，概用滚痰丸（按：以礞石为主药）通治百病，岂理也哉？”[②]不分虚实寒热，企图用一药治百病，这是既不知常又不知变的典型的形而上学思想。

蜂蜜也是一种良药。它不冷不燥，生用凉，熟用温，得中和之气，故十二脏腑之病，无不相宜。如果只知其利，不明其弊，也会受害。李时珍根据临床经验指出：“但多食亦生湿热虫䘌，小儿尤当戒之。”[③]不少人溺爱幼儿，多喂蜂蜜，结果影响幼儿健康，这是知常而不知变的恶果。由此可见，愈是人们习以为常的药物，尤当特别留意。久服良药，亦生弊端，暗受其害，还莫明其妙。李时珍对人们常见常用的一些药物留心研究，往往参其常变，发前人之未发。他不为前人阐明的常理所囿，更不泥于一家之言，严防对病症、药物一概而论。在常理之中悟出特例，于概论之下别其分寸，既知常又知变，坚持了朴素

① 李时珍：《本草纲目·蜀漆·发明》。
② 李时珍：《本草纲目·礞石·发明》。
③ 李时珍：《本草纲目·蜂蜜·气味》。

辩证法思想，故能对祖国药学的发展做出独到的贡献。

第三节 《周易外传》

《周易外传》是王夫之的重要易学著作，称得上17世纪中国哲学精华。王夫之是明清之际的伟大爱国主义者、进步思想家。曾于1648年在衡山举兵抗清，险遭迫害，乃长期隐伏湘南，以《周易》思想向群众做爱国政治宣传。《周易外传》是王夫之在中国社会剧烈动荡的年代，关注国家命运，分析民族前途，从事政治斗争，筹划社会改革方案的整个世界观和方法论的总结性著作。此书宗旨在阐明“静存动察，修己治人，拨乱反正之道”。[①] 其中关于“天人”问题、“常变”问题的深刻论述，至今读来仍具有浓厚的现实意义。

一、关于“延天祐人”“以人造天”的论述

人和“天”的关系问题，从哲学上看，讲的是社会化的人和外部客观世界的关系问题。由于这个问题上的斗争，往往形成无神论反对有神论或宿命论的斗争，这不仅是人和自然的关系问题，也涉及到阶级社会里人与社会现实生活的关系问题。所以它受到历代哲学家的重视，成为中国哲学史上长期争论的问题。“天人”问题，成为中国哲学的重要论题，其核心思想在于：如何正确看待客观世界（天），并充分发挥人的主观能动性以改变客观世界。王夫之在解决天人关系问题时，继承和发展了中国思想史上的优良传统，批判了各种错误观点，提出“延天祐人”“以人造天”的思想。王夫之认为，《周易》是以“天人关系”为研究对象的。他说：“《易》，天道也，而行乎人之不容已。”[②] 他所说的“天”，

① 王夫之：《周易内传发例》。
② 王夫之：《周易外传·说卦传》。

既不是有意志的上帝，也不是人的主观意识的产物，而是独立于主体之外的整个客观世界，是不断运动变化着的客观事物。他曾给“天”下过不同的定义。从“气一元论”理论体系所下的定义是这样的：“太虚即气，絪缊之本体。阴阳合于太和，虽其实气，而未可名之为气。其升降飞扬，莫之为而为，万物之资始者，于此言之则谓之天。”①王夫之把“莫之为而为，万物之资始者”叫作“天”；把“天”所“升降飞扬”，虚实动静的“固然条理”叫作“天理”。王夫之认为一切自然对象是按照自己的规律在运动变化，而且往往不与人们的主观愿望相一致，但是，人能够“与天通理”，人们掌握了“天之理”（客观规律），就能依其象数之常变，因时变通，“延天祐人”，即运用客观规律来造福人类。王夫之写道：“象日生而为载道之器，数成务而因行道之时。器有大小，时有往来，载者有量，行者有程，亦恒龃龉而不相值。春霖之灌注，池沼溢而不为之止也；秋潦之消落，江河涸而不为之增也。若是者，天将无以祐人而成务矣。圣人与人为徒，与天通理。与人为徒，仁不遗遐；与天通理，知不昧初。将延天祐人于既生之余，而《易》由此其兴焉。”②一方面，人要“以天之理为理”，“不强天以从人”，就是要尊重客观法则；另一方面，人又善于“与天通理”，“延天祐人”，这是充分重视人对“天”的反作用。这样就对“天人关系”作了辩证的理解。王夫之在《周易外传》中发挥的辩证法思想，这是最精辟的一章。

那么，如何才能真正做到“延天祐人”呢？王夫之是这样回答的：

夫时固不可徼也，器固不可扩也。徼时而时违，扩器而器败，则抑何以祐之？器有大小，斟酌之以为载。时有往来，消息之以为受。载者行，不载者止。受者趋，不受者避。前，使知之，安

① 王夫之：《张子正蒙注·太和篇》。
② 王夫之：《周易外传·系辞上传》。

> 遇而知其无妄也；中，使忧之，尽道而抵于无忧也；终，使善之，凝道而消其不测也。此圣人延天以祐人也。虽然，亦待其人矣。器不足以承祐，圣人之于人犹天也，不能保诸既祐之余。然则能承圣人之祐者，其惟君子也？①

这段话是王夫之“延天祐人论”的基本纲领。前半段强调人们或行或止，或趋或避，必须以客观对象（“器”）和客观时机（“时”）为根据，不看当前的具体对象，不考虑时机是否成熟或环境是否许可，主观盲目地行动，是不可能“延天祐人”的。接着，王夫之提出了“延天祐人”过程中“安遇”“尽道”“凝道”三点主张，从这三个方面来论述天人关系。

1.“安遇而知其无妄”

王夫之认为，“延天祐人”决不是“待天佑之自至”，必须通过人们的实际活动。但是人们的实际活动能否达到“延天祐人”的效果，还决定于这种活动是否顺应“物理之必然”。这就是说，在“延天祐人”过程中，要想充分发挥人的主观能动作用，首先就要使人们的活动落脚在现实基础上（“安遇”），并充分认识其必然性（“知其无妄”）。他认为：“消长无渐，故不可以无心待天佑之自至；往来无据，故不可以私意邀物理之必然。……虽然，博观之化机，通参之变合，则抑非无条理之可纪也。”②

这是说，要认识“物理之必然”“知其无妄”，就需要对现实环境和它固有的变化“条理”（规律），做一番“博观”“通参”的工作，即进行深入观察和分析，然后才能支配自然、改造现实。王夫之把这一过程叫作“因其已然而益测之”。他说：

---

① 王夫之：《周易外传·系辞上传》。
② 王夫之：《周易外传·序卦传》。

人之所以为功于道者，则因其已然而益测之，以尽其无穷，而神而明之，分而剂之，裒而益之，则惟圣人为能显而神之。①

“延天祐人”的第一步，“安遇”，“知其无妄”，是要人对“天”抱唯物主义的态度，“因其已然而益测之”，如果不是这样，那就或者放弃主观努力，“待天佑之自至”，陷入宿命论；或者“以私意邀物理之必然”，流于主观盲动。都不能达到“延天祐人”的目的。

2.“尽道而抵于无忧”

宇宙间的事物，象有盈虚，数有常变，时有往来，要想一劳永逸，“安遇而知其无妄”是不可能的。在“延天祐人”的一切活动中，要随时苦心忧虑着事物的险阻变化。“惧以终始”，“忧之”，方能“抵于无忧”（达到理想目的）。关键问题在于“尽道”。王夫之说，“尽道所以审器”，而“审器”的最终目的在于随着事物发展的客观进程，调整人们的活动，实现“延天祐人”的愿望。

“延天祐人”进程中的“尽道”原则，基本上就是王夫之所谓的“相天”“勉地”的“道义”原则，也就是所谓“行乎其中”。就是在发挥主观努力促成事物变化时，要善于选择有利条件，注意分寸，把握时机（“择其精，因其中，合其妙”）。王夫之认为：

虚实相持，翕辟相容，则行乎其中者是已。行乎其中者，道也，义也。道以相天而不骄，义以勉地而不倍（背），健顺之德，自有然者，而道义行焉矣。……大哉圣人之用《易》也，择其精，因其中，合其妙，分以剂之，会以通之，人存而天地存，性存而位存，析乎其有条理也，融乎其相得也，斯则以为存存也。②

①② 王夫之：《周易外传·系辞上传》。

"尽道"，"行乎其中"，才能"相天""勉地"，即促进自然（天地）的变化。反之，如只有"裁成天地而相其化"的主观愿望，不善于或不愿意"称其量以取其精"，即根据实际需要，选取最有利的条件，来规定人们的活动，那就会使人们的活动脱离事物发展的客观进程，或者"过高"，或者"不足"，都不能"尽道以抵于无忧"。王夫之说：

> 圣人裁成天地而相其化，则必有所择矣。故其于天地也，称其量以取其精。……不然者，违其量不择其精，务过高之侻行，不与百姓相亲；安不足之凉修，不与禽兽相别。行过高而业不称义之宜，修不足而德不掩道之充，乃为之说曰"大德若不足"，或为之说曰"究竟如虚空"，恒得阴阳之过而倒循之，其邪说诐行之成，有自来矣。①

王夫之对于那些不"行乎其小"者的批评是严厉的，也基本上是正确的。一切脱离客观实际（"违其量不择其精"）的倾向，不论是"务过高之侻行"的冒进举动，还是"安不足之凉修"的保守行为，都必然会脱离"百姓"的（"不与百姓相亲"），想达到"延天祐人"的理想目的（"抵于无忧"）是根本不可能的。

3. "凝道而消其不测"

当"延天祐人"的某项实际活动完成之后，应该进行反省，以提高对事物的规律性的认识。所以王夫之主张"终，使善之，凝道而消其不测"。"凝道"是指对事物发展的规律性的概括和总结，是精化对事物的必然性的认识，目的在使以后的活动更加顺利，"消其不测"。

"凝道"思想，本自《中庸》一书。王夫之发展了这一思想，把"凝道"与"行道"联系起来考察。认为善于"凝道"（精化对客观规律的认识），是善于"行道"（根据客观规律办事）的先决条件。他在阐述二者的关系时写道："凝也者，道之有于心也；行也者，道之措

---

① 王夫之：《周易外传·系辞上传》。

于事也。有于心而后措于事。故行在凝之后。”[1]在王夫之看来，“凝道”一方面对是对某项活动进行透彻的反省，即所谓“终，使善之”；另一方面又为下次活动提供借鉴，即所谓“行在凝之后”。

王夫之是十分重视“凝道”功夫的。为此，他对《周易》中所说的“极深研几”原理做了深刻的阐发。他认为研究《周易》的根本目的，就在于从繁杂的“象数”、万端的“险阻”之中，紬释出“易简”的指导原则，从而使人们“立于易简以知险阻”。他说：

> 圣人之于天下，鼎鼎焉，营营焉，爱而存之，敬而尽之，存其志，尽其务。……极天下之固有，攘君、谇母皆志之所必悉；极天下之大有，酒浆、瓜枣皆务之所必勤。固有者象也，大有者变也，小大有象，往来有变，无小无大，无往无来，一阴一阳之间，有至赜而极详者。……若此者，藏天下于爻，府天下于卦，贞天下于乾易坤简。以其易简，推之远近，抵之幽深，会其参伍，通其错综，然后深可极而几可研。要岂立易简于事外，以忍于不知而敢于不为也哉！[2]

这里是说，“凝道”的工作，“极深研几”的活动，决不应脱离客观实际去进行，而必须联系广泛的社会现象来考虑。哪怕是“攘君、谇母”等不良现象，“酒浆、瓜枣”等生活琐事，都要“志之必悉”，“务之所必勤”，然后才能“贞天下于乾易坤简”。掌握了这种“易简”的哲学原理，就能“推之远近，抵之幽深”，放之四海而皆准。如此，“延天祐人”之道，就可熟练地掌握。

总之，“安遇”“尽道”“凝道”，是王夫之所谓“延天祐人”的几个要点。这些观点，在《周易外传》中虽然表述得相当晦涩，论证也不够系统，但在“天人关系”问题上，他不仅坚持了唯物主义观点，而且表现了深刻的辩证法思想，这是异常可贵的。

---

① 王夫之：《读四书大全说》。
② 王夫之：《周易外传·系辞上传》。

不只于此，王夫之还进一步论述了“以人造天”的观点。他提出了“善动以化物”“裁成天地而相其化”“以理司化”和“以几远害”等思想，强调人在改造客观世界中的主观能动作用。他认为：万物虽然都“有成则可法”，但人却不能“仰成于必至”，应该“以人造天”，发挥人的主观能动作用，以改造客观世界。他写道：

> 万物皆有成则之可法。……道显于有则，故恒而可由；德神而无心，故与时偕行。故曰：“神无方而易无体。”非然，则吉凶仰成于必至，谁与为震无咎之功，谁与为忧悔吝之几也哉？以天治人而知者不忧，以人造天而仁者能爱，而后为功于天地之事毕矣。[①]

“为功于天地”的“以人造天”思想，在中国哲学史上，是王夫之第一次明确提出来的，这一卓越思想，是对于“人能胜天”观点的进一步发挥。王夫之把“以天治人”（人们的活动应受客观规律的制约），和“以人造天”两个方面紧密地结合起来考察，说明他在分析天人关系问题时，力图克服形而上学的片面性，以阐发“天人”之间的辩证关系。

“以人造天”思想，在王夫之晚年著作中，还有进一步的阐述。他认为：“圣人之志在胜天。”[②]为此首先要“知天之理”，然后才能“善动以化物”。或者“以理司化”，[③]即按照事物发展的客观规律（“理”），促成事物向有利于人的方面变化；或者“以几远害”，即在坏事刚刚显露苗头，尚未造成大的危害时，就采取行动，避免其向不利于人的方向发展。

王夫之坚信，只要人们充分发挥能动作用，现存的客观事物是可以改变的：

---

① 王夫之：《周易外传·系辞上传》。
② 王夫之：《读通鉴论》卷二。
③ 王夫之：《张子正蒙注·太和篇》。

> 夫天与之目力，必竭而后明焉；天与之耳力，必竭而后聪焉；天与之心思，必竭而后睿焉；天与之正气，必竭而后强以贞焉。可竭者天也，竭之者人也。人有可竭之成能，故天之所死，犹将生之；天之所愚，犹将哲之；天之所无，犹将有之；天之所乱，犹将治之。……任天而无能为，无以为人！①

王夫之一方面主张不能“以人限天”，“不强天以从人”，即反对一切主观妄为。另一方面又在“知天之理”“以理司化”的原则下，强调“以人造天”，主张“天之所死，犹将生之”“天之所乱，犹将治之”，充分肯定人的主观能动作用，反对在客观事物面前的消极无为、因循保守态度。这正是他分析“天人关系”问题所持的唯物主义和辩证法相结合的观点。

在辩证地理解“天人关系”的原则下，王夫之揭示了唯物主义者和唯心主义者对待“天”的两种对立态度和两种相反结果。“君子以人事天，小人以鬼治人。”以人事天的结果，“功满天下”，人们的活动得到预期的效果。以鬼治人的结果，“返人于鬼”，“志慑而气亦萎”，完全丧失斗争意志，屈服在“上帝”的面前。他写道：

> 君子以人事天，小人以鬼治人。以人事天者，统乎大始，理一而已。理气一也，性命一也，其继也合于一善，而无与为偶。故君子奉一以为本，原始以建中，万目从纲，有条不紊，分之秩之，两端审而功满天下。一念之诚，一心之健，推而准之于无穷，皆是物也，若其所终，则无事逆挽以求合。言满天下，行满天下，（按：《孝经》：“言满天下无口过，行满天下无怨恶。”）斯以为全归而已矣……若夫小人之道，……载营魄以始，抱一以终，万法以始，归一以终，从多致寡，从寡致无，以鬼统人而返人于鬼。是故期于知死，而忽于知生，先后制从之间，逆计而挽其末流，

① 王夫之：《续春秋左氏传博议》。

则志慑而气亦萎矣。[1]

王夫之是一位无神论者，他认识到，一切宗教神学，都在于“返人于鬼”，令人“志慑”“气萎”。因之，他用“以鬼统人而返人于鬼”的罪名，怒斥殖民主义者的宗教活动。

前面已经说过，王夫之并不是把天人关系问题看作一个纯粹思辨的问题。他之所以精心阐发这一问题，是同他对民族复兴的前途的探索紧密联系在一起的。关于这点，这里只举出他在《宋论》中的一段话作例来说明。他写道：

极重之势，其末必轻，轻则反之也易，此势之必然者也。顺必然之势者，理也；理之自然者，天也。君子顺乎理而善因乎天。……古之人知此也，故审于生民涂炭之极，察其数之将消，居贞以俟，徐起而顺众志以图成，汤之革夏，武周之胜殷，率此道也。[2]

这段话如果联系王夫之所处的历史环境来看，不妨作这样的理解：清朝的统治尽管已巩固了，反清的民族志士们，只要“顺乎理而善因乎天”，汤武革命的形势，终究是会到来的，“顺众志以图成”，是大有希望的。不过，王夫之本人并未作过以上的明确解释。

也许有人说，王夫之在这里仅仅主张“居贞以俟，徐起而顺众志以图成”，岂不是主张在历史事变面前，抱消极等待态度吗？不然。王夫之把“以人造天”的主张贯彻到历史观中，早已提出“君相可以造命”的学说了。他写道：

---

① 王夫之：《周易外传·系辞下传》。
② 王夫之：《宋论》。

君相可以造命，邺侯之言大矣。进君相而与天争权，异乎古之言俟命者矣。乃惟能造命者，而后可以俟命，能受命者，而后可以造命。推致其极，又岂徒君相为然哉！天之命，有理而无心者也。……生有生之理，死有死之理，治有治之理，乱有乱之理，存有存之理，亡有亡之理。天者，理也；其命，理之流行者也。寒而病、暑而病、饥而病、饱而病，违生之理，浅者以病，深者以死。……夫国家之治乱存亡，亦如此而已矣。[1]

在这里，王夫之把“君相可以造命”的理论，规定为“受命——俟命——造命”的关系。首先，其所以要“受命”，是因为“天命”是一种必然的历史趋势，人们违反了它，就像“违生之理”不死也病一样，会受到惩罚。这就是说人对历史环境首先要有唯物主义态度，不应主观盲动。其次，其所以要“俟命”，是因为历史发展有客观进程，政治斗争有高潮也有低潮，要待旧的统治面临积重难返之势，“俟几而作”。“俟命”并不是消极等待的宿命论观点。再次，在“受命——俟命——造命”的关系中，最重要的是“造命”，即充分发挥人的主观能动作用，掌握历史的命运，争取民族的复兴，善于在生民涂炭的社会危机之时，“顺众志以图成”。“君相造命”（注意：“岂徒君相为然哉！”）“以人造天”，同样是王夫之在天人关系问题上光辉的辩证法思想。

二、关于“要变知常”“执常迎变”的论述

“常变”问题也是中国哲学的重要论题，其核心思想在于强调人在社会实践中，首须掌握事物运动变化的客观规律、普遍法则（常），尤须充分把握事物变化的特殊性（变），从而采取应对的特殊方法。

要求人们在分析事物的矛盾或发展过程时，既要“常其所常”，又要“变其所变”，更应该“执常以迎变，要变以知常”。“常”和“变”，

① 王夫之：《读通鉴论》。

是对立统一的，人们应充分认识其辩证关系。

《周易·系辞》相当重视“变”的观点，主张“《易》穷则变，变则通，通则久”；“神无方而易无体”；“《易》之为书也，……不可为典要，唯变所适”。王夫之利用这些思想资料，构成了系统的“贞常制变”学说。

王夫之认为，延天祐人，以人造天，离不开对“象”“数”之间“常变关系”的分析研究。所谓“象”，指的是客观存在的具体事物，它具有相对的稳定性（“象，至常者也”）。所谓“数”，指的是具体事物产生或变化的必要条件，它具有经常的变动性（“数，至变者也”）。“数”又是以时间为转移的（“数者时之会”）。王夫之认为，人们对于所要认识的“象数”，应从它们的“常”和“变”两个方面去把握，通过“常”，认识“变”；了解“变”才能更好地把握“常”。他写道：

> 居因其常。象，至常者也。动因乎变。数，至变者也。君子常其所常，变其所变，则位安矣。常以制变，变以贞常，则功起矣。[①]

王夫之进一步指出，由于对待象数常变关系的观点和方法不同，也就产生了两种相反的结局：

第一种，是所谓“君子”的态度，正确认识象、数的常变关系，“贞常以听变”，“不以非常为怪”，结果就能把祸福、得失的主动权掌握在自己手里，摆脱宿命论的束缚，而“优游于变化之至”，做到处理事变时，胸有成竹。王夫之写道：

> 象至常而无穷，数极变而有定。……君子无穷其无穷，有定其有定。……居不以苟安为上，纤芥毫毛之得失，皆信其必至；动不以非常为怪，仓卒倒逆之祸福，听其自然。[②]

①② 王夫之：《周易外传·系辞上传》。

> 君子贞常以听变，非望之福不以宠，非望之祸不以惊，优游于变化之至。[1]

第二种，是所谓“非君子”的态度，把常和变完全割裂开来，加以绝对化，或者“常其常而昧其无穷”，或者“变其变而瞀其有定”。结果不能“贞常制变”，驾驭事物的变化和发展，只好徒劳地“仆乱张皇以邀福而逃祸”。王夫之讥讽这种态度道：

> 其非君子也，则恒反其序。反其序者，执象以常，常其常而昧其无穷；乘数以变，变其变而瞀其有定。……吉不胜喜，喜至而吉尽；凶不胜惧，凶去而惧未忘。仆乱张皇以邀福而逃祸者，卒不知祸福之已移于前也，而况能先祸福以择名义之正也哉！[2]

两种态度，两种结果，区别就在于能否“贞常制变”，也就是能否掌握事物发展的规律，顺应事物的变化。

那么，如何才能做到“贞常制变”呢？《周易外传》中有反复而详尽的论述。概括起来，可分为两个方面：一是“格物而达变”，二是“与时盈虚而行权”。

1. “格物而达变”

王夫之认识到宇宙间一切事物是互相依存、互相制约的（他称为“物物相依”），而且这互相依存的事物，又处在“日新之化”的过程中。由于事物本身具有这种“变动不常”的性质，人们对于变动中的事物就不应抱形而上学的片面观点，而应采取“格物而达变”的正确态度。他曾举例说：同一场雨，对农民有利，对商旅未必有利；同一片土壤，利于野草繁殖，未必利于禾苗生长。所以，常变、得失，要具体分析。

---

①② 王夫之：《周易外传·系辞上传》。

他写道：

得失岂有定哉！耕者之雨，行者之病也；丰草之茂，良苗之瘠也。位无恒应，必视其可应以为趣时之妙用，其可以典要求之乎！……推而言之，变动无常之旨，类可知矣。[①]

王夫之用“大匠能与人规矩，不能使人巧”的道理，进一步论述了“格物而达变”的意义。认为人们如果只知道一些原理原则（常、规矩），未必能办好事情。重要的在于“格物而达变”，具体地运用规矩。他写道：

其能恒其德而无差者鲜矣。非恒也，而后可以恒。恒者，且不恒矣。天地之久照久成，圣人之久道，岂立不易之方，遂恃之以终古乎？故曰：大匠能与人规矩，不能使人巧。规矩者，恒也；巧者，天地、圣人之所以恒也。而仅恃乎天尊地卑、雷出风入之规矩乎！[②]

《易》之所以妙万物而无典要。……典之要之，而《易》理限于所域，此后世术数之徒所以终迷于大化也。[③]

总之，因为《易》理“不可为典要，唯变所适”；“规矩者，恒也”，但须“非恒也，而后可以恒”，对一切事物，不应抱“守其一隅，准诸一切”的形而上学态度，而应正确掌握事物之间的常变关系。因此，王夫之提出“君子格物而达变，而后可以择善而执中”[④]的光辉思想。这一思想可以说是对于“延天祐人”学说中所谓“尽道而抵于无忧”的观点作了发挥。这一思想贯彻到他的认识论中，成为“格物致知”“博

① 王夫之：《周易内传发例》。
② 王夫之：《周易外传·恒》。
③④ 王夫之：《周易外传·说卦传》。

文约礼”的唯物主义认识论路线。

2.“与时盈虚而行权”

一切事物的运动、变化和发展，都以一定的时间、地点、条件为转移。《易传》相当重视“时”的问题。主张：“变通者，趣时者也”，“君子见几而作，不俟终日”。还说：“汤武革命，顺乎天而应乎人，革之时大矣哉。”这里所说的“时”，不单纯是指时机，同时指事物变化所依赖的一定环境。王夫之吸取《易传》中所谓“时中”观点的合理成分，改造成为“因时”的观点，用以说明如何具体掌握事物的常变关系。

王夫之认为：作为事物发展普遍规律的“道”，总是在一定时间、条件下起作用的，所以说“道之所行者时也”。但是，因时间、条件的不同，道所产生的作用也随之而异，所以说“道因时而万殊”。因此，必须在变化中去把握事物的常道。他写道：

> 道之所凝者性也，道之所行者时也。性之所承者善也，时之所承者变也。性载善而一本，道因时而万殊。……时亟变而道皆常，变而不失其常，而后大常贞，终古以协于一。①
>
> 数觳而起变，化运而因时。帝之所临，初无必然之衰王，神之所集，何有一定之险夷？故冀、代之士马，或以强或以弱；三涂、四岳之形胜，或以兴或以亡。天无拘方之生杀，人无据位之安危，其亦审矣。②

就是说，衰王、险夷、生杀、安危都不是注定不可改变的命运，一切都因“时”“数”而起变化（“化运而因时”“数觳而起变”），因此应该考虑“道因时而万殊”，必须“因常而常”，“因变而变”，“与

① 王夫之：《周易外传·杂卦传》。
② 王夫之：《周易外传·说卦传》。

时盈虚”，“因时为道”，而不应死守着道之“常”。总之，要善于根据时间、条件的变化，加以权衡抉择，这叫作“与时盈虚而行权”，这是“贞常制变”的重要内容。只有善于“与时盈虚而行权”，才能“历忧患而不穷，处生死而不乱”，而不至于“惊心于险阻，贼道于贞常”。①

> 时有常变，数有吉凶，因常而常，因变而变。宅忧患者，每以因时为道。曰：此《易》之与时盈虚而行权者也。……故圣人于常治变，于变有常。夫乃与时偕行，以待忧患。……盖圣人反变以尽常。常立，而变不出其范围，岂必惊心耀魄于忧患之至以与为波靡也哉！②

从以上引文看来，王夫之所谓“与时盈虚而行权”的思想，基本上包含两方面的内容。一方面是说，要注意“道因时而万殊”，因此要“因常而常，因变而变”，也可说是要注意“灵活性”（变）。另一方面是说，要注意“反变以尽常”，“变而不失其常”，也可以说不能离开“原则性”（常）。把这两个方面联系起来，我们不妨作这样的理解：如果把普遍原则运用到实践活动中，应该考虑到事物发生发展的特殊环境与条件，注意“道因时而万殊”；但又不应片面夸大条件的特殊性而违背普遍原则，反对“贼道于贞常”。只有“与时盈虚而行权”，正确处理事物发展的常变关系，才能坚持“变而不失其常，而后大常贞”的基本原则。王夫之对常变问题的辩证认识，是相当深刻的。

王夫之所强调的是人的主观能动作用。他的根本观点是：“变在天地而常在人。”因为人可以“安道”“尽道”“凝道”。他写道：

---

① 王夫之：《周易外传·杂卦传》。
② 王夫之：《周易外传·系辞下传》。

> 天地固有至变，而存于人以为常。尽天地之大变，要于所谋之一疑。因所谋之一疑，以通天地之大变。变者非所谋，谋者不知所变，变在天地而常在人。……执常以迎变，要变以知常。故天地有易，而人用之；用之，则丽于人而无不即人心之忧。①

“变在天地而常在人”，这是王夫之独创性的哲学命题，它把“天人关系”与“常变关系”紧密地结合起来，强调掌握客观规律的人对于千变万化的客观世界（“天”）的主观能动作用。这是“以人造天”思想之引申。

王夫之提出的“执常以迎变，要变以知常”的命题，可以说是对我们以上分析的“格物而达变”，“与时盈虚而行权”的最后概括。在这里王夫之已从对常变关系的理论分析，转化为对认识事物、处理工作、指导行动的方法论原则的思考。这一命题既反映了王夫之的唯物主义思想，更显示了他对常变问题所持的辩证法观点。

王夫之研究分析常变问题，是为他的“延天祐人，以人造天”理论服务的，这从上面的分析中基本上可以了解。但我们还应注意，和他研究天人问题一样，在常变问题上，也是与当时政治斗争的背景分不开的。

明末清初，民族矛盾和阶级矛盾十分尖锐。当时不少知识分子和民族志士，经受不起这一场剧烈政治斗争的考验，在大变革的政治激流中，不能认识历史必然，对斗争前途丧失信心，或者消极悲观而遁入空门，或者丧失气节而投降清朝。总之，他们“为世所颠倒”，而不能站稳脚跟。王夫之乃用常变学说，劝导他们“参变知常”，“酌以自处”。他写道：

---

① 王夫之：《周易外传·系辞下传》。

> 庄生云："参万岁而一成纯。"言万岁，亦荒远矣，虽圣人有所不知，而何以参之！乃数千年以内，见闻可及者，天运之变，物理之不齐，升降、污隆、治乱之数，质文风尚之殊，自当参其变而知其常！以立一成纯之局而酌所以自处者，历乎无穷之险阻，而皆不丧其所依，则不为世所颠倒，而可与立矣。①

王夫之进一步指出，每当历史发生巨变的时候，人们更应有远大的眼光，高尚的情操，好自"贞常制变"，决不与世浮沉。要做到"富贵不能淫，贫贱不能移，威武不能屈"。他说：

> 使我而生乎三代，将何如？使我而生乎汉、唐、宋之盛，将何如？……极吾一生数十年之内，使我而为王侯卿相将何如？使我而饥寒不能免，将何如？使我而蹈乎刀锯鼎镬之下，将何如？……岂如此如彼，遂可骄、可移、可屈耶！参之而成纯之一又审矣。②

王夫之也把"贞常制变"学说，贯彻到历史研究中去，指出中国数千年的历史发展，治乱、离合之间，"各往其复，各泰其否"。"非察消息、通昼夜、范围天地而不过者，又恶足以观其化哉？"③所以他主张，研究历史的目的，要对历史人物和历史事变，"推其所以然之由，辨其不尽然之实"。④因其常变，通鉴资治。

---

①② 王夫之：《俟解》。
③ 王夫之：《黄书·离合第七》。
④ 王夫之：《读通鉴论》。

第四节 《周易内传》

《周易内传》成书于1685年，是王夫之晚年撰写的一部哲学著作。王夫之对《周易》素有研究，1655年写的《周易外传》已阐述了他“立于易简以知险阻”的早期易学思想。《周易外传》写成后的三十年间，清代统治已日益巩固，政治经济形势发生了重大变化，王夫之对清王朝的政治态度亦有改变。这时，他将《周易》作为易学启蒙的教材，根据长期研究的心得，对之作了字斟句酌的诠释，凝结着他多年研易的成果。

《周易内传》结合明清之际社会大动荡的实际，利用《周易》思想资料，来论述易学思想。其中阐发了古人作《易》贯彻的基本准则，历代君臣用《易》理治国，采用的基本原理。论述了数千年来，学《易》对哲学启蒙的贡献。系统地阐述了《周易》对发展中国古代哲学思想、提高人们的理论思维能力的历史作用。继《周易外传》之后，王夫之对发展古代唯物论和朴素辩证法做出了新的贡献。

一、三圣作《易》：并建乾坤，经纬万有

王夫之坚持汉唐以来的定论，认为《周易》乃文王、周公、孔子三圣所作（文王演卦、周公系辞、孔子作传）。肯定三圣作《易》之目的在用易理教化后世，“奉天道以尽人能”。王夫之认为：三圣作《易》，“极天人之理，尽性命之蕴，而著之于庸言庸行之间，无所不用其极。……俾学圣者引申尽致，以为修己治人之龟鉴”。[1]

王夫之用详尽的篇幅，阐述了三圣作《易》所坚持的基本思想，

① 王夫之：《周易内传·系辞下》。

实际上是他自己多年琢磨出来的《周易》哲学的理论结构。这是他同历代易学家释《易》的基本分歧所在。

1.乾坤并建以为太始

历代哲学家为创立独特的哲学体系，都力图建立一种宇宙本体，为立论之基点。主观唯心主义者讲心、良知，客观唯心主义者讲道、理、太极，佛教讲真如，都是一种超自然的存在。历代唯物主义者一贯坚持元气论、气化论，把宇宙万物之本源看作一种物质实体——气。王夫之发展和改造《易传》思想，坚持唯物主义一元论，肯定宇宙的本源是“太极”。“太极”本是《易传》提出的宇宙本体概念，王夫之加以改造，用以表示阴阳二气混沌未分的絪缊状态。他说：所谓“太极”，“其实，阴阳之浑合者而已，而不可名之曰阴阳，则但赞其极至而无以加，曰太极。太极者，无有不极也，无有一极也。惟无有一极，则无所不极”。[①]

王夫之认为，“无所不极，故谓之太极。”[②]《周易》坚持“乾坤并建”，正是体现了太极的特性：

> 太极，一浑天之全体。见者半，隐者半。阴阳寓于其位，故毂转而恒见其六。乾明则坤处于幽，坤明则乾处于幽。[③]
>
> 阴阳二气，絪缊宙合。融结于万汇，不相离，不相胜。无有阳而无阴、有阴而无阳，无有地而无天、有天而无地，故《周易》并建乾坤，以为诸卦之统宗。[④]

太极，乃乾坤并建之本始，阴阳浑合之实体，它“无有一极”，仅是一个真实的共相：“无所不极”，故充塞两间，孕育万有。王夫

---

① 王夫之：《周易内传·系辞上》。
②③ 王夫之：《周易内传发例》。
④ 王夫之：《周易内传·坤》。

之用古老的语言，表述了世界的物质性及表现形式的多样性的思想。

2.絪缊一气，包孕运动

王夫之认为，太极乃“絪缊一气”，它分阴分阳，一柔一刚，自身包含“相倚而不离”的矛盾双方，包含着运动的始因。

> 阴阳充满乎两间，而盈天地之间惟阴阳而已矣。……无有阴而无阳，无有阳而无阴，两相倚而不离也。……此太极之所以生万物、成万理而起万事者也，资始资生之本体也。[①]

这里用阴阳“相倚不离”的观念，阐发了古代朴素辩证的对立统一思想。太极之所以化生万物，正由于它包孕着对立面，从而能够自我运动。宇宙之间一切动物、植物及人的筋骨、脏腑、荣卫相互依存，相互制约，无不是“太和絪缊之气”自我运动变化的产物。

> 与天之并行并育，成两间之大用，而无非太和之天钧所运者，同一贞利也。盖尝即物理而察之，草木、虫鱼、鸟兽以至于人，灵顽动植之不一；乃其为物也，枝叶、实华、柯干、根荄之微，鳞介羽毛，爪齿官窍，骨脉筋髓，脏腑荣卫之细，相涵相辅，相就相避，相输相受，纤悉精匀，玲珑通彻。[②]

王夫之认为：“凡物，皆太和絪缊之气所成。”万物已生之后，一切变化，归根到底都是形与气的相互转化。他在解释《易传》“天地絪缊，万物化醇”时指出：“絪缊，二气交相入而包孕以运动之貌。醇者，变化其形质而使灵善。……化醇，化其气而使神；化生，化其形

① 王夫之：《周易内传·系辞上》。
② 王夫之：《周易内传·乾》。

而使长。……气生形，形还生气。……形气交资而生乃遂。”①“二气交相入而包孕以运动”，是十分可贵的观点，基本上阐明了物质同运动不可分，物质自我运动的源泉在其内在矛盾性的思想。

3.刚柔相推，万变不齐

万物变化的原因在其自身的矛盾性，《易传》把矛盾双方的相互作用，称为刚柔相推，乃变化之始基。王夫之在阐述这一原理时指出："天下之动，万变不齐，而止此刚柔之屈伸，因时位而易。其用不为典要，而周流六虚以通之。"②《易传》用"鬼神"概念来概括阴阳二气的变化。王夫之继张载之后，对"鬼神"观念作了朴素唯物主义的阐述；

> 鬼神者，二气不已之良能，为屈伸之用。……一聚一散，变化无穷，而吉凶不爽，以此知鬼神之情状，无心而自有恒度。③

"鬼神"概念成了王夫之表述阴阳二气运动变化，万物生生不息的自然状态的哲学范畴，这对朴素唯物主义辩证法思想是一重要发展。把"鬼神"变化看作"二气之良能"，就把造物主从自然哲学中排除出去。

王夫之用"鬼神"概念解释了宇宙间新陈代谢的客观法则，指出："自吾有生以至今日，其为鬼于天壤也多矣。已消者已鬼矣，且息者固神也。则吾今日未有明日之吾，而能有明日之吾者不远矣。"④

这种充满青春活力的思想，对于"陷入生死之狂惑"的宗教思想是沉重的打击。

4.生非创有，死非消灭

在中国哲学史上，佛教、道教，如何看待生与死，各执一端。王夫之从自然史观立场，用"鬼神"概念来解释万物的生死，肯定万物

① 王夫之：《周易内传・系辞下》。
②③ 王夫之：《周易内传・系辞上》。
④ 王夫之：《思问录・内篇》。

变化不已，由太和之气聚而为万物，万物变化之结果复归于太虚。

> 易言往来，不言生灭。……人物之生一原于二气至足之化，其死也反于絪缊之和，以待时而复，特变不测而不仍其故尔。生非创有，死非消灭，阴阳自然之理也。朱子讥张子为大轮回，而谓死则消散无余，何其与夫子此言异也？[1]

“生非创有，死非消灭”的观点，实际上包含了《张子正蒙注》中所阐述的物质永恒存在而不能消灭的光辉思想。

王夫之用“积”与“渐”的概念来描述事物由量的增长而达到质的变化的自然生长过程。《易传》早已提出“积”“渐”观念，肯定“积善之家，必有余庆；积不善之家，必有余殃。臣弑其君，子弑其父，非一朝一夕之故，其所由来者渐矣”。[2]对于“积”“渐”观念，王夫之从自然哲学的角度作了充分发挥，指出：

> 凡天地之间，流峙、动植、灵蠢、华实，利于万物者，皆此气机自然之感为之。盈于两间，备其蕃变，益无方矣。……自春徂冬，自来今以溯往古，无时不施则无时不生。故一芽之发，渐于千章之木；一卵之化，积为吞舟之鱼。其日长而充周洋溢者，自不能知，人不能见其增长之形。[3]

万物“日长”，而“人不能见”。但“一芽之发，渐于千章之木；一卵之化，积为吞舟之鱼”。形象地表述了万物由量的积累到质的变化的“日新”过程。

---

① 王夫之：《周易内传·系辞上》。
② 王夫之：《周易内传·坤》。
③ 王夫之：《周易内传·益》。

王夫之所阐述的三圣作《易》的基本原则，实际上是他以《周易》为模式，表述了宇宙自我运动变化的客观规律，是其朴素唯物辩证法的自然哲学。王夫之认为，学习研究《易》理，目的就在于掌握和树立这种朴素唯物辩证法的自然观，并运用它去观察分析自然和社会历史问题。

二、君子学《易》：极深研几，蹈常处变

为了掌握《易》理，王夫之十分强调学《易》。他所说的学《易》，实际上就是要人们掌握朴素唯物论和朴素辩证法，锻炼理论思维能力，克服思想上的主观性、片面性和保守性。王夫之认为学易能增长聪明才智，提高理论思维水平，能蹈常处变，解决种种困难。

1.知性知天，顺天应人

王夫之认为，《周易》乃“性学之统宗，圣功之要领”，对锻炼人们的思维能力十分重要。他所说的“性学”，就是性理之学，即认识客观事物及其规律的学问。王夫之分析了“舍《易》不学”的危害：

> 欲为君子者，舍《易》不学，安于一偏之见，迷其性善之全体，阴阳之大用，将与百姓均其茫昧久矣。[①]

学《易》之所以能增长智慧才干，是因为作《易》者“于人之所当知者而先知之，于人之所当觉者而先觉之”。[②]《周易》反映了先知先觉者的丰富智慧。

学《易》，实质上是使人们的认识符合客观实际，增长知识才干，乃能依时顺势，建树非常之事业：

---

① 王夫之：《周易内传·系辞上》。
② 王夫之：《周易内传·乾》。

> 知之明，然后行之备善。……有天赐之智，然后有日跻之圣，乃可以顺天应人而行非常之事。①

总之，王夫之认为，《易》理是人类智慧的凝结。认真学习“先知、先觉者”留下的哲理，努力锻炼理论思维能力，面临艰难险阻乃可应付裕如，取得成功。

2.博文约礼，蹈常处变

学《易》可使人穷理、尽性，掌握事物运动变化的客观法则，针对客观变化，采取灵活措施，做到“知无不明”，“行无不当”，用最有效的方法，达到美满的结局：

> 学《易》者能体乾坤易简，则理穷性尽而与天地合德也。知无不明，则纯乾矣；行无不当，则纯坤矣。以之随时变化，惟所利用，而裁成辅相之功著焉，则与天地参。②

王夫之把学《易》的过程，叫作“博文约礼（理）”。③关键在于“知理”，惟有“博文”，然后乃能“约礼”，也就是我们常说的通过广泛接触事物现象（“博文”）获得感性知识，然后从中总结出普遍规律性知识（“约礼”），让人的主观认识符合客观法则（“达于天德”）。

主观认识与客观变化之间存在一个斟酌损益的判断过程，表现为人的主观能动性。人不是机械地跟随外界变化，而是辩证地认识、驾御这一变化。为善于驾御客观事物的变化，就得通过学易以“蹈常处变”：

> 学《易》者，不一其道。……理一也，而修己治人，进退行藏，礼乐刑政，蹈常处变，情各异用，事各异趋，物各异处，学《易》

---

① 王夫之：《周易内传·革》。

②③ 王夫之：《周易内传·系辞上》。

者斟酌所宜，以善用其志。[①]

事物的变化，有其规律，总是变而不失其常。“蹈常处变”，是王夫之揭示的学习《易》理以分析处理问题的基本准则。这就要求正确地处理“常”同“变”的辩证关系：

> 刚柔之定体，健顺之至德，所以立本，变而不易其常者也。吉凶之胜，天地之观，日月之明，人事之动，皆趋时以效其变。[②]

总之，学《易》过程，在掌握阴阳变通的原理，以“蹈常处变”，即掌握事物变化的普遍法则，去驾御事物的特殊变化。

3.虚中逊志，与时偕行

王夫之说，“《易》乃君子忧患之府，圣人慎动之几”。以理论指导言行，应抱“虚中逊志”的态度，切忌主观武断，刚愎自用。古人用易取得成功，在于“虚怀若不足”，不以私利、成见妨碍对客观真理的认识。

> 虚中逊志，常若不足，而博学多通，强行不倦，则文著而道明。……反之者，刚愎据中而溺于私利，坎之所以陷也。[③]

王夫之发挥《易传》中“不可为典要，唯变所适”的思想，指出，善于处理问题的人，在于针对不同的时间、地点、条件，考虑事物发展的现实可能性，使人的认识适应客观形势的变化。

---

① 王夫之：《周易内传・乾》。
② 王夫之：《周易内传・系辞下》。
③ 王夫之：《周易内传・离》。

> 故占者学者，不可执一凝滞之法，如后世京房、邵子之说，以为典要。……读《易》者，所当唯变所适，以善体其屡迁之道也。[①]

事物的发展，有常有变，人们的行为要取得预期的效果，当随客观情况的变化而改变自己的观点与方法。王夫之认为：“读《易》之法，随在而求其指。”[②]因此，必须克服两种形而上学的错误倾向：一是“徇意以忘道”，随心所欲，而背离“与时偕行”的基本准则；一是“执道以强物”，将《易》理作为教条，而随处乱套，迫使客观事物符合不变的框架。

> 研究得失吉凶之故，于刚柔动静根柢之由，极其顺逆消长之微而无不审。……因其固然而行乎其不容已，则得正而吉，反此者凶。或徇意以忘道，或执道以强物，则不足以察精微之辨。《易》原天理之自然，析理于毫发之间，而吉凶著于未见之先。[③]

4.居安思危，未雨绸缪

学《易》的目的在用《易》理指导实践。而实践是同所处环境分不开的。王夫之认为，人们的处境往往有两种：或处顺境，外得良缘，内有贤助；或处逆境，时有风险，道路坎坷。避免陷于困境，就要发挥人的主观能动性，创造条件，促使事物向有利于自己的方向转化，防止向不利的方向转化。学《易》就利于人们“在安思险”，[④]未雨绸缪，防止或克服“险”情。

王夫之认为，世道有否有泰。处否境时，当“以否之道，处否之世”。[⑤]

---

① 王夫之：《周易内传·系辞下》。
② 王夫之：《周易内传·说卦传》。
③ 王夫之：《周易内传·系辞上》。
④ 王夫之：《周易内传·蛊》。
⑤ 王夫之：《周易内传·否》。

> 否，塞而不通。君子有德以通天下之志，无所用之。惟世之方乱，难将及己。……用否之道，以应否之世，不嫌绝物矣。①

可是，有那么一些人，不识时务，处否之世，在险而不识险，以致是非不分，同流合污，争居显位，以干荣禄。对此，王夫之申斥道：

> 纯阴之世，阳隐而不见，天闭而不出，地闭而不纳。于时为坚冰，于世为夷狄、女主、宦侍，能隐者斯贤也。虽有嘉言善行，不当表现以取誉。姚枢、许衡以道学鸣，如李梅冬实，亦可丑矣。②

对许衡等人的历史评价，王夫之的见解未必中肯。但他提出的取誉于乱世，必然同流合污的观点，是值得深思的。

承平之世，人们生活平静，少有大风大浪的考验。但好事有可能转变为坏事。王夫之指出，故家大族，“夷为野人”，华胄之子弟，“无可用之才”，有其深刻原因：

> 古者，士之子恒为士，仕禄之家者以礼传，世修其典训，而又登进之于学校，则贤才足用。迨嬖倖之小人用，而相尚于下流，诗书弦诵之风，时所不尚，则华胄之子弟，皆移志于耕商，诡随于嚣讼，虽欲用之，而无可用之才矣。……故家大族夷为野人，浸以衰绝，皆可伤也。③

以上，王夫之强调了学《易》的方法和准则，要求从《周易》中学习朴素唯物主义的思想方法，以之指导实践。在封建社会里，人们

① 王夫之：《周易内传·否》。
② 王夫之：《周易内传·坤》。
③ 王夫之：《周易内传·井》。

没有更好的哲学读物，《周易》一书，包含有较丰富的哲学思想，王夫之以之为教材向后学者进行哲学启蒙，这是可取的。

三、君臣用《易》：依时顺势，济世安邦

王夫之把包含丰富哲理的《周易》，看作历代明君贤相从中吸取智慧以指导社会政治活动的思想源泉。他用大量的生动历史事例，阐发了《周易》中足以指导君臣治理社会国家的一些基本原理。他释《易》的方法是：历史同理论相结合。一部古代充满神秘性的经典，被他解释得生动明畅，引人深思。王夫之认为三圣从天道、人事、物理中概括出来的《易》理，具有无穷的思想魅力。君主用之可创业垂统，臣佐用之可惩暴安民。王夫之把易理看作难得的政治代数学，可用之百世而不殆。因此，他将自己晚年的心血都倾注于其中。对如何用《易》的问题，处处结合历史人物、历史事件进行生动而深刻的阐述，字里行间充满了朴素辩证法思想。

1.君主用易，创业垂统

《周易内传》总结历代君王进行重大社会政治改革的是非得失，从中得出普遍的理论原则，肯定《周易》是历代君主创业垂统的理论基础之一。《周易内传》用“革”卦的原理，论述了汤武“革命”的合理性，指出：

> 四时之将改，则必有疾风大雨居其间，而后寒暑温凉之候定。……汤武体天之道，尽长人、合礼、利物、贞干之道以顺天，文明著而人皆悦，以应乎人，乃革前王之命。当革之时，行革之事，非甚盛德，谁能当此乎？[1]

---

①王夫之：《周易内传·革》。

“当革之时”，采取“疾风大雨”式的手段“行革之事”，是符合天道的行为。用疾风大雨比拟汤武“革命”，是王夫之对“革命”行为的赞颂，反映了明清之际社会大变革的时代呼声。在肯定“当革之时，行革之事”的合理性的同时，提出了“治平”之时，不可乱革的主张。指出，不当其时而行革之事，乃是“妄乱旧章，以强天从己”[①]的盲动行为。王夫之揭示了王莽违反历史发展的规律，不乘其时而欲“遽革”，终于造成“众叛亲离”的可悲结局：

> 有其德，乘其时，以居其位，而后可革。非大明于内，众正相孚，德合于天，而欲遽革，王莽篡而乱旧章，众叛亲离，虽悔何及乎！[②]

《周易内传》认为，君主为了巩固自己既得的统治权力，当居安思危，时存戒惧之心，防止政权由存向亡转化，写道：“天下晏安，各循其分，所虑者，人忘厝火积薪之忧。”[③]

任何历史时代，统治阶级为了巩固其统治，所“忧危”者，不外三方面的矛盾：一是统治阶级内部矛盾，二是统治者同被统治者的矛盾，三是民族之间的矛盾。《周易内传》于此三者都有所论述。

新政权建立后，君主往往运用刚柔兼施，威德并用的手段，调节统治阶级内部矛盾，达到巩固统治的目的。汉文帝解决他同吴王刘濞之间的矛盾，就是如此。《周易内传》写道：

> 人情虽恶盈而好谦，而顽民每乘虚以欺其不竞，则欲更与谦退而不得，而侵伐之事起矣。汉文帝赐吴王以几杖，而吴王卒反，盖类此。……不善用谦，以称兵制胜，是鸷鸟之将击而戢翼，猛

①② 王夫之：《周易内传·革》。
③ 王夫之：《周易内传·蛊》。

兽之将攫而卑伏，虽利而亦险矣哉。[1]

《周易内传》认为，汉文帝虽曾对吴王采取谦柔政策，但毕竟不善用谦而“称兵制胜”，虽终于成功，仍不足为法。对吴王来说，本为藩属，当柔顺自处，然而刚愎自用，陷于失败，势所必然。

《周易内传》认为，欲巩固统治，安定社会，还要解决统治者同被统治者之间的种种矛盾。平康之世，当行“无为之化”，“端拱而治”。[2]《周易内传》阐述道：

君子以风行天上之理，自修明于上，而无为之化，不言之教，移风易俗，不待政教而成矣。[3]

王夫之用“风行天上”的形象，阐述了开明政治的理想。要求统治者“自修明于上”，以身作则，行“无为之化”，“不言之教”，使社会风气日益好转。同时，还要广得“民心”。“王业初开，艰难未就，必建亲贤英毅者为羽翼，以动民心而归己，然后可以出险而有功。”[4]强调“民心”在巩固政权中的作用，是王夫之进步历史观的表现。这是针对明末封建统治者屡颁“罪己诏”，而民心终于离散、王业无可挽回的现实而发的。

巩固封建统治，还须善于处理汉族同少数民族的矛盾。王夫之认为历代不乏“三苗”（古代同华夏族有冲突的部族）。汉族首先应当与之“联合”，联合不成，则采取“纵前禽”的策略，仿效“舜舞干戚而服有苗”的经验，实行宽柔政策。他写道：

---

① 王夫之：《周易内传·谦》。
②④ 王夫之：《周易内传·屯》。
③ 王夫之：《周易内传·小畜》。

> 人情之顺逆，未可卒化。虽大舜之世，不乏三苗。……背公死党而怀异志者，圣王于此，舍而不治，如田猎三驱纵前禽，而听其失，要何损于大顺之治哉！……三驱之法，缺其前。背我而去者则弗追，向我而来者则取之。……后夫而不强为联合以损恩威，故失而无伤于吉。[①]

王夫之把三驱之法，说成猎者故意网开一面，让禽脱走，以示王者之风。这是王夫之理想的汉族同少数民族相安无事的一种政治局面，他考虑“纵前禽”的策略，有利于整个国家民族的统一。思想实质是对待不同矛盾，应当灵活处置。对“后夫”（会盟之迟到者）不愿“联合”，不可“强为”，不妨暂且“听其失”。“来者抚之，去者不追”，[②]这样，既无损于君主的恩威，也“无损于大顺之治”。

2.臣佐用《易》，除暴安民

王夫之认为，任何社会总有不同的社会矛盾存在，犹如太极之有两仪。“有君子必有小人，有中国必有夷狄。”因此，有为之臣欲佐君主治理国家，安定社会，需要刑、德两手并用，以除暴安民。

《周易内传》根据“屦校灭趾，无咎”的爻辞，阐明除暴过程中薄刑的必要，目的在使犯小罪者受惩知戒，而不致发展到罪大恶极。

> 不耻不仁，故必利以劝之；不畏不义，故必威以惩之。……用刑于早，以免小人于恶，薄惩焉可也。[③]

“屦校，施械于足也。……不加重刑，械其足而已，薄惩之则恶

① 王夫之：《周易内传·比》。
② 程颐：《伊川易传·比》。
③ 王夫之：《周易内传·系辞下》。

且止矣，故可无咎。”[①]《周易内传》对比“何校灭耳，凶”的爻辞，发挥更深的哲理，小惩不改，终成大恶。

> 灭耳而不听，恃罪之小而成乎大，……则杀而必不可赦。合二爻，治狱之轻重。见君子之用刑，始于惩诫，教而不改，则天讨必伸。[②]

这里教人学《易》，当认识事物发展中由量向质转化的道理，表明王夫之的矛盾转化思想。

王夫之阐发“倾否，先否后喜”的思想，主张对坚持“否道”、无可救药的统治者，不可姑息，当以“否道”对待之。

> 势极于不可止，必大反而后能有所定。故《易》曰：“倾否，先否后喜。”否之已极，消之不得也，倾之而后喜。[③]

他用历史事实，说明违反这一观点的危害性。宋徽宗之时，“必亡之势，不可止矣”，而李纲谋国，“惜其倾而欲善保其终”，“卒使两君俘，六宫虏，金帛括尽……敷天之痛，纲其罪之魁与！”[④]是说，矛盾终归会转化。否极而泰来，当争取转化的最好前途。这是这位启蒙思想家观察社会历史问题得出的进步结论。

《周易内传》认识到，统治者的一举一动，都同人民的利益息息相关。一件好事，超过了合理的限度，也可转化为坏事。如“行师征伐”，“以正兴师”，虽“毒民”而无咎，反之，则为“毒民”之大咎。

---

① 王夫之：《周易内传·噬嗑》。
② 王夫之：《周易内传·系辞下》。
③④ 王夫之：《宋论》。

> 以正兴师，则民服其义。将得其人，则民无败死之忧。二者之道备，民所乐从，虽毒民而又何咎乎？非是而毒民，其咎大矣。[①]

王夫之认为，贤相用《易》理除暴安民，少不了实行严刑峻法。人民对此是否拥护，要看统治者对人民的态度。如能“周知小民之艰难，而济其饥渴”，像诸葛亮那样“正己正人，淡泊明志”，虽行严刑峻法，而民心终将大服：

> 君子之德施能溥者，岂有他哉。有一介不取非义之操，则能周知小民之艰难，而济其饥渴，无私之心，人所共凛，则除苛暴无所挠屈。诸葛孔明曰：“淡泊可以明志。”冽寒之谓也。杜子美称其伯仲伊吕，有见于此与！[②]

由于诸葛亮“望重道隆而集思广益”，又不“逼上擅权，辇众归己”，故人民“归之者众”。[③]

《周易内传》指出统治者对于人民，当实行“务大德，不市小惠”[④]的原则。批判王莽当年推行“限田”政策，表面上是“裒多益寡，称物平施”，实际上是违反历史发展规律、破坏生产发展的坏事。这是说，社会上本来贫富“不齐”，勉强削富益贫，不但不能安定社会，反而会造成社会的混乱。王夫之提倡学《易》、用《易》，要善于灵活运用，不可生吞活剥。

总之，君主、臣佐欲改革现状，治理天下，安定人民，必须掌握《易》理，使自己的言行依时顺势，符合历史发展的客观法则。主观臆断，

---

① 王夫之：《周易内传·师》。
② 王夫之：《周易内传·井》。
③ 王夫之：《周易内传·大有》。
④ 王夫之：《周易内传·谦》。

莽撞行事，违反《易》理，没有不失败的。

王夫之写《周易内传》，自感“畅论为难”。一方面由于“形枯气索”，另一方面是他的思想受到束缚。《周易内传》对易理的阐发，远不如《周易外传》那样思路晓畅，逻辑严谨。况且他将那些不成体系的卦辞、爻辞，同反映封建社会初期新兴地主阶级世界观的、自成体系的《易传》相提并论，这种方法是违反历史主义的。六十四卦，是一套纯粹形式衍化的产物。在历史上，对于这套形式主义的象数结构，存在两种态度：或重象数而轻义理，或重义理而轻象数。王夫之力图把二者统一起来，由象数引申出义理，使义理不脱离象数。实际上，却往往牵就象数而妨碍畅论义理。

尽管如此，《周易内传》毕竟是王夫之晚年重要的哲学著作，对《易》理的阐述，不少地方仍有别开生面的风貌。许多地方将《易》理同历史经验结合起来，发表了精辟独特的见解，为易学增添新意。在我国古代，王夫之借《易》理阐发的早期启蒙思想的历史作用，是不容忽视的。

第五节　魏源的易学思想

魏源生活在中国社会走出中世纪迈向近代化的历史转型期。他是在中国人民经历长期闭关锁国之后，睁眼看世界的第一代历史人物。魏源出生于封建官僚家庭，饱受传统儒学教养。难能可贵的是他能够举起近代早期启蒙思想的大旗，摆脱传统思想的束缚，呼号社会改革。他的经邦济世思想，深深打上《周易》思想的烙印。

《周易》思想的精华，正在于认识历史发展，主张社会变革，倡导经世致用。魏源思想，毫不夸张地说，体现了易学思想的精华。魏源深研五经，对儒家经典都有独到心得。他写了《诗古微》《书古微》等研究传统思想文化的著作，其实他的思想、文章无不受《易》学思想的启迪，说他是善于阐发《易》理的卓越思想家，绝非过誉。

一、从《周易》汲取经邦济世养分

魏源思想洋溢着经世致用的实学精神，为大家所公认。其经邦济世准则，极力突出社会改革思想，这是受《周易》的影响。

他引用《易传》思想，阐述理财、聚人、守位的治世原则说："'天地之大德曰生，圣人之大宝曰位，何以守位曰仁，何以聚人曰财，理财正辞禁民为非曰义。'人所聚而势生焉，财所在人聚焉，名义所禁遏而治乱生焉。圣人乘天下之势，犹蛟龙之乘云雾，不崇朝雨天下而莫知谁尸其权。"[①] 魏源强调治理国家，首在能聚人。人心之向背，是社会能否安定，国家能否强盛的主要标志。君主要想天下安宁，国家富强，必自理财、聚人始。他发挥黄宗羲"天下为天下之天下"的观点说："'天地之性人为贵'，天子者，众人所积而成，而侮慢人者，非侮慢天乎？人聚则强，人散则尪，人静则昌，人讼则荒，人背则亡。故天子自视为众人中之一人，斯视天下为天下之天下。"[②]

魏源理想中的君主，是有民主作风，平易近人的明君，而不是高高在上欺压人民的暴君。"周公训鲁公曰：'平易近民，民必归之。'平，地道也；易，天道也。易则易亲，简则易从，易简天下之理得矣。"[③]

魏源阐发《周易》"易简"原则，主张君主制定法令，必须贯彻易简原则，使之容易为广大人民所接受、理解和执行。他强调法不易简，不足以治民："《易》曰：'夫乾，天下之至健也，德行恒易以知险；夫坤，天下之至顺也，德行恒简以知阻。'又曰：'穷则变，变则通。''神而化之，使民宜之。'故知法不易简者，不足以宜民。"[④] 魏源发挥《易传》"易知则有亲，易从则有功"的道理，指出："世言王道无近功，

---

①② 魏源：《默觚下·治篇三》，《魏源集》，中华书局，1976年，第44页。
③ 魏源：《默觚下·治篇九》，《魏源集》，中华书局，1976年，第59页。
④ 魏源：《海运全案序》，《魏源集》，中华书局，1976年，第411–412页。

此不知王道之言也。知者知之，愚者不知，不可以教民；巧者能之，拙者不能，不可以治民。非令下如流水之源，不可为善政。”[①]法令是统治阶级制定的，它要求人民认真遵行。如果法令苛而繁，朝令夕改，人民莫所适从，社会就得不到安定。要“令下如流水之源”，水到渠成，上下畅通，令行禁止，乃为善政，这是魏源的理想。在封建社会里，这只能是一种幻想。

魏源提出法令简便易行的主张，基于他的“民本”思想，他精通历史，总结了历代变法的经验，认为要想社会安定，一切措施必须照顾人民的切身利益，法令必须能为人民接受，这是一个基本原则。他指出：“圣人举事，无一不根柢于民依而善乘夫时势，故举一事而百顺从之。”[②]“根柢于民依”，这个观点颇有深意。《尚书》早就指出：英明的君主，要关心人民疾苦，深入群众，了解下情，“知小民之依”。魏源在新的历史条件下，发展《尚书》观点，主张一切举措都应“根柢于民依”，人民所依者无他，唯勤劳稼穑，安居乐业，能过衣食丰足的生活。若举事根柢于“民依”，必能调动人民的积极性，“举一事而百顺”，国家何愁不安定，社会何愁不繁荣。

魏源目击清朝末年的政治腐败，痛心疾首，转而发展《易传》的“革命”思想，主张更法。《周易》云：“天地革而四时成，汤武革命，顺乎天而应乎人，革之时大矣哉。”[③]魏源在其著作中，处处强调更法的重要性，希望封建统治者能乘乎时势，改弦更张，革故鼎新。他在《秋兴》诗中写道：“鼎新革故神明事”，“断无百载不更弦”。他认为：“小革则小治，大革则大治。”[④]他坚决反对守旧思想，急呼兴利必先除弊：“天下无数百年不弊之法，无穷极不变之法，无不除弊而能兴

① 魏源：《默觚下·治篇二》，《魏源集》，中华书局，1976年，第40页。
② 魏源：《海运全案跋》，《魏源集》，中华书局，1976年，第413–414页。
③《周易·革》。
④ 魏源：《圣武记》卷七。

利之法，无不易简而能变通之法。……非裁费曷以轻本？非变法曷以裁费？”[①] 魏源严厉地批评守旧势力“执古以绳今”的倒行逆施行为。他认为：“古乃有古，执古以绳今，是为诬今；执今以律古，是为诬古。诬今不可以为治，诬古不可以语学。”[②] 他怒斥那些泥古不化，不知变法图强，死守周孔之道而“误天下”的庸儒：“读父书者不可与言兵，守陈案者不可与言律，好剿袭者不可与言文。善琴奕者不视谱，善相马者不按图，善治民者不泥法。无他，亲历诸身而已。读黄、农之书，用以杀人，谓之庸医；读周、孔之书，用以误天下，得不谓之庸儒乎！”[③]

魏源深刻地意识到，欲“根柢于民依”，而改弦更张，发愤图强，振兴中华，必须引用新人才，取代那些误天下的“庸儒”。没有新人才，不可能树立新思想，培养新风气，推行新的政治措施。“法久弊生，因时制变，则神而明之，存乎其人。”[④]“今夫财用不足，国非贫，人材不竞之谓贫；令不行于海外，国非羸，令不行于境内之谓羸。故先王不患财用而惟亟人材。……人材进则军政修，人心肃则国威遒。”[⑤]

魏源认为杰出人才对社会政治有决定性的作用。政治、社会风气，被少数奸臣庸儒所败坏；好的政治、社会风气，靠良臣贤相去树立。“得一后夔，天下无难正之五音；得一伯乐，天下无难驭之良马；得一颇、牧，天下无难御之外侮。……国以一人兴，以一人亡。”[⑥] 魏源强调，国家之兴盛，有赖于贤才。而贤才必须德才兼备，不可片面取才，他说：“专以才取人，必致取利口；专以德取人，必致取乡愿。”[⑦] 利口与乡愿，都不足以振兴社会。的确，“天下奇士不常有”。魏源引用《周易·文言》关于“天地闭，贤人隐”的原理，指出贤才有待明君去发现，“求

① 魏源：《筹鹾篇》，《魏源集》，中华书局，1976年，第432页。
②③ 魏源：《默觚下·治篇五》，《魏源集》，中华书局，1976年，第48、49页。
④ 魏源：《道光丙戌海运记》，《魏源集》，中华书局，1976年，第418页。
⑤ 魏源：《圣武记序》，《魏源集》，中华书局，1976年，第166–167页。
⑥ 魏源：《默觚下·治篇八》，《魏源集》，中华书局，1976年，第55页。
⑦ 魏源：《默觚下·治篇十》，《魏源集》，中华书局，1976年，第62页。

之则愈出”。如上下不交通，天地闭塞，虽有贤才，早已隐遁。魏源指出：“国家之有人材，犹山川之有草木。……‘天地变化，草木蕃；天地闭，贤人隐。’故人材者，求之则愈出，置之则愈匮。”①

如何才能发现人才呢？魏源指出，必须广开言路，让德才兼备之士畅所欲言，坦陈治国良策，让奇才脱颖而出。“天地闭，贤人隐。”不让人民讲话，虽有奇才，不免被埋没。他写道：“景运之世，言在都俞，其次言在旌木，其次言在庭陛，其次言在疏牍，其次言在歌谣，其次言在林薮，其次言在腹臆。言在腹臆，其世可知矣。……故世昌则言昌，言昌则才愈昌。”②

魏源从《周易》中吸取思想营养，建立自己的早期启蒙思想，朦胧地意识到要改变衰朽的封建政治，必须本着“利民”“爱民”“宜民”的原则，顺应人民的要求，乘乎时势的变化，改弦更张，让治世良才，大展宏图，挽救社会危机，救人民于倒悬。其民本思想、更法思想、求贤思想，都具有鲜明的时代意义。当然他的思想不可避免地有着历史局限性，它以不推翻旧有统治秩序为前提，主张点点滴滴地改良，在封建社会，肯定是行不通的。

二、借《周易》锻炼辩证思维方法

《周易》富有朴素辩证法思想，历代明君贤相无不认真研习，提高自己的理论思维能力。魏源精通《周易》，用其辩证思维方法武装自己，在观察分析问题时，常能高人一筹，发前人之所未发。

魏源服膺《周易》的对立统一思想，认为事物之中无不有对立的双方，二者共处于统一体，而又相反相成。他继承王安石、张载关于“无独必有对”的思想，发展这一优良思维传统，写道：“天下物无独必有对。

① 魏源：《默觚下·治篇九》，《魏源集》，中华书局，1976年，第57页。
② 魏源：《默觚下·治篇十二》，《魏源集》，中华书局，1976年，第68-69页。

而又谓两高不可重，两大不可容，两贵不可双，两势不可同。重、容、双、同必争其功，何耶？有对之中必一主一辅，则对而不失为独，……相反适以相成也。”① 魏源意识到事物中不但有对立面，而且对立双方必有一主一辅。当然他还没有，也不可能认识，正是由事物中矛盾的主要方面决定事物的性质。无独必有对，一主一辅，相反相成，这是《周易》朴素辩证法思想的基本观点，魏源不只认识这原则，并善于运用它去分析问题。魏源本着相反相成原则，为编撰《皇朝经世文编》制定五条体例。主张在同一问题上，如有对立意见，则将双方的观点都同时编入，以供后人参考，不能只取一端，抹杀不同意见。他说："有利必有害，论相反者或适相成；见智亦见仁，道同归者无妨殊辙。"②"同归而殊途，一致而百虑"，③《周易》的博大包容意识，是中国人文意识优良传统的体现，同独尊儒术的"一言堂"作风针锋相对，其理论特征就是见仁见智，集思广益。

魏源不只意识到事物的对立双方一主一辅，相反相成，更意识到对立的双方可以相互转化。忧患可以促使人奋发，否可转化为泰，蒙昧可转化为清醒（觉），虚浮可以转化为笃实。在《海国图志叙》中，对此有精湛论述，他写道："故君子读《云汉》《车攻》，先于《常武》《江汉》，而知'二雅'诗人之所发愤；玩卦爻内外消息，而知大《易》作者之所忧患。愤与忧，天道所以倾否而之泰也，人心所以违寐而之觉也，人才所以革虚而之实也。"④ 先有忧国忧民的社会忧患意识，才能激发自强不息的奋发精神。

魏源编《海国图志》的良苦用心，就是要激励人民放眼世界，认识民族危机，师夷制夷，急起直追。人心当"违寐而之觉"，人才当

① 魏源：《默觚上·学篇十一》，《魏源集》，中华书局，1976年，第26页。
② 魏源：《皇朝经世文编五例·广存》，《魏源集》，中华书局，1976年，第158页。
③《周易·系辞下》。
④ 魏源：《海国图志叙》，《魏源集》，中华书局，1976年，第207页。

“革虚而之实”，然后国家才有前途，民族才有希望，世道才可望“倾否而之泰”。

如何才能“倾否而之泰”？魏源主张从人民自立自强做起。认识“履霜，坚冰至”的发展规律，防患于未然。他写道：“《泰》之九五曰：‘无平不陂，无往不复。’霜未冰，月几望，气数与人事合并，沉溺而不可救，奈之何哉！诚欲倾否而保泰，必自堂陛之不太康始。”[①]

魏源指出，人君过分安乐（“太康”），“沉溺而不可救”，是祸乱产生的根源，不可不早加警惕。他说：“《蟋蟀》之诗三曰：‘无已太康’，‘好乐无荒’。荒者乱之萌也，乱不生于乱而生于太康之时。堂陛玩愒，其一荒；政令丛琐，其二荒；物力耗匮，其三荒；人材嵬茶，其四荒；谣俗浇酗，其五荒；边场弛警，其六荒；大荒之萌未有不由此六荒者也。”[②]“乱不生于乱而生于太康之时”，乃千古名言。《周易》云：“危者，安其位者也；亡者，保其存者也；乱者，有其治者也。”[③]魏源思想正是对以上思想的深刻阐发。所列“六荒”，对晚清社会现实颇有针对性。

目击清代社会，自康乾盛世之后，出现道咸衰颓之势，魏源借《周易》“亢龙有悔”，物极必反原则，加以深刻剖判，指出：“汉武建元之盛，未闻其再建元也；唐玄开元之盛，未闻其再开元也。乾六爻不言吉而悔亢，泰六爻不言泰而忧陂。丰之象曰：‘勿忧，宜日中。’盈虚消息，天地、四时、鬼神不能违，而况于人乎？”[④]乾上九云“亢龙有悔”，是“飞龙在天”的转化。泰九三云“无平不陂”，是洞见平与陂的转化。丰卦卦辞云“勿忧，宜日中”，是预见太阳冉冉上升必定中天。这都是讲事物总在不断变化，不向好的方面转化，就向坏的方面转化。“天地盈虚，与时消息”，事物向相反的方向转化，不以人的意志为转移。

---

①② 魏源：《默觚下·治篇十一》，《魏源集》，中华书局，1976年，第65–66页。
③《周易·系辞下》。
④ 魏源：《默觚下·治篇二》，《魏源集》，中华书局，1976年，第41页。

汉无再建元，唐无再开元，清亦决不可能再康乾。知此则可未雨绸缪，“思患而预防之。”否则必致“乱生于太康”，“沉溺而不可救”。

《周易》是一部论事物运动变化的书，讲“刚柔相推而生变化”，“生生之谓易”，“穷则变，变则通”。魏源对《周易》“尚变”原则，领会极为深刻，阐发十分透彻。他指出：“三代以上，天皆不同今日之天，地皆不同今日之地，人皆不同今日之人，物皆不同今日之物。”[①]他引用大量事实，论证天地人物，古今多变之理，写道：“天官之书，古有而今无者若干星，古无而今有者若干星。……是天不同后世之天也。浊河徙决，淤阏千里，荥泽、钜野塞为平原。……‘高岸为谷，深谷为陵’，是地不同于后世之地也。……茶黄互市，为制夷之要；疹痘有无，区中外之坊。……是人变于古矣。……布有麻葛而无吉贝，币有黄金而无白银……今皆反之，是物迁于古矣。”[②]魏源论证天地人物古今多变的原理，目的在论证变法的历史必然性。他指出：“治不必同，期于利民”，“变古愈尽，便民愈甚”。[③]

既要变法，就当了解古今的变化，和不同地域风土人情的差异。要设身处地，进行社会调查，然后提出适当的改革方案。他说：“古今异宜，南北异俗，自非设身处地，乌能随盂水为方圆也？自非众议参同，乌能闭户造车出门合辙也？”[④]魏源指出：“众议参同”，制定切实可行的改革方案，首先必须充分了解历代政治经济的变化。为此，他编纂了《皇朝经世文编》。他认为：“欲识济时之要务，须通当代之典章；欲通当代之典章，必考屡朝之方策。”[⑤]为明确此书的指导思想，他制定了四条编辑原则：“事必本夫心……善言心者，必有验于事矣。法必本于人……善言人者，必有资于法矣。今必本夫古……善言古者，必有验于今矣。物必本夫我……善言我者，必有乘

①②③ 魏源：《默觚下·治篇五》，《魏源集》，中华书局，1976年，第47–48页。
④ 魏源：《默觚下·治篇一》，《魏源集》，中华书局，1976年，第35–36页。
⑤ 魏源：《皇朝经世文编·凡例》。

于物矣。”[1]既然人必资于法，古必验于今，所以魏源多次强调“设身处地”，对现实社会情况作充分调查了解，贯彻《周易》“省方、观民、设教”的原则，强调仰观俯察，“极深研几”的求实精神，反对玄虚之论或纸上谈兵。他说：“披五岳之图，以为知山，不如樵夫之一足；谈沧溟之广，以为知海，不如估客之一瞥；疏八珍之谱，以为知味，不如庖丁之一啜。”[2]只有做到知彼知己，掌握敌情，才便于“以夷款夷”，“以夷攻夷”，“师夷之长技”。魏源编集了具有划时代意义的《海国图志》。在该书序言中，他论述自己的主导思想说：“《易》曰：‘爱恶相攻而吉凶生，远近相取而悔吝生，情伪相感而利害生。’故同一御敌，而知其形与不知其形，利害相百焉；同一款敌，而知其情与不知其情，利害相百焉。古之驭外夷者，诹以敌形，形同几席；诹以敌情，情同寝馈。”[3]为了熟悉社会情况，魏源主张勤做社会调查。他说：“夫士而欲任天下之重，必自其勤访问始，勤访问，必自其无事之日始。”[4]

魏源身体力行，以身作则，从事过多方面的社会调查。为了深知漕运的弊端，在编写《江苏海运全案》时，他曾亲自访问一百二十岁的老篙翁陈阿三。在《赠太仓水手陈阿三》诗中写道：“百廿年前旧掌篙，自言身阅四朝漕。只今一舸千金费，当日堪酬四百艘。”自注云：“国初，银价每两千钱，以今日漕费计之，则四百倍矣。”[5]他关心时务，深入民间，亲做考察，其求实精神感人至深。

---

① 魏源：《皇朝经世文编叙》，《魏源集》，中华书局，1976年，第156–157页。
② 魏源：《默觚上·学篇二》，《魏源集》，中华书局，1976年，第7页。
③ 魏源：《海国图志叙》，《魏源集》，中华书局，1976年，第207页。
④ 魏源：《默觚下·治篇一》，《魏源集》，中华书局，1976年，第36页。
⑤ 魏源：《赠太仓水手陈阿三》，《魏源集》，中华书局，1976年，第836页。

三、学《周易》陶冶高尚情操

魏源是忧国忧民的启蒙思想家，十分注重学习《周易》陶冶自己的情操。他对《周易》的爱好，是从小养成的。当他九岁应童子试时，县令指茶杯中的太极图说："杯中含太极"，嘱对，他借怀中二麦饼随即对曰："腹内孕乾坤。"[①]

他时时引孔子的话"加我数年，五十以学《易》，可以无大过矣"，[②]用以鼓励自己。他说："假年学《易》，可无大过。小过虽圣人不免焉。"圣人犹且不免于小过，我辈更当时刻"恐惧修省。"他写道："'天下雷行，物与无妄。'迅雷风烈，有一人不肃然者乎，有一念敢妄萌者乎？即无良之人，有不恐惧修者省乎？……常人之情，动忍于安乐时者十之一，动忍于忧惧时者十之九。人心能常如荐雷震罅之时，何患不与天合一？"[③]这是说人们当时时"恐惧修省"，虽经忧患，足以"动心忍性"，思想保持高度警惕，如迅雷荐至，不可稍懈。

魏源认为进德修业、学问思辨的准则，在《易》《庸》之中，都有深刻反映，世人当以《易》《庸》为崇德广业的根本指导思想。他说："圣人忧患天下来世其至矣！删《诗》《书》，正礼乐，皆述而不作，有大义，无微言，岂预知有《论语》为后世入道门哉？假年绝韦来，天人性命之理，进修聚辨之方，无咎寡过之要，胥于《易》乎在。子思本祖训发挥之，故《中庸》一《易》道也。"[④]魏源著《庸易通义》一篇，列举24项内容，对二书加以对比，说明其思想的一致性。《易》《庸》都足以成为人们崇德广业的准绳。他说："《易》曰'复其见天地之心'，岂非《中庸》以'莫见乎隐，莫显乎微'，

---

① 《魏源诗文集》。
② 《论语·述而》。
③ 魏源：《默觚上·学篇七》，《魏源集》，中华书局，1976年，第19页。
④ 魏源：《子思子章句序》，《魏源集》，中华书局，1976年，第144页。

征慎独之心体乎；‘君子学以聚之，问以辨之，宽以居之，仁以行之’，非即‘博学、审问、慎思、明辨、笃行’者乎？”[1]

魏源认为无论《周易》和《中庸》，都在指导人们培养“至圣之德”，提高道德情操。他说：“‘君子体仁足以长人，嘉会足以合礼，利物足以和义，贞固足以干事’，非即‘宽裕温柔，足以有容；齐庄中正，足以有敬；发强刚毅，足以有执；文理密察，足以有别’，以全其至圣之德乎？”[2]

一个国家的政治清明与否，同君主的道德修养，关系极大。开明君主与昏庸君主，以其道德修养不同，社会政治作用，大相径庭。魏源指出，君主修养德性，较之平常的人有更多的难处，因其周围的宵小之辈总是引诱他往坏的方面发展：“人主修德之难也，倍于士庶乎！奸声在堂，谀舌在旁，曼靡在床，酡醴在觞，娱兽在场，所以蛊我心者，四面伺之，虽有忧勤聪智之君，不能无一罅之间也。”[3]缺乏高尚情操的君主，被小人包围，沉溺于声色犬马，偏听偏信，只会祸国殃民。因为“身无道德，虽吐辞为经，不可以信世；主无道德，虽袭法古制，不足以动民”。[4]

魏源痛斥那些口谈“心性”，好称“礼义”，“动言万物一体，而民虞之不求”的伪君子，提倡《周易》《中庸》所宣扬的“自强不息”“厚德载物”“博厚则高明”的高尚情操。

魏源满怀爱国热情，对那些寡廉鲜耻的卖国投降之辈，无比痛恨。在鸦片战争中，广大人民奋起抗敌，忠勇卫国；投降派则畏敌如虎，卖国求荣。“城上旋旗城下盟，怒潮已作落潮声”，“前时但说民通寇，此日翻看吏纵夷”。朝堂之上，有了这班“城狐社鼠”，要想赶走侵略者，

①② 魏源：《庸易通义》，《魏源集》，中华书局，1976年，第101页。
③ 魏源：《默觚下·治篇二》，《魏源集》，中华书局，1976年，第39页。
④ 魏源：《默觚上·学篇二》，《魏源集》，中华书局，1976年，第7页。

是没有希望的，“已闻狐鼠神丛托，那望鲸鲵澥渤攘”。[1]对顽固保守的旧官僚，不应存什么希望，“欲师夷技收夷用，上策惟当选节旄”。[2]魏源认为，只有选拔一批像林则徐那样有高风亮节的仁人志士来治理国家才有希望。可惜，他不可能认识到，清朝封建统治，已完全腐朽，无可救药，仅靠道德教化，决不能改变其本质。中国的前途，只有寄希望于“同仇敌忾士心齐”的广大人民群众。这一点，魏源的认识是比较模糊的。当然，我们不苛求于古人。尽管魏源思想存在历史和认识的局限性，但他仍不失为近代卓越的早期启蒙思想家，他善于运用《周易》提出振奋人心的自强卫国之道，较之清代朴学大师，大大高出一头，深堪敬佩。

①② 魏源：《寰海》，《魏源集》，中华书局，1976年，第805页。

结束语：《周易》思想的核心价值

改革开放之初，面对全国掀起的“周易热”，易学研究者着力揭示《周易》丰富的文化内涵，阐述它在中华传统文化中突出的地位与作用，力促易学研究步入健康发展轨道。长期以来，《周易》文化价值受到严重的人为扭曲，在社会上被视为单纯的占卜之书，故不可不辨。为此，全面剖析《周易》的文化内涵，势所必然。十余年前拙著《当代易学与时代精神》出版，从哲学智慧、经世微言、管理枢要、象数模式、科技会通、易学稽古等多种角度，评述《周易》的思想内容，即是这一研究方向的初步成果。当今，《周易》研究已不断地向纵深发展，关于《周易》核心价值的深入探讨，变得更加突出而重要，亦是易学研究发展的必然要求。

《周易》乃三圣所遗文化宝典，为中华传统思想文化的活水源头。它的核心价值，在于启迪国人智慧，振奋民族精神，阐发大同理想，培育独立人格。秉此宏旨，深研精思，显微阐幽，于三圣作《易》之深切意蕴，可望有超迈前贤的新领悟。

首先，从哲学思想着眼，《周易》可谓富有辩证思维的“宇宙代数学”。其太极思维方法，天人统一理论，保合太和思想，精深而高明，是先哲留给后世的宝贵哲学遗产。有此哲学利器，激发国人驾雷鞭霆、吞吐六合的豪迈气概，予中华民族以长流不竭的智慧源泉。一部易学史，毫不夸张地说，堪称中华民族智慧发展史。《周易》为锻炼汉民族理性思维能力提供了不可多得的经典教材，造就我们民族在瞬息万变的现实世界面前，能够高屋建瓴地总结过去，策划当今，雄伟豪迈地开拓未来。五千年文明史足以证明，历代明君贤相、志士仁人无不以易学哲学作指导，弥纶天地，经纬万端，“裁成天地之道，辅相天地之宜”，驾御中华巨艋，冲破重重险滩，绕过层层暗礁，乘风破浪，一往无前，开拓进取，创造辉煌文明。我泱泱中华，饱经沧桑而永远屹立于世界民族之林，为世界文明做出卓越贡献。

其次，回顾五千年文明史，《周易》思想的恒久魅力，在于它凝结了中华民族永放光辉的民族精神。国有国魂，军有军魂。中华民族之魂，展现于《周易》所总结的维护国家统一的爱国精神，“自强不息”的奋发精神，“厚德载物”的宽容精神，顺天应人、与时俱进的革新精神，居安思危、思患预防的忧患意识。中华大地经受无数暴风骤雨而能保持一统江山，数十个兄弟民族，数十种思想流派，诸种宗教团体，能长期共存，同舟共济，亿万人民能团结一致，共建爱国爱家、奋发向上的精神家园，永葆精诚团结的民族凝聚力，无不得力于这种悠久博大的民族精神。环顾世界，任何民族若无团结和睦、奋发有为的民族精神，在尖锐复杂的国际斗争中，只能沦为任人宰割的砧上肉。“自强不息，厚德载物”的民族精神，是中华民族的脊梁。这一民族精神哺育了一代又一代民族志士，屡经苦难与挫折，而能艰苦卓绝，愈挫愈奋。陶铸了千百个屈原、岳飞、文天祥、黄继光、焦裕禄式的英雄模范人物，在大风大浪面前，如中流砥柱，永不动摇。为了人民的事业，国家的前途，生死关头，脸不变色心不跳，甘洒热血写春秋。为国家民族建立彪炳功勋，为子孙万代树立光辉榜样。

再次，《周易》不只是中华文化之奇葩，同时也是世界文化之瑰宝，具有广泛而深远的世界影响。它所阐述的“万国咸宁”的大同理想，广为世界瞩目。这一理想首先诱导人们建立“民惟邦本，本固邦宁”，政通人和的和谐社会，“人不独亲其亲，不独子其子”；“老吾老以及人之老，幼吾幼以及人之幼”；“出入相友，守望相助，疾病相扶持”，亲如一家，共享太平。《周易》教导人们，立足神州，胸怀天下，努力促成“天下和平”“万国咸宁”“四海之内皆兄弟”的世界大同局面。一个民族有或者没有“天下一家”的豪迈气概，格局和结局会大不相同。因为心胸狭隘的民族，必然浑浑噩噩，自私自利，以邻为壑，恃一时之强，横行霸道，总在日思夜想如何掠夺别国资源，奴役弱小民族，结果是四面树敌，失道寡助，终究落得四面楚歌的悲惨结局。我中华民族，将爱国主义同国际主义相结合，以博大宽厚的胸怀，推己及人，与邻为善，“己欲立而立人，己欲达而达人”，“己所不欲，勿施于人”，结果是得道多助，朋友遍天下，甘与受苦受难的民族，共图解放，共享和平。

最后，《周易》的重大思想教益，尤在于引导人们培育“独立不惧，遁世无闷”的独立人格，提升人们的精神境界。《易传》明确指出：先哲作《易》旨在“以此洗心”，故人称《周易》为“洗心经”。它诱导人们“崇德广业”，“遏恶扬善”，少私寡欲，远离个人或小圈子的盘算，时时事事以国家民族利益为重。当政通人和的承平时期，能居安思危，励精图治，“先天下之忧而忧，后天下之乐而乐”，“乐以天下，忧以天下”。当承平日久，弊端丛生，积重难返之日，能奋起改革社会，“时行则行，时止则止”，“大变不足畏，祖宗不足法，人言不足恤”，铁肩担道义，兴利除弊，拯救社稷；或者独善其身，“不事王侯，高尚其事”，宁可“遁世无闷”，而不与世浮沉。当外侮侵凌，国难临头之际，则抱负“多难兴邦”的宏愿，挺身而出，“致命遂志”，内除国贼，外抗强敌，救民于水火，舍命保社稷。《周易》阐发的这种励志精神，激励了历代志士仁人，商鞅、王安石、王夫之、黄宗羲、林则徐、谭嗣同等，都是光辉典范。正如熊十力先生所说，无数铁骨铮铮的志士，国家民族危难当头，敢想敢说，敢作敢为，“百兽踯躅，而独作狮子吼”。

《周易》思想，博大精深，核心价值，有待深入研究，发扬光大。

举其精髓，不外启迪中华民族探赜索隐、极深研几的哲学智慧，激励中华民族自强不息、厚德载物的民族精神，阐扬天下为公、万国咸宁的大同理想，培养贫贱不移、威武不屈的独立人格。千言万语，旨在激发中华民族的豪迈气概与开拓精神，“为天地立心，为生民立命，为往圣继绝学，为万世开太平”。我中华民族的当今历史使命，正是要在马克思主义指引下，重振国学，复兴儒学，弘扬易学，光大祖国传统文化，中西融合，古今贯通，建设中华民族共有精神家园，全面建设社会主义和谐社会。

附　录

一、中国易学发展大事年表

上古时期　传说三皇时代

传说伏羲氏始画八卦。《周易·系辞下》曰："古者包牺氏（伏羲）之王天下也，仰则观象于天，俯则观法于地，观鸟兽之文与地之宜，近取诸身，远取诸物，于是始作八卦。"伏羲生于成纪（今甘肃天水市境内），葬于陈（今河南淮阳县境内）。

约公元前 50 世纪　传说三皇时代

传说炎帝（神农氏）得《河图》，夏人因之作《连山易》，以艮卦为首。

约公元前 40 世纪　传说五帝时代

传说黄帝（轩辕氏）得《洛书》，殷人因之作《归藏易》，以坤卦为首。

约公元前 11—前 10 世纪　殷周之际

文王（西伯）拘于羑里（今河南汤阴县内），演《周易》，以乾坤为首。《史记》曰："昔西伯拘羑里，演《周易》。"

西周初，三易并存，今仅存《周易》。

公元前 780 年　周幽王二年

始有阴阳观念。《国语·周语上》云："西周三川皆震。"

伯阳父解释道："阳伏而不能出，阴迫而不能蒸（升），于是有地震。"

公元前 672 年　周惠王五年

"周史有以《周易》见陈侯者，陈侯使筮之，遇观之否，曰：'观国之光，利用宾于王。'此其代陈有国乎！"（《左传·庄公二十二年》）为《周易》一书及其用于占卜的最早记载。

公元前 656 年　周惠王二十一年

"初，晋献公欲以骊姬为夫人。卜之不吉，筮之吉。公曰："从筮。"卜人曰："筮短，龟长，不如从长。"（《左传·僖公四年》）

公元前 645 年　周襄王七年

"秦伯伐晋，卜徒父筮之，吉。……其卦遇蛊。""蛊之贞（内卦）风也，其悔（外卦）山也。"（《左传·僖公十五年》）

公元前 637 年　周襄王十五年

"公子（重耳）亲筮之，曰：'尚有晋国。'得贞屯悔豫，皆八也。""司空季子曰：吉。是在《周易》，皆'利建侯'。"（《国语·晋语四》）

公元前 575 年　周简王十一年

"公筮之，史曰：吉。其卦遇复。曰：'南国蹶，射其元王，中厥目。'"（《左传·成公十六年》）此与今本《周易》复卦卦爻辞不合，表明古代占筮不只一种筮本。

公元前 540 年　周景王五年

韩宣子聘于鲁，"见《易象》与《鲁春秋》。曰：'周礼尽在鲁矣，吾乃今知周公之德与周之所以王也。'"（《左传·昭公二年》）

公元前 510 年　周敬王十年

史墨曰："在易卦，雷乘乾，曰大壮。天之道也。"（《左传·昭公三十二年》）表明古代思想家不经占筮，直接引用《周易》卦象以论述自己的思想。

公元前 502 年　周敬王十八年

孔子年五十。子曰:“加我数年,五十以学《易》,可以无大过矣。”（《论语·述而》）“子贡问：‘夫子亦信其筮乎？’子曰：‘我观其义耳。吾与史巫同途而殊归。’”（马王堆帛书《要》篇）“孔子曰：‘不恒其德，或承之羞。’不占而已矣。”（《论语·子路》）孔子引《易》以论述自己思想。

公元前 479 年　周敬王四十一年

孔子卒,年七十三。曾作《易传》十篇,号为“十翼”。《史记·孔子世家》:“孔子晚而喜《易》。序《彖》《系》《象》《说卦》《文言》。读《易》,韦编三绝。曰:假我数年,若是,我于《易》则彬彬矣。”《史记》曰：“孔子传《易》于商瞿，瞿传楚人馯臂子弘。”子弘或作子弓。

公元前 238 年　秦王政九年

荀子约卒于是年。《荀子·大略》：“善为《易》者不占。”乃发扬孔子重义理不重占《易》的传统，影响后世儒者。

公元前 213 年　秦始皇三十四年

秦始皇焚书。《易》为卜筮之书，不在焚毁之列。《汉书·艺文志》：“而《易》为卜筮之书，传者不绝。”

公元前 206 年　汉高祖元年

汉代初年，“言《易》者，自菑川田生（何）”。田何传武东人王子中同。田何所传之《易》乃《易》之本经，非象数易学。

公元前 179 年　汉文帝元年

汉文帝时始设五经博士。韩婴为博士之一，以《易》授人。或以为《子夏易》乃韩婴所作。

公元前 154 年　汉景帝前元三年

景帝时,“民间又有费、高二家之说”(《汉书·艺文志》)。“费直传《易》，授琅琊王横，为费氏学。本以古字，号古文《易》。”（《后汉书·儒林传序》）。高，名相。

公元前 136 年　汉武帝建元五年

置五经博士。杨何为《易》博士。司马迁曰："要言《易》者，本之杨何之家。"（《史记·儒林列传》）

公元前 86 年　汉昭帝始元元年

司马迁约卒于是年。其所著《史记》有关于文王拘而演《周易》、孔子晚而喜《易》及汉初《易》学源流的记载。

公元前 73 年　汉宣帝本始元年

河内女子发老屋，得《易》《礼》《尚书》各一篇。

公元前 51 年　汉宣帝甘露三年

诏诸儒讲五经同异于石渠阁。至此，施仇、孟喜、梁丘贺三家《易》皆立博士。创卦气、纳甲诸说，成为烦琐的汉代象数《易》学。

公元前 26 年　汉成帝河平三年

刘向以《中古文易经》校施、孟、梁丘三家《易》，或脱去"无咎""亡悔"，"唯费氏经与古文同"（《汉书·艺文志》）。

公元前 7 年　汉成帝绥和二年

光禄大夫刘向典领五经，上奏《七略》。其《六艺略》著录汉《易》十三家二百九十四篇（《汉书·艺文志》）。

公元前 2 年　汉哀帝元寿元年

扬雄仿《周易》体例，著《太玄》，为中国第一部仿《易》之作。扬雄传《易》于侯芭。此后，蜀郡易学"世不绝传"。

公元 25 年　汉光武帝建武元年

光武中兴，立五经十四博士，《易》有施、孟、梁丘、京氏（房）四家，皆属今文经学，宣扬象数《易》学。

公元 147 年　汉桓帝建和元年

魏伯阳授《周易参同契》与淳于义。

公元 166 年　汉桓帝延熹九年

郑玄在马融门下七年，学成，告别马融东归，马融叹曰："吾道东矣。"后来，郑玄注《周易》，合《彖》《象》于经，并注《易纬》。

公元 208 年　汉献帝建安十三年

荆州牧刘表卒。东汉末年，学者多归荆州。刘表好《易》，著有《周易章句》。

公元 233 年　魏明帝青龙元年

东吴易学家虞翻卒。虞翻著有《易注》，为汉代象数《易》学传统代表作。

公元 249 年　魏少帝嘉平元年

魏国易学家王弼卒，时年二十四。王弼以老庄解《易》，尽扫汉《易》象数学。著《周易注》《周易略例》，另有《周易大衍论》《周易穷微》《易辨》等，已失。王弼开《周易》义理学之先河。

公元 262 年　魏元帝景元三年

司马昭杀嵇康。嵇康为玄学家，善《易》，著有《周易言不尽意论》，已失，将《易》与《老》《庄》结合。

公元 313 年　晋愍帝建兴元年

永嘉之乱，施、梁丘之《易》亡，孟、京、费之《易》有书无传者，唯郑玄、王弼所著《易》行于世（陆德明《经典释文·叙录》）。

公元 366 年　晋废帝太和元年

易学家韩康伯为丞相司马昱谈客，时王弼《周易注》盛行，但缺《系辞》等篇注，韩康伯著《系辞注》，至唐孔颖达《周易正义》，经用王弼注，《系辞》用韩康伯注，后世合称王韩易注。

公元 510 年　梁武帝天监九年

易学神童周弘正，年十岁，通《周易》，十五岁补国子生。一年升为博士，乃于国子讲《易》，"诸生传习其义"（《陈书·周弘正传》），后官至尚书右仆射，著《周易讲疏》十六卷。

公元 549 年　梁武帝太清三年

梁武帝萧衍卒。萧衍好《易》，尝于文德殿讲《易》，周弘正等参与议论。著有《周易讲疏》三十五卷，阐述六十四卦及《易辞》《文言》《序卦》等义。并撰有《周易大义》《大义疑问》等书。帝王之好《易》者，无过梁武帝。

公元 605 年　隋炀帝大业元年

《隋书·经籍志》："至隋，王弼注盛行，郑（玄）学浸微。今殆绝矣。"

公元 627 年　唐太宗贞观元年

陆德明采汉魏诸说，作《周易文句义疏》。

公元 642 年　唐太宗贞观十六年

国子祭酒孔颖达著《周易义疏》，对王弼、韩康伯《易》注作疏。贞观十六年奉诏重订，改名《周易正义》。后颁行全国，列为科举考试科目。

公元 670 年　唐高宗咸亨元年

太史令李淳风卒。李淳风著有《周易玄义》《周易薪冥轨》。

公元 727 年　唐玄宗开元十五年

天文历法学家僧一行卒。一行好《易》，有《大衍玄图》《义决》《大衍论》《一行易传》等易学著作多种。又《周易》大衍之义造《大衍历》，行世数百年。

公元 756 年　唐肃宗至德元年

李鼎祚编成《周易集解》，为研究汉魏易学重要文献。

公元 766 年　唐代宗大历元年

国子学成，宰相、常参军、军将会于讲堂。军容使鱼朝恩说《易》，又于讲堂画《周易镜图》。

公元 841 年　唐武宗会昌元年

李翱卒。李翱著有《易诠》七卷。次年，刘禹锡卒。刘禹锡著有《辩易九六论》。

公元 989 年　宋太宗端拱二年

陈抟卒。朱震《汉上易传》云："陈抟以《先天图》传种放，放传穆修，穆修传李之才，之才传邵雍。放以《河图》《洛书》传李溉，溉传许坚，坚传范谔昌，谔昌传刘牧。穆修以《太极图》传周敦颐，敦颐传程颢、程颐。"

公元 1064 年　宋英宗治平元年

刘牧卒。牧著有《易数钩隐图》，阐发河洛图说。

公元 1072 年　宋神宗熙宁五年

欧阳修卒。欧阳修著有《易童子问》，是第一位怀疑《易传》为孔子所作的人。

公元 1073 年　宋神宗熙宁六年

周敦颐卒。周敦颐著有《易通》（又名《通书》）、《太极图说》。

公元 1077 年　宋神宗熙宁十年

邵雍卒。邵雍著《皇极经世》，开创先天易学思想体系，制先天易图十四幅，其中四幅为朱熹载于《周易本义》卷首。

同年。张载卒。张载著有《横渠易说》。宋仁宗嘉祐二年尝于京师讲《易》，听者甚众。

公元 1080 年　宋神宗元丰十年

苏轼被贬黄州，撰《东坡易传》。

公元 1086 年　宋哲宗元祐元年

司马光卒。司马光著《易说》三卷，另撰拟《易》之书《潜虚》。

同年，王安石卒。王安石著《易解》十四卷。

公元 1107 年　宋徽宗大观元年

程颐卒。程颐著有《伊川易传》（又名《周易程氏传》），书未成而生疾，未尝示人，临死方授人。讹误甚多，难读，经杨时、谢良佐校定后，始行于世。

公元 1134 年　宋高宗绍兴四年

邵伯温卒。邵伯温传其父邵雍先天易学，著《皇极系述》《辩证》《周易辨惑》《皇极经世序》《观物内外篇解》。

公元 1138 年　宋高宗绍兴八年

朱震卒。朱震著有《汉上易传》。汉代象数易学自王弼扫象而言理后，逐步失其统绪，湮没数百年，朱震始拾象数易学之遗绪。

公元 1177 年　宋孝宗淳熙四年

朱熹撰成《周易本义》。此书重在阐述《周易》义理，宣扬儒家伦理本位，然亦不否定象数，特于卷首附易图九幅，为尔后象数易学之发展大开方便之门。

公元 1181 年　宋孝宗淳熙八年

吕祖谦卒。吕祖谦力主恢复古本《周易》，著有《考定古易》《东莱易说》《古易音训》《读易纪闻》《系辞精义》等书。

公元 1186 年　宋孝宗淳熙十三年

朱熹撰《易学启蒙》。书由蔡元定写初稿，朱熹定稿作序，对古代占易程序作了阐述。

公元 1190 年　宋光宗绍熙元年

朱熹在漳州刻行“五经”“四书”。朱熹同陆九渊开始辩论“无极”“太极”问题，时有书信往来。

公元 1206 年　宋宁宗开禧二年

杨万里卒。杨万里著《诚斋易传》，以史证易，开义理易学新学派。卒后，经群臣奏请，朝廷赐帛抄录其书，以示尊崇。

公元 1237 年　宋理宗嘉熙元年

魏了翁卒。魏了翁于《易》深有研究，著《周易集义》《易举隅》《九经要义》等书。

公元 1242 年　宋理宗淳祐二年

许衡以《伊川易传》《论》《孟》《学》《庸》授生徒。

公元1267年　元世祖至元四年

吴澄约于此时为邵雍《皇极经世》作续篇，又作《道统图》，本邵雍思想，以元亨利贞论中国历史发展。

公元1271年　元世祖至元八年

忽必烈下诏改国号为“元”。“盖取《易经》乾元之义”（《元史·世祖本纪》）。时许衡为集贤院大学士，兼国子祭酒。忽必烈“为择蒙古弟子，使教之”。许衡著有《读易私言》。

公元1284年　元世祖至元二十一年

俞琰承师父之命，首读朱子《周易本义》，次读《周易程氏传》，乃考历代诸家《易》说，集为《大易会要》，后改定为《周易集说》四十卷。

公元1313年　元仁宗皇庆二年

诏定科举考试，《周易》以程颐《伊川易传》、朱熹《周易本义》为主，兼用古注疏。

同年，以二程、朱熹、司马光、张栻、吕祖谦、许衡七人从祀孔庙，以表褒崇。

公元1333年　元顺帝元统元年

吴澄卒。吴澄撰有《易纂言》《易纂言外翼》，“尽破传注穿凿之习”。

公元1369年　明太祖洪武二年

朱升卒。朱升为朱元璋所器重的学者，官至翰林学士，著有《周易旁注图说》。

次年。太祖与刘基共定科举考试，专以四书、五经命题。《周易》主程传及朱子《本义》，兼用古注疏。

公元1396年　明太祖洪武二十九年

陶宗仪约卒于此时。陶宗仪编纂《说郛》，其中收录前代《易》学著作十七种。

公元1407年　明成祖永乐五年

解缙等编成《永乐大典》，为空前大型类书，收罗古籍宏富。《四库全书》从中辑出唐宋元人《易》著十七种。

公元1415年　明成祖永乐十三年

胡广等纂修《周易大全》等书，成祖亲为之作序，内府刊行，命礼部颁行天下。所谓“大全”，实则不全，只录董楷、童真卿、胡一桂、胡炳文诸人《易》著。

公元1499年　明孝宗弘治十二年

韩邦奇撰《易学启蒙》，后更撰《启蒙意见》，主张“备其象，尽其数，增释其辞”。人谓今之太极图出自其书。后著有《占易经纬》《卦爻要图》《易林推用》等。

公元1598年　明神宗万历二十六年

来知德居万县深山中，精思《易》理，以“错综其数”原理论《易》象，撰《周易集注》，自成一说，“当时推为绝学”。

公元1602年　明神宗万历三十年

李贽卒，年七十五。李贽著有《易因》。

公元1640年　明思宗崇祯十三年

黄道周于狱中撰《易象正》，后又成《三易洞玑》。《易象正》杂治象数。1645年，黄道周为清兵所执，不屈而死。

公元1648年　清世祖顺治五年

王夫之隐居莲花峰下，笃志研《易》。1655年，居晋宁山寺，始撰《周易外传》。

公元1656年　清世祖顺治十三年

方以智重编先父遗著《周易时论》，深受其思想影响，著《周易图象几表》。

公元1661年　清世祖顺治十八年

黄宗羲居龙虎山堂，著《易学象数论》，其内篇论河图、洛书、先天方位、纳甲、纳音、月建、卦气、卦变、互体等，外篇论《太玄》《乾凿度》《元包》《潜虚》以及六壬、太乙、遁甲等，多持否定态度。

公元 1680 年　清圣祖康熙十九年

纳兰成德、徐学乾辑刊《通志堂经解》竣工，其中收录《周易》著作三十八种，有三十六种为宋元时期著作。

公元 1682 年　清圣祖康熙二十一年

顾炎武卒。顾炎武曾著《易音》三卷，"即《周易》以求古音，考证精确"（《清史稿》本传）。其《日知录》亦载论《易》条目多条。

公元 1689 年　清圣祖康熙二十八年

王夫之卒。王夫之有《易》著多种。有《周易外传》《周易内传》《周易内传发例》《周易稗疏》《周易考异》《周易大象解》。他不信陈抟之学，不信京房之术，于先天诸图、纬书均加排斥。

公元 1700 年　清圣祖康熙三十九年

胡渭作《易图明辨》，批评朱熹不当将先天诸图载于《周易本义》卷首，认为"先天之图与圣人之《易》，离之则双美，合之则两伤"（《易图明辨序》）。

公元 1714 年　清圣祖康熙五十三

李光地奉诏纂《周易折中》成，题为御撰。有康熙御制序，谓是书"上律河洛之本末，下及众儒之考定，与通经之不可易者，折中而取之"。李光地尚有《周易通论》《周易观象》《太极图解》。"其于宋《易》，可谓融会贯通"（《四库全书简明目录》）。

公元 1758 年　清高宗乾隆二十三年

惠栋卒。惠栋为研究汉代《易》学的著名易学家，其《周易述》专宗虞翻，参以荀爽、郑玄诸家。钩沉索隐而著《易汉学》，于孟喜、虞翻、荀爽、京房之《易》，论其大要，辨明河图、洛书、先天、太极等象数原理。另有《易例》，发明《易》之本例。诸著均为研究汉《易》之津梁。

公元 1759 年　清高宗乾隆二十四年

江永撰《河洛精蕴》，论图书之原、先天后天之理，考证精详，见解独到。

公元 1773 年　清高宗乾隆三十八年

诏令诸臣辑录《永乐大典》内罕见之古籍，以活字排印，名“武英殿聚珍版丛书”，共收书 138 种，内含《易》著九种，大多为宋代著作。

同时令儒臣丁敏中等精选四部图书编成《摛藻堂四库全书荟要》，其经部《易》类，收入《易》学著作四十二种，多数为宋元时期著作。

公元 1782 年　清高宗乾隆四十七年

《四库全书》编修完成，分经、史、子、集四部。其经部《易》类，收录历代易学著作一百五十八种，附录易纬类八种。子部收录数术类二十余种。此外，《易》类存目书三百七十一部。附录一种。以上无论正本与附录，均一一作提要，勾勒其基本内容，有利后学。

公元 1799 年　清仁宗嘉庆四年

孙堂辑《汉魏二十一家易注》，自汉孟喜、京房、马融、郑玄至魏王肃，吴虞翻，蜀范长生，晋干宝、向秀等，均详加辑录，为研究汉魏《易》学提供极大方便。

公元 1805 年　清仁宗嘉庆十年

张海鹏辑刊“学津讨源丛书”，内有《易》著十一种，皆汉、魏、唐、宋人著作，中有《麻衣道者正易》一卷，作者不明。

公元 1820 年　清仁宗嘉庆二十五年

焦循卒。焦循著有《易图略》八卷，《易章句》十二卷，《易通释》二十卷，独创数理易学。另有《易广记》《易话》《周易王注补疏》等。

公元 1829 年　清宣宗道光九年

阮元编辑清儒经学著作为《皇清经解》，其中收录清人《易》著十九种，作者有顾炎武、毛奇龄、惠士奇、惠栋、阮元、焦循、张惠言、江藩等人。

公元 1853 年　清文宗咸丰三年

黄爽辑汉魏佚书为《黄氏逸书考》，共二百八十余种，已刻版，因兵火未印行。光绪年间印行，题为“汉学堂从书”，中有汉魏《易》学佚书二十五种。民国时期经王鉴补修复印，更名《黄氏逸书考》，收辑《易》类佚书二十七种。

公元 1878 年　清德宗光绪四年

俞樾构建俞楼，辑所著为《俞楼杂纂》，内有《易穷通变化论》《周易互体征》《八卦方位说》《卦气补考》等。

公元 1883 年　清德宗光绪九年

马国翰刊《玉函山房辑佚书》于长沙，内有汉唐人《易》学佚书六十四种，成辑佚书之大观。

公元 1888 年　清德宗光绪十四年

王先谦刊《皇清经解续编》于南菁书院，内收清人《易》著二十二种。

公元 1894 年　清德宗光绪二十年

王仁俊编成《玉函山房辑佚书续编》，内有汉唐人《易》学佚书二十种。

公元 1906 年　清德宗光绪三十二年

俞樾卒，年八十六。其《易》学著作尚有《易贯》《玩易》《艮宧易说》《卦气位日考》《邵易补原》等。

公元 1907 年　清德宗光绪三十三年

皮锡瑞撰《五经通论》，内有《易经通论》，是为以经学传统治《易》的压轴之作。

公元 1923 年

朱谦之发表《周易哲学》。辛亥革命后，《易》学研究进入新时期。刘师培、廖平、章太炎等陆续发表论文。《周易哲学》抛弃传统的经学研究方法，采用西方哲学方法研《易》，借《周易》变易观阐明作者的哲学思想。

公元 1926 年

顾颉刚发表《周易卦爻辞中的故事》，掀起《周易》研究热潮。胡适、钱穆、李镜池、马衡、钱玄同、容肇祖等陆续发表文章、书信，讨论观象制器、《易传》是否为孔子所作、《周易》产生的年代等问题，后来编为《古史辨》第 3 册上编（1930 年出版）。

公元 1927 年

郭沫若发表《周易时代的社会生活》，为五四新文化运动后，运用唯物史观研《易》的创新工作，别开生面地提出八卦起源假说，认为《周易》八卦的阴阳符号源于古代的生殖器崇拜，揭开《周易》的神秘面纱。

公元 1931 年

冯友兰《中国哲学史》上册出版，对中国传统哲学作了现代解释，将《易传》哲学第二次编入大学哲学教材。从此，《周易》哲学成为大学教材不可缺少的篇章。

公元 1934 年

苏渊雷《易学会通》出版。该书为摆脱经学体系束缚后较早运用唯物史观论《易》的系统著作。

同年，于省吾发表《双剑誃易学新证》，用先秦古文字及考古资料诠释《周易》经文，多有独到见解。

公元 1938 年

吴康发表《易学大纲》，用新的哲学方法分析《周易》经传，既重义理，亦重象数。

公元 1941 年

闻一多发表《周易义证类纂》，采用训诂学、文化学、民俗学知识诠释《周易》卦爻辞中的古代名物概念，发前人所未发。

公元 1942 年

胡朴安《周易古史观》问世，为采用历史学、古文字学治《易》的力作，认为上经反映中国原始时代至殷末的历史，下经反映西周初年成王以前历史。令人耳目一新。

公元 1943 年

高亨《周易古经通说》出版。对《周易》产生的时代、名称由来、卦爻辞的基本内容以及占《易》的筮法都有精到见解。

公元 1945 年

郭沫若发表《周易之制作时代》，为近代《易》学研究之力作，提出不少新观点，认为八卦为既成文字的诱导物，古经作于战国初年之楚人馯臂子弓，《易传》中《系辞》《文言》作者为荀子后学。

公元 1946 年

高亨发表《周易古经今注》，主张离传解经，尽废象数之说，于古经中名物、概念详加诠释。

公元 1960 年

冯友兰发表《易传的哲学思想》。中华人民共和国成立后，传统文化研究曾一度消沉，《周易》几成禁区。冯氏此文在《哲学研究》发表，展示了他力图用马克思主义方法重新研究中国传统文化思想的心愿，为《易》学研究开辟了新途径。

公元 1961 年

李景春发表《周易哲学及其辩证法因素》，次年发表《周易哲学及其辩证法因素续一》。此书引起轩然大波，遭到政治批判，从而将学术问题同政治问题混淆，阻碍正常的《易》学研究。

公元 1969 年

台湾学者严灵峰发表《易学新论》。此书否定汉代象数易学，认为《周易》经传有错简，予以重新排比。认为《周易》哲学思想与《老子》思想相同。

同年，台湾学者屈万里发表《先秦汉魏易例述评》，用甲骨文、金文及《诗》《书》中常用语法、体例，考证《周易》卦爻辞，肯定王弼扫象言理的历史功绩。

公元1973—1977年

1973年，长沙马王堆汉墓出土帛书《周易》。1977年，阜阳双古堆汉墓出土《周易》残简。

公元1976年

高亨发表《周易大传今注》。《易》学研究在经过十多年沉寂之后，开始复苏。此书力主经传区别对待，除对《易传》原文作本义训释外，力求剖析其中的哲学思想。

公元1978年

李镜池《周易探源》出版。此书编成于20世纪60年代，收入作者1930年至1963年的论文12篇。详论《周易》卦爻辞的文化思想内容、经与传的关系、成书年代等问题。

公元1980年

张立文发表《周易哲学研究》。按照马克思主义原理，从世界观、认识论、辩证法、伦理道德、无神论、政治思想、经济思想诸方面，对《易经》《易传》分别加以评述。是年，尚秉和遗著《周易尚氏学》出版。

公元1983年

赵韫如编纂的《大易类聚初集》由台湾新文丰出版公司出版。此丛书收入古今《易》著108部，均采用善本、珍本、孤本。各书有简明介绍。

公元1984年5月

第一次中国周易学术讨论会在武汉召开。到会中外学者150余人。收到学术专著5部，论文130余篇。到会知名学者20余人创议筹建中国周易研究会，酝酿产生中国周易研究会筹备组。

同年，马王堆帛书整理小组首次公布马王堆帛书《六十四卦》释文（见《文物》1984年第3期），其卦序与今本《周易》不同，卦名、卦爻辞多不相通。同时发表张政烺《帛书六十四卦跋》、于豪亮《帛书周易》。引起国内外广泛注意。

公元1986年

唐明邦主编的《周易纵横录》出版，为第一次中国周易学术讨论会论文集。本书收入论文涉及《周易》的哲学思想、易卦的起源、易学发展的历史、《周易》同古今自然科学的关系等方面内容。

同年，徐志锐发表《周易大传新注》，对《易传》哲学思想作了深刻分析。

公元1987年至1990年

黄寿祺、张善文主编《周易研究论文集》第一至四辑出版。第一辑侧重经传考释，第二辑侧重象数易学，第三辑侧重义理易学，第四辑侧重用新观点多学科研《易》。

同期，朱伯崑《易学哲学史》一至四卷出版。此书坚持马克思主义理论原则，资料翔实，分析深透，为《易》学研究树立典范。

公元1987年

邓球柏著《帛书周易校释》出版。本书按帛书六十四卦次序，以通行本《周易》卦爻辞与之比较，包含校勘、注释、试译诸方面内容。

同年，首届国际周易学术讨论会在济南召开。到会者有7个国家和地区的200余位专家学者和民间《易》学爱好者。收到专著8部，论文129篇。周谷城、梁漱溟、冯友兰、张岱年、匡亚明、任继愈等著名学者发了贺信。

公元1988年

《周易研究》创刊。此乃中国第一种《周易》学术专刊，由山东大学主办，刘大钧主编。设有经传研究、《易》与自然科学、《易》与文化思想、《易》学史、大众易学等专栏。

公元 1989 年

黄寿祺、张善文著《周易译注》出版。按六十四卦经传逐卦逐爻逐节译注。内含原文、译文、注释、评论四部分。卷首有《前言》《读易要例》《译注简说》。本书象数与义理兼顾，力图使读者容易读懂《周易》，运用新的观点研究《周易》。

金景芳、吕绍纲《周易全解》出版。对《周易》六十四卦和《易传》（《杂卦》除外）作了通俗解说，明白畅达。不取象数解《易》，阐发唯物论和辩证法思想。

同年5月，中国周易研究会在济南成立并选举产生了首届理事会，张岱年任名誉会长，朱伯崑、刘蕙孙、杨柳桥、萧萐父、金景芳、张舜徽、黄寿祺任顾问，唐明邦任会长，刘大钧、余敦康、张延生、徐志锐、潘雨廷任副会长，刘大钧兼任秘书长。

公元 1990 年

8 月，《周易》与中国文化学术讨论会在江西庐山召开。此乃继 1984 年武汉东湖会议、1987 年济南会议后又一次《易》学盛会。到会专家、学者 110 余人。朱伯崑、萧萐父、余敦康、唐明邦、徐志锐、刘大钧、刘纲纪、冯天瑜、卢央等专家学者到会并作学术报告。会后出版学术论文集《大道之源——周易与中国文化》（1993 年）。

公元 1991 年

周振甫《周易译注》由中华书局出版。对《周易》经传作了简明扼要的注释和流畅的今译，颇便初学。

刘大钧主编《大易集成》出版，选载 1987 年国际周易学术讨论会学术论文 41 篇，反映 20 世纪 80 年代《易》学研究丰硕成果。内有美、日和中国台湾地区学者论文。

公元 1993 年

8 月，美芝灵国际易学研究院在北京成立。此为当时世界唯一的民办国际性易学学术研究机构，由美芝灵集团公司赞助经费。严灵峰、张岱年任名誉院长，朱伯崑任院长，丘亮辉、卢央等任副院长，任继愈任首席顾问。下设学术委员会，主持学术研究事宜。朱伯崑兼学术委员会主任，卢央、余敦康、丘亮辉为副主任，王德有等 21 人为学术委员。

同年8月，首届海峡两岸《周易》学术讨论会在山东济南市召开。到会代表88人。收到学术专著10部，论文65篇。雷洁琼、任继愈、严灵峰、金景芳、罗光、张岱年、石峻、冯契、汤一介等为大会题词或致贺电。1994年，本次学术讨论会论文集《大易集要》（刘大钧主编）出版。

公元 1994 年

张其成主编《易经应用大百科》出版。内容包含哲学、文化、伦理、美学、古代科学、天文、历法、地理、中医、内丹、物理、化学、生物、军事、管理、文学、艺术、宗教、数术等。执笔者多是当代知名易学专家学者。

同年，段长山主编《现代易学优秀论文集》出版。收入论文56篇，反映安阳市周易研究会自1989年至1993年连续五年举行《周易》学术讨论会的科研成果，均为首次“羑里杯”现代易学优秀论文评奖中的获奖作品，包括《周易》与现代化、自然科学、管理学、中医学以及易学史等方面内容。

公元 1995 年

《国际易学研究》论丛开始出版。主编朱伯崑，英文主编成中英，日文主编池田知久，副主编丘亮辉、董光璧。主要刊载国际易学研究院顾问和学术委员的易学研究成果，并接受外稿。以中、英、日三种文字刊出。第一辑为《马王堆帛书易传》专号，收入严灵峰、朱伯崑、李学勤、张立文、陈鼓应、王德有、郑万耕、廖名春等人论文。为研究马王堆帛书《周易》提供了宝贵资料。

同年7月，东方国际易学研究院在北京成立，吴大猷、卢嘉锡任名誉董事长，朱高正任董事长，严灵峰、张岱年任名誉院长，朱伯崑任院长兼学术委员会主任。院部设在北京。原美芝灵国际易学研究院成员转为东方国际易学研究院成员。

中国科学技术发展基金会东方国际易学研究基金委员会成立，朱高正、朱伯崑为董事长，丁石孙等28人为董事，吴大猷、卢嘉锡任名誉董事长。

公元1995年

唐明邦主编《周易评注》由中华书局出版。此书按经传分离原则构建《周易》新体例。首重义理，涉及象数，兼顾普及与提高。附录《易学基本知识简介》。

公元1997年

朱伯崑主编《易学智慧丛书》第一辑10种。分别为:《易学漫步》（朱伯崑主编）、《白话易经例解》（朱高正著）、《易学源流》（郑万耕著）、《易学的思维》（傅云龙、柴尚金著）、《周易与易图》（李申著）、《易学与养生》（刘长林、滕守尧著）、《易学与科技》（董光璧著）、《易学与管理》（余敦康主编）、《易学与美学》（刘纲纪、范明华著）、《易学与建筑》（韩增禄著）。

同年10月，在西安召开第二届易学与当代文明研讨会。到会学者110余人。

二、唐明邦学术著作要目

《中国哲学史》（上、下），合著，萧萐父、李锦全主编，人民出版社 1982 年、1983 年出版。

《周易纵横录》，主编，湖北人民出版社 1986 年出版。

《中国古代哲学名著选读》，主编，武汉大学出版社 1988 年出版。

《本草纲目导读》，独著，巴蜀书社 1989 年出版，中国国际广播出版社 2009 年修订出版。

《李时珍评传》，独著，南京大学出版社 1991 年出版。

《中国近代启蒙思潮》，主编，江西人民出版社 1993 年出版。

《周易评注》，主编，中华书局 1995 年出版。修订本，中华书局 2009 年出版。

《易学与管理》，合著，余敦康主编，沈阳出版社 1997 年出版。

《邵雍评传》附《陈抟评传》，独著，南京大学出版社 1998 年出版。

《当代易学与时代精神》，独著，湖北人民出版社 1999 年出版。

《中国哲学史纲要》，合著，萧萐父、李锦全主编，外文出版社 2000 年出版。英文译本，外文出版社 2008 年出版。

《易学与长江文化》，合著，湖北教育出版社 2004 年出版。

《论道崇真集》，独著，华中师范大学出版社 2006 年出版。

《周易通雅——唐明邦易学论文选》，独著，武汉大学出版社 2010 年出版。

《天人之学——唐明邦自选集》，独著，中央编译出版社 2013 年出版。

后　记

本书是我在1988年至1996年期间给中国哲学博士研究生讲课的讲稿。当年听课的尚有部分青年教师，硕士研究生，日本、韩国在武大哲学系博士生以及兄弟院校进修教师。

本书有三个特征：首先，“易学史”已有三千余年发展史，限于篇幅不可能作出详细解析，只能分“周易古经”“易传”“易学”三个历史时期分别解析，如此可打破古代经学以传解经的传统。其次，对于不同阶段的易学史以及各种学派只求择要介绍，不求精雕细刻。再次，《易学》部分全程贯彻“藤瓜并举”的原则，主要选取对《易学》发展有着突出贡献的代表人物作出深入解析，以使学易者能“举一反三”，掌握要领。

还须说明，讲稿中《〈易经〉卦爻辞中的哲理故事》《〈系辞传〉的核心思想》《〈大象传〉论“内圣外王”思想》《王弼〈周易注〉的功与过》等篇章业已丧失，本人年逾九旬，视力衰退，已难亲自补写，系王继红女士协助我完成。

唐明邦

2016年8月10日